중국의 꿈

시진핑 리더십과 중국의 미래

중국의 꿈

시진핑 리더십과 중국의 미래

조영남

민음사

'중국의 꿈'과 한국

미국은 1960년대 초부터 '아메리칸 드림'을 본격적으로 말하기 시작했고, 이는 곧 전 세계로 퍼져 나갔다. 그로부터 약 30년 후 미국은 소련과의 체제 경쟁에서 승리하면서 세계 유일의 초강대국이 되었다. 또한 자유·민주·인권 등 '미국적 가치'로 세계를 지배하는 '미국 주도의 세계 질서(Pax Americana)'를 수립했다. 중국은 2012년 11월에 개최된 공산당 18차 당대회부터 '중국의 꿈(中國夢)'을 대대적으로 선전하기 시작했다. 시진핑(習近平) 총서기가 "부강하고 민주적이며 문명화된 사회주의 현대 국가"를 수립하여 '중화민족의 위대한 중흥(復興)'을 달성하겠다고 선언한 것이다. 그렇다면 미국이 그랬던 것처럼 중국도 30년 후에 미국과의 체제 경쟁에서 승리하여 '중국적 가치'로 세계를 지배하는 '중화질서(Pax Sinica)'를 수립할 수 있을까? 만약 21세기 중엽에 새로운 중화질서가 실제로 수립된다면 한국은 어떻게 될 것인가?

19세기 중엽부터 현재까지 중국은 몇 가지 꿈을 추구해 왔다. 첫 번째는 1840년 아편전쟁의 패배가 가져온 충격으로 인해 시작된 '부국강병(富國强兵)의 꿈'이다. 이는 외세의 침입에 맞서 경제적으로 부유하고 군사적으로 강력한 근대국가를 건설하려는 꿈이었다. 양무운동(洋務運動, 1861~1874년), 변법자강운동(變法自彊運動, 1898년), 신해혁명(辛亥革命, 1911년)은 이 꿈을 달성하기 위한 시도였다. 그러나 이런 노력은 모두 실패로 끝났고, 공산당이 추진한 사회주의 혁명만이 성공했다.

두 번째는 '사회주의의 꿈'이다. 이는 계급을 철폐하고 공유제를 실현하여 모두가 평등하게 잘사는 사회주의 국가를 건설하려는 꿈으로, 1949년 중화인민공화국의 수립과 함께 시작되었다. 사회주의 개조(社會主義改造, 1953~1956년), 대약진운동(大躍進運動, 1958~1960년), 문화대혁명(文化大革命, 1966~1976년)은 이를 위해 추진되었다. 그러나 이런 시도는 실패를 넘어 대재앙으로 끝났다. 결국 중국은 빈곤과 혼란에서 벗어나기 위해 1978년에 개혁·개방 정책을 추진할 수밖에 없었다. 그러면서 1990년에는 굶주림에서 벗어나고, 2000년에는 '소강사회(小康社會)'를 건설하며, 21세기 중엽에는 '개발도상국'이 되겠다는 '3단계 발전(三步走)' 전략을 제시했다. 그러나 아직 새로운 꿈을 말하지는 않았다.

'중화민족의 위대한 중흥'이라는 꿈이 등장한 것은 1990년 대 후반이었다. 잃어버린 자신감을 회복하면서 1997년에 개최된 15차 당대회를 전후하여 이를 공식 제기했던 것이다. 중국은 개혁·개방 정책을 통해 빠른 경제성장과 국민 생활수준의 급격한 향상이라는 큰 성과를 거두었다. 이를 배경으로 1989년의 톈안먼(天安門) 사건과 1991년 소련 붕괴의 충격도 극복할 수 있었다. 특히 1997~1998년의 아시아 경제위기는 중국의 힘을 확인시켜 주는 중요한 계기가 되었다. 이 무렵부터 중국은 '책임지는 대국(大國)'임을 자임했고, 세계는 중국을 아시아의 강대국으로 인정하기 시작했다. 다만 이때까지는 아직 '중국의 꿈'을 말하지 않았다.

2008년 하반기 세계 금융위기 이후 중국의 부상은 빠르게 진행되었다. 2010년 중국이 일본을 제치고 세계 2위의 경제대국이 된 것은 이를 보여 주는 하나의 상징적인 사례다. 미국과 함께 중국이 세계를 주도한다는 'G2(Group of Two) 시대'의 주장은 이를 보여 주는 또 다른 사례다. 시진핑 총서기와 리커창(李克强) 총리가 중심인 '5세대' 지도부는 이런 배경 속에서 등장했다. 이들은 아마도 국력이 가장 급속도로 팽창하는 중국 역사의 황금기에 최고 통치자가 된 것 같다. 이를 반영하듯 시진핑 총서기는 21세기 중엽까지 중국이 달성할 목표로 '중화민족의 위대한 중흥'을 다시 강조하기 시작했고, 이것이 '중국의 꿈'이라고 공식 선언했다.

그렇다면 '중국의 꿈'은 구체적으로 무엇을 말하는가? 그리고 이것은 한국에 어떤 의미가 있는가? 이 질문에 답하기 위해서는 세 가지 문제를 살펴보아야 한다. 먼저, 시진핑 정부가 앞으로 10년 동안 '중국의 꿈'을 달성하기 위해 추진할 국가 발전 전략을 살펴보아야 한다. 여기에는 정치·경제·사회·문화 등 국내 정책과 외교·안보 등 대외 정책이 포함된다. 이를 보아야만 '중국의 꿈'이 실제로 무엇을 의미하는지를 알 수 있다. 또한 시진핑과 리커창을 중심으로 하는 '5세대' 지도자가 어떤 특징을 갖고 있고, 이전 세대의 지도자와 비교할 때 어떤 차이가 있는가를 살펴보아야 한다. '중국의 꿈'은 유능한 정치 지도자가 등장할 경우에만 달성될 수 있기 때문이다. 마지막으로, 시진핑 시대의 한중 관계를 분석하고, 한국의 바람직한 중국 정책을 살펴보아야 한다. 이 책은 바로 이런 내용을 살펴보려고 하는 것이다.

'중국의 꿈'은 실현될 것인가? 현실에서는 두 가지 다른 종류의 '중국의 꿈'이 존재한다. 이중에서 어느 꿈이 실현될 것인가는 중국뿐 아니라 한국에도 커다란 영향을 끼칠 것이다. 하나는 '국가'와 '공산당'만이 풍요롭고 각종 특권을 누리는 동시에 이웃 국가와는 상관없이 '중국'만이 부유하고 강력한 국가가 되는 '중국의 꿈'이다. 매년 7퍼센트의 경제성장이 지속된다면 2020년 무렵에 중국은 국내총생산(GDP) 면에서 미국을 넘어 세계 1위의 경제 대국이 될 것이다. 또한 중국이 지금처럼 매년 두 자릿수의 군사비를 지출한다면 2020년 무렵에는 최소한 동아시아 지역에서는 미국과 맞설 수 있는 군사 대국이 될 것이다.

그런데 중국이 정치적 민주화와 좀 더 획기적인 사회·경제

개혁을 추진하지 않는다면 '중국의 꿈'은 여기서 멈출 것이다. 경제 발전의 결과 국민의 생활수준은 어느 정도 향상되겠지만 정치적·시민적 권리는 제대로 보장되지 않을 것이다. 그래서 국민은 정치 지도자를 자유롭게 선출할 권리가 없을 뿐 아니라 중요한 정책 결정에도 참여할 수 없다. 또한 사회적 불평등과 불공정은 여전히 지속될 것이다. 즉 지역 격차, 도농 격차, 민족 격차, 빈부 격차는 해결되지 않고, 법치(法治)가 제대로 실현되지 않음으로써 국민의 합당한 권리는 계속 침해받을 것이다. 이런 모습의 강대국으로 부상한 중국에 대해 이웃 국가는 우려와 불신의 눈으로 바라보면서, 미국과의 안보 협력을 통해 이를 견제하려고 시도할 것이다.

다른 하나는 국가뿐 아니라 '국민'도, 중국뿐 아니라 '이웃 국가'도 함께 부유하고 자유롭고 평화롭게 잘사는 '중국의 꿈'이다. 이 꿈에서는 정치적 민주화가 추진되어 국민이 정치적·시민적 자유를 누릴 것이다. 그래서 국민들은 정치 지도자를 자유롭게 선출할 뿐 아니라 정책 결정에도 효과적으로 참여할 수 있다. 좀 더 공정하고 정의로운 사회를 만들기 위해 소득 재분배 정책을 포함한 경제·사회 정책이 더욱 적극적으로 실시되고, 그 결과 온갖 격차와 불공정 문제가 크게 완화될 것이다. 또한 중국이 국제 규범을 준수하고 강대국으로서의 책임과 의무를 충실히 수행함으로써 주변 국가의 신뢰와 존경을 받을 것이다.

이와 같은 두 종류의 '중국의 꿈' 중에서 두 번째 꿈이 바람직하다는 것은 말할 필요가 없다. 이 경우에만 '중국의 꿈'은 '중국만의 꿈'이 아니라 '아시아의 꿈'과 '세계의 꿈'이 될 것이다. 그러나 두 번째 꿈이 실현된다는 보장은 없다. 최소한 현재의 상황에서 본다면 두 번째 꿈보다 첫 번째 꿈이 실현될 가능성이 훨씬 더 높다. 이 책을 읽는 독자라면 내가 왜 이렇게 판단하는지를 이해할 수 있을 것이다. 그러나 미래는 현재의 노력을 통해 얼마든지 바뀔 수 있는 가변적인 것이다. 즉 아직 희망이 남아 있다. 중국이 두 번째 꿈을 추구하도록 중국 국민과 국제사회가 함께 촉구하고 격려하는 것이 필요한 이유다.

이 책은 모두 3부로 구성되어 있다. 1부는 시진핑 시대의 상황과 '5세대' 지도부를 분석한다. 특히 여기서는 최근에 중국 내에서 진행된 개혁 논쟁을 자세히 분석하고, 이를 통해 중국이 어느 방향으로 나아갈지를 전망한다. 또한 '5세대' 지도부가 어떤 특징의 리더십을 갖고 있는가도 분석한다. 2부는 시진핑 정부의 국가 발전 전략을 살펴본다. 중국의 민주화를 이해하기 위하여 시진핑 정부의 정치개혁과 함께 후진타오 시대의 정치개혁도 소개한다. 3부는 시진핑 시대의 대외 정책과 한중 관계를 분석한다. 중국이 왜 2009년 이후부터 '강경한' 모습을 보였는지를 살펴보고, 동시에 이 기간에 중국에서는 어떤 외교정책 논쟁이 진행되었는가도 검토한다. 특히 한미동맹과 북중동맹을 집중적으로 살펴봄으로써 앞으로 한중 관계를 어떻게 한층 발전시킬 수 있는가를 고민한다.

독자가 이 책을 순서대로 읽을 필요는 없다. 1, 2, 3부 중에서 일부만 읽어도 좋고, 모두 열 개 장(章) 중에서 서너 장만 선택해서 읽어도 좋다. 각 부와 장이 독립된 내용으로 모두 자기 완결적인 의미를 가질 수 있도록 씌어졌기 때문이다. 예를 들어, 중국의 국내 정책과 정치 상황에 관심이 있는 독자라면 2부만 읽으면 된다. 반면 중국의 대외 정책과 국제 관계에 관심이 있는 독자라면 3부만 읽으면 된다. 만약 시진핑 리더십의 특징이나 '5세대' 지도부의 선출 과정과 결과에 관심이 있는 독자라면 1부만 읽으면 된다.

혹시 『용과 춤을 추자』를 읽은 독자라면 이 책이 조금 어렵다고 느낄 수도 있을 것이다. 『용과 춤을 추자』는 일반 독자를 위해 쓴 고급 교양서인 데 비해 이 책은 그보다 한 단계 높은 수준의 교양서이면서 동시에 학술서의 성격도 갖고 있기 때문이다. 이 책을 쓸 때 최대한 쉽게 쓰려고 노력했다. 하지만 이제 막 출범한 시진핑 정부를 체계적이고 정확하게 이해하기 위해 다소 전문적이고 깊이 있는 분석을 시도해야만 했다. 이런 점에서 이 책은 시중에 많이 나와 있는 다양한 시진핑 전기나, 신문 기사 방식으로 단편적인 사실과 내용을 다룬 책과는 분명히 다르다. 만약 약간의 어려움을 감내할 수 있는 독자라면 이 책을 통해 시진핑 시대의 중국에 대해 한층 깊이 있고 정확하게 이해하는 기쁨을 맛볼 수 있을 것이다.

이 책을 쓰면서 여러분들로부터 많은 도움을 받았다. 무엇보다 이 책 3부의 논문을 읽고 소중한 의견을 말씀해 주신 한림국제대학원대학교의 김태호 교수께 깊이 감사드린다. 전에도 그랬지만 이번에도 김 교수님은 많은 도움을 주셨다. 서강대학교의 전성흥 교수, 성균관대학교의 이희옥 교수께서도 일부 논문을 읽고 보완 사항을 말씀해 주셨다. 또한 이 책의 일부 내용을 학술 논문으로 출간할 때 초고의 심사를 맡아 좋은 수정 및 보완 의견을 말씀해 주신 10여 명의 익명의 심사자께도 감사드린다. 학생의 입장에서 초고 전체를 읽고 좋은 의견을 말해 준 이재영, 원준희 조교에게도 감사한다. 이번에도 책의 편집을 맡아 준 민음사의 양희정 편집부장과 이남숙 과장, 책을 흔쾌히 출판해 주신 장은수 대표께도 감사드린다. 이런 여러분들의 도움이 있었기에 이 책이 조금이나마 더 좋아질 수 있었다. 다만 있을지도 모르는 문제점이나 부족한 점은 이후에 선후배 학자와 독자의 도움을 받아 고쳐 나갈 것이다.

"학문의 커다란 성(城)에 나의 작은 벽돌을 놓는다." 나는 늘 이런 심정으로 연구하고 책을 써 왔다. 혼자서 무슨 대단한 업적을 쌓겠다는 욕심을 버리고, 대신 내가 해야 하는 작지만 필요한 연구를 하나하나 하겠다는 마음가짐이다. 그러나 매번 책을 낼 때마다 조금은 두렵고 부끄러운 마음을 금할 수가 없다. 아직 공부가 충분하지 않은데, 여전히 능력은 부족한데 자꾸 책을 내는 것은 아닌가 하는 생각이 들기 때문이다. 이번에도 그랬다. 이럴 때마다 중국을 연구하고 가르치는 학자로서 내게 주어진 사명을 다해야 한다는 생각으로 스스로를 다독인다. 빠르게 변화하는 중국을 정확하게 이해할 뿐 아니라 한국과 중국 모두가 평화롭고 풍요롭게 잘살 수 있는 길을 모색하는 것은 매우 중요한 일이기 때문이다. 이 책이 이런 역할을 조금이나마 할 수 있기를 바란다.

2013년 9월
서울대 연구실에서
조영남

차례

1부
'중국의 꿈'과 시진핑 리더십

1
'중화민족의 위대한 중흥'을 꿈꾸다

1 중국의 꿈, 시진핑 시대의 브랜드네임

시진핑이 드디어 공산당 총서기로 선출되었다. 중국공산당 18차 전국대표대회(당대회)가 폐막된 다음 날인 2012년 11월 15일이었다. 이날 베이징의 인민대회당에서는 공산당 18기 중앙위원회 1차 전체 회의가 개최되었고, 여기서 정치국원(총 25인), 정치국 상무위원(총 7인), 총서기 등 향후 10년 동안 중국을 이끌어 갈 새로운 최고 지도자가 선출된 것이다. 또한 국무원 총리로서 시진핑과 함께 중국을 통치할 리커창도 무난히 정치국 상무위원에 재선되었다. 바야흐로 '5세대' 지도자가 중국을 통치하는 새로운 시대가 열린 것이다.

한편 시진핑은 2012년 11월 29일에 6인의 정치국 상무위원을 모두 대동하고 톈안먼 광장 옆에 있는 혁명박물관에서 '중흥의 길(復興之路)'이라는 특별 전시회를 관람했다. 7인의 상무위원이 모두 참석하는 최초의 공개적인 대외 행사였다. 여기서 시 총서기는 '중화민족의 위대한 중흥'을 전 국민과 민족에게 호소하는 유명한 「중국의 꿈(中國夢)」 연설을 시작했다. 이 연설은 텔레비전과 라디오를 통해 중국 전역에 중계되었고, 국민들은 이를 통해 '중국의 꿈'을 말하는 신임 총서기의 비장한 모습과 목소리를 보고 들을 수 있었다.

각 개인은 이상과 추구하는 바가 있고 모두 자기의 꿈이 있습니다. 현재 모두들 중국의 꿈에 대해 토론합니다. 제 생각으로는 중화민족의 위대한 중흥을 실현하는 것이 근대 이래 가장 위대한 꿈입니다. 이 꿈은 몇 대에 걸친 중국인의 숙원을 응축한 것이고, 중화민족과 중국 인민 전체의 이익을 체현한 것이며, 모든 중화 자녀의 공동의 기대입니다.

역사는 우리에게 말합니다. 각 개인의 전도와 운명은 모두 국가 민족의 전도 및 운명과 밀접하게 결합되어 있다고, 국가가 잘되고 민족이 잘되어야 비로소 모두가 잘될 수 있다고 말입니다. 중화민족의 위대한 중흥의 실현은 영광스럽고도 험난한 일이며, 각 세대 중국인의 공동의 노력을 필요로 합니다.

나는 굳게 믿습니다. 중국공산당 창당 100주년(2021년)에 소강 사회(小康社會) 완성이라는 목표가 꼭 실현될 것입니다. 중국 건국 100주년(2049년)에는 부강하고 민주적이며 문명화된 조화로운(和諧) 사회주의 현대화 국가라는 목표가 실현되어 중화민족의 위대한 중흥의 꿈이 꼭 이루어질 것입니다.[1]

시진핑 총서기의 「중국의 꿈」 연설은 미국의 흑인 인권 운동 가인 마틴 루서 킹 목사가 1963년 8월 28일에 행한 「나는 꿈이 있습니다(I Have a Dream)」라는 연설을 연상시킨다. 이 연설에서 킹 목사는 인종 차별의 철폐를 감동적으로 호소했다. 에이브러햄 링컨 대통령이 1863년 11월 19일에 '국민을 위한, 국민에 의한, 국민의 정부'를 주창한 「게티즈버그 연설(Gettysburg Address)」이 미국 민주주의의 정신을 상징하듯이, 킹 목사의 연설은 미국 인권 운동의 정신을 상징한다.

시진핑 총서기의 연설 이후 중국에서는 '중국의 꿈'에 대한 토론과 선전이 대대적으로 전개되었다. 《인민일보(人民日報)》와 《광명일보(光明日報)》 등 공산당 기관지들은 연속 기획물 형식의 특집을 마련하여 '중국의 꿈'을 보도했다. 2013년 3월에 개최된 12기 전국인민대표대회(전국인대) 1차 회의에서도 인민 대표들은 '중국의 꿈'을 실현시킬 방안을 토론했고, 언론은 국민이 이 회의 에 바라는 '중국의 꿈' 이야기를 보도했다. 이렇게 되면서 '중국 의 꿈'은 공산당과 국민이 함께 추구하는 새로운 공동의 목표로 떠올랐다. 미국의 CNN과 영국의 BBC는 전국인대 회의를 보도하면서 중국이 이제 전 세계를 대상으로 '아메리칸 드림(American dream)'을 대신하는 '차이니즈 드림(Chinese dream)'을 말하기 시작했다고 강조했다.

어떤 한 외국 평론가는 이런 상황을 지켜보면서 2013년의 중국이 1960년의 미국을 떠올리게 한다고 말했다. '중국의 꿈'을 외치는 시진핑 총서기와 유명한 가수이자 사실상 최초로 영부인 역할을 수행하고 있는 펑리위안(彭麗媛)이, '미국의 꿈'을 제창한 존 F. 케네디 대통령과 영부인이면서 최고의 패션 스타(first fashionista)였던 '재키'를 연상시킨다는 것이다. 당시 케네디 대통령과 영부인은 '미국의 꿈'을 제창하면서 미국인들을 달콤한 감성(saccharine sentimentality)에 젖게 하고 신분 상승(social mobility)의 희망과 기대를 한껏 부풀어 오르게 했다. 현재 시진핑 총서기와 펑리위안 영부인이 중국에서 이것을 재현하려고 시도하고 있다는 것이다.[2]

'중화민족의 위대한 중흥'을 목표로 하는 '중국의 꿈'은 시진핑 시대의 중국이 무엇을 지향하는가를 잘 보여 준다. 덩샤오핑(鄧小平, 1904~1997년) 시대에 중국은 '온포(溫飽, 등 따습고 배부름)', 즉 먹고사는 문제를 이야기했다. 이 구호에는 문화대혁명(1966~1976년) 시대의 굶주림을 극복하고자 하는 국민의 열망이 담겨 있고, 공산당은 이 열망을 달성하기 위해 개혁·개방 정책을 시작했다. 장쩌민(江澤民, 1926년~) 시대에 중국은 '책임지는 강대국'을, 후진타오(胡錦濤, 1942년~) 시대에 중국은 '화평굴기(和平崛起, 평화로운 부상)'를 이야기했다. 책임지는 강대국은 지난 시기의 급속한 경제 성장을 기반으로 중국이 아시아의 강대국으로 부상했음을 선언한 것이다. 화평굴기는 여기서 더 나아가 중국이 이제 세계 강대국으로 비상하겠다는 열망과 의지를 표현한 것이다.

그렇다면 시진핑 총서기가 말하는 '중국의 꿈'은 무엇인가? 먹고사는 문제(온포)와 지역 강대국으로의 부상(책임지는 강대국)을 이미 달성한 중국이 추구하는 '중화민족의 위대한 중흥'은 도대체 무엇을 의미하는가? 그것은 후진타오가 말한 화평굴기와 어떻게 다른가? 또한 시진핑 정부는 '중국의 꿈'을 달성할 수 있는 실제 능력과 실행 가능한 정책을 갖고 있는가? 게다가 '중국의 꿈'은 다른 국가와 갈등이나 전쟁을 일으키지 않으면서 평화적으로 실현될 수 있을까? 만약 10년 후에 '전면적 소강사회'가 완성되고, 다시 20~30년 후에 '중화민족의 위대한 중흥'이 실현된다면, 세계는 어떻게 변화할 것인가? 이것이 한반도와 한국에는 어떤 영향을 끼칠 것인가? 마지막으로 한국은 '중국의 꿈'을 실현하기 위해 전진하고 있는 시진핑 시대의 중국에 대해 어떤 정책을 실시해야 하는가?

이 책은 내가 이런 질문에 답하기 위해 깊이 고민하고 체계적으로 연구한 결과를 담고 있다. 이런 질문은 중국을 연구하는 학자나 중국에서 사업하는 기업가에게만 국한된 관심사는 아닐 것이다. 이미 한국과 중국은 정치 · 경제 · 사회 · 문화 · 외교 등 모든 분야에 걸쳐 매우 밀접한 관계를 맺고 있는 이웃 국가로 발전했기 때문이다.[3] 한마디로 '중국의 꿈'이 우리와 상관없는 중국만의 일은 아니라는 것이다. 그래서 우리는 이 질문에 타당한 답을 찾으려고 노력해야 한다. 이 책에서 나는 '하나의' 대답을 제시하려고 노력할 것이다. 이것이 얼마나 정확하고 타당한 대답인지는 선후배 학자들과 이 책을 읽는 독자들이 판단할 몫이다.

2 지도자로 구분하는 중국의 개혁기 시대

1978년부터 시작되어 현재까지 이어지고 있는 중국의 개혁기는 크게 네 개의 시대로 나눌 수 있다. 나누는 기준은 두 가지다. 첫째는 10년 단위의 '정치 세대(political generation)'와 이를 이끄는 지도자다. 각 정치 세대에는 특정한 최고 지도자 혹은 지도자 집단이 있기 때문에 대개 그 지도자의 이름을 따서 각 세대를 부른다. 중국에서 공산당과 국가기관의 임기는 5년이고, 헌법과 당규에 따르면 각 임기는 두 번만 연임할 수 있다. 그래서 각 정치 세대는 10년을 주기로 교체된다.

둘째는 5년마다 개최되는 공산당의 당대회다. 정치 세대는 당대회를 통해 교체되기 때문에 이 둘은 시기상으로 겹친다. 예를 들어, '3세대(장쩌민 중심)'에서 '4세대(후진타오 중심)' 지도자로의 권력 교체는 2002년 16차 당대회에서 이루어졌다. 4세대 지도자에서 '5세대(시진핑 중심)' 지도자로의 권력 교체는 2012년 18차 당대회에서 이루어졌다. 5세대에서 '6세대' 지도자(후춘화(胡春華) 광둥성 당서기와 쑨정차이(孫政才) 충칭시 당서기가 가장 유력한 후보다.) 로의 권력 교체는 2022년 20차 당대회에서 이루어질 것이다.

또한 각 시대는 세 가지 측면에서 보았을 때 이전 및 이후 시대와 다른 특징이 있다. 먼저, 각 시대가 직면한 과제가 다르다. 과제는 이전 시대가 물려준 국내외 조건과, 이에 대한 지도자의 인식과 판단에 의해 결정된다. 또한 각 시대를 이끄는 지도자의 성향이 다르다. 각 시대의 지도자는 출생 시기뿐 아니라 성장 과정과 교육 배경, 그리고 경력이 다르기 때문에 이런 특징이 나타난다. 마지막으로 국제사회에서 중국이 차지하는 위상과 수행하는 역할이 다르다. 이는 급속한 경제성장을 배경으로 중국이 국제사회에서 중요한 국가로 부상하면서 나타나는 현상이다.

이를 염두에 두면서 개혁기 시대를 구분하면, 크게 네 개의 시대로 나눌 수 있다. 첫째는 '2세대' 지도자가 중국을 이끌었던 덩샤오핑 시대(1978~1992년)다. 이는 1978년 공산당 11기 중앙위원회 3차회의(이른바 '11기 3중전회')에서 시작되어 1992년 공산당 14차 당대회에서 끝났다. 중국의 개혁·개방 정책은 11기 3중전회에서 공식적으로 결정되었다. 이후 개혁·개방 정책은 농촌에서 시작되어 도시로, 연해 지역에서 시작되어 내륙 지역으로 확대 실시되었다. 덩샤오핑 시대는 마오쩌둥(毛澤東, 1893~1976년) 시대(1949~1976년)와 획기적으로 다른 개혁·개방의 시대를 열었기 때문에 '제2의 혁명기'로 불리기도 한다. 여기서 '제1의 혁명기'는 마오쩌둥이 이끌었던 사회주의혁명 시기, 즉 1921년 공산당 창당에서 1949년 사회주의 중국의 건국까지를 말한다.

둘째는 '3세대' 정치 지도자가 중국을 통치했던 장쩌민 시대(1992~2002년)다. 1992년 14차 당대회부터 2002년 16차 당대회까지의 10년이 이에 해당한다. 과거 10여 년의 시행착오를 거쳐 14차 당대회에서는 '사회주의 시장경제론'이 당 노선으로 확정되었다. 그래서 공산당은 이제 분명한 개혁 방침과 정책을 가지고 개혁·개방을 추진할 수 있게 되었다. 이를 바탕으로 중국은 본격적으로 시장경제를 도입했고, 사영기업과 외자기업의 발전도 추진했다. 또한 이 기간 동안에 중국은 세계무역기구(WTO)에 가입(2001년)하는 등 경제적 대외개방, 즉 해외무역의 확대와 해외직접투자(FDI)의 유치도 전면적으로 추진했다. 이를 통해 중국 경제는 비약적으로 발전할 수 있었다. 이 무렵 중국은 단순한 개발도상국이 아니라 아시아 지역에서 지대한 영향력을 행사하는 지역 강대국(regional power)으로 부상했다. 1997~1998년의 아시아 경제위기는 이를 보여 주는 하나의 계기가 되었다.

셋째는 '4세대' 지도자가 중국을 통치했던 후진타오 시대(2002~2012년)다. 이것은 2002년 16차 당대회에서 시작되어 2012년 18차 당대회로 끝났다. 이 기간 동안 중국의 국내 정책은 커다란 변화를 겪었다. 즉 이전 시대의 경제성장 일변도에서 탈피하여 경제성장과 사회발전을 함께 추구하는 '전면적 소강사회 건설'

방침이 추진되었던 것이다. 이것의 지도 이념이 바로 '과학적 발전관(科學發展觀)'과 '조화사회(和諧社會) 건설'이다. 이런 방침의 지도 아래 중국은 고도의 경제성장을 지속적으로 이룰 수 있었고, 베이징 올림픽(2008년)과 상하이 엑스포(2010년)를 성공적으로 개최하면서 국내외로 저력을 과시했다. 또한 2008년 하반기 세계 금융위기 이후 서구 선진국이 경제적 쇠퇴를 경험하는 동안에도 중국은 성장을 지속하여, 2010년에는 드디어 일본을 제치고 세계 2위의 경제대국이 되었다. 이처럼 이 시대에 중국은 '지역' 강대국에서 '세계' 강대국으로 빠르게 부상하기 시작했다.

넷째는 이제 막 시작된 '5세대' 지도자의 통치 시기인 시진핑 시대(2012~2022년)다. 이는 18차 당대회에서 시작하여 2022년 개최 예정인 20차 당대회까지의 기간이다. 시진핑 시대에 중국은 경제 발전뿐 아니라 사회발전과 정치발전도 함께 이룩해야 한다. 경제성장만으로는 국민의 사회적 요구, 즉 불평등의 해소와 사회복지의 확대 등을 해결할 수 없기 때문이다. 또한 이전 시기와는 다르게 정치적 권리와 정치 참여에 대한 국민의 요구도 높아지고 있다. 따라서 이를 만족시킬 수 있는 정치발전도 추진해야 한다. 게다가 시진핑 시대에 중국은 지속적인 경제성장과 군사력 증강을 배경으로 미국과 함께 세계를 경영하는 '세계' 강대국으로 본격적으로 발전해야 하는 과제도 안고 있다.

그렇다면 시진핑 정부는 이런 과제를 해결할 조건과 능력을 갖추고 있는가?

3 시진핑이 물려받은 네 가지 유리한 조건

시진핑 시대는 전임 시대로부터 과제뿐 아니라 이런 과제를 수행할 수 있는 조건과 능력도 물려받았다. 시진핑 정부가 짊어진 과제가 어느 시대보다도 무거운 것은 사실이다. 그러나 이와 함께 시진핑 정부가 어떤 전임 정부보다도 유리한 조건에 처해 있고 상당한 능력을 갖추고 있는 것도 사실이다. 그래서 시진핑 시대의 과제를 검토하기 전에 먼저 시진핑 정부의 유리한 조건을 살펴보아야 한다.

공산당이 어떻게 성공적으로 중국을 통치하고 있는가에 대해서는 이미 다른 곳에서 상세하게 분석했다.[4] 그래서 이에 대해서는 더 이상 논의하지 않겠다. 대신 네 가지 측면에서 시진핑 정부가 처한 유리한 조건에 대해 살펴보겠다. 첫째는 엘리트 정치의 안정이다. 둘째는 국가 건설(state-building)의 성과다. 셋째는 공산당의 높은 업적 정당성(performance legitimacy)과 이에 따른 국민의 지지다. 넷째는 중국의 높아진 국제적 위상이다.

(1) 엘리트 정치의 안정

중국의 정치체제는 '당-국가(party-state)' 체제라고 한다. 이는 공산당과 국가가 인적·조직적으로 결합되어 있고, 실제 정치 과정에서 공산당이 종종 국가를 대체하는 현상을 지칭한다. 그래서 중국 정치에서는 공산당이 매우 중요하다. 덩샤오핑이 말했듯이 "만약 중국에서 문제가 생긴다면 그것은 공산당에 문제가 생길 경우다." 반대로 공산당이 단결을 유지하면서 유능한 집권당으로 변신하여 중국을 통치할 수 있다면, 중국에는 문제가 생기지 않을 가능성이 높다.

이와 관련하여 현재 엘리트 정치가 안정적이라는 사실은 시진핑 정부에 매우 고무적인 현상이다. 장쩌민 시대에 도입된 정치국 상무위원회의 '집단지도(collective leadership)' 체제와 '엘리트 민주주의(elite democracy)'는 후진타오 시대를 거쳐 현재까지 비교적 잘 운영되고 있다. 이에 따라 한 세대로부터 다른 세대로의 권력 교체, 당 노선과 방침의 결정 등 매우 민감하고 중요한 문제도 공산당은 무난하게 처리할 수 있게 되었다. 장쩌민에서 후진타오로, 다시 후진타오에서 시진핑으로 권력 교체가 평화롭고 안정적으로 이루어진 것은 이를 잘 보여 준다.[5]

특히 시진핑 정부는 그 어느 때보다 강력한 권력 기반을 갖추고 출범했다. 단적으로 시진핑은 총서기, 중앙군사위원회(중앙군위) 주석, 국가주석 등 당(黨)·군(軍)·정(政)의 삼권을 모두 한 번에 물려받았다. 이는 후진타오가 총서기로 취임한 후 2년 뒤에야 중앙군위 주석직을 물려받은 것과 대조를 이룬다. 게다가 이번에 바뀐 '7인제' 상무위원회도 시진핑이 지도력을 발휘하는 데 유리하다. 명수가 적어졌으므로, 중요한 문제를 결정할 때 다른 상무위원을 설득하는 데 상대적으로 유리하기 때문이다. 그 밖에도 시진핑은 여러 가지 이유로 군과 밀접한 관계를 유지하고 있고, 이것이 그의 권력을 공고화하는 데 큰 도움을 줄 것이다. (이런 내용에 대해서는 이 책 3장에서 자세히 분석할 것이다.)

(2) 국가 건설의 성과

흔히 지난 30년 동안 중국은 경제개혁은 추진했지만 정치개혁은 추진하지 않았다고 생각한다. 이는 사실이 아니다. 중국은 '정치 민주화(democratization)'를 위한 정치개혁은 추진하지 않았지만, '정치 제도화(institutionalization)', 즉 '국가 건설'을 위한 정치개혁은 지속적으로 추진했다. 1997년 15차 당대회에서 결정된 '의법치국(依法治國, 법률에 근거한 국가 통치)' 방침은 이를 잘 보여 준다.[6] 만약 정치 제도화가 이루어지지 않았다면 중국은 지난 30년 동안 연평균 9.9퍼센트의 높은 경제성장과 상대적인 사회 안정을 달성할 수 없었을 것이다. 이처럼 중국은 한국과 대만이 아니라 싱가포르를 모델로 정치개혁을 추진해 왔다. 싱가포르는 비록 민주국가는 아니지만 법치(法治)가 제대로 실현되면서 높은 경제발전 수준(1인당 국민소득 5만 달러, 2012년), 깨끗하고 효율적인 정부(청렴도 세계 상위권), 엄격한 법 집행과 안전한 사회를 자랑한다.

이런 국가 건설의 성과를 바탕으로 중국은 그동안 국내외 위기에 잘 대처했고, 이런 경험을 바탕으로 다시 국가의 통치 능력을 키워 왔다. 1997~1998년 아시아 경제위기, 2008년 하반기 세계 금융위기는 대표적인 경제위기였다. 중국은 이 두 차례의 경제위기를 슬기롭게 잘 극복하여 '책임지는 강대국'이라는 이미지를 만들 수 있었고, 동시에 지역 강대국에서 다시 세계 강대국으로 급속하게 성장할 수 있었다. 2003년 사스(SARS) 위기와 2008년 쓰촨성 대지진도 마찬가지다. 이런 위기관리 능력은 지난 시기 중국이 추진한 정치 제도화 중심의 정치개혁이 성과를 거두었기 때문에 가능했던 것이다.

(3) 공산당의 업적 정당성과 국민의 지지

표 1-1 각 시대별 연평균 경제성장률

시대	덩샤오핑 (1978~1992년)	장쩌민 (1992~2002년)	후진타오 (2002~2012년)
연평균 경제성장률 (퍼센트)	9.5	9.8	10.6

출처: 양평섭 · 최필수 · 이효진, 「중국 신(新)지도부의 경제정책 전망과 시사점」, 《KIEP 오늘의 세계경제》 Vol. 12, No. 27 (2012년 12월 4일), 3쪽.

한편 중국은 지난 30여 년 동안 연평균 9.9퍼센트의 경제성장을 달성함으로써 국민의 생활수준을 급격히 향상할 수 있었다. 〔표 1-1〕은 이를 잘 보여 준다. 이에 따라 공산당과 국가에 대한 중국 국민의 지지도는 다른 어떤 국가와 비교해도 결코 낮지 않다. 즉 중국 국민은 공산당의 업적 정당성에 동의한다는 것이다.

예를 들어, 2012년 3~4월에 실시한 미국의 퓨리서치센터(Pew Research Center)의 조사 결과에 의하면, 중국 국민의 92퍼센트는 자신의 생활수준이 부모 세대보다 좋아졌다고 생각한다. 5년 전의 생활수준과 비교했을 때도 70퍼센트의 응답자가 좋아졌다고 생각한다.[7] 여기에 더해 중국이 1993년부터 본격적으로 실시한 '애국주의(愛國主義) 교육운동'의 결과 민족주의가 중요한 통치 이데올로기로 등장했고, 이것이 다시 공산당 통치를 정당화하고 있다.[8]

(4) 높아진 국제적 위상

마지막으로 중국의 높아진 국제적 위상도 시진핑 정부에는 국내외로 큰 힘이 되고 있다. 중국 경제력과 군사력의 급속한 상승은 [표 1-2]와 [표 1-3]이 잘 보여 주고 있다. 예를 들어, 중국 경제력(GDP 규모)의 경우 1992년에는 세계 GDP의 1.7퍼센트에 불과했지만 2011년에는 세계 GDP의 10.5퍼센트로 성장했다. 참

표 1-2 미국 · 중국 · 한국의 국내총생산(GDP) 성장 비교(1992~2011년)

(단위: 10억 달러)

		1992	1994	1996	1998	2000	2002	2004	2006	2008	2010	2011
미국	GDP 규모	6,342	7,085	7,838	8,793	9,951	10,642	11,853	13,377	14,291	14,526	15,094
	세계 비중(%)	25.6	26.3	25.7	29.1	32.0	31.8	28.0	27.0	23.4	23.1	21.7
중국	GDP 규모	488	559	856	1,019	1,198	1,453	1,931	2,712	4,519	5,930	7,298
	세계 비중(%)	1.7	2.1	2.8	3.4	4.1	4.4	5.5	5.5	7.4	9.4	10.5
한국	GDP 규모	338	435	573	357	533	575	721	951	931	1,014	1,116
	세계 비중(%)	1.4	1.6	1.9	1.2	1.6	1.7	1.7	2.0	1.5	1.6	1.6

출처: IMF, World Bank 통계 자료.

(단위: 10억 달러, 각 년도 가격 기준과 환율 적용)

		1998	1999	2000	2001	2002	2003	2004	2005	2006	2007	2008	2009	2010
미국	국방비	256.1	259.9	280.6	281.4	335.7	417.4	455.3	478.2	528.7	547	607	661	698
	세계 비중(%)	36	36	35	36	43	47	47	48	46	45	41.5	43	43
중국	국방비	16.9	18.4	23	27	31.1	32.8	35.4	41	49.5	58.3	84.9	100	119
	세계 비중(%)	3	3	3	3	4	4	4	4	4	5	5.8	6.6	7.3
일본	국방비	51.3	51.2	37.8	38.5	46.7	46.9	42.4	42.1	43.7	43.6	46.3	51	54.5
	세계 비중(%)	7	7	4	5	6	5	4	4	4	4	3.2	3.3	3.3
영국	국방비	32.6	31.8	36.3	37	36	37.1	47.4	48.3	59.2	59.7	65.3	58.3	59.6
	세계 비중(%)	4	4	4	4	5	4	5	5	5	5	4.5	3.8	3.7
프랑스	국방비	45.5	46.8	40.4	40	33.6	35	46.2	46.2	53.1	53.6	65.7	63.9	59.3
	세계 비중(%)	7	7	5	5	4	4	5	5	5	4	4.5	4.2	3.6
러시아	국방비	18.1	22.4	43.9	43.9	11.4	13	19.4	21	34.7	35.4	58.6	53.3	58.7
	세계 비중(%)	3	3	6	6	2	1	2	2	3	3	4	3.5	3.6
한국	국방비	15.2	15.0	10.0	10.2	13.5	13.9	15.5	16.4	21.9	22.6	24.2	24.1	24.3
	세계 비중(%)	2	2	1	1	2	2	2	2	2	2	1.7	1.6	1.6

출처: Stockholm International Peace Research Institute, *SIPRI Yearbook: Armaments, Disarmament and International Security*, 각 년도.

고로 한국의 GDP는 1992년 세계 GDP의 1.4퍼센트에서 2011년 1.6퍼센트로 지난 20년 동안 사실상 제자리걸음을 했다.

중국과 미국 간의 경제력 격차도 많이 축소되었다. 1992년 중국의 GDP는 미국 GDP의 약 1/10(7.7퍼센트)에 불과했는데, 2011년에는 약 1/2(48.7퍼센트)로 급증(표 1-2 참고)했다. 중국의 군사력도 비록 경제력만큼은 아니지만 지난 10여 년 동안 급속히 증강되었다. 그 결과 중국의 국방비는 2008년 이후에는 미국 다음으로 많은 세계 2위(표 1-3 참고)가 되었다.

4 꿈을 이루기 위해 넘어야 할 산들

이상에서 보았듯이 시진핑 정부는 전임 정부들에 비해 유리한 조건과 능력을 갖추고 출범했다. 그러나 시진핑 정부가 해결해야 할 과제는 결코 쉽지 않다. 여기서는 경제·사회·외교 분야로 나누어 살펴볼 것이다.(정치적 과제는 이 책 5장에서 상세하게 분석할 것이기 때문에 여기서는 생략한다.)

(1) 개혁과 성장이라는 두 마리 토끼

중국이 당면한 경제적 과제는 만만치 않다. 다만 무엇이 중요한 과제이고 어떻게 그것을 해결해야 하는가에 대해서는 어느 정도 사회적 공감대(consensus)가 형성되었기 때문에 다른 과제에 비해서는 나은 편이라고 할 수 있다. (이에 대해서는 이 책 4장에서 자세히 살펴볼 것이다.) 문제는 결정된 경제 방침을 국가기관이나 지방정부가 얼마나 힘 있게 추진할 수 있는가 하는 점이다.

구체적으로 후진타오 시대에 중국은 '과학적 발전관'이라는 이름 아래 경제 발전 방식의 '전환(轉變)'을 경제개혁의 핵심 정책으로 추진해 왔다. 정부 투자와 수출 의존에서 민간 투자와 내수 위주로, 노동과 자원 의존에서 자본과 기술 의존으로, 양적 성장에서 질적 성장으로의 전환('3대 전환')이 바로 그것이다. 이 정책은 실제로 많은 성과를 거둔 것이 사실이다. 예를 들어, 중국의 무역의존도(GDP에서 수출입이 차지하는 비율)는 2000년대 초 70~80퍼센트 대에서 2011년에는 40퍼센트 대로 낮아졌다. 그래서 2008년 하반기 세계 금융위기가 발생하면서 미국과 유럽의 시장이 축소되었어도 중국은 연 7~9퍼센트의 높은 성장률을 유지할 수 있었다.[9]

시진핑 정부는 이와 같은 정책 기조를 유지하면서 세 가지 과제를 해결해야 한다. 첫째, 연 7퍼센트 정도의 성장률을 유지해야 한다. 매년 2000만 명에 달하는 신규 노동력의 취업 문제를 해결하기 위해서는 이 정도의 경제성장률이 필요하다. 이는 18차 당대회에서 제기한 경제 목표, 즉 2020년에는 2010년의 GDP와 주민소득을 두 배로 증가시키겠다는 목표를 달성하기 위해서도 필요하다. 둘째, 중국은 경제 발전 방식의 3대 전환을 계속 추진하여, 국내 민간 소비(내수)를 더욱 확대하고 질적 성장을 지속해야 한다. 동시에 자원 낭비와 환경 파괴를 줄이고 산업구조도 합리화해야 한다. 여기서는 특히 혁신(創新, innovation)을 통한 새로운 성장 동력의 발굴이 중요하다. 셋째, 지역 균형 발전 전략을 더욱 힘차게 추진해야 한다. 이를 통해서만 연해 지역과 내륙 지역, 도시 지역과 농촌 지역, 한족 지역과 소수민족 지역 간의 사회·경제적 격차를 해소할 수 있기 때문이다.

문제는 두 가지다. 하나는 기득권 세력의 저항을 뚫고 개혁을 추진하는 일이다. 예를 들어, 금융이나 대형 국유 기업 등 특정 영역의 개혁은 기득권 세력의 격렬한 저항을 불러올 것이다. 만약 이들의 저항을 막지 못하면 경제 발전 방식의 전환은 불가능하고, 경제문제는 해결될 수 없다. 다른 하나는 경제개혁을 추진하면서 동시에 7퍼센트의 성장률을 유지하는 것이다. 만약 중국이 7퍼센트의 성장률을 유지하기 위해 국가 투자를 증가하는 등 기존 정책을 고수한다면 개혁은 성공할 수 없다. 반대로 개혁을 과감하게 추진하다 보면, 또한 국제경제 환경이 지속적으로 악화되면, 7퍼센트의 성장률을 유지하지 못할 수도 있다. 이 경우에는 누적된 사회·경제적 문제가 급격히 표면화되어 사회·정치적 혼란이 초래될 수 있다. 그래서 중국은 개혁과 성장의 두 마리 토끼를 동시에 잡아야 하는 어려운 과제에 직면해 있다.

(2) 빈부 격차, 가장 심각한 사회 이슈

사회 분야의 과제도 경제문제처럼 사회적 공감대가 형성되었기 때문에 정책 수립에는 큰 문제가 없다. 문제는 이들 과제가 쉽게 해결될 수 없고, 또한 추진 과정에서 많은 저항과 어려움에 직면할 것이라는 점이다. 지난 10년 동안 후진타오 정부는 '조화사회' 건설이라는 이름 아래 '4대 민생(民生)', 즉 취업·교육·의료·주택 문제의 해결을 가장 중요한 국정 과제로 추진했다. 민생 정책이 빈부 격차의 해소와 같은 구조적 문제를 획기적으로 해결한 것은 아니지만, 어느 정도 성과를 거둔 것은 사실이다. 의료보험 등 주요 사회보장 체제의 전국적 확대 실시가 대표적인 사례다. 따라서 시진핑 정부도 이런 국정 방침을 계승하여 더욱 적극적으로 민생 문제의 해결에 나설 것이다.

사회 분야의 당면 과제로는 네 가지를 들 수 있다. 첫째, 소득 재분배 정책을 통해 빈부 격차를 해소하는 것이 가장 중요하다. 2013년 중국 정부가 공식 발표한 자료에 의하면, 2012년 중국의 지니계수는 0.474(그림 1-1 참고)다. 중국 정부의 공식 통계를 믿는

그림 1-1 중국의 지니계수 추세(2003~2012년)

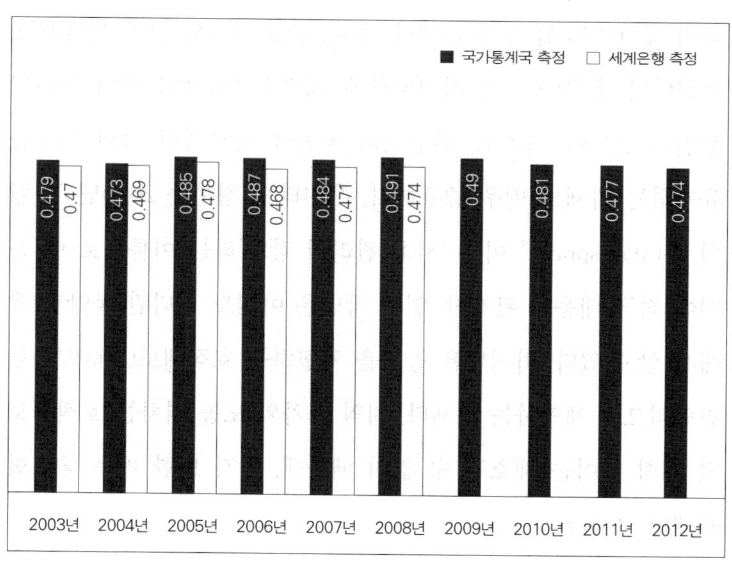

출처: 「統計局首次發布十年基尼係數 收入差距仍較大」,《人民網》 2013年 1月 19日, http://people.com.cn/ (검색일: 2013. 1. 20).

다고 해도 이는 매우 높은 수치로서, 세계에서 불평등이 가장 심각한 남미 국가 수준이다. 그런데 시난(西南)재정대학과 중국인민은행이 공동으로 설립한 중국가정금융연구조사센터(中國家庭金融研究調査中心)가 2012년 12월에 발표한 조사 결과에 의하면, 중국의 지니계수는 0.61(도시 가구의 지니계수는 0.56, 농촌 가구의 지니계수는 0.60)로 전 세계 평균인 0.44를 훨씬 넘고 있다.[10] 이는 중국이 세계에서 불평등이 가장 심각한 국가 중의 하나라는 사실을 보여 준다. 만약 이와 같은 빈부 격차의 확대를 계속 허용한다면 중국은 사회·정치적 안정을 유지할 수 없다.

둘째, 4대 민생 문제의 해결, 그중에서 특히 취업의 확대도 중국이 해결해야 할 중점 과제다. 셋째, 광산 사고와 같은 산업재해, 지진이나 홍수와 같은 자연재해에 효과적으로 대응하여 국민의 생업과 안전을 지키고, 법질서와 치안을 확보하여 사회 안정을 유지하는 과제도 매우 중요하다. 후진타오 정부는 2010년 '아랍의 봄(Arab spring)' 이후 '사회 관리의 강화'라는 이름으로 이 문제에 적극 대응해 왔지만, 일반 국민은 아직도 커다란 불안감 속에서 살고 있다. 마지막은 농민을 차별하는 호적제도(戶籍制度)를 전면적으로 개혁하는 과제다. 지역 격차와 도농 격차는 호적제도의 개혁 없이는 해소될 수 없기 때문에, 이것 또한 매우 중요한 숙제의 하나다.

(3) 민족주의 확산과 '중국위협론'

중국이 처한 국제 환경이 크게 변하면서 시진핑 정부는 새로운 외교적 과제에 직면해 있다. 무엇보다 중국이 세계 강대국으로 급부상하면서 아시아 국가의 '중국경계론' 혹은 '중국위협론'이 다시 확산되고 있다. 앞에서 보았듯이 최근 몇 년 사이에 미국과 중국 간의 국력 격차가 좁혀지고 중국과 일본 간에는 국력 격차의 역전이 발생(표 1-2와 표 1-3 참고)했기 때문이다. 한국도 예외는 아니다. 2010년 천안함 폭침 사건과 연평도 포격 사건 이후 한국 사회에도 '중국위협론'이 전과 다르게 확산되고 있다.

그래서 일부 아시아 국가들은 중국이 확고하게 세계 강대국이 되기 전에 영해 분쟁 등 현안을 조기에 해결하거나 혹은 자국에 유리한 상황을 조성하기 위해 중국을 상대로 도발적인 정책을 추진하기 시작했다. 2009년 무렵부터 필리핀과 베트남이 남중국해에서 중국의 반대를 무릅쓰고 석유 탐사를 추진한 것이 대표적인 사례다. 또한 아시아 국가 대부분은 급부상하는 중국을 견제하기 위해 미국의 개입을 요청하고 있다.

따라서 시진핑 정부는 '포스트덩샤오핑의 외교 전략'을 마련해야 한다. 사실 장쩌민 정부와 후진타오 정부는 '덩샤오핑 없는 덩샤오핑 외교 전략'을 추진해 왔다. 덩샤오핑 외교 전략의 핵심은 경제 발전에 전념할 수 있는 평화롭고 안정적인 국제 환경을 조성하기 위해 강대국 및 주변국과 다양한 우호 관계를 유지하는 것이다. 단 주권·영토·발전 등 '핵심 이익(core interest)'과 관련된 문제에는 비타협적으로 대응한다는 방침이다. 우리에게도 친숙한 '도광양회 유소작위(韜光養晦有所作爲, 실력을 감추고 때를 기다리되 할 바는 한다.)'는 덩샤오핑의 외교 전략을 표현한 말이다. 이는 미국을 중심으로 한 서방세계의 견제를 뚫고 중국이 지역 강대국으로 도약하기 위해 필요한 전략이었다.

그러나 국내외 조건과 상황이 크게 달라졌기 때문에 외교 전략의 변화가 불가피하다. 우선, 주체적 조건이 변했다. 중국은 이미 지역 강대국을 넘어서 세계 강대국으로 빠르게 부상하고 있다. 이에 따라 중국이 관여해야 하는 영역과 과제가 급속하게 확대되었다. 새로운 국제경제체제의 형성, 비전통적 안보 문제(예를 들어, 환경, 에너지, 범죄, 빈곤)의 해결, 지역 및 세계 분쟁의 해결, 광범위한 중국의 해외 투자와 무역의 보호 등 중국이 전과 다르게 직접 개입해야 하는 과제가 급격히 증가한 것이다. 이로 인해 국내 경제 발전에만 전념한다는 덩샤오핑의 방침은 더 이상 유지되기 어렵게 되었다.

또한 중국에 대한 미국 등 기존 강대국과 아시아 주변국의 태도가 강경해졌다. 먼저 미국은 아시아 지역에서 상대적인 지위 약화를 절감하면서 지역 패권을 유지하기 위해 적극 나서기 시작했다. 2010년부터 본격적으로 추진되고 있는 오바마 정부의 '아시아 선회(pivot to Asia)' 정책이 바로 그것이다. 일본도 군사력 증강을 포함한 좀 더 적극적이고 공세적인 중국 정책을 추진하고 있다. 2012년에 등장한 아베 신조(安倍晉三) 정부는 이를 잘 보여 준다. 중국과 영해 분쟁을 겪고 있는 필리핀이나 베트남 등 아시아 주변국도 마찬가지다. 이런 객관적 환경의 변화에 직면하여 기존의 방침을 고수하는 것은 더 이상 타당하지 않게 되었다.

따라서 시진핑 정부는 이런 국내외의 변화에 능동적으로 대응할 수 있는 새로운 외교 전략을 수립해야 한다. 중국 내에서는 이미 이에 대한 논쟁이 시작되었다. (이에 대해서는 이 책 8장에서 살펴볼 것이다.) 다만 현재 상황을 놓고 볼 때 새로운 외교 전략이 쉽게 수립될 수 있을 것 같지는 않다. 새로운 정책을 둘러싸고 다양한 이익집단의 목소리가 높아지면서 이를 조율하는 것이 점점 어려워지고 있기 때문이다. 최근 급증하고 있는 군의 공개적인 입장 표명이 대표적인 사례다. 또한 통치의 정당성이 부족한 공산당은 국민의 목소리에 민감하게 반응할 수밖에 없다. 그래서 공격적인 성향을 띠는 대중 민족주의가 외교정책의 결정에 점점 더 커다란 영향을 끼치고 있다. 이러한 다양한 집단의 요구와 목소리를 적절하게 관리하면서 국익의 극대화를 위해 필요한 합리적인 외교정책을 결정하고 추진하는 것은 결코 쉽지 않다.

중국의 개혁 논쟁과 시진핑 시대의 중국

지난 30여 년 동안 중국은 다른 어떤 국가도 시도한 적이 없는 새로운 모험을 감행했다. 개혁·개방 정책의 전면적인 추진이 바로 그것이다. 그러다 보니 개혁·개방 정책은 논쟁 속에서 만들어지고 논쟁 속에서 발전했다. 특히 이런 논쟁은 중요한 고비마다 중국이 직면한 문제와 해결 방안을 모색하는 과정에서 전개되었다. 중국은 이런 논쟁의 결과에 근거하여 새로운 방침이나 정책을 결정하고 추진했던 것이다.[1] 한마디로 지난 '개혁·개방의 30년'은 동시에 '논쟁의 30년'이었다. 논쟁은 정치·경제·사회·문화 등 여러 영역에서 많은 쟁점을 중심으로 전개되었다. 그중에서 가장 대표적인 것이 바로 개혁·개방의 정책 내용과 추진 방식을 중심으로 전개된 논쟁이다.

구체적으로 《인민일보》 기자 출신의 저술가인 마리청(馬立誠)에 의하면, 지난 30년 동안 중국에서는 모두 네 차례의 '대(大)논쟁'이 전개되었다. 1차는 1978년부터 1982년까지 전개된 '두 개의 무릇(兩個凡是)' 대 '개혁·개방' 간의 논쟁이다. 이것은 마오쩌둥의 정신 계승을 주장하는 화궈펑(華國鋒) 진영과 개혁·개방을 주장하는 덩샤오핑/후야오방(胡耀邦) 진영 간에 벌어진 논쟁이다. 후자가 승리함으로써 개혁·개방 정책이 본격적으로 추진될 수 있었다.

2차는 1989년부터 1992년까지 벌어진 '계획경제' 대 '시장경제' 간의 논쟁이다. 이것은 계획경제의 유지를 주장하는 '보수파' 진영(천원이 대표)과 시장경제의 전면적인 도입을 주장하는 '개혁파' 진영(덩샤오핑이 대표) 간에 벌어진 논쟁이다. 후자가 승리함으로써 1992년 공산당 14차 당대회에서 '사회주의 시장경제론'이 당 노선으로 채택되었고, 시장경제와 대외 개방이 본격적으로 추진될 수 있었다.

3차 논쟁은 1990년대 후반부터 2002년까지 전개된 '사영경제' 논쟁이다. 이것은 사영경제의 지위, 사유재산의 보장, 사영기업가의 공산당 입당 허용 등을 둘러싸고 벌어진 논쟁이다. 이후 헌법 개정을 통해 사유재산이 보장되고, 삼개대표론(三個代表論)이 당 노선으로 확정되어 사영기업가의 정치적 권리가 보장됨으로써 논쟁이 일단락되었다. 4차는 2005년부터 2006년까지 '소유

권법(物權法)’의 제정을 둘러싸고 벌어졌던 개혁의 결과에 대한 평가 논쟁이다. 개혁의 성과를 인정하고 현행 개혁 방침을 고수할 것을 주장하는 진영과 이를 비판하는 진영(‘신좌파(新左派)’가 중요한 세력이었다.) 간에 논쟁이 벌어졌다.[2]

이런 논쟁의 역사를 반영하듯 현재 중국에는 개혁에 대해 서로 다른 입장을 취하고 있는 다양한 사상이 존재한다. 앞에서 살펴본 마리청은 이를 여덟 가지로 세분했다. 첫째는 공산당의 공식 입장으로 ‘덩샤오핑 이론’ 혹은 ‘중국 특색의 사회주의사상’이다. 둘째는 마오쩌둥 말년의 사상을 옹호하는 ‘구좌파(老左派)’이고, 셋째는 서구의 네오마르크스주의(neo-Marxism)의 영향을 받은 ‘신좌파’다. 넷째는 유럽의 사회민주주의(social democracy)의 영향을 받은 ‘민주사회주의’이고, 다섯째는 서구 자유주의의 도입을 주장하는 자유주의다. 여섯째는 중화민족의 중흥을 주장하는 민족주의이고, 일곱째는 인민주의 혹은 대중 추수주의(民粹主義, popularism)이다. 마지막은 신유가(新儒家) 사상의 영향을 받아 중국에서 유가 사상의 부흥을 꾀하는 신유가다.[3]

후진타오 체제 10년(2002~2012년) 동안에도 많은 논쟁이 있었다. 예를 들어, 2004년 라모(Joshua Cooper Ramo)가 『베이징 컨센서스(*Beijing Consensus*)』를 출간한 이후 최근까지 중국에서는 ‘중국 모델(中國模式)’을 어떻게 볼 것인가를 놓고 논쟁이 전개되었다. 이는 단순한 학술 논쟁이 아니라, 중국의 개혁·개방을 어떻게 평가할 것인가 또한 소프트파워 전략의 일환으로 어떻게 이를 이용하여 미국 중심의 서구 모델에 대응할 것인가에 대한 정책 논쟁이기도 하다.[4] 2000년대 후반기에는 보시라이(薄熙來)가 충칭에서 실시한 정책을 형상화한 '충칭 모델(重慶模式)'이 제기되었고, 이것이 왕양(汪洋)의 '광둥 모델(廣東模式)'과 대비되어 일대 논쟁이 전개되었다.[5]

그렇다면 시진핑 시대의 중국을 이해하기 위해 어떤 논쟁을 검토해야 하는가? 이 글에서는 세 가지 논쟁을 검토하려고 한다. 첫째는 '중간 소득 함정(中等收入陷阱, middle-income trap)' 대 '이행 함정(轉型陷阱, transition trap)' 간의 논쟁이다. 이 논쟁은 2007년 세계은행이 동아시아 개발도상국의 문제를 점검하는 보고서를 발간하면서 시작되어 현재까지 진행되고 있다. 둘째는 '정치개혁 우선론' 대 '사회개혁 우선론' 간의 논쟁이다. 이것도 2000년대 후반에 제기되어 현재까지 이어지는 중국의 개혁 방침과 관련된 논쟁이다. 셋째는 정치개혁의 방향에 대한 것으로, '중국 특색의 민주론' 대 '보편적 민주론' 간의 논쟁이다. 이 논쟁은 앞의 두 논쟁과 달리 1980년대부터 이어져 온 오래된 논쟁이다. 다만 2008년 무렵부터 중국의 부상이 급속하게 진행되면서, 또한 자유주의 인사들이 일종의 저항 운동으로 보편적 민주를 주장하면서 사회적 쟁점으로 다시 부각되었다.

이 세 가지 논쟁을 선택한 이유는, 이것이 중국의 현재를 평가하고 미래를 전망하는 데 매우 의미가 있기 때문이다. 한마디로 이들 논쟁은 중국이 직면한 문제의 본질과 내용이 무엇이고,

이런 문제를 해결하려면 어떤 정책을 어떤 방식으로 추진해야 하는가에 대한 핵심 쟁점을 담고 있다. 이런 점에서 이것들은 중국의 개혁 문제를 둘러싼 가장 포괄적이면서도 중요한 논쟁이다. 이를 분석함으로써 중국의 현재 고민과 향후 전개 방향을 이해할 수 있는 것은 이 때문이다.

이 장에서 검토하는 논쟁의 발생 시기는 2007년 공산당 17차 당대회를 전후한 시기부터 현재까지다. 분석 자료는 가급적 주요 신문과 정치 잡지의 글을 사용하려고 노력했다. 학술지에 실린 논문이나 학술적인 성격의 저서보다는 신문과 잡지의 글이 사회적 흐름을 더 빨리 반영할 뿐 아니라 공산당과 정부의 정책에 대한 영향력도 더 크다고 판단되기 때문이다. 물론 필요할 경우에는 주요 학자나 언론인의 저서도 참고했다.

또한 이 장에서는 주요 쟁점에 대한 각 입장의 타당성에 대한 분석보다는 각 논쟁을 체계적이고 객관적으로 정리하고 전달하는 데 중점을 둘 것이다. 각 입장의 타당성 여부는 '옳고 그른' 가치판단의 문제가 아니라, 결국은 중국 국민과 정부가 다수의 의견을 수렴하여 결정하고 집행할 정책 판단의 문제이기 때문이다. 동시에 시간이 흐르면 어느 입장이 현실을 더 정확히 진단하고 더 적절한 대응책을 제시했는지도 어느 정도 드러날 수 있기 때문이다.

1 중간 소득 함정 vs. 이행 함정

이 논쟁은 중국의 국가 발전 전략의 수립과 관련하여 매우 중요한 의미가 있다. 핵심 쟁점은 현재 중국이 당면한 문제(과제)의 성격을 어떻게 볼 것이며, 어떤 정책을 통해 이 문제(과제)를 해결할 것인가다.

(1) 중간 소득 함정론

먼저 중간 소득 함정론이 제기되는 과정에 대해 간단히 살펴보자. 세계은행은 2007년 4월에 『동아시아·태평양 최신 정보』에서 「위기 이후의 10년」이라는 보고서를 출간했다. 이 보고서가 중간 소득 함정 문제를 본격적으로 제기했던 것이다.[6] 이에 따르면, 1997~1998년 아시아 금융위기 이후 10년 동안 이 지역 국가들은 지속적인 경제성장을 달성했고, 2010년 무렵이면 90퍼센트의 동아시아인들이 중간 소득 지위(연간 수입이 900달러 이상)에 도달할 예정이다. 그런데 향후에 세 가지 과제를 제대로 해결하지 못하면 동아시아 개발도상국은 경제성장이 둔화되어 고소득 수준에는 도달해 보지도 못할 위험이 있다. 즉 중간 소득 함정에 빠질 가능성이 크다.

그래서 이런 동아시아 개발도상국이 직면한 첫째 과제는 지속 가능한(sustainable) 고성장을 유지하는 것이다. 중국의 경우, 고성장을 유지하기 위해서는 환경오염의 악화, 투자 과다와 소비

부족, 도농 소득 격차의 확대 등의 문제를 해결해야 한다. 둘째 과제는 빈곤과 불평등의 해소다. 이를 해결하지 못하면 정치·사회적 혼란에 빠지고 이로 인해 고성장이 멈출 수도 있다. 셋째 과제는 취약성(vulnerability) 혹은 위기관리의 강화다.

한편 이 보고서에 따르면, 중국이 이 세 가지 과제를 해결하여 중간 소득 함정에서 벗어나기 위해서는 다섯 가지의 정책을 실행해야 한다. 즉 투자 환경의 개선, 자본시장의 다양화, 서비스 무역의 자유화, 고품질의 사회 기반 시설의 확충, 숙련 노동력 부족의 해결이 그것이다.[7] 이것은 2007년에 출간된 세계은행의 다른 보고서에서도 반복적으로 지적되고 있다.[8]

중국의 중간 소득 함정 문제에 대한 논의는 2012년 2월에 세계은행과 국무원 발전연구센터가 함께 발간한 『2030년 중국: 현대적이고 조화로우며 창조적인 고소득 사회의 건설』에서 더욱 상세하게 다루고 있다.[9] 이 보고서에 따르면, 중국은 2030년 무렵이면 미국을 제치고 세계 1위의 경제대국이 되고, 동시에 고소득 국가의 대열에 들어설 가능성이 있다. 단 조건이 있다. 즉 중국이 현재 직면한 주요 문제를 잘 해결하기 위해 적절한 정책을 추진해야 한다는 것이다. 오직 이럴 경우에만 중국도 '고소득 국가로의 길'을 걸을 수 있다.

참고로 이 보고서에 의하면, 1960년에 101개에 달했던 중간 소득 국가 중에서 2008년에는 단지 열세 개 국가만이 고소득 국가 대열에 들어설 수 있었다. 나머지는 여전히 중간 소득 국가에 머물러 있다. 아시아에서는 한국·일본·홍콩·대만·싱가포르, 유럽에서는 스페인·그리스·아일랜드·포르투갈, 기타 지역에서는 이스라엘·푸에르토리코·적도기니(아프리카 중부 왼쪽에 위치한 작은 나라)·모리셔스(아프리카 대륙 동쪽 인도양에 있는 도서 국가)가 이런 국가들이다. 이는 이들 국가가 매년 7퍼센트 정도의 경제성장을 25년 정도 지속함으로써 가능했던 것이다.[10] 이 말은 중국이 고소득 국가 대열에 들려면 매년 7퍼센트 정도의 성장률을 향후 10년 정도는 더 유지해야 한다는 점을 암시한다. 왜냐하면 중국은 2003년에야 비로소 1인당 국민소득(GDP) 1000달러에 도달하여 중간 소득 국가가 되었기 때문이다.

구체적으로 중국은 현재 몇 가지 리스크에 직면해 있다. 가장 심각한 위험은 성장이 급격히 둔화될 수 있다는 점이다. 이러한 가능성은 크게 두 가지 요인에 의해 일어날 수 있다. 하나는 거시 경제의 충격이다. 예를 들어, 부동산 가격의 폭락과 건축 경기의 위축, 해외 선진국 시장의 위축과 수출 축소에 의해 성장률이 둔화될 수 있다. 다른 하나는 중간 소득 함정이다. 임금 상승 등으로 가격 경쟁력은 상실했는데 혁신을 통한 생산성 향상 등은 아직 이루어지지 않아 전체적으로 국제 경쟁력이 저하될 경우, 중국은 중간 소득 함정에 빠질 수 있다. 또한 중국의 급격한 성장 둔화는 사회적 불평등의 심화, 중산층의 정치적 요구의 증대, 환경오염의 악화 등에 의해 촉진될 수 있다.[11]

이 보고서에 의하면, 중국이 급격한 성장 둔화를 피하기 위

해서는, 반대로 상대적 고성장에서 점진적 저성장(즉 2011~2015
년 동안에는 연 8.5퍼센트에서, 2026~2030년 동안에는 연 5퍼센트)으로
연착륙에 성공하기 위해서는 여섯 가지의 정책을 추진해야 한다.
첫째, 시장경제의 기초를 강화하기 위해 정부, 국유 기업, 금융 등
의 구조 개혁을 추진해야 한다. 둘째, 혁신을 가속화하고 개방적
인 혁신 체제를 수립해야 한다. 셋째, 녹색 성장의 기회를 잡아야
한다. 넷째, 전 국민을 위한 사회 안전망의 기회를 확대 추진해야
한다. 다섯째, 정부의 재정개혁을 추진하여 재정체제를 강화해야
한다. 여섯째, 국제 사무에 적극 참여함으로써 세계와 호혜적인
관계를 추구해야 한다.[12]

이와 같은 세계은행의 중간 소득 함정론은 중국에 소개되어
많은 논란을 불러일으켰다. 특히 2008년 하반기 세계 금융위기
이후 미국과 유럽의 선진 경제가 침체에 빠지면서, 국내외 경제
환경의 악화로 중국이 중간 소득 함정에 빠질 가능성이 높다는
위기의식이 전 사회적으로 고조되었다. 그래서 정부는 재정 확대
등 경기 부양책과 함께 산업구조의 고도화를 위한 경제개혁을 좀
더 적극적으로 모색하기 시작했다.

그렇다면 중국 학자들은 이 문제를 어떻게 보고 있을까? 우선
세계은행의 여러 보고서가 지적한 중간 소득 함정 문제가 중국에
도 존재한다는 사실을 인정한다. 예를 들어, 2011년 7월 25일《인
민일보》는 중간 소득 함정론에 대한 특집 기사를 실어 중국이 직
면한 경제 및 사회의 위험에 대해 상세하게 설명했다. 여기서 지

적한 위험은 앞에서 살펴본 세계은행과 국무원 발전연구센터의 2012년 보고서의 내용과 거의 유사하다. 또한 이 기사는 중국이 몇 가지 정책을 통해 중간 소득 함정을 충분히 극복할 수 있다고 주장했는데, 그 정책도 2012년 보고서의 정책 제안과 크게 다르지 않다.[13] 다른 연구자들도 다양한 시각에서 중국의 중간 소득 함정 문제를 분석했다.[14]

이처럼 중국의 중간 소득 함정 문제를 분석하는 대부분의 전문가나 경제 관료는 중국이 중간 소득 함정을 충분히 극복할 수 있다고 주장한다. 세계은행 부총재를 역임한 베이징대학교의 린이푸(林毅夫) 교수가 대표적이다. 그에 따르면, 중간 소득 함정에서 벗어난 열세 개 국가는 공통적으로 다섯 가지의 특징을 갖고 있다. 첫째, 개방경제로서 혁신과 산업구조 조정 과정에서 세계의 지식과 기술을 적극 활용했다. 둘째, 거시적인 안정을 달성했다. 셋째, 높은 저축률과 높은 투자를 유지했다. 넷째, 모두 시장경제 체제다. 다섯째, 효율성 높은 정부가 경제 발전 과정에서 적극적인 역할을 수행했다.

린이푸 교수에 따르면, 이로 판단하건대 중국도 중간 소득 함정에서 벗어날 수 있는 충분한 능력과 조건을 갖추고 있다. 다만 점진적 개혁 방식에서 오는 '이중궤도제도(雙軌制)', 즉 계획경제의 구제도와 시장경제의 신제도가 혼재되어 있는 문제가 있기 때문에 철저한 개혁을 통해 시장경제 하나만의 '단일궤도제도(單軌制)'를 수립해야 한다. 또한 그 과정에서 정부가 적극적인 역할(예를 들어, 지적재산권 보호와 혁신 장려, 과학기술 기초 연구와 상업화 등)을 수행해야 한다.[15] 다른 많은 중국 전문가도 비슷한 주장을 한다.[16]

또한 중국 내외의 많은 연구에 의하면, 중국은 2020년까지 연 7퍼센트 성장을 무난히 달성할 수 있을 것으로 예측된다. 앞에서 살펴본 세계은행과 국무원 발전연구센터의 보고서와 2011년에 발간된 칭화대학교 국정연구센터의 보고서가 대표적인 사례다.[17] 공산당과 정부도 이렇게 낙관하고 있다. 그래서 2012년 11월 18차 당대회에서 2020년까지의 경제 발전 목표를 연 7~7.5퍼센트의 성장으로 결정했던 것이다. 이 문제에 대해서는 이 책 4장에서 상세히 살펴볼 것이다.

물론 현재와 같은 성장 방식으로는 중국이 연 7퍼센트의 성장을 달성할 수 없다고 보는 시각도 있다. 중국은 주로 국가 투자에 의존해서 성장을 지속하고 있는데, 이로 인해 효율 저하, 인플레이션, 임금 인상, 인민폐 평가절상 등의 문제가 발생한다는 것이다. 이를 해결하기 위해서는 규제 완화, 소비 확대 등의 정책을 적극 추진해야 하는데, 이는 쉬운 일이 아니다. 그래서 향후 중국은 연 5퍼센트 정도의 성장을 달성할 것으로 예측된다.[18] 이처럼 중국의 경제성장을 비관적으로 보는 견해도 있는데, 전체적으로 보면 이는 소수의 견해라고 할 수 있다.

(2) 이행 함정론

칭화대학교의 쑨리핑(孫立平) 교수를 중심으로 한 일군의 연구팀은 중간 소득 함정론이 잘못된 현실 진단이라고 비판한다. 대신 이들은 현재 중국이 직면한 진짜 문제는 이행 함정이라고 주장한다. 간단히 말해 중국의 총체적인 문제는 1978년 이후 지금까지 추진해 오고 있는 체제 이행(system transition)이 제대로 진행되지 않으면서 발생하는 문제라는 것이다.[19] 이들은 이런 중국의 상황을 이렇게 표현한다. 과거 "돌다리를 더듬으며 냇가를 건너던 것(摸著石頭過河)"에서 현재는 "돌다리를 더듬는 것이 습관이 되어 냇가를 건널 생각조차 하지 않는 것(摸石頭摸上癮了卻連河也不想過了)"으로 바뀌었다는 것이다.

먼저, 이행 함정의 전형적인 특징은 크게 두 가지 요소의 결합에 의해 '기득권 이익(旣得利益)의 극대화'로 나타난다. 첫째는 개혁 과정에서 일시적으로 나타나는 과도기 체제의 요소가 굳어져 고착화되는 '과도 체제의 정형화(定型化)'다. 둘째는 경제 및 사회 발전이 이상한 형태로 진행되는 '발전의 기형화(奇形化)'다.

또한 이행 함정은 이런 두 가지 문제를 포함하여 크게 다섯 가지의 징후를 보인다. 첫째는 경제 발전의 기형화다. 중국은 이미 '고성장 시대'가 끝났을 뿐 아니라 발전의 '고비용 시대'에 접어들었다. 이런 측면에서 중간 소득 함정의 '징조'가 나타나고 있는 것은 사실이다. 그러나 경제성장 그 자체가 심각한 문제는 아니다. 중국은 아직 충분한 성장 잠재력을 가지고 있기 때문이다. 예를 들어, 농촌의 도시화만으로도 일정한 성장률을 확보할 수 있다. 게다가 중국 정부는 막대한 자원을 보유하고 있어 성장을 추동할 수 있다. 문제는 경제 발전이 '기형화'되었다는 점이다. 구체적으로 중국의 경제 발전이 "첫째, 점점 더 정부 투자에 의해 추동되고, 둘째, 점점 더 독점 국유 기업의 성장에 의존하고, 셋째, 점점 더 대규모 프로젝트, 심지어 거품(泡沫)에 의해 추동되며, 넷째, 점점 더 자원 고갈과 환경오염의 대가에 의존하는 것"이 문제다.

그렇다면 경제 발전이 왜 기형화되었는가? 이는 정책 추구가 경제성장 일변도이기 때문이고, 이는 다시 세 가지 이유 때문에 나타났다. 첫째는 기득권 집단의 부 축적이다. 경제성장을 통해서만 이익 구도의 변화 없이 이익을 계속 추구할 수 있기 때문에 이들은 경제성장 일변도만을 지향했다. 둘째는 체제 개혁을 회피하는 대가로 '케이크의 크기'를 키워 여러 사회 계층과 집단의 불만을 잠재우기 위해서다. 셋째는 사영 경제가 침체하면서 경제성장을 유지하기 위해서는 오로지 정부 투자에만 의존해야 했기 때문이다.

둘째는 개혁의 과도기 체제 요소의 고정화다. 현재의 체제 개혁(특히 정치개혁)은 사실상 중단되었는데, 이는 단순히 기득권 세력이 개혁을 반대했기 때문이 아니다. 이와 함께 개혁이 기득권 세력의 이익 확대 수단으로 전락하면서 구체제와 신체제가 혼재되고, 이것이 다시 국민의 이익을 침해하여 개혁에 대한 국민의 불신이 증가했기 때문이다. 예를 들어, 국유 기업의 문제점을 해결하기 위해 민영화를 추진했는데, 그 결과로 일부 당정 간부와 기업 경영층은 막대한 부를 축적하고 노동자의 실업은 증가했다.

그래서 국민은 개혁에 대해 회의하고 심지어 반대하는 현상까지 나타났다.

셋째는 사회구조의 정형화와 이에 따른 '단절(斷裂) 사회'의 형성이다. 사회계층이 굳어져 계층 간 이동이 거의 불가능할 뿐 아니라 그것이 대물림되는 현상이 보편적으로 나타나고 있다. '부자 2세(富二代)', '가난뱅이 2세(貧二代)', '관료 2세(官二代)' 같은 용어의 유행은 이를 잘 보여 준다. 여기에 더해 '부자 증오(仇富)'와 '빈자 혐오(嫌貧)', 불안정감과 절망감의 확산 등 단절 사회의 분위기와 심리 상태(心態)가 만연해 있다.

넷째는 '안정 유지(維穩)' 우선의 정책 지향이다. 집단소요사건(群體性事件) 등 사회 불안 현상이 나타나자 전 사회적으로 '불안정 환상(不穩定幻想)'이 확산되고 조장되었다. 불안정 환상은 '사회 모순이 매우 많고 심각하며, 사회 혼란이 발생할 가능성이 매우 크다는 주관적인 느낌'을 가리킨다. 이에 따라 사회 안정의 유지가 최우선이라는 '대안정 모델(大維穩模式)'이 만들어지고, 기득권 세력이 체제개혁을 거부하는 구실로 이 논리를 이용한다. 그래서 대안정 모델의 확산과 조장이 바로 기득권 세력의 '사회 납치(綁架社會)'라는 것이다. 이 논리에 의해 기득권 세력의 이익을 침해할 수 있는 정치개혁이 중단되고 국민의 정당한 항의도 거부되기 때문이다. 반면 안정을 강조하고 이에 대한 정책을 실시하면 실시할수록 불안정이 증가하는 '안정 유지의 악순환(維穩的怪圈)'이 확대 재생산되고 있다. 집단소요사건의 증가는 그 한 예다.

다섯째는 '사회 괴멸(社會潰敗, social decay)'의 증가다. 인체에 비유하면, 겉은 멀쩡하지만 속에서는 세포가 괴사하고 근육과 뼈가 기능을 하지 못하는 현상이다. 구체적으로 지방 권력이 통제 불능 상태에 빠지고 규범을 상실하여 국민의 재산 갈취와 폭력이 난무한다. 부패는 전 사회적으로 침투하여 어떻게 손을 쓸 수 없을 정도가 되었다. '강세 집단(強勢集團)'이 부를 축적하는 데 거리낌이 없고 사회정의와 공평은 실종되었다. 그 밖에도 '사회의 최저점(社會底綫)'이 무너지고 도덕이 실종되었으며, 직업윤리가 사라졌다. 전 세계 개발도상국과 후진국에서 전형적으로 나타나는 이른바 '거버넌스 결핍(governance deficit)' 현상이 중국에도 나타난다는 것이다.

그렇다면 이행 함정은 어떻게 만들어졌는가? 이는 크게 두 가지 이유 때문이다. 하나는 기득권 세력이 이를 형성하고 유지한 결과다. 다른 하나는 점진적 개혁 방식이 초래한 결과다. 먼저, 중국에는 '권력 주도의 이익공동체(즉 기득권 세력)'가 굳건하게 형성되었다. 크게 세 집단이 이를 구성한다. 첫째는 '권귀 집단(權貴集團)', 즉 혁명 가문(紅色家族) 출신의 비즈니스 집단이고, 둘째는 독점 국유 기업이며, 셋째는 유사 금융 그룹이다. 기득권 세력은 1980년대에는 '지대 추구(尋租)', 1990년대에는 '지대 설치(設租)'와 갈취 혹은 약탈, 최근에는 '국가와 사회의 납치'를 통해 부를 축적했다. 여기서 '납치'는 전 사회의 경제 및 사회 논리가 기득권 세력의 부 획득 논리에 기여하는 것을 말한다. 앞에서 말한

'안정 유지 최우선'의 논리로 개혁을 막고 국민의 저항을 진압하여 기득권 세력의 이익 추구를 보장하는 것이 대표적이다.

또한 점진적 방식의 개혁은 '권력-시장 혼합체제'라는 '정형화된 과도체제(定型化的過渡體制)'를 낳았다. 정치권력은 몇 가지 통제 수단을 이용하여 시장을 통제했다. 금융 통제, 기업(특히 국유 기업) 경영 기제 통제, 시장(특히 요소 시장) 통제, 경영 환경 통제가 바로 그것이다. 그 결과 정치권력이 완전히 통제하는 사회주의 계획경제도 아니고 그렇다고 시장이 주도하는 자본주의 시장경제도 아닌 권력과 시장이 얽히고설킨 혼합체제가 만들어진 것이다.

마지막으로 그렇다면 중국은 이행 함정에서 어떻게 벗어날 수 있는가? 우선 중국의 이행 목표가 무엇인가를 분명히 해야 한다. 이들에 의하면, '시장경제, 민주정치, 법치사회'를 특징으로 하는 '현대성(現代性) 사회'의 수립이 이행 목표가 되어야 한다. 이는 '인류의 핵심 가치'이며, 중국도 '인류 공통의 가치를 추구'해야 한다는 것을 의미한다. 이런 점에서 이행 함정에 빠진 중국을 정당화하는 이른바 '중국 모델'은 잘못된 것이다. 또한 현재 중국에서는 기득권 세력이 기존의 이익 구도를 유지하기 위해 인류 보편의 가치와 문명, 즉 시장경제, 민주정치, 법치사회를 거부하고 있으며, 중국 모델은 이를 정당화한다는 점에서 문제가 있다.

구체적으로 이들은 중국이 이행 함정에서 벗어나기 위해 추진해야 할 몇 가지 정책을 제안한다. 첫째, 정치개혁으로 사회의 활력을 다시 찾아야 한다. 정치개혁은 "민감하지 않고", "위와 아

래 모두에 동력이 있으며", "잠재력이 있는" 분야에서 시작해야
한다. 이렇게 볼 때 권력 운영의 공개 촉진과 권력 제약 기제의
수립을 정치개혁의 돌파구로 삼아야 한다. 둘째, 국민의 참여를
통해 기득권 세력의 세력 구도를 깨야 한다. 이런 면에서 2008년
세계 금융위기 이후 서구 사회에서 전개된 '월 스트리트 점령' 운
동은 참고할 만하다. 이처럼 국민의 참여를 기초로 개혁과 이행
을 강력하게 추동할 수 있는 '상층 설계(頂層設計)'를 만들어 실시
해야 한다. 셋째, 공평과 정의를 개혁의 기본 가치로 삼아 다시 한
번 '개혁 공감대(改革共識)'를 형성하여 개혁의 동력을 회복해야
한다. 그리고 "진정한 공평과 정의는 오직 민주와 법치의 기초 위
에서만 실현될 수 있다. 이런 의미에서 민주와 법치의 수립이 미
래 중국 개혁의 핵심 내용이 되어야 한다."

2 정치개혁 우선론 vs. 사회개혁 우선론

《환구시보(環球時報)》의 인터넷 사이트에는 '논쟁(爭鳴)' 코너
가 있다. 여기서 '정치개혁과 사회개혁 중 어느 것이 더 절박한
가?'를 주제로 2012년 4월부터 현재(2013년 3월 말)까지 논쟁이 지
속되었다. 참고로 2013년 3월 15일을 기준으로 '정치개혁 우선론'
은 2670명, '사회개혁 우선론'은 6104명의 네티즌이 지지를 표시
했다. 이를 놓고 보면, 현재 중국에서는 정치개혁보다 사회개혁이

더 절박한 과제라고 생각하는 네티즌이 약 2.5배 정도 더 많다고
할 수 있다.

이처럼 지난 몇 년 동안 중국에서는 정치개혁이 우선이냐 사
회개혁이 우선이냐를 놓고 논쟁이 벌어지고 있다. 이는 향후 중
국이 어떤 영역을 중심으로 개혁을 추진해야 하는가에 대한 중요
한 논쟁이다. 이런 점에서 사회개혁 우선론이 다수파라는 사실은,
시진핑 시대에도 정치개혁, 특히 민주적 정치개혁보다는 사회개
혁이 중점적으로 전개될 가능성이 높다는 점을 보여 준다. 이런
방식의 개혁이 공산당의 권력 독점에 유리할 뿐 아니라, 공산당
이 사회의 다수 의견을 무시하는 것은 현명하지 않기 때문이다.

(1) 정치개혁 없는 경제성장은 불가능하다

《환구시보》 '논쟁' 코너에는 정치개혁 우선론을 주장하는 중
앙사회주의학원의 왕잔양(王占陽) 교수의 글이 있다. 그에 따르면,
향후 10년은 중국에게 있어 '관건(關鍵)'의 시기다. 이 기간 내에
정치개혁을 추진하여 부패 문제와 빈부 격차를 해결하면 중국은
계속 발전하겠지만, 그러지 못하면 심각한 위기에 직면할 수 있
기 때문이다. 특히 "정치개혁 없는 사회개혁은 현재의 이익 구조
를 유지하여 특수 기득권 세력의 이익은 조금도 건드리지 않으면
서 일반 국민만 먹이로 전락시키는 것으로, 사실상 위선이고 기
만이다." 그래서 "정치개혁, 경제개혁, 사회개혁은 삼위일체지만,
그중에서 정치개혁이 핵심"이다.

구체적으로 정치개혁을 우선적으로 실시해야 하는 이유는 크게 네 가지다. 첫째, 분배제도의 개혁을 위해서다. 빈부 격차가 계속 확대되는 가장 중요한 이유는 부(富)가 견제받지 않는 소수의 권력과 자본에 집중되기 때문이며, 이는 대중의 정치 참여가 없기 때문에 발생한다. 둘째, 부패 문제를 해결하는 주된 경로는 정치개혁을 통해 권력을 제약하는 것이다. 셋째, 내수 확대를 위해서도 정치개혁이 필요하다. 내수 확대를 위해서는 분배제도 개혁이 필요하고, 분배제도 개혁을 위해서는 정치개혁이 필요하기 때문이다. 넷째, 인민의 민주적 수요를 충족시키기 위해서도 정치개혁이 필요하다.[20]

사실 이런 왕잔양 교수의 주장은 1980년대부터 있어 왔던 것이다. 그 선도자는 덩샤오핑 본인이었고, 최근에는 원자바오 총리가 덩샤오핑의 뜻을 받들어 이런 주장을 계속해 왔다. 예를 들어, 원자바오 총리는 2010년 8월 20일 광둥성 선전시를 방문하여 정치개혁과 개혁 · 개방 정책의 대담한 추진을 촉구했다.[21] 이후 그는 2010년 9월 말까지 두 달 동안 모두 여섯 차례나 정치개혁의 필요성을 언급했다. 이러한 원자바오 총리의 정치개혁 촉구는 2011년 3월의 11기 전국인대 4차 회의에서도 지속되었다.

원자바오 총리는 정치개혁을 당장 추진해야 하는 다섯 가지 이유를 제시했다. 첫째, 개혁을 통해서만 당과 국가의 생기와 활력이 유지될 수 있다. 둘째, 정치개혁이 있어야만 경제개혁을 보장할 수 있다. 다시 말해 정치개혁이 없으면 경제개혁은 성공할 수 없다. 셋째, 중국의 최대 위험인 부패를 해결하기 위해서는 인민이 정부를 비판하고 감독할 수 있도록 해야 한다. 넷째, 사회 안정의 기초인 공평과 정의를 실현하기 위해서는 정치개혁이 필요하다. 마지막으로, 인민의 적극성을 보장하기 위해 필요하다.[22] 이런 원자바오 총리의 주장은 왕잔양 교수의 주장과 매우 유사하다.

한편 학계에서도 정치개혁 우선론을 지속적으로 주장해 온 사람들이 있다. 예를 들어, 경제학 분야에서는 원로학자인 우징롄(吳敬璉)과 마오위스(茅于軾)가 정치개혁의 조속한 추진을 일관되게 주장해 왔다.[23] 이들은 단순한 정치개혁이 아니라 민주와 법치를 핵심으로 하는 '민주개혁'을 주장했다는 점에서 원자바오 총리와는 다르다. 사회학 분야에서는 앞에서 살펴본 쑨리핑 교수가 있다. 그에 따르면, 정치개혁을 돌파구로 삼아 이행 함정을 극복해야 한다. 특히 정치개혁 중에서도 다음 네 가지는 꼭 필요하다. 첫째는 과도하게 팽창한 권력의 제약이 가장 시급하다. 둘째는 기득권 세력을 규제해서 공평한 조건에서 공정한 규칙을 지키게 만드는 것이다. 셋째는 법치의 기초를 놓는 것이다. 넷째는 국민의 권리를 확실하게 보장하여 사회 역량의 성장을 촉진하고 민주 제도의 건설을 추진하는 것이다. 이런 네 가지 정치개혁을 추진해야만 중국이 추구하는 '공평과 정의 사회'를 건설할 수 있다.[24]

정치학 분야에서는 중앙편역국의 위커핑(兪可平) 교수와 중국정법대학의 고(故) 차이딩젠(蔡定劍) 교수가 정치개혁 우선론을 주장한 대표적인 학자들이다. 예를 들어, 위커핑 교수는 2006년

『민주는 좋은 것이다』를 출간한 이후 최근까지 민주적인 정치개혁의 필요성을 지속적으로 주장해 왔다.[25] 정치개혁이 필요한 이유는 앞에서 살펴본 왕잔양 교수나 원자바오 총리의 주장과 크게 다르지 않다. 다만 위커핑 교수가 주장하는 정치개혁의 내용은 현재 공산당이 추진하고 있는 정치개혁의 내용과 크게 다르지 않다는 특징이 있다.

예를 들어, 위커핑 교수는 "민주의 추진은 막을 수 없는 세계 역사의 흐름"이라고 주장하면서, 중국도 민주개혁을 적극 추진해야 한다고 강조한다. 그러면서 이를 위해 몇 가지를 실시해야 한다고 주장한다. 첫째, "인민 민주의 기치를 높이 들고 민주 담론의 주도권을 장악한다." 이를 통해 "전체적이고 장기적인 각도에서 중국 민주정치 건설의 미래 발전을 모색 기획한다." 둘째, "중국 특색의 사회주의 민주정치의 정확한 길을 견지하여, 당의 영도, 인민의 주인화, 의법치국의 유기적 통일을 위해 노력한다." 셋째, 인민대표대회를 개혁한다. 넷째, 정치 협상 제도를 개선한다. 다섯째, 당내 민주를 수립한다. 여섯째, 기층 민주를 추진한다. 일곱째, 민주정치 건설의 몇 가지 관건 요소, 즉 당정 관계, 권력 감독, 간부 추천, 당내 선거, 기층 선거, 정치 투명, 선거 참여 등에서 "돌파성의 개혁 조치"를 마련한다.[26] 이상에서 알 수 있듯이 그가 말하는 민주는 현재 공산당이 말하는 민주와 다르지 않다.

위커핑 교수가 말하는 '중국 민주 발전 실현의 길'도 공산당의 입장과 크게 다르지 않다. 그에 따르면, 중국은 '세 가지의 길

(三條路)'을 추진해야 한다. 첫째 길은 "당내 민주로 사회 민주 혹은 인민 민주를 이끄는(帶動) 것이다." 둘째 길은 "기층 민주를 발전시켜 기층에서 점차 고층으로 올라가는 것이다." 셋째 길은 "작은 경쟁에서 많은 경쟁으로 가는 것으로, 민주는 당연히 경쟁적이어야 한다."[27] 이중에서 첫째 길은, 공산당 16차 당대회에서 "당내 민주로 인민 민주를 견인한다."와 17차 당대회에서 "당내 민주로 인민 민주를 이끈다."라는 방침이 결정되면서 공식적으로 추진되고 있다. 나머지 두 길도 지방 차원에서 점진적으로 추진되어 왔다.

차이딩젠 교수는 좀 더 단호하고 일관되게 민주개혁 중심의 정치개혁 우선론을 주장했다. 그는 먼저, 중국 내에 존재하는 다양한 '반(反)민주론'을 비판했다. 주로 베이징대학의 판웨이(潘維) 교수와 중국과학원의 캉샤오광(康曉光) 교수가 비판 대상이었는데, 홍콩 중문대학의 왕사오광(王紹光) 교수도 이에 포함시킬 수 있다. 참고로 이들은 서구 민주의 문제점을 비판하면서 대안으로 싱가포르를 염두에 둔 '자문형 법치국가(판웨이)', '협력주의 국가(캉샤오광)', '광범한 민주, 공평한 자유, 힘 있는 국가(왕사오광)'의 건설을 주장한다.[28]

우선 차이딩젠 교수에 따르면, 이들은 민주를 '다수결론'이나 '선거 민주'로 왜곡한다. 예를 들어, 왕사오광 교수는 현대 민주가 국민이 주인인 '민주(民主, democracy)'가 아니라 선거로 주인을 선출하는 '선주(選主, electocracy)'라고 폄하한다. 판웨이 교수

도 같은 주장을 한다. 그러나 차이딩젠 교수에 의하면 현대 민주
는 "국가권력의 산출과 국민 권리의 보호를 위한 국가 제도고, 국
민이 충분한 자유를 향유하고 사회 및 공공정책의 결정과 관리에
광범위하게 참여할 수 있게 하는 생활 방식"이다. 그래서 "민주는
보편적 가치이며 제도"고, "중국상황론(國情論)"으로 이를 부정하
는 것은 타당하지 않다. 결국 현재 중국이 당면한 과제(예를 들어,
부패 해결, 사회 공평의 실현, 지속적인 경제 발전)를 달성하기 위해서는
민주개혁이 절실히 필요하다.[29] 이처럼 차이딩젠 교수는 앞에서
살펴본 위커핑 교수보다 더욱 철저하게 자유민주주의의 가치와
제도를 옹호하면서 당장 민주개혁을 추진해야 한다고 주장했다.

(2) 사회 공평을 위해서는 사회개혁을 먼저 해야 한다

한편 《환구시보》 '논쟁' 코너에는 사회개혁 우선론을 주장하
는 수도사범대학의 츄윈화(邱雲華) 교수(부총장)의 글이 있다. 한마
디로 경제개혁 다음에는 행정개혁과 '사회 건설'이 핵심 과제로
제기되기 때문에 정치개혁을 즉시 추진해서는 안 된다는 것이다.
또한 현 단계에서는 단순히 경제개혁만 추진해서도 안 된다. 대신
'복지 및 법치사회'의 수립을 목표로 하는 사회개혁을 추진해야
한다. 단순히 경제개혁만 추진해서는 안 되는 이유는, 이것만으로
는 중국이 당면한 최대 과제인 공평을 달성할 수 없기 때문이다.

정치개혁을 추진하지 말아야 하는 이유도 간단하다. '경제 기
초'와 '상층 구조(즉 정치체제)' 사이에는 '사회 건설'의 층이 존재

하고, 개혁은 이를 뛰어넘을 수 없기 때문이다. 즉 경제개혁 이후 곧바로 정치개혁으로 가는 것은 '점진적 개혁의 원칙'에 부합하지 않으며, 민심과도 부합하지 않는다. 결국 "행정개혁이 순리적으로 진행된 이후에야 비로소 사회 건설이 성숙하게 된다. 또한 정치개혁을 추진할 수 있는 기회가 성숙해졌을 때 추진하는 것이 정치개혁에 대한 정확한 방향이다." 한마디로 정리하면, 중국은 '경제개혁→행정개혁→사회개혁→정치개혁' 순으로 개혁을 추진해야 한다.[30]

그런데 최근 몇 년 동안 사회개혁 우선론을 가장 강력하고 영향력 있게 주장한 사람은 싱가포르대학 동아시아연구소의 정융녠(鄭永年) 교수(소장)다.[31] 정융녠 교수는 1980년대 말의 '신(新)권위주의 논쟁'에서는 '경제개혁 이후의 정치개혁'을 주장하는 신권위주의론에 맞서 '정치개혁 우선론'을 주장했다.[32] 그런데 2010년 무렵부터 그는 사회개혁 우선론을 주장하기 시작하여 현재는 이를 주장하는 대표적인 학자가 되었다.[33] 정융녠 교수의 입장이 하루아침에 변한 것은 아니다. 일정한 단계를 거쳐 사회개혁 우선론에 도달한 것이다.

먼저, 2000년대 초 정융녠 교수는 새뮤얼 헌팅턴의 영향을 받아 '국가 건설(state-building) 우선론'을 주장했다. 여기서 국가 건설은 각종 국가기구와 제도를 제대로 수립하여 잘 운영하는 것을 의미한다. 정치개혁은 당장 추진해야 하지만 그 순서는 '민주화 우선'이 아니라 '국가 건설 우선'이어야 한다는 것이다. 이런 입장은 2001년 《전략과 관리(戰略與管理)》에 실린 그의 논문에 잘 나와 있다. 그는 민주화와 국가 건설은 다른 것이며, 몇 가지 이유로 현재의 급선무는 국가 건설이라고 주장했다. 첫째는 최우선 과제인 경제 발전을 위해서다. 경제 발전의 기본 조건은 정치 질서인데, 국가 건설이 이를 제공할 수 있다. 둘째는 민족 통합과 국가 분열의 방지다. 셋째는 세계화에 적응하기 위해 유능하고 강력한 국가가 필요하다. 넷째는 정치 민주화의 전제조건으로 국가 건설이 필요하다.[34]

정융녠 교수의 '선 국가 건설, 후 민주화' 주장은 2000년대 후반까지 지속되었다. 예를 들어, 2007년 《남방창(南方窗)》과의 대담에서 그는 민주화 이전의 국가제도 수립을 다시 주장했다. 동시에 중국이 추진해야 하는 경제개혁, 사회개혁, 정치개혁은 불가분의 관계에 있다고 주장했다. 즉 이 시기에는 아직 사회개혁 우선론을 분명하게 주장하지 않았다. 마지막으로, 그는 중국의 민주화 경로로 세 가지를 주장했다. 첫째는 당내 민주(핵심은 공개적인 방식으로 우수한 인재를 선발하는 것), 둘째는 사회 민주 혹은 인민 민주(핵심은 인민대표대회, 정치 협상, 기층 민주, 사회단체 등을 통한 정치 참여), 셋째는 헌정(憲政) 민주(핵심은 당과 국가의 법률 준수)다. 동시에 그는 '선발(選拔)'은 중국의 전통이고 '선거(選擧)'는 현대 민주의 형식인데, "선거가 최고 지도자의 수준(質)을 보장할 수 없기 때문에 선발을 먼저하고 선거를 후에 해야 한다."라고 주장했다. 이 단계부터 정융녠 교수는 민주를 '선거'로 규정하고, 선거는 중국

에 맞지 않는다는 주장을 좀 더 분명하게 제기하기 시작했다.[35]

이 단계를 거쳐 정융녠 교수는 2010년 무렵에는 분명한 사회 개혁 우선론을 주장했다. 덩샤오핑이 제시한 중국의 '3단계 발전(三步走發展)'을 모방하여 '중국개혁 3단계(中國改革三步走)'를 주장한 것이다. 이에 따르면 "중국의 개혁은 경제개혁을 거쳐 사회개혁에 도달해야 하고, 다시 정치개혁에 도달해야 한다." 중국에는 이런 '3단계가 최선의 실천(最優實踐, best practice)'이라는 것이다.[36] 사회개혁이 '주체성(主體性) 개혁'이 되어야 하는 이유는 몇 가지다. 첫째는 개혁·개방 이후 사회가 정치와 경제로부터 분리되어 독립했다. 둘째는 경제개혁을 통해 경제제도가 확립되었기 때문에 다음 순서는 사회제도의 확립이다. 셋째는 경제성장 일변도 과정에서 희생된 복지·교육·주택 등 그동안 제대로 해결하지 못한 '부채 상환'을 위해서다. 넷째는 경제성장의 신(新)성장 동력을 위해서다. 신성장 동력은 수출이 아닌 내수에서 찾아야 하는데, 이를 위해서는 사회제도의 완비가 필요하다. 다섯째는 선거 민주를 위한 기초 제도의 수립과 중산층의 육성을 위해서다.[37]

한편 정융녠 교수가 사회개혁 우선론을 주장하는 중요한 현실적 근거는 싱가포르의 경험이다. 그에 따르면 아시아에서 '양질의 민주(優質民主)'국가는 일본과 싱가포르뿐이다. 싱가포르가 양질의 민주국가가 될 수 있었던 것은 몇 가지 때문이다. 첫째는 사회·경제 발전이다. "높은 수준의 사회·경제 발전이야말로 민주정치의 물질적 기초다." 둘째는 법치 수립이다. 셋째는 민주제

도를 운영하는 과정에서의 '혁신(創新)'이다. 예를 들어 싱가포르
는 다양한 인종을 대표하는 의원을 선출하기 위해 인종 간 혼합
거주를 장려하고, 인종에 기초한 정당의 활동도 장려하는 제도를
운영한다.[38] 그래서 중국도 '광범위한 민주화(泛民主化)'를 추진할
것이 아니라 싱가포르의 경험에 입각하여 중국에 맞는 제한된 범
위의 민주제도를 추진해야 한다.

　마지막으로 그는 중국의 개혁과 관련하여 세 가지 개혁을 제
시한다. 첫째는 공산당 개혁으로, 핵심은 '개방식 정당체제'를 건
설하는 것이다. 이는 공산당이 추진하는 당내 민주에 대한 것으
로, 정융녠 교수는 싱가포르 인민행동당(People's Action Party)이
인재를 초빙하는 경험을 토대로 공산당도 더욱 적극적으로 인재
충원에 노력할 것을 주장한다. 둘째는 국가제도의 건설이다. 셋째
는 사회개혁의 추진이다. 사회개혁을 통해 사회보장, 의료, 교육,
주택 등과 관련된 기본 제도를 수립하고, 동시에 방대한 중산층
을 육성할 수 있다면, 중국은 '중간 소득 함정'을 극복하고 동시
에 '저수준 민주의 함정(低度民主陷阱)'에서도 벗어나, '민주, 부강
(富強), 공정한 사회'를 이룩할 수 있다고 그는 주장한다.[39]

3 중국 특색의 민주 vs. 보편적 민주

　2012년 18차 당대회를 전후로 중국에서는 정치개혁의 필요

성과 방법에 대해 광범위하게 논의되었다. 예를 들어, 2012년 10월 8일에 발간된《인민논단(人民論壇)》380호는 '신정치관(新政治觀) 탐구'라는 주제 아래 정치개혁에 대한 특집을 마련했다. 여기서 중앙당교의 왕창장(王長江) 교수, 상하이사범대학의 샤오궁친(蕭功秦) 교수 등 모두 일곱 명의 학자들이 정치개혁의 필요성과 방침에 대해 각자의 입장을 제시했다. 비슷하게《홍기문고(紅旗文稿)》와《구시(求是)》도 2013년 1월에 정치개혁에 대한 학자들의 논쟁과 네 명의 대담을 다룬 기사를 각각 마련했다.[40] 정치개혁에 대한 사회적 합의가 필요하고 이를 위해서는 다양한 논쟁을 전개해야 한다는 주장은 다른 언론에서도 제기되었다.[41] 이런 정치개혁에 대한 다양한 논의를 정리하면, 정치개혁의 필요성에는 대부분 공감하나 구체적인 내용과 방법에는 이견이 분분한 것이 중국의 현재 상황이다.

한편 최근의 정치개혁 논의를 자세히 보면 두 가지 입장이 나뉘어 논쟁하고 있음을 알 수 있다. 하나는 공산당의 공식 입장이면서 동시에 학계의 주류 견해인 이른바 '중국 특색의 민주론'이다. 다른 하나는 이를 비판하는 비주류의 견해로서 '보편적 민주론'이다. 그래서 이 두 입장을 중심으로 최근의 정치개혁 논쟁을 살펴보자. 이 두 입장의 논쟁은 중국 국내뿐 아니라 해외에서도 전개되고 있다.《포린 어페어스(*Foreign Affairs*)》2013년 1/2월호에 실린 상하이 중유럽 국제공상학원의 리스모(李世默) 이사장과 미국 MIT의 황야성(黃亞生) 교수의 글은 이를 잘 보여 준다.[42]

어떻게 보면 이 논쟁은 1980년대 초부터 현재까지 이어지고 있는 해묵은 논쟁이다. 그런데 2008년 하반기 세계 금융위기 이후 미국과 유럽의 선진국들이 경기 침체를 겪고, 반대로 중국은 경제성장을 지속하여 국제적 지위가 급속히 높아지면서 이 논쟁에 새로운 모습이 나타나고 있다. 우선, 서구 민주의 문제점에 대한 비판과 중국 특색의 민주에 대한 당당한 주장이 더해지고 있다. 이는 중국의 현행 정치체제에 대한 자신감을 근거로 한 주장이다. 또한 성명서나 공동 발기문 등의 형식을 통해 공산당과 대중을 향해 직접 자유민주 이념과 제도를 주장하는 경향이 증가했다. 따라서 최근의 정치개혁 논쟁을 분석할 때에는 이 두 가지 점에 주의해야 한다.

(1) 상하이는 뉴욕과 경쟁해도 뒤지지 않는다

중국 특색의 민주론은 공산당의 공식 입장이다. 이는 2005년 10월에 발간된 「중국의 민주정치 건설」(백서)에 잘 나와 있다. 이에 따르면 민주는 서구의 전유물이 아니라 "인류 정치 문명의 발전 성과"이며, "세계 각국 인민의 보편적 요구"다.[43] 동시에 "각국의 민주는 내부에서 생성되는 것이지 외부에서 강압적으로 부여되는 것"이 아니다. 즉 민주는 각 국가가 처한 특수한 역사적·사회적 상황과 조건에서 발전한다. 그래서 이 세상에서 유일하면서 보편적으로 적용할 수 있는 민주 모델은 없다. 이처럼 민주의 보편성을 인정하지만 동시에 특수성을 강조하는 것이 민주를 보는 공산당의 기본 관점이다.

또한 「중국의 민주정치 건설」에서는 네 가지를 "중국적 사회주의 민주정치의 특징"으로 제시한다. 즉 중국의 민주는 공산당 영도의 인민 민주, 가장 광범위한 인민이 주인이 되는(當家作主) 민주, 인민민주독재(人民民主專政)에 근거하고 보장하는 민주, 민주집중제(民主集中制)를 근본적인 조직 원칙과 활동 방식으로 삼는 민주라는 것이다. 이런 특징은 다시 몇 가지 기본적인 정치제도로 구체화된다. 인민대표대회제도, 공산당 영도의 다당합작(多黨合作) 및 정치 협상(政治協商) 제도, 민족구역 자치제도, 도시와 농촌의 기층민주제도, 인권 존중과 보장이 바로 그것이다.

이와 같은 공산당의 공식 입장은 2007년 10월 공산당 17차 당대회에서 행한 후진타오 총서기의 '정치 보고'에서도 그대로 반복되었다. 즉 공산당은 "중국 특색의 사회주의 민주"를 위해 "공산당 영도, 인민의 주인화, 의법치국의 유기적 통일"을 유지하고, 인민대표대회제도, 다당합작 및 정치 협상 제도, 민족구역 자치제도, 기층 군중자치제도 등 기본 정치제도를 계속 발전시킬 것이라고 주장했다.[44] 이런 내용은 2012년 11월 18차 당대회로 그대로 이어졌다.[45]

그런데 18차 당대회에서는 '협상 민주(協商民主) 제도'를 명시적으로 언급함으로써 중국 특색의 민주가 협상 민주의 특징을 갖고 있음을 강조했다.[46] 이런 강조는 일부 중국학자의 주장을 수용한 것이다. 예를 들어, 중앙편역국의 허쩡커(何增科) 교수는 바람직한 중국의 민주로서 '선거 민주, 협상 민주, 자유 민주'가 결합된 '혼합 민주(混合民主)'를 제시했다.[47] 중앙당교의 리쥔루(李君如) 교수도 민주를 '선거 민주, 담판(談判) 민주, 협상 민주'로 구분하고, 중국의 민주정치는 이 세 가지를 유기적으로 결합한 것이라고 주장했다.[48]

한편 이와 같은 정치개혁에 대한 주류의 견해는 2010년 무렵에 공산당의 각종 신문과 잡지를 통해 매우 광범위하게 선전되었다. 이는 두 가지 사건을 배경으로 한다. 하나는 2008년 12월에 발표된 「08헌장(憲章)」의 영향이다. 뒤에서 살펴보겠지만, 「08헌장」은 정치개혁에 대한 공산당의 공식 입장을 비판하고 자유민주주의의 전면적이고 조속한 도입을 주장했다. 다른 하나는 2010년 8월부터 시작된 원자바오 총리의 정치개혁 주장이다. 앞에서 말했듯이, 원자바오 총리는 약 두 달 동안 모두 여섯 차례나 조속한 정치개혁을 촉구했고, 이에 대해 공산당의 공식 매체들은 대부분 부정적인 반응을 보였다.

이런 두 가지를 배경으로 진행된 일종의 '자유민주주의 비판'은 하나의 분명한 메시지를 담고 있다. 즉 중국은 '서구식 민주'가 아니라 '중국식 민주'를 추구할 것이고, 이것의 출발점은 양자 간에 분명한 선을 긋고 구별하는 것이다. 그래서 필자들은 다르지만 같은 내용의 글들이 6개월 동안 주요 신문과 잡지에 열 번이나 반복적으로 등장했다.[49] 그 결과 한 보수적인 중국학자의 평가에 의하면 "보편적 가치의 사조(思潮)가 이론계의 비판을 받은 후에

2010년 말에는 점차로 쇠퇴하는 추세를 보이게 되었다."고 한다.[50]

그런데 위에서 살펴본 주장이 공산당 일당제의 비판에 대한 반(反)비판 차원의 '소극적 옹호론'이라면, 최근에는 중국 특색의 민주를 적극적이고 당당하게 주장하는 '적극적 옹호론'이 등장했다. 이는 2008년 세계 금융위기 이후에 나타난 새로운 특징이다. 이것은 크게 두 가지 요소로 구성된다. 하나는 이론의 타당성이 아니라 실제 사실을 근거로 서구 민주를 비판하는 것이다. 다른 하나는 중국의 엘리트 선발 방식, 즉 '현명하고 유능한 인재 선임(選賢任能)' 방식('인재 선임'으로 약칭)이 민주적인 선거 방식보다 우월한 제도라는 주장을 근거로 중국의 정치 모델을 적극 옹호하는 것이다. 이 두 가지를 주장하는 대표적인 사람이 바로 푸단대학의 장웨이웨이(張維爲) 교수다.

장웨이웨이 교수에 따르면, 서구 정치체제는 '여섯 가지의 곤경(困境)'에 빠져 있다. 우선 '3화(化)'의 문제가 있다. 첫째는 '민주의 게임화(遊戲化)'다. 서구 민주는 경선(競選)으로, 경선은 다시 정치 영업(營銷)으로 단순화되고, 정치 영업은 자금 모집, 책략 준비, 예능과 같은 것으로 전락했다. 둘째는 '민주의 자본화(資本化)'다. 즉 서구 '민주(民主)'(국민이 주인)제도는 점점 '전주(錢主)'(돈이 주인)제도로 변화되었다. 셋째는 '민주의 단견화(短見化)'다. 정치가는 득표를 위해 인기 영합 정책을 남발하고, 그 결과 국고가 탕진되고 국민이 그 피해를 고스란히 책임져야 하는 사태가 발생했다.

게다가 서양의 정치체제는 '세 가지 유전자(基因) 결핍'의 문제를 안고 있다. 첫째는 "인간은 이성적이다."인데, 이는 선거 과정에서 나타나는 인간의 비이성적인 성질을 무시한 것이다. 둘째는 "(자유 등 개인) 권리는 절대적이다."인데, 이는 사회 이익을 무시한 것이다. 셋째는 "절차는 만능이다."인데, 이는 '실질적 민주'를 무시한 것이다.[51] 이런 지적은 《인민일보》의 한 사설에서 그대로 반복되었다.[52]

또한 장웨이웨이 교수는 "중국 모델은 서구 모델과의 경쟁을 두려워할 필요가 없다."고 주장한다. 중국의 지도자 선발 방식인 '인재 선임'이 민주 선거보다 우월하기 때문이다. 예를 들어, 현재 일곱 명의 정치국 상무위원은 모두 두세 번 정도 성(省) 당서기를 역임하면서 능력을 검증받은 사람들이다. 그래서 "1인 1표로 계산하는 민주 논리"에 따르면 중국 정권이 합법성이 없지만, "치국(治國)은 반드시 인재에 의존해야 한다는 논리"에 따르면, 미국 정부가 합법성이 없다. 더 나아가 중국은 "반대를 위한 반대의 민주 모델"이 아니라 "일종의 협상 성격의 민주 모델"을 탐색하여 "국가가 장기적으로 지도할 수 있도록" 보장하고 있다. 그 결과 "상하이의 푸둥을 예로 들면, 1990년에 푸둥발전전략을 수립하여 현재까지 일관되게 추진하여 오늘날의 '푸둥의 기적'을 창조했다." 이 점에서 보면 "상하이는 뉴욕과의 경쟁을 두려워할 필요가 없고, 중국 모델은 서구 모델과의 경쟁을 두려워할 필요가 없다."[53] 이런 주장은 결국 중국의 정치 모델에 대한 옹호로 연결된다.[54]

이런 주장은 《인민일보》와 같은 공산당 기관지에서 널리 홍보되고 있다. 예를 들어, 2013년 3월 12기 전국인대 1차 회의에서 국가 지도자 인선이 완료된 이후, 《인민일보》는 몇 편의 글을 실어 '인재 선임'이 중국식 민주의 특징이면서 동시에 중국 정치의 우월한 점이라고 주장했다. 이를 통해 우수한 지도자의 선임과 평화로운 권력 교체를 완료했고, 정치 및 정책의 안정성과 지속성을 보장할 수 있기 때문이다. 한마디로 이러한 '정치 확정성(確定性)'이야말로 '중국의 국가적 우세'라는 것이다.[55] 이러한 중국의 인재 선임 방식에 대한 찬양은 대니얼 벨(Daniel Bell) 교수와 같은 친중국 성향의 유가 철학자로부터도 들을 수 있다.[56]

한편 서구 민주에 대한 비판과 중국 특색의 민주, 특히 '인재 선임'에 대한 옹호는 2011년 북아프리카 및 중동 지역에서 발생한 '아랍의 봄(Arab Spring)'에 대한 평가에도 적용된다. 일부 중국학자에 따르면, 현재 아랍의 봄은 '아랍의 가을'을 지나 '아랍의 겨울'로 접어들고 있고, 이로 인해 아랍 인민들은 심각한 고통을 겪고 있다. 그 이유는 각국의 조건(예를 들어, 경제 발전의 수준, 민족 통합의 정도, 사회 공평의 수준)을 무시하고 "너무 빠르게 민주"를 달성할 욕심으로 서구 민주를 무분별하게 도입했기 때문이다. 그 결과 정치는 마비되고 민생은 피폐해졌으며 종족 대립과 갈등만 확대되었다.[57] 반대로 싱가포르는 자국의 조건에 맞는 정치체제를 발전시켜 경제 발전과 정치·사회 안정을 성공적으로 달성했다. 결국 중국은 이런 아랍의 실패와 싱가포르의 성공을 교훈 삼아 중국에 맞는 중국 특색의 민주를 발전시켜야 한다.[58]

(2) 보편적 민주주의를 외치는 지식인들의 물결

1980년대부터 지금까지 중국의 많은 학자들이 자유민주주의의 실현을 위한 정치개혁을 주장했다.[59] 따라서 여기서 이것을 다시 반복할 필요는 없을 것이다. 대신 2008년 12월 인권 운동가이자 노벨 평화상 수상자인 류샤오보(劉曉波) 등 303인이 발표한 「08헌장」과, 2012년 12월 런민대학의 가오팡(高放) 교수 등 일흔한 명이 발표한 「개혁합의제창서(改革共識倡議書)」를 중심으로 최근 중국에서 제기되는 보편적 민주론을 들여다보자.

이미 잘 알려져 있듯이, 「08헌장」은 UN 세계인권선언(1958년) 선포 60주년을 기념하여 중국의 민주화와 인권 상황 개선을 촉구하는 인권 운동가와 지식인들이 기초하고 서명한 일종의 정치개혁 촉구 선언문이다.[60] 「08헌장」은 서론에서 "자유 · 평등 · 인권은 인류 공동의 보편적 가치고, 민주 · 공화(共和) · 헌정(憲政)은 현대 기본 정치제도의 틀"이라고 주장한다. 그래서 "이와 같은 보편적 가치와 기본 정치제도의 틀에서 벗어난 '현대화'는 사람의 권리를 박탈하고 인성(人性)을 부식하며 사람의 존엄을 훼손하는 재난의 과정일 뿐이다." 이처럼 「08헌장」은 자유민주주의의 기본 이념(자유 · 평등 · 인권)과 제도(민주 · 공화 · 헌정)를 중국에도 실현할 것을 주장한다.

이를 위해 「08헌장」은 모두 열아홉 개 항목의 개혁을 요구한다. 여기에는 위에서 제기한 이념 및 제도와 맞지 않는 헌법 수정, 삼권분립의 수립, 사법 독립, 군대의 국가화와 공무원 및 무장 역량의 중립화, 인권 보장, 공직 선거, 도농 평등을 위한 호적제도 철폐, 집회·언론·종교의 자유 보장, 사유재산의 보호, 세제 개혁, 사회보장의 완비, 환경보호, 홍콩·마카오·대만을 포괄할 수 있는 민주적 연방공화제의 수립 등이 포함된다. 결론에서 「08헌장」은 "오직 중국만이 권위주의 정치 환경에 처해 있고, 이로 인해 끊임없는 인권 재난과 사회 위기가 조성되며, 중화민족의 발전이 속박되고, 인류문명의 진보가 제약되고 있다. 이런 국면은 반드시 개혁"되어야 하고, 이를 위해서 "정치 민주화는 더 이상 미룰 수 없다."라고 주장한다. 이처럼 「08헌장」은 현행 공산당 일당제를 정면으로 비판하는 내용을 담고 있다. 특히 삼권분립, 사법 독립, 군대의 국가화, 공직 선거, 연방제는 공산당이 도저히 수용할 수 없는 내용이다.

한편 「개혁합의제창서」는 "민주·법치·인권·헌정이 막을 수 없는 세계 조류"라고 주장하면서, 이것을 중국에 실현하기 위해 정치개혁을 추진해야 한다고 주장한다. 이런 점에서 「개혁합의제창서」도 기본적으로 자유민주주의의 입장에 서 있다고 평가할 수 있다. 다만 앞에서 살펴본 「08헌장」과는 달리 「개혁합의제창서」의 주장은 현행 공산당 일당제를 전면적으로 부정하는 것은 아니다. 다시 말해 「08헌장」보다는 내용 면에서 많이 순화되어, 공산당이 결심만 하면 일부 내용은 바로 실시할 수 있는 정책을 담고 있다.[61]

구체적으로 「개혁합의제창서」는 모두 여섯 개 항목의 개혁을 요구한다. 첫째는 공산당의 "헌법에 근거한 집권(依憲執政)"이다. 여기서 핵심은 공산당으로의 권력 집중을 해소하고, 공산당이 헌법 내에서 권력을 운영하는 것이다. 이를 위해 당정 분리, 당내 민주의 강화, 당대회의 감독 강화 등이 필요하다. 둘째는 선거 민주의 완전한 실시다. 이를 위해 지방인민대표대회(지방인대) 직접선거의 내실화, 지방인대 대표의 직업화, 촌민위원회 선거의 개선 등이 필요하다. 셋째는 표현의 자유에 대한 존중으로, 이를 위해서는 현재의 언론 및 인터넷 통제를 크게 완화해야 한다. 넷째는 시장개혁의 심화고, 여기서는 독점 국유 기업을 개혁하고 사영 기업을 활성화하는 게 중요하다. 다섯째는 사법 독립으로, 법원의 독립 재판권 보장, 사법 부패의 방지, 정법위원회의 점차적 폐지가 포함된다. 여섯째는 헌법 효력의 보장으로, 이를 위해 위헌 심사를 전담할 헌법위원회를 설치해야 한다.

최근 몇 년 동안에는 「08헌장」과 「개혁합의제창서」 외에도 민주개혁을 촉구하는 지식인과 사회운동가의 다양한 형태의 선언문과 공개 서한이 있었다. 예를 들어, 2010년 10월에는 공산당 원로들이 언론 자유의 보장을 촉구하는 공개 서한을 전국인대에 발송했다. 여기에는 스물세 명의 발기인을 포함하여 모두 500명의 저명인사가 서명했다. 핵심 주장은 헌법 35조에 언급된 "언론 · 출판 · 집회 · 결사 · 여행 · 시위의 자유"를 보장하고, 이를 위해 공산당 중앙 선전부의 언론 검열과 탄압을 중지하라는 것이다.[62] 최근에도 이런 행동은 계속되었다. 예를 들어, 2012년 12월에는

205명의 장관급 당정간부의 재산 공개를 요구하는 「시민건의서」
가 인터넷에 발표되었다.[63] 2013년 2월에는 개혁 성향의 잡지인
《염황춘추(炎黃春秋)》의 주도로 중국의 대표적인 자유주의적 개혁
인사 200여 명이 베이징에 모여 정치개혁을 촉구하기도 했다.[64]

4 중국 국민이 만족할 것인가

중국에 존재하는 다양한 논쟁에 대해 《환구시보》의 한 사설은
이렇게 평가했다. 인터넷에서는 중국의 개혁을 둘러싸고 마오쩌둥
시대의 정책을 옹호하는 '좌파'와 자유민주주의의 도입과 실시를
주장하는 '우파'가 존재하여 심각한 '노선 투쟁'을 전개하지만, 현
실 정치에서는 전혀 그렇지 않다. 즉 '주류(主流)'의 입장과 견해
가 안정적으로 형성되어 있다.[65] 이는 중국의 현실을 비교적 정확
하게 진단한 것으로 생각된다. 공산당의 공식 입장과 학계의 주
류 입장이 실제로 형성되어 정책으로 추진되고 있기 때문이다.

세 가지 논쟁에서 공산당과 학계 주류 입장은 분명하다. 먼
저, '중간 소득 함정론'과 '이행 함정론' 간의 논쟁에서 공산당과
학계 주류는 전자의 입장에 입각하여 중국이 직면한 사회·경제
적 문제를 바라보고 있다. 그래서 현재 공산당이 가장 중시하는
개혁이 바로 경제개혁이다. '과학적 발전관'의 지도 아래 '경제 발
전 방식의 전환'을 달성하고, 이를 통해 경제성장과 민생 문제를

모두 해결하자는 공산당의 방침은 이를 잘 보여 준다. 이런 방침은 2002년 16차 당대회에서 모색되기 시작하여 2007년 17차 당대회와 2012년 18차 당대회에서 공식 확정되었다.

또한 '정치개혁 우선론'과 '사회개혁 우선론' 간의 논쟁에서 공산당과 학계 주류는 후자의 입장을 지지한다. 그래서 공산당은 경제개혁과 함께 사회개혁을 중점 개혁 과제로 선정하여 추진하고 있으며, 이를 통해 경제성장을 가로막고 있는 민생 문제를 해결하려고 한다. '조화사회' 건설의 방침 아래 민생 문제의 개선과 사회 관리 체제의 개혁을 강력히 추진하는 것은 이런 맥락이다. 이런 방침은 17차와 18차 당대회에서 재차 확인되었다.

마지막으로 '중국 특색의 민주론'과 '보편적 민주론' 간의 논쟁에서 공산당과 학계 주류 입장은 말할 필요도 없이 분명하다. 즉 단호하게 전자를 지지하고 후자를 비판한다. 단적으로 17차 당대회와 18차 당대회에서 공산당은 정치개혁에 대해서는 이전 방침, 즉 '중국 특색의 사회주의 민주 건설'을 고수하고 있다. 이 때문에 현재까지 중국에서는 민주개혁이 제대로 추진되지 않고 있다. 다만 1997년 15차 당대회에서 결정한 '의법치국'의 방침 아래 정치 제도화를 꾸준히 추진하고 있고, 일정한 성과도 거둔 것이 사실이다. 이런 방침은 시진핑 시대에도 이어지고 있다.

그렇다면 이러한 공산당과 학계 주류 입장은 앞으로 변할 가능성은 있을까? 이에 대해서는 누구도 장담할 수 없다. 관건은 중국 사회와 국민의 생각이 어떻게 변화할 것인가다. 만약 중국 국민이 공산당의 정책과 그 결과에 만족한다면 현재의 주류 입장은 지속될 것이다. 만약 그렇지 못할 경우 변화는 불가피하다. 다만 최소한 단기간(대략 10년 정도) 내에는 현재 상황이 크게 바뀌지 않을 것으로 보인다. 중국이 연 7퍼센트의 성장률을 유지하는 한, 지속적인 사회정책을 통해 사회 불평등 문제와 민생 문제를 관리 가능한 수준으로 해소 혹은 해결하는 한, 그리고 사회·경제 영역에서 국민의 기본권을 지속적으로 보장하는 한 국민의 생각이 현재와 다르게 급격하게 바뀔 가능성은 크지 않고, 이 세 가지는 현재 상황에서 보면 실현될 수 있을 것으로 보이기 때문이다. 그러나 정치는 '생물(生物)'로서 언제든지 변화할 수 있기 때문에 이런 판단은 어디까지나 잠정적인 것이다.

중국 '5세대' 지도자는 누구인가

공산당 18차 당대회(2012년 11월)를 기점으로 후진타오 시대가 막을 내리고 시진핑 시대가 시작되었다. 이는 후진타오와 원자바오를 중심으로 하는 '4세대' 지도자에서 시진핑과 리커창을 중심으로 하는 '5세대' 지도자로의 권력 승계를 의미한다. 그래서 무엇보다 권력 승계가 원만하게 진행되는가가 국내외 학자와 언론의 주목을 받았다. 만약 이번의 권력 교체가 16차 당대회(2002년)에서 이루어졌던 장쩌민을 중심으로 한 '3세대' 지도자로부터 4세대 지도자로의 권력 승계처럼 평화롭고 안정적으로 이루어진다면, 이는 엘리트 정치의 안정에 커다란 기여를 하게 되는 것이다.

또한 권력 승계는 종종 당 방침과 국가정책의 변화를 동반한다. 실제로 1978년 개혁·개방 정책은 덩샤오핑을 중심으로 하는 개혁파가 권력을 장악하면서 시작되었다. 후진타오 정부의 등장과 함께 '과학적 발전관'이 당의 지도 이념이 되었고, '조화사회 건설'을 위한 다양한 새로운 정책(핵심은 경제 발전 방식의 전환과 국민 생활의 개선)이 추진되었다. 그래서 5세대로의 권력 승계가 이루어지면서 커다란 정책 변화가 있을지도 모른다는 기대로 18차 당대회는 국내외에서 많은 주목을 받았다. 특히 5세대 지도자들은 이전의 지도자와는 다른 특징을 갖고 있기 때문에 이런 기대와 주목은 타당한 것이라고 할 수 있다.

이러한 의문점을 해결하기 위해 이 장에서는 18차 당대회에서 권력 승계를 둘러싸고 나타나는 엘리트 정치의 변화와, 시진핑 정부의 5세대 지도자를 분석하려고 한다. 결론적으로 말하면, 시진핑 정부는 여러 가지 유리한 조건으로 인해 후진타오 정부보다 안정된 권력 기반 위에서 출범하게 되었다. 우선, 후진타오는 장쩌민과 다르게 공산당 총서기직뿐 아니라 중앙군사위원회(중앙군위) 주석직도 함께 이양했다. 이로써 권력 승계가 더욱 제도화되고 불완전한 권력 승계로 인해 초래되었던 혼선도 사라졌다. 게다가 정치국 상무위원의 규모가 아홉 명에서 일곱 명으로 축소되어 권력 운영의 효율성이 높아졌다. 특히 '태자당(太子黨, 장쩌민 세력)'이 정치국 상무위원회의 절대 다수(일곱 명 가운데 여섯 명)를 차지함으로써 시진핑의 권력에 힘을 더해 주고 있다. 마지막으로 지적할 것은 이번의 권력 승계는 엄격히 말하면 4세대에서 '4.5세대(일곱 명의 정치국 상무위원 중 다섯 명)'로의 권력 승계라고 할 수 있다. 5세대로의 완전한 권력 승계는 2017년 19차 당대회에서 이루어질 것이다.

1 엘리트 정치의 안정을 위해 고안한 권력 승계 방식

(1) '노선 투쟁'에서 '자리 경쟁'으로

장쩌민 시대에 엘리트 정치에서는 두 가지 추세가 두드러지게 나타났고, 이는 후진타오 시대로 이어졌다. 하나는 집단지도(集體領導, collective leadership) 체제의 형성이다. 이는 최고 통치 엘리트, 즉 정치국 상무위원과 당 원로 간에, 또한 이들을 중심으로 형성된 파벌 간에 권력을 공유 혹은 분점하는 새로운 체제가 등장했음을 의미한다. 다른 하나는 통치 엘리트 간에 협의와 타협을 통해 인선과 중대 정책을 결정하는 체제의 등장이다. 이는 공산당의 민주적인 운영을 의미하고, 다른 말로는 엘리트 민주주의(elite democracy)의 확대라고 할 수 있다. 이런 두 가지 추세는 시진핑 시대에도 이어지고 있다.[1]

구체적으로 2007년 17차 당대회에서는 최고 지도자 선출과 관련하여 몇 가지 '제도화'가 이루어졌다.[2] 첫째는 연령 규정이다. 이는 두 가지로 나뉜다. 하나는 '68세 규정'으로, 68세 이상은 정치국 상무위원회 등 당정 최고 직위에 선임될 수 없다는 규정이다. 다른 하나는 '63세 규정'으로, 63세 이상은 '신임' 정치국원에 선임될 수 없다는 규정이다. 연령 규정은 종신제를 폐지하여 권력 퇴출 기제를 마련함으로써 세대 간의 원만한 권력 교체를 가능하게 만든 매우 중요한 조치다. 연령 규정이 도입됨으로써 중국의 정치 엘리트들은 자신의 직책에서 몇 년간 열심히 일하면 자신도 최고 지도자에 진입할 수 있다는 '희망'을 가질 수 있게 되었다. 이런 희망이 존재하는 국가에서는 쿠데타 같은 비정상적인 권력 찬탈 행위가 쉽게 일어나지는 않는다.

둘째는 '민주추천제(民主推薦會)'의 도입이다. 이는 총서기나 소수의 당 원로가 아니라, 중앙위원(후보위원 포함)과 당 원로가 포함된 350~400명 정도의 고위 엘리트 집단이 정치국원과 정치국 상무위원을 선출하는 제도를 말한다. 그런데 '선출'이 아니라 '추천'이라고 말하는 이유는, 정치국원과 정치국 상무위원은 공식적으로 중앙위원회 위원이 선출하기 때문이다. 이와 같은 민주추천제는 정치국원뿐 아니라 전국인대 위원장, 중국 인민정치협상회의 전국위원회(전국정협) 주석, 국무원 지도자(부총리와 국무위원)의 선임에도 적용되었다.[3] 이를 통해 중국의 최고 지도자 집단(예를 들어 정치국원과 정치국 상무위원)은 고위 엘리트 집단의 동의를 얻어야만 선출될 수 있다는 중요한 관행이 만들어졌다. 셋째는 중앙위원회의 정치국원 선거에서 비밀투표가 처음으로 도입된 것이다.

참고로 민주추천제가 도입된 배경에는 베트남공산당이 일정한 영향을 끼친 것으로 보인다. 실제로 중국에서는 베트남의 사

례를 본받아 중국도 더욱 적극적으로 당내 민주를 추진해야 한다
는 주장이 제기되었다.[4] 구체적으로 베트남공산당은 2006년 4월
에 개최된 10차 당대회에서 총비서(중국공산당의 총서기에 해당)의
선출 방식과 관련하여 개혁을 단행했다. 이전 방식에서는 중앙위
원회가 단일 후보를 선출했다. 새로운 방식은, 당원 대표가 모인
당대회가 복수 후보를 추천하면 중앙위원회가 이들 복수 후보 중
에서 한 명을 총비서로 선출하는 것이다. 실제로 당대회는 세 명
의 후보를 논의하다 두 명을 공식 추천했고, 중앙위원회의 선출
과정에서 한 명이 다시 사퇴하면서 한 명에 대한 찬반 투표가 실
시되었다고 한다.[5]

한편 권력 승계와 관련하여 우리는 두 가지 관행에 주목해야
한다. 하나는 당 정책의 세대 간 결정이고, 다른 하나는 권력 승계
와 당 정책 결정의 분리다. 이는 장쩌민 시대에 형성되기 시작한
것으로, 엘리트 정치의 안정을 위해 공산당이 고안한 권력 승계
방식이라고 할 수 있다. 또한 이는 정책의 연속성과 안정성을 보
장하기 위한 제도이기도 하다.

우선, 새로운 당 방침과 정책은 전임 지도자와 신임 지도자가
공동으로 결정하는 관행이 만들어졌다. 예를 들어, 16차 당대회
(2002년)에서 결정된 '전면적 소강사회 건설'은 3세대 지도자(장쩌
민)와 4세대 지도자(후진타오)가 공동으로 결정한 것이다. 이와 마
찬가지로 후진타오가 발표한 18차 당대회의 '정치 보고'도 4세대
지도자와 5세대 지도자(시진핑)가 공동으로 결정한 것이다. 이렇

게 함으로써 권력 교체에도 불구하고 당 방침과 정책이 안정적으로 계속 추진될 수 있는 기초가 마련되었다.

또한, 권력 승계와 당 정책 결정을 분리하는 관행이 만들어졌다. 즉 당대회에서의 최고 지도자 인선(권력 승계)과, 새로운 당 노선·방침·정책의 결정을 분리함으로써 권력 승계 문제를 비교적 쉽게 처리할 수 있게 되었다는 것이다. 예를 들어, 2011년 11기 전국인대 3차 회의에서 「국민경제 및 사회발전 12차 5개년(2011~2015년) 계획 요강」이 공식 결정되었다. 이렇게 되면서 시진핑 정부가 2015년까지 추진할 대부분의 중요 정책이 확정되었다. 그 결과 18차 당대회의 권력 승계를 둘러싼 파벌 투쟁은 '노선 투쟁'이 아니라 자파 세력을 좀 더 좋은 자리에 많이 배정하기 위한 '자리 경쟁'으로 변화되었다. 장쩌민에서 후진타오로의 권력 승계, 그리고 후진타오에서 시진핑으로의 권력 승계가 안정적으로 이루어질 수 있었던 것은 바로 이와 같은 두 가지 관행이 형성되었기 때문이다.

(2) 누가 진정한 권력의 중심인가

그러나 지금까지 진행된 지도자 선출 방식의 제도화는 분명한 한계를 갖고 있다. 먼저, 중앙군위 주석직의 승계 방식에 대한 명확한 규정이 없을 뿐 아니라 예측 가능한 관행도 아직 형성되지 않았다. 우선, 이에 대한 법률 규정이 없다. 2006년 제정된 「당정 영도 간부의 직무 임기에 대한 임시 규정」에 의하면, 공산당 중앙, 전국인대 상무위원회, 국무원, 전국정협, 현급(縣級) 이상의 공산당, 정부, 법원, 검찰의 지도자 등 공산당과 국가기관의 지도자들에게는 '2회 유임 제한' 규정이 적용된다.[6] 이에 따라 이들은 동일한 직책에서 2회(10년)까지만 유임할 수 있다. 그런데 이 규정에는 중앙군위가 포함되지 않기 때문에, 중앙군위 주석은 2회 유임 제한의 규정이 적용되지 않는다.

이처럼 중앙군위 주석직의 승계에 대해서는 명확한 법률 규정이 없기 때문에 실제 권력 승계에서는 '선례'가 중요하다. 그런데 장쩌민은 총서기직을 후진타오에게 이양한 이후에도 약 2년 동안 중앙군위 주석직을 유지함으로써 '총서기직과 중앙군위 주석직의 분리 이양'이라는 선례를 남겼다. 따라서 총서기직 및 중앙군위 주석직을 포함한 전체 권력 이양과 관련해서는 두 가지 방식이 모두 가능하게 되었다. 하나는 덩샤오핑과 장쩌민이 실행한 '부분적 혹은 점진적 권력 이양' 방식이다. 다른 하나는 18차 당대회 이전까지 시도된 적이 없는 '전면적 권력 이양' 방식이다.

여기에 더해 '당' 중앙군위 주석직과 '국가' 중앙군위 주석직의 이양 시기가 다름으로써 '법률적인 권력 공백' 문제가 언제든지 발생할 수 있는 문제가 있다. 이 때문에 중앙군위 주석직의 이양 문제는 더욱 복잡해진다. 예를 들어, 18차 당대회에서 '당' 중앙군위 주석직을 이양한다고 해도 12기 전국인대 1차 회의(2013년 3월)가 개최되기 전까지 후진타오는 여전히 '국가' 중앙군위 주석직을 유지하게 된다. 그렇다면 '누가 진정한 중앙군위 주석인가?'라는 질문이 제기될 수 있다. 중국에서는 당이 국가보다 상위에 있기 때문에 '실제로는(de facto)' 이런 문제가 제기되지 않겠지만 '법적으로는(de jure)' 얼마든지 제기될 수 있는 문제다. 해결 방법은 전국인대 회의까지 '당' 중앙군위 주석직을 유지하다가 '국가' 중앙군위 주석직의 사임과 함께 동시에 이양하는 것이다.

또한 지금까지 살펴본 인선과 관련된 제도는 정치 엘리트 간의 합의를 통해 관행으로 지속되는 '규범(規範, norm)' 혹은 '비공식' 제도이지, '법률(당규 포함)'로 확정되어 집행되는 '공식' 제도가 아니라는 문제가 있다. 이로 인해 인선 과정은 여전히 낮은 투명성과 낮은 공식성이라는 두 가지 문제를 해결하지 못하고 있다. 최고 지도자 집단의 선발 과정이 공개되지 않음으로써 권력 승계는 '밀실 협상'으로 남아 있고, 이로 인해 지금까지 진행된 제도화의 의의는 반감된다는 것이다. 여기에 더해 인선 규범은 법률로 확정되어 공포되기 전까지는 언제든지 바뀔 수 있기 때문에 안정성이 떨어진다.

한편 인선의 제도화와 관련하여 짚고 넘어가야 할 것이 바로 퇴임한 당 원로의 정치 개입 문제다. 2007년 17차 당대회를 준비하면서 공산당은 당 원로가 지도자 선출과 중대 정책의 결정 과정에 합법적으로 참여할 수 있도록 보장했다.[7] 2007년 6월 중앙 당교에서 개최된 '당원 영도간부회의'와 베이다이허(北戴河) 회의 재개는 이를 상징적으로 보여 준다. 이는 이전부터 있었던 관행을 공식화한 것으로 볼 수 있다. 장쩌민의 정치 개입은 대표적인 사례다. 장쩌민의 인선 개입과 영향력은 18차 당대회에서도 여전한 것으로 알려졌다.

　퇴임한 당 원로의 정치 개입은 긍정적 측면과 부정적 측면이 모두 있다. 긍정적 측면은, 파벌 간에 지도자 인선이나 정책 결정을 둘러싸고 격렬한 대립이 발생하여 결정 자체가 불가능한 상황에 봉착할 때 당 원로가 개입하여 조정할 수 있다는 점이다. 덩샤오핑 사후 최종 결정권을 행사할 수 있는 카리스마적 지도자가 없는 상황에서 이들의 역할은 어느 정도 필요한 것처럼 보인다. 비유하자면 이는 태국 정치에서 국왕이 수행하는 역할과 비슷한 것이라고 할 수 있다.

　그러나 부정적 측면이 더욱 큰 것이 사실이다. 무엇보다 이들의 정치 개입으로 인해 '임기제'가 무의미해졌다. 이렇게 되면 '공식적으로는' 은퇴하지만 '실제로는' 은퇴하지 않는 것이 되기 때문이다. 또한 지도자 인선과 정책 결정 과정이 '비공식화'되는 문제가 발생한다. 이렇게 되면 당과 국가의 공식 제도가 무의미해진다. 게다가 이들의 정치 개입으로 지도자 인선과 정책 결정 과정이 복잡해지고 길어지면서 타협과 조정이 더욱 어려워질 수 있다. 이런 현상은 18차 당대회에서 실제로 나타났다. 결국 당 원로의 정치 개입을 계속 허용할 경우 엘리트 정치의 제도화는 분명한 한계에서 벗어나지 못할 것이다.

18차 당대회의 지도자 선출 과정은 17차 당대회 때와 유사하다. 그래서 엘리트 정치의 제도화는 이번에도 지속되었다고 평가할 수 있다. 이런 평가는 중국 내에서도 마찬가지다.[8] 국내외 언론에 보도된 내용을 근거로, 정치국 상무위원의 선출 과정을 간단하게 살펴보자.

우선, 2012년 5월 중순에 중앙위원회 위원과 후보 위원 등 모두 370여 명의 최고위급 당정 간부가 참여하는 '당원 영도간부회의(黨員領導幹部會議)'가 개최되었다.[9] 여기서는 세 가지 사항이 처리되었다. 첫째, '민주추천'이 실시되었다. 정치국이 제시한 200명의 '초보 예비 후보'를 대상으로 참가자들은 두 종류의 '민주추천표'를 작성했다. 하나는 정치국 상무위원 후보 명단(5인)이고, 다른 하나는 신임 정치국원 후보 명단(10~15인)이다. 둘째, 정치국 상무위원회의 규모를 아홉 명에서 일곱 명으로 축소하는 문제가 논의되었다. '7인제'를 도입하면 정치국 상무위원회가 좀 더 효율적으로 정책을 결정할 수 있고, 동시에 과도하게 비대해진 정법위원회(政法委員會) 서기의 권한도 축소할 수 있다는 것이 그 근거였다. 실제로 18차 당대회 이후 7인제가 복원되고 정법위원회 서기는 정치국 상무위원이 아니라 정치국원이 맡게 되었다. 셋째, 기타 당내 민주의 확대와 관련된 다양한 의견 수렴이 있었다.

이어서, 정치국은 민주추천 과정에서 다수표를 얻은 후보자를 중심으로 '후보 명단'을 작성하여 당 원로의 의견을 청취하는 절차에 들어갔다. 이는 8월 초순에 개최된 베이다이허 회의에서 집중적으로 이루어졌다.[10] 그런데 이때에는 정치국 상무위원의 선임을 놓고 의견이 통일되지 않아 확정된 명단을 작성하지 못했다. 그래서 당대회 개최 일자를 일찍 발표하지 못했던 것이다. 이후 몇 차례 비공식 협상을 통해 인선안이 확정되었고, 이것이 2012년 10월 22일에 개최된 정치국 회의에서 승인되었다.[11] 그런데 이런 공식 승인 이후에도 인선안을 놓고 설왕설래가 계속되었고, 그 과정에서 일부 조정이 이루어지기도 했다.[12]

한편 인선 기준도 17차 당대회의 준비 과정에서 제기된 것과 같았다. 우선 연령 기준(정치국 상무위원은 67세 이하) 외에, 정치국원은 장관급 이상 직책(예를 들어, 국무원 부장(部長: 한국의 장관), 성 당서기와 성장)의 역임, 정치국 상무위원은 정치국원의 역임이 경력 조건으로 제시되었다. 네 가지 '주관적 조건'도 제시되었다. 첫째는 정치 조건으로, "정치가 견실하고, 중국 특색의 사회주의 기치를 높이 들고 덩샤오핑 이론과 삼개대표 사상을 견지하며, 과학적 발전관을 깊이 관철하고, 당의 노선·방침·정책의 관철을 견지하며, 당 중앙과 고도의 일치를 유지하는 것"이다. 둘째는 능력과 경험으로, "지도 능력이 강하고, 실천 경험이 풍부하며, 정확한 정치 업적의 관점이 있고, 업적이 특출하며, 당원 및 군중을 옹호하는 것"이다. 셋째는 당 운영의 자세로, "민주집중제를 선도적으로 집행하고, 단결을 잘하고 수용성이 좋으며, 중앙 지도집단과의 단결 통일을 스스로 깨달아 옹호하는 것"이다. 넷째는 태도와 청렴도로서, "당성(黨性) 원칙이 강하고, 사상 태도와 업무 태도가 굳건하고, 스스로 청렴하며, 당 내외에 좋은 이미지를 갖고 있는 것"이다.[13]

3 지도자 선출 과정이 보여 주는 엘리트 정치의 변화

(1) 완전한 권력 이양

이번 인선에서 가장 중요한 사항은, 후진타오가 중앙군위 주석직을 이양할지 여부였다. 후진타오에서 시진핑으로의 실질적인 권력 승계 여부, 그리고 새로운 권력 승계 규범의 형성 여부는 바로 이것으로 결정되기 때문이다. 결과는 후진타오의 완전한 퇴진이다. 이로써 권력 승계의 좋은 관행, 즉 전면적 권력 이양이 새롭

표 3-1 정치국 상무위원회(7인)

(2012년 12월)

이름	연령	전직	현직	비고
시진핑(習近平)	59	서기처 서기/정치국 상무위원	국가주석/총서기/중앙군위 주석	유임
리커창(李克強)	57	국무원 부총리/정치국 상무위원	국무원 총리	유임
장더장(張德江)	66	국무원 부총리/정치국원	전국인대 상무위원회 위원장	신임
위정성(俞正聲)	67	상하이 당서기/정치국원	전국정협 주석	신임
류윈산(劉雲山)	65	선전부장/서기처 서기/정치국원	서기처 1서기	신임
왕치산(王岐山)	64	국무원 부총리/정치국원	중앙기율검사위원회 서기	신임
장가오리(張高麗)	66	톈진시 당서기/정치국원	국무원 부총리	신임

표 3-2 중앙군사위원회: 주석, 부주석, 위원

(2012년 12월)

구분	이름	연령	공산당 · 정부 · 군 직책	비고
주석(1)	시진핑(習近平)	59	공산당 총서기/국가주석	승진
부주석(2)	판창룽(范長龍)	65	정치국원	신임
	쉬치량(許其亮)	62	정치국원	승진
위원(8)	창완취안(常萬全)	63	국무원 국방부장	유임
	팡펑후이(房峰輝)	61	총참모장	신임
	장양(張陽)	61	총정치부 주임	신임
	자오커스(趙克石)	65	총후근부장	신임
	장유샤(張又俠)	62	총장비부장	신임
	웨이펑허(魏鳳和)	58	제2포대 사령관	신임
	우성리(鳴勝利)	67	해군사령관	유임
	마샤오톈(馬曉天)	63	공군사령관	신임

표 3-3 정치국 25인(정치국 상무위원 7인 포함)

(2012년 12월)

이름	연령	전직	현직	비고
궈진룽(郭金龍)	65	베이징시 당서기	베이징시 당서기	신임
한정(韓正)	58	상하이시 시장	상하이시 당서기	신임
쑨춘란(孫春蘭)	62	푸젠성 당서기	톈진시 당서기	신임
쑨정차이(孫政才)	49	지린성 당서기	충칭시 당서기	신임
후춘화(胡春華)	49	네이멍구자치구 당서기	광둥성 당서기	신임
장춘셴(張春賢)	59	신장자치구 당서기	신장자치구 당서기	신임
자오러지(趙樂際)	55	산시(陝西)성 당서기	공산당 조직부장	신임
류치바오(劉奇葆)	59	쓰촨성 당서기	공산당 선전부장	신임
류옌둥(劉延東)	67	공산당 통전부장	국무원 부총리	유임
왕양(汪洋)	57	광둥성 당서기	국무원 부총리	유임
마카이(馬凱)	66	국무원 국무위원	국무원 부총리	신임
왕후닝(王滬寧)	57	공산당 정책연구실 주임	공산당 정책연구실 주임	신임

이름	연령	전직	현직	비고
리위안차오(李源潮)	62	조직부장/서기처 서기	국가 부주석	유임
리젠궈(李建國)	66	전국인대 부위원장	전국인대 부위원장	신임
판창룽(范長龍)	65	지난군구 사령관	중앙군위 부주석	신임
쉬치량(許其亮)	62	인민해방군 공군사령관	중앙군위 부주석	신임
멍젠주(孟建柱)	65	국무원 공안부장	중앙정법위원회 서기	신임
리잔수(栗戰書)	62	중앙판공청 부주임	판공청 주임/서기처 서기	신임

표 3-4 서기처 7인

(2012년 12월)

이름	연령	전직	현직	비고
류윈산(劉雲山)	65	공산당 선전부장	정치국 상무위원	유임
류치바오(劉奇葆)	59	쓰촨성 당서기	공산당 선전부장	신임
자오러지(趙樂際)	55	산시성 당서기	공산당 조직부장	신임
리잔수(栗戰書)	62	공산당 판공청 부주임	공산당 판공청 주임	신임
두칭린(杜青林)	66	전국정협 부주석/통전부장	전국정협 부주석	신임
자오훙주(趙洪祝)	65	저장성 당서기	중앙기율검사위 부서기	신임
양징(楊晶)	59	공산당 통전부 부부장/국가민족위원회 주임	국무원 국무위원 겸 비서장	신임

게 형성되었다. 동시에 이로 인해 후진타오 집권 초기에 나타났던 '두 주석 체제', 즉 중앙군위 주석(장쩌민)과 국가주석(후진타오)의 분리 현상이 이번에는 나타나지 않음으로써 국정 운영에서 혼선이 빚어질 가능성이 대폭 낮아졌다. 이는 엘리트 정치의 제도화에 크게 기여하게 될 것이다.

이와 관련하여 《인민일보》는 후진타오가 '자발적으로(主動)' 중앙군위 직위를 이양했다는 점을 강조했다. 2012년 11월 16일 중앙군위 주석직을 승계받은 시진핑은 '중앙군위 확대회의'를 개최했고, 이 자리에 시진핑과 함께 후진타오가 참석했다. 후진타오의 연설 이후 시진핑은 후진타오의 업적을 대대적으로 칭송했다. 그런데 이때 후진타오가 "당, 국가, 군대 업무의 발전이라는 대국적인 고려에서 자발적으로 중공중앙 총서기와 중앙군위 주석 직무를 다시 맡지 않겠다고 제기했다."는 점을 제일 먼저 강조했던 것이다. 그러면서 후진타오가 "전당의 지혜를 모아 창립한 과학적 발전관"이 "마르크스·레닌주의, 마오쩌둥 사상, 덩샤오핑 이론, 삼개대표 중요 사상과 함께 당이 장기적으로 견지해야 하는 지도 사상이 되었다."는 점을 상기시켰다.[14] 이는 시진핑이 후진타오 앞에서 그의 뜻(과학적 발전관)을 계승하겠다는 의지를 공개적으로 밝힌 것이다.

연령 규정과 관련해서는 두 가지 현상에 주목할 필요가 있다. 첫째, 정치국 상무위원의 '68세 규정'은 엄격히 지켜진 데 반해 정치국원의 '63세 규정'은 지켜지지 않았다. 총 스물다섯 명의 정치국원 중에서 신임 정치국원은 열다섯 명이다. 이중에서 63세 이상자는 다섯 명(궈진룽 베이징시 당서기(65세), 마카이 국무원 부총리(66세), 멍젠주 중앙정법위원회 서기(65세), 리젠궈 전국인대 부위원장(66세), 판찬룽 중앙군위 부주석(65세))으로, 신임 정치국원 전체의 33퍼센트를 차지한다. 정치국원에 유임된 류옌둥(국무원 부총리)은 67세지만, 신임 정치국원이 아니기 때문에 63세 규정이 적용되지 않는다.

그렇다면 왜 63세 규정이 지켜지지 않았는가? 이에 대해서는 체계적인 검토와 조사가 필요한데, 우선적으로 드는 생각은 63세 규정을 엄격히 지킬 경우 정치국 구성에 많은 어려움이 있기 때문에 이를 지키지 않았다는 것이다. 정치국의 필수 구성 인원의 범주는 정해져 있다. 정치국 상무위원 이외에도 지방 대표는 4대 직할시(베이징, 톈진, 상하이, 충칭)와 광둥성, 그리고 소수민족 자치주 중 하나(현재는 신장웨이우얼자치구)의 당서기 등 대개 5~6인이다. 또한 군 대표로 2인(중앙군위 부주석), 공산당 중앙부서 책임자 3~4인(조직부장, 선전부장, 판공청 주임, 정법위원회 서기), 국무원 부총리 3인, 전국인대 부위원장 1~2인이 정치국원에 포함된다. 이런 상황에서 63세 규정을 엄격히 적용할 경우 정치국의 필수 구성 인원인데, 연령 규정으로 인해 정치국원이 될 수 없는 문제가 발생할 수 있다. 예를 들어, 이번에 새로 임명된 중앙군위 부주석 판창룽은 65세로 만약 63세 규정을 엄격히 적용할 경우 정치국원이 될 수 없다. 베이징시 당서기 궈진룽(65세)과 중앙정법위원회 서기 멍젠주(65세)도 이에 해당한다.

둘째, 68세 연령 규정이 '장기 집권 방지의 기제'에서 '권력 유임 보장의 기제'로 변화하고 있다는 특징이 나타났다. 즉 연령 규정이 구세대 지도자의 퇴진을 촉진하는 것이 아니라 오히려 신세대 지도자의 진입을 가로막는 '역(逆)'작용을 했다는 것이다. 18차 당대회에서 후진타오와 원자바오 등 4세대 지도자는 모두 연령 제한에 걸려 퇴임하는 것이 당연하다. 그런데 정치국원을 1회 또는 2회 역임한 '4.5세대', 즉 1940년대에 출생한 60대 중반의 지도자는 연령 제한에 걸리지 않기 때문에 특별한 정치적 문제(예를 들어 권력 남용과 부정부패나 가족의 비리)가 없는 한 유임 주장을 막을 수 없다. 이것이 이번에 4세대 지도자에서 5세대 지도자로의 완전한 권력 승계가 이루어지지 않은 중요한 이유 중 하나라고 생각된다. 예를 들어, 정치국 상무위원 자리를 놓고 치열한 경쟁이 벌어지면서 '태자당/장쩌민 세력'이 '연장자 우선(seniority)'의 규범을 제시하면서 '후진타오 세력'의 요구(예를 들어, 리위안차오와 왕양의 정치국 상무위원 진입)를 거절했을 수도 있다.

이와 관련하여 로이터 통신의 보도는 매우 흥미롭다. 정치국 상무위원의 인선 과정에서 정치국원과 장쩌민, 리펑(李鵬) 등 당원로는 모두 열 차례가 넘는 비공개 회의를 가졌다. 회의를 거듭했는 데도 이견이 좁혀지지 않아 결국 '추천투표'를 실시했고, 이를 통해 리위안차오, 왕양, 류옌둥이 정치국 상무위원의 후보 명단에서 제외되고, 대신 위정성이 포함되었다. 이들의 탈락에는 정치적 혹은 개인적 이유가 작용했다고 한다. 예를 들어, 왕양은 보시라이를 지지하는 당내 '좌파' 세력을 자극하지 않기 위해, 류옌둥은 여성이 정치국 상무위원이 된 전례가 없어서, 리위안차오는 당 원로의 인사 추천을 무시하는 경향이 있어서 반대에 부딪혔다. 그런데 이런 이유와 함께 '연장자 우선' 원칙이 매우 중요한 역할을 했다고 한다.[15] 최연장자인 위정성(67세)이 다른 후보자를 누르고 정치국 상무위원에 선임될 수 있었던 배경에는 바로 '나이' 문제가 있었던 것이다.

또한 후진타오와 장쩌민의 영향력과 관련하여, 이번 인선 과정을 통해 후진타오의 영향력이 매우 제한적이라는 사실을 다시 한 번 보여 주었다. 리위안차오와 왕양의 정치국 상무위원 선임의 실패는 이를 상징적으로 보여 준다. 물론 후진타오의 차차기 후계자로 알려진 '6세대' 지도자(예를 들어 후춘화)가 정치국원에 선임된 것은 후진타오가 무기력하지만은 않았음을 보여 준다. 반면 장쩌민의 영향력은 여전히 막강했다고 한다. 사실 후진타오의 제한된 권력은 17차 당대회(2007년)에서 시진핑이 차기 후계자로 결정될 때 이미 나타났던 현상이다. 이번 지도자 인선에서는 이런 현상이 더욱 심화되었음을 보여 주었다.

반면 시진핑의 권력 기반은 후진타오의 집권 초기와 비교했을 때 더욱 공고할 가능성이 높아졌다. 우선 정치국 상무위원의 분포에서 '태자당/장쩌민 세력'이 절대 다수(시를 포함하여 여섯 명)를 차지한다. 또한 퇴임 후 후진타오의 영향력은 매우 제한적일 것이다. 후진타오 본인이 중앙군위 주석직까지 이양한 상황에서 정치에 개입하지 않으려 할 가능성이 높기 때문이다. 설사 후진타오가 정치에 개입하려고 해도 장쩌민 등 다른 당 원로가 존재하기 때문에 쉽지 않을 것이다. 거기에다 시진핑은 여러 가지 이유로 군과 밀접한 관계를 유지하고 있고, 이것이 그의 권력 공고화에 큰 도움을 줄 것이다. 마지막으로, 이번에 바뀐 '7인제' 상무위원회는 시진핑이 지도력을 발휘하는 데 유리하다. 중요 문제를 결정할 때 다른 상무위원을 설득하고 합의를 도출하는 데 수가 적기 때문에 상대적으로 더 수월할 수 있다.

표 3-5 5세대, 6세대 주요지도자(정치국과 정치국 상무위원회)

(2012년 12월)

이름	연령	현직	세대
시진핑(習近平)	59	국가주석/중앙군위 주석/총서기	5세대
리커창(李克強)	57	국무원 총리/정치국 상무위원	5세대
왕후닝(王滬寧)	57	공산당 정책연구실 주임/정치국원	5세대
왕양(汪洋)	57	국무원 부총리/정치국원	5세대
자오러지(趙樂際)	55	공산당 조직부장/정치국원	5세대
류치바오(劉奇葆)	59	공산당 선전부장/정치국원	5세대
리위안차오(李源潮)	62	국가 부주석/정치국원	5세대
리잔수(栗戰書)	62	중앙판공청 주임/정치국원	5세대
쉬치량(許其亮)	62	중앙군위 부주석/정치국원	5세대
한정(韓正)	58	상하이시 당서기/정치국원	5세대
쑨춘란(孫春蘭)	62	톈진시 당서기/정치국원	5세대
장춘셴(張春賢)	59	신장자치구 당서기/정치국원	5세대
후춘화(胡春華)	49	광둥성 당서기/정치국원	6세대
쑨정차이(孫政才)	49	충칭시 당서기/정치국원	6세대

이 밖에도 이번 권력 승계에서는 몇 가지 특징이 나타났다. 먼저, 정치국 상무위원을 대상으로 보면, 이번에는 세대별 권력 승계가 제대로 이루어지지 않은 '과도기'의 특징을 보여 주었다. 즉 권력 승계는 4세대에서 '4.5세대(1940년대 출생자)' 및 '5세대 (1950년대 출생자)'로 이루어졌다는 것이다. 그래서 완전한 5세대 로의 권력 승계는 2017년 19차 당대회에서 이루어질 것이다. 어 떤 점에서 보면, 이번 사례는 권력 승계가 더 이상 세대별로 이루 어지지 않는 것이 관행이 될 수도 있다는 사실을 보여 준다. 혹은 권력 승계를 꼭 세대별로 나누어 볼 필요가 없음을 보여 준 것일

수도 있다. 단적으로 4세대와 5세대는 분명히 다르지만, '4.5세대'와 '5세대' 간에는 커다란 차이가 있다고 단정적으로 말할 수 없다.

반면 성급(省級) 당정 지도자, 즉 당서기(서른한 명)와 성 행정수장(서른한 명) 차원에서는 5세대로의 세대교체가 이루어졌다. 구체적으로 인사이동이 완료된 2013년 3월을 기준으로, 이들의 평균 연령은 57.5세다. 이중에서 6세대 지도자로 볼 수 있는 1960년대 출생자는 모두 여덟 명이다. 광둥성 당서기 후춘화(49세), 충칭시 당서기 쑨정차이(49세), 허베이성 성장 장칭웨이(張慶偉, 51세), 푸젠성 성장 수수린(蘇樹林, 51세), 구이저우성 성장 천민얼(陳敏爾, 52세), 신장웨이우얼자치구 주석 누얼 바이커리(努爾百克力, 51세), 칭하이성 성장 하오펑(郝鵬, 52세), 그리고 최연소인 헤이룽장성 성장 루하(陸昊, 45세)가 이들이다.[16] 한편 공산당 18기 중앙위원(205명)도 5세대로의 세대교체가 이루어졌다고 할 수 있다. 이들은 평균 56.1세로서 성급 당정 지도자보다 약 1.4세가 적다.[17]

(2) 파벌 정치의 변화

파벌 면에서 보면, 정치국 상무위원에서는 '태자당/장쩌민 세력'이 절대 다수(시를 포함한 여섯 명)를 차지한다. 이런 점에서 시진핑 집권 1기는 '태자당/장쩌민 세력'의 세상이라고 할 수 있다. 그러나 정치국원을 놓고 보면, '태자당/장쩌민 세력', '후진타오 세력(공청단)', '기타 세력'이 비교적 균형을 이루고 있다. 특히

2017년 19차 당대회에서 '4.5세대'가 전부 퇴진하기 때문에, 5년 후에는 '후진타오 세력(예를 들어, 왕양, 류치바오, 리위안차오)'이 다수파가 될 수도 있을 것이다. 여기에는 6세대의 선두주자인 후춘화나 쑨정차이도 포함된다.

그런데 파벌 분석과 관련하여 특정 파벌을 어떤 정치적 혹은 정책적 성향과 연결시켜 이해하는 것은 주의해야 한다. 예를 들어 이런 주장이 있다. 태자당/장쩌민 세력은 '엘리트 연합(elite coalition)'으로 정치적으로는 보수적이며, 정책적으로는 연해 지역의 이익을 대변하여 경제성장의 우선을 강조한다. 반면 공청단은 '민중 연합(popular coalition)'으로 정치적으로는 개혁적이며 정책적으로는 내륙 지역의 이익을 대변하여 분배 우선을 강조한다.[18] 이런 주장은 국내에서도 일정한 영향을 발휘하고 있다.

그런데 이런 주장은 사실과 맞지 않는다. 예를 들어, 태자당의 대표적 인물인 보시라이 충칭시 당서기의 과거 회귀적 정치 성향과 정책, 공청단의 대표 인물인 왕양 광둥성 당서기의 개혁적이고 개방적인 정치 성향과 정책은 이를 반박하는 대표적인 사례다. 한마디로 파벌을 가지고 특정 지도자나 특정 파벌의 정치적 · 정책적 성향을 구분하는 것은 현실을 왜곡할 수 있기 때문에 피해야 한다. 결국 파벌을 '자리 분배를 위한 경쟁집단'으로 이해해야지 '동일한 정치적 · 정책적 성향의 정치집단'으로 보아서는 안 된다는 것이다.[19]

정치 성향을 보면, 보수파(4.5세대)가 다수이고 개혁파는 소수다. 만약 시진핑, 리커창, 왕치산을 '신중한 개혁파(cautious reformer)'로 분류한다면 개혁파는 3인으로 보수파와 개혁파가 비교적 균형을 이루고 있다고도 볼 수 있다. 그러나 만약 리커창 하나만을 개혁파로 본다면 이번 지도자에서 개혁파는 사실상 의미가 없다고 할 수 있다. 이런 점에서 현 최고 지도자가 정치적으로나 사회적으로 급진적 개혁을 추진할 가능성은 그렇게 높지 않다고 볼 수 있다.

(3) 기술 관료 지도자 시대가 막을 내리다

마지막으로 이들의 학력과 경력을 보면, '기술 관료형' 지도자(대학에서 이공계를 전공하고 전문 기술직에서 오랫동안 근무한 이후 고위직에 오른 정치 지도자)에서 '인문 사회형' 지도자로의 전환이 거의 이루어졌다고 평가할 수 있다. 7인의 정치국 상무위원 중에서 대학 전공이 이공계인 사람은 시진핑과 위정성 두 사람이다. 그런데 시진핑은 졸업 후의 업무가 전문 기술직이 아니었을 뿐 아니라 대학원에서 사회과학을 전공해 법학 박사 학위를 받았기 때문에 엄격한 의미에서 기술 관료형 지도자로 분류할 수 없다. 위정성은 하얼빈 군사공정학원 미사일공정과를 졸업하고, 일정 기간 전문 기술직(예를 들어, 허베이성 장자커우(張家口) 무선전기 6공장, 제4기계 공업부 소속 연구소)에 종사했기 때문에 기술 관료형 지도자로 볼 수 있다. 하지만 그의 대학 전공은 일반적인 이공계는 아니다.

참고로 2013년 3월 기준으로, 총 예순두 명의 성급 당서기(서른한 명) 및 행정수장(서른한 명) 중에서 마흔두 명이 대학에서 인문 사회 계열을 전공한 사람으로 전체의 67.7퍼센트가 '인문 사회형' 지도자라고 할 수 있다. (총 예순한 명 가운데 박사 학위 보유자는 모두 열 명으로 전체의 16.4퍼센트다.)[20] 이와 비슷하게, 205명의 중앙 위원 중 대학에서 이공계를 전공한 사람은 10.2퍼센트에 불과해, 전체적으로 보면 인문 사회형 지도자가 대다수(약 90퍼센트, 이중 경제 관리, 법학, 정치학이 가장 많은 비중을 차지한다.)를 이루고 있다.[21] 이런 추세는 17차 당대회(2007년)부터 이미 뚜렷하게 나타나기 시작했다.[22] 이런 점에서 18차 당대회는 '기술 관료의 시대'가 공식적으로 종료했음을 알리는 행사였다.

4 시진핑 리더십의 특징

시진핑 총서기와 리커창 총리를 중심으로 하는 5세대 지도자들은 공통적으로 몇 가지 특징을 갖고 있다. 먼저 이들은 1950년대에 출생하여 사회주의혁명과 관련이 없는 세대다. 이런 점에서 5세대야말로 진정한 '탈혁명형(post-revolutionary) 지도자'라고 할 수 있다. 또한 이들은 중학교 시절에 문화대혁명(1966~1976년)을 맞아 농촌과 오지로 하방당한 경험이 있다. 이른바 '상산하향(上山下鄕)'의 '지식 청년(知識靑年)'인 것이다. 예를 들어 시진핑은 산시성(陝西省)에서 7년 동안 농민과 함께 생활한 경험이 있다. 게다가 이들은 1970년대 말에 대학 교육을 받고 중간 당정 간부로서 개혁·개방 정책을 직접 추진한 경험이 있다. 한마디로 이들은 개혁·개방 분위기 속에서 교육을 받고 지도자로 성장한 '개혁·개방형 지도자'다. 마지막으로 앞에서 보았듯이 이들의 대다수는 '인문 사회형' 지도자라는 특징이 있다.

(1) 시진핑 리더십의 세 가지 특징

한편 시진핑에 대한 다양한 연구를 종합해서 판단하면,[23] 시진핑은 세 가지 요소가 결합된 지도력(leadership)을 보여 주는 '복합형 지도자'라고 할 수 있다. 이는 정도의 차이는 있겠지만 다른 5세대 지도자에게도 적용된다. 그래서 이런 특징을 가지고 판단할 때 시진핑 시대의 중국은 '보수 정치 + 시장경제 + 실용 외교'의 모습을 보일 것으로 예측할 수 있다.

먼저, 정치적으로 시진핑은 '독실한 사회주의자'다. 이는 아버지 시중쉰(習仲勳, 1913~2002년)이 보여 준 혁명적이고 충직한 삶과 자녀들에 대한 엄격한 혁명 교육의 영향으로 형성되었을 것이다. 구체적으로 시진핑은 '공산당의 영도'를 굳건히 믿는다. 공산당이 조국을 구원했고, 공산당만이 중국을 세계 강대국으로 발전시킬 수 있다고 생각한다. 또한 공산당이 주도한 사회주의혁명과 지난 30여 년 동안의 경제성장에 강한 자부심을 느낀다. 마지막으로 이런 이유로 시진핑은 서양의 정치사상과 정치제도(특히 자유민주주의)에 대해서는 강한 거부감을 갖고 있다.

또한 시진핑은 경제적으로는 '시장주의자'다. 이는 아버지의 영향과 함께 본인의 경험에서 나온 것이다. 시중쉰은 광둥성 제1서기로 근무할 1979년 선전 등 네 곳의 경제특구 설치를 구상하고, 이를 덩샤오핑에 보고하여 승인을 받은 장본인이다. 이런 아버지의 영향을 받아 시진핑은 젊은 시절부터 개혁 · 개방 정책을 적극 지지했다. 이후 푸젠성, 저장성, 상하이시에서 20여 년을 근무하면서 시장경제에 대한 믿음이 굳어졌다. 특히 푸젠성 성장과 저장성 당서기로 근무할 때 시진핑은 외자 기업의 투자 유치를 위해 노력했고, 산업구조 조정과 기업 혁신을 위해서도 많은 개혁 정책을 추진했다.

마지막으로 시진핑은 외교 · 안보 면에서는 '실용적인 민족주의자'다. 그동안 그가 보여 준 말과 행동을 통해 이를 확인할 수 있다. 구체적으로 시진핑은 군사력 강화를 강조한다. 칭화대학교를 졸업한 이후 국방 장관의 부관으로 3년 동안 일한 이후 최근까지 시진핑은 군 관련 업무를 지속적으로 맡아 왔다. 이를 통해 군사력 강화의 중요성과 필요성에 대해 누구보다 잘 알게 되었다. 또한 그는 주권과 영토 문제 등 중국의 '핵심 이익'과 관련한 문제에서는 단호한 모습을 보이고 있다. 동시에 미국과 일본 등 기존 강대국에 맞서 결코 굴복하지 않는 당당한 외교를 지지한다. 마지막으로 그는 중국의 국익을 위해 융통성 있고 탄력적인 실리 외교를 추진할 수 있다. 이런 점에서 그는 일본의 정치가인 아베 신조나 이시하라 신타로(石原愼太郎) 같은 '극우' 민족주의자와는 다르다. 그래서 그를 '실용적(pragmatic)' 민족주의자라고 할 수 있다.

(2) 취임 후 시진핑의 행보

이와 같은 시진핑의 지도력은 취임 후 그가 보여 준 모습을 통해 확인할 수 있다. 2012년 11월 15일의 취임 연설[24]과 2012년 11월 27일 '중흥의 길(復興之路)' 특별 전시회에서 행한 「중국의 꿈」 연설을 보면,[25] 그는 세 가지를 일관되게 강조하고 있다. 첫째가 '중화민족'이고, 둘째가 '인민'이며, 셋째가 '공산당'이다. 다시 말해, 시진핑의 화두는 '민족·인민·당'인 것이다. 이것은 그가 현재 무엇을 생각하고 있고 무엇을 지향하고 있는가를 단적으로 보여 준다. 한마디로 공산당과 당정 지도자들은 중화민족의 중흥을 위해 노력해야 하고, 인민의 복지를 위해 고민해야 하며, 공산당의 단결과 순결함을 지켜야 한다는 것이다. 이런 연설 이후 시진핑은 실제 행동과 정책을 통해 이를 실천하기 시작했다.

먼저, 시진핑은 공산당의 업무 태도를 개혁하기 위해 강력한 정풍운동(整風運動)을 전개하고 있다. 2012년 12월 4일 개최된 정치국 회의에서 「업무 태도 개선과 긴밀한 군중 연계의 8개항」을 결정한 것이다. '8개항'은 현지 시찰과 외부 활동에서 사치와 형식주의 타파, 간결하고 실무적인 회의 개최, 각종 문서와 서류의 대폭 축소, 당정 간부의 편의를 위한 교통 통제 제한, 당정 간부에 대한 언론 보도 자제, 중앙의 심의를 거치지 않은 고위 간부 개인의 발언과 출판 제한, 근검절약하는 생활 태도 등을 포함하고 있다. 간단히 말해, 특권 의식, 사치 풍조, 형식주의, 관료주의를 타파하고 실용적이고 견실한 업무 태도로 국민의 신뢰를 회복하자는 것이다. 이 결정 이후 시진핑 본인이 앞장서서 이를 실천함으로써 솔선수범의 전형을 보여 주었다.[26]

이와 함께 시진핑은 강력한 부패 척결 정책을 추진하고 있다. 이는 2013년 1월에 개최된 공산당 18기 중앙기율검사위원회 2차 전체 회의에서 잘 나타났다.[27] 여기서 시진핑은 공산당의 '특권 사상과 특권 현상'을 전당이 나서서 타파할 것을 주장했다. 또한 중앙에서 결정된 부패 척결 정책을 지방과 각 부서가 철저히 실행할 것을 명령했다. 동시에 부패 척결 과정에서 "파리뿐 아니라 호랑이"도 철저히 감독하고, 전체 국민과 전 당원이 나서서 당정 간부를 감독해야 한다고 주장했다.[28] 이런 부패 척결 방침은 18차 당대회 이후 실제로 집행되었다. 그 결과 2012년 11월 중순부터 2013년 2월 중순까지 3개월 동안 모두 스물일곱 명의 국장급(廳級) 이상 고위 간부가 부패 혐의로 처벌을 받았다.[29]

이와 관련하여 2012년 12월 광둥성 선전시를 방문했을 때 시진핑이 행한 비공개 연설은 주의할 필요가 있다. 이 연설에서 시진핑은 1991년 붕괴한 "소련의 교훈을 잊지 말자."고 강조했다. 그가 보기에 소련공산당은 세 가지 이유 때문에 권력을 잃었고 그 결과 소련도 붕괴했다. 첫째는 정치 부패의 만연이고, 둘째는 이념의 이완과 타락이고, 셋째는 당에 대한 군의 충성 부족이다. 공산당이 소련의 교훈을 잊지 않고 권력을 유지하기 위해서는 바로 이 세 가지를 하지 말아야 한다는 것이다.[30] 그래서 공산당의 부패 척결을 강력히 추진해야 하고, 언론과 사상의 통제를 강화해야 하며, 당에 대한 군의 절대적 충성을 확보해야 한다.

이런 시진핑의 방침에 따라 앞에서 보았듯이 공산당은 사업 태도 개혁과 부패 척결 정책을 추진했다. 또한 공산당은 언론, 특히 인터넷 통제도 더욱 강력하게 추진하기 시작했다. 최근 인터넷을 통해 서구 풍조가 유입되고 국가와 공산당을 비판하는 경향이 높아졌다고 보았기 때문이다. 단적으로 2012년 12월 28일 전국인대 상무위원회는 인터넷 통제를 강화하는 새로운 규정을 통과시켰다. 「인터넷 정보 보호의 강화 결정」이 바로 그것이다.[31] 중국 언론은 이것이 국민의 사생활을 보호하고 건전한 인터넷 문화 육성에 도움이 될 것이라고 주장했다.[32] 반면 외신들은 중국이 인터넷 통제를 강화하기 위한 법적 기반을 마련했다고 비판했다.[33] 실제 내용을 보면 자유로운 정보 유통을 통제하는 내용이 들어 있다.

한편 경제개혁과 관련하여 시진핑은 행동으로 그의 방침을 분명하게 보여 주었다. 첫 방문지로 광둥성 선전시를 선택하여 2012년 12월 7일부터 11일까지 방문했던 것이다. 이는 후진타오가 총서기 취임 이후 첫 방문지로 혁명 성지인 허베이성 시바이포(西柏坡)를 선택하여 마오쩌둥의 혁명 정신, 즉 '겸손하고 신중하며 자만하지 않는 진중한 태도'와 '고생을 마다하지 않고 어려움에 맞서 싸우는 태도'를 강조한 것과 큰 대조를 이룬다.[34] 선전시는 아버지 시중쉰이 제안하고 덩샤오핑이 승인함으로써 중국 최초의 경제특구가 된 지역이다. 다시 말해 선전시는 시장경제와 대외 개방의 '실험실'이며 '선도자(排頭兵)'로서 중국 개혁·개방의 상징인 곳이다. 이곳을 최초 방문지로 선택함으로써 시진핑은 '덩샤오핑의 후계자'이며 '시중쉰의 아들'로서 개혁·개방 정책을 지속적으로 추진할 것임을 대외에 선언한 셈이다. 실제로 선전시를 방문하는 동안 시진핑은 중단 없는 개혁·개방의 추진을 외쳤다.[35]

마지막으로 중국의 외교 안보 정책과 관련해서 시진핑은 분명한 메시지를 전달했다. 하나는 시진핑 시대에도 이전처럼 '평화발전(和平發展)의 길'을 걸을 것이라는 점이다. 다른 하나는 중국의 정당하고 타당한 이익, 특히 '핵심 이익'을 지키기 위해서는 어떤 희생도 마다하지 않겠다는 각오다. 이는 2013년 1월 28일 있었던 정치국 3차 집단학습에서 시진핑이 한 연설에 잘 드러났다.[36]

특히 두 번째 입장과 관련하여, 시진핑은 군에 대해 "당에 대한 절대적 충성"을 강조하고, "언제든지 싸울 수 있고, 싸우면 반드시 이길 수 있는(能打仗打勝仗)" 전투 태세를 유지할 것을 명령했다. 이런 사실은 2012년 12월 중앙군사위원회 회의에서 제2포병부대(전략 핵미사일 부대)의 대표들을 면담할 때 시진핑이 한 연설에도 잘 드러나 있다. 이를 통해 우리는 시진핑 시대에 중국이 어떤 외교 및 안보 정책을 추진할 것인가를 엿볼 수 있다.[37] 중국의 외교정책은 이 책 3부에서 자세히 검토할 것이다.

2부
시진핑 시대의 정치개혁

4
'중국의 꿈'은 실현 가능한가

시진핑 정부 시대의 국가 발전 전략은 후진타오 정부와 어떻게 다를까? 구체적으로 2022년까지 시진핑 정부의 전략은 무엇인가? 또한 이를 위해 경제·사회·문화·환경 등 각 영역별로 어떤 세부 정책을 추진할 것인가? 이 장에서 검토할 내용이 바로 이것이다. 결론적으로 말하면, 시진핑 정부가 향후 10년 동안 추진할 국가 발전 전략과 세부 정책은 후진타오 정부가 과거 10년 동안 실시했던 것과 크게 다르지 않을 것이다. 이는 공산당 18차 당대회(2012년 11월)의 '정치 보고'와 12기 전국인민대표대회(전국인대) 1차 회의(2013년 3월)의 '정부 업무 보고'를 통해 확인할 수 있다.

시진핑 정부의 국가 발전 전략을 알아보기 위해 여기서는 18차 당대회의 '정치 보고'에 초점을 맞추어 분석을 진행할 것이다. '정치 보고'는 시진핑 정부 10년의 국정 방침과 정책을 담고 있기 때문에, 미래 중국의 국가 발전 전략을 이해하기 위해서는 이를 세밀하게 검토할 필요가 있다. 또한 이를 보완하기 위해 12기 전국인대 1차 회의의 '정부 업무 보고'도 참고했다. 정부 업무 보고는 주로 향후 1년 동안 국무원(중앙정부)이 추진할 국가정책을 보여 주기 때문에 이에 대한 분석을 통해 시진핑 정부 전체의 국정 방침과 정책을 이해하는 데는 한계가 있다. 다만 이번에 새로 출범하는 리커창 총리 내각의 정책 방향을 보여 준다는 점에서 '정치 보고'의 내용을 보완하는 자료로는 충분한 의미가 있다.

한편 시진핑 정부의 국가 발전 전략을 이해하기 위해서는 경제와 사회 영역뿐 아니라 정치와 외교 영역도 함께 분석해야 한다. 국가 발전 전략은 대내 전략과 대외 전략을 모두 포괄하고, 양자는 밀접하게 연결되어 있기 때문이다. 그런데 중국의 정치와 외교정책에 대해서는 이 책의 6장과 9장에서 상세히 분석하기 때문에 이 장에서는 살펴보지 않을 것이다. 참고로 후진타오 10년 동안의 국가 발전 전략과 영역별 세부 정책에 대해서는 나의 이전 연구를 참고할 수 있다.[1]

1 '중국 특색의 사회주의' 고수

앞에서 시진핑 정부의 국가 발전 전략은 후진타오 정부의 전략과 크게 다르지 않다고 말했다. 왜 이런 현상이 나타났는지를 이해하기 위해서는 두 가지 사실을 알아야 한다. 지도자 교체에도 불구하고 국가 발전 전략이 다르지 않은 것은 바로 이 두 가지 사실 때문이다.

첫째, 18차 당대회는 새로운 당 노선이나 방침을 결정하는 회의가 아니었다. 공산당은 2020년까지 중국이 추진할 국가 발전 전략(현실 인식, 발전 목표, 국정 방침)을 2002년 16차 당대회에서 이미 결정했다. 이에 따르면 중국은 2020년까지 경제 발전과 함께 정치·사회·문화 발전을 종합적으로 달성하여 '전면적 소강사회를 건설'할 것이다. 이처럼 전면적 소강사회 건설 방침은 2020년까지 적용되기 때문에, 2012년에 출범한 시진핑 정부는 당연히 이를 계승, 발전시켜야 한다. 이런 점에서 18차 당대회는 지난 10년 동안 추진한 전면적 소강사회 건설 방침을 점검하고 미비점이나 문제점을 일부 보완하는 '점검 회의' 성격을 띠고 있다.

둘째, 공산당 지도자의 세대교체에도 불구하고 국가정책은 연속적으로 실시된다. 앞 장에서 살펴보았듯이, 이는 권력 승계 및 정책 결정과 관련된 두 가지 관행 때문에 가능하다. 하나는 세대 간 협의를 통한 정책 결정의 관행이다. 즉 전임 지도자와 신임 지도자가 공동으로 새로운 당 방침이나 정책을 결정한다. 다른 하나는 권력 승계와 정책 결정의 분리 관행이다. 즉 공산당은 권력 승계와 새로운 당 노선·방침·정책의 결정을 분리한다. 이런 관행으로 인해 지도자의 세대교체에도 불구하고 정책의 지속성과 안정성이 보장된다.

한편 18차 당대회는 국가 발전 전략의 기본 방침을 분명히 밝혔다. 후진타오 총서기가 행한 '정치 보고'에 의하면,[2] 중국은 두 가지 길을 가지 않을 것이다. 하나는 '폐쇄적이고 경직된 옛 길(老路)', 즉 마오쩌둥 시대의 당 노선으로 돌아가지 않을 것이다. 다른 하나는 '깃발을 바꾸는 잘못된 길(邪路)', 즉 서구식 제도를 도입하지 않을 것이다. 대신 공산당은 '중국 특색의 사회주의 이론 체계'의 지도 아래 '중국 특색의 사회주의 기본 제도'를 고수하면서, '중국 특색의 사회주의 길'을 갈 것이다.

여기서 '중국 특색의 사회주의 이론 체계'는 개혁기에 등장한 이념, 즉 덩샤오핑 이론, 삼개대표 사상, 과학적 발전관을 가리킨다. '중국 특색의 사회주의 기본 제도'는 중국의 현행 제도를 가리킨다. '중국 특색의 사회주의 길'은 '하나의 중심(경제 건설)과 두 개의 원칙(개혁·개방과 4항 기본 원칙)'을 견지하여 사회 생산력을 발전시키고, 사회주의 시장경제, 민주정치, 선진문화, 조화사회, 생태문명(이른바 '5위1체')을 수립하여, 궁극적으로 '사회주의 현대화 국가'를 건설하는 것을 가리킨다. 이처럼 시진핑 시대의 중국은 변함없이 '중국 특색의 사회주의'를 고수할 것이다.

2 중국 정부의 현실 인식

18차 당대회는 16차 당대회의 '전면적 소강사회의 건설' 방침을 계승하여 '전면적 소강사회의 완성' 방침을 다시 확정했다.

(1) 2020년까지 '기회'의 시기

먼저, 공산당은 2020년까지의 시기를 '중요한 전략적 기회기(重要戰略機遇期)'로 판단한다. 이는 16차 당대회의 판단과 같다. 무엇보다 향후 10년은 중국에게 '전략적' 시기다. 중국이 세계 강대국으로 발전할 수 있는가의 여부가 이 시기에 결정되기 때문이다. 중국은 2003년에 1인당 국민소득(GDP) 1000달러를 달성했다. 이에 따라 정치·경제·사회 등 여러 영역에서 여러 갈등과 대립이 집중적으로 출현하는 '모순 표출기(矛盾凸顯期)'에 접어들었다. 만약 이런 모순을 제대로 처리하지 못하면 발전은 좌절될 것이다. 이처럼 이 시기는 국가 발전에 결정적 시기이기 때문에 전략적 시기라고 한다.

또한 2020년까지의 10년은 중국에 '기회'이기도 하다. 중국은 '중화민족의 위대한 중흥'을 달성할 수 있는 천재일우의 기회를 맞고 있다는 것이다. 국내적으로는 개혁·개방 정책을 성공적으로 추진한 결과 지난 30년 동안 연평균 9.9퍼센트의 높은 성장률을 달성했다. 일반 국민의 생활수준도 크게 향상되었다. 이에 따라 정치 안정과 사회 단결이 유지되고, 공산당과 국가에 대한 국민의 지지도도 높아졌다. 또한 국제적으로도 급속한 경제성장을 기반으로 중국의 위상이 크게 높아졌다. 이뿐 아니라 현재는 평화와 발전이 중심인 시대다. 그래서 중국이 국내 발전에 전념할 수 있는 안정적인 국제 환경이 조성되었다. 다시 말해, 미국이나 러시아와 같은 강대국이 중국을 군사적으로 침략할 가능성은 매우 낮다.[3]

(2) 전면적 소강사회 완성이 일차 목표

중요한 전략적 기회기에 중국이 달성할 목표가 바로 전면적 소강사회의 완성이다. 앞에서 말했듯이, 16차 당대회에서는 전면적 소강사회의 '건설'이었던 것이, 18차 당대회에서는 '완성'으로 한 단계 높아졌다. '전면적' 소강사회의 완성 목표는 정치·경제·사회·문화 등 다양한 영역을 포괄한다. 이는 경제성장 지상주의를 추구했던 이전의 목표가 주로 경제 영역에 집중된 것과 크게 차이가 난다. 다시 말해, 이전 단계에서는 경제 발전이 모든 것에 우선하는 목표였고, 그래서 정치·사회·환경 등 다른 영역은 크게 신경을 쓰지 않고 경제성장에만 몰두했다. 그런데 이제는 이렇게 하지 않겠다는 것이다.

우선 경제적으로는 '지속적이고 건강한 발전'을 이룩할 것이다. 이를 위해 경제 발전 방식의 전환을 달성하고, 국내총생산(GDP)과 주민소득을 2010년에 비해 두 배로 증가시킬 것이다. 이를 수치로 표현하면, 국내총생산의 목표액은 약 20조 달러(물가와 환율 고려)고, 주민소득의 목표액은 약 1만 2000달러가 된다. 이를 달성하기 위해서는 매년 7~7.5퍼센트의 경제성장률을 달성해야 한다. 이것은 2011년 3월 11기 전국인대 4차 회의에서 통과된 「12차 5개년 개혁 요강」의 성장 목표를 다시 반복한 것이다. 즉 「12차 5개년 개혁 요강」은 5년 동안 연평균 7퍼센트 성장한다는 목표를 제시했다. 한편 현재 많은 연구 보고서에 의하면, 중국은 2020년까지 연 7퍼센트 성장률을 달성할 수 있을 것으로 예측된다.[4]

참고로 7퍼센트 성장률을 목표로 설정한 것은 중국의 잠재 성장률에 대한 고려뿐 아니라 실제적인 이유 때문이기도 하다. 한마디로 7퍼센트 성장률은 일자리 창출과 이를 통한 사회 안정에 필요한 목표다. 중국에서 국내총생산이 1퍼센트 성장하면 약 120~130만 개의 일자리가 만들어진다고 한다. 중국에서는 매년 약 2000만 명의 신규 노동력이 노동시장에 진입하고, 이중에서 900만 개의 일자리를 제공해야 5퍼센트 정도의 도시 등록 실업률을 유지할 수 있다. 900만 개의 일자리를 제공하기 위해서는 7퍼센트의 성장률이 필요한 것이다.

정치적으로는 '인민민주의 부단한 확대'를 이룩할 것이다. 이를 위해 민주제도의 개선, 의법치국의 실현, 법치정부의 완성, 사법 공신력의 제고, 인권 존중과 보장의 실현을 추진할 것이다. 문화적으로는 '문화 소프트파워(軟實力, soft power)의 현저한 증강'을 이룩할 것이다. 이를 위해 사회주의 핵심 가치 체계를 확산시키고, 문화 산업을 중심 산업으로 육성하고, 문화 강국의 기초를 강화하는 데 주력할 것이다. 사회적으로는 '인민 생활수준의 전면적 제고'를 달성할 것이다. 이를 위해서는 공공서비스의 균등한 제공의 완전 실현, 교육 수용과 혁신 인재 배양 수준의 제고, 충분한 취업, 소득 격차의 축소, 전 국민의 사회보장 실시 등을 추진해야 한다. 마지막으로, 환경보호 면에서는 '자원 절약형 및 환경 친화형 사회 건설에서 중대한 진전을 달성'할 것이다.

정리하면, 중국은 법치, 전환(轉變), 민생, 소프트파워, 지속 가능한 발전, 평화 발전을 핵심으로 하는 국가 발전 전략을 추진하고 있다. 법치는 의법치국의 줄임말로, 정치 발전의 목표다. 전환은 경제 발전 방식의 전환을 의미하며, 경제 발전의 목표다. 이것의 지도 이론이 '과학적 발전관'이고, 이번 당대회에서 당헌(黨章) 개정을 통해 '당의 공식 이념'에서 '지도 이념'으로 지위가 높아졌다. 사회 발전의 목표가 민생이고, 이것의 지도 이론이 바로 '조화사회' 건설론이다. 소프트파워는 국내적으로는 사회주의 가치 체계를 수립하고 대외적으로는 중국의 문화적 매력을 확산하는 방침을 의미한다. 지속 가능한 발전은 환경보호와 에너지 절약을 위한 방침이다. 평화 발전은 외교 전략의 목표이자 방침이다.

3 사회주의 시장경제 개선과 경제 발전 방식의 전환

(1) 후진타오-시진핑 시대의 연속성

먼저, 과학적 발전관이 지도 이념으로 다시 한 번 강조되었다. 과학적 발전관은 '이인위본(以人爲本, 사람을 근본으로 함)'에 기초하여 '전면적, 협조적, 지속 가능한 발전(全面協調持續的發展)'을 추구한다.[5] 먼저, 이인위본 방침에 따라 경제 발전은 어디까지나 인간의 전면적인 발전을 실현하는 것을 목표로 하는 인간 중심의 정신에 입각해야 한다. 그래서 경제 발전은 국민의 복리 증진과 권익 확대에 기여해야 하고, 동시에 경제 발전의 혜택이 전체 국민에게 골고루 돌아가야 한다. 또한 과학적 발전관은 '전면적' 발전을 추구한다. 다시 말해, 경제 발전과 함께 사회 발전, 정치 발전, 문화 발전도 추구한다. 셋째로, 과학적 발전관은 '협조적' 발전을 추구한다. 즉 도시와 농촌(도농)의 동시 발전, 지역 균형 발전, 인간과 자연의 조화 발전을 추구한다. 마지막으로, 과학적 발전은 '지속 가능한' 발전을 추구한다. 즉 인간과 자연의 조화를 촉진하고, 경제성장이 인구 · 자원 · 환경과 상호 조정되어, 생산도 발전하고 생활도 풍족해지며, 생태환경도 양호한 문명화된 발전을 추구한다.[6]

이런 과학적 발전관에 입각하여, 경제 발전 방식의 전환과 '중국 특색의' 공업화 · 정보화 · 도시화 · 농업 현대화의 길을 추구한다는 것이 경제 방침의 핵심 내용이다. 이를 실현하기 위한 구체적인 경제정책으로 다섯 가지가 제시되었다. 첫째는 경제체제 개혁의 심화다. 여기에는 정부-시장 관계의 조정(정부의 경제 개입 축소와 시장의 역할 확대), 사영 경제의 발전 촉진, 재정개혁, 금융개혁 등이 포함된다. 둘째는 '혁신 추동의 발전 전략'을 실시하는 것이다. 이는 과학기술의 발전, 지식 창출과 혁신 등을 통해 경제 발전의 새로운 동력을 찾고자 하는 것이다. 셋째는 경제구조의 전략적 조정이다. 이것이 바로 경제 발전 방식의 전환을 실현하기 위한 주된 방향이다. 여기에는 내수 확대의 지속적인 추진, 실물경제의 발전 강화, 종합적인 지역 발전 전략의 추진, 호적제도 개혁과 농민의 도시 이전 추진 등이 포함된다. 넷째는 도농 발전의 일체화(城鄕發展一體化), 즉 도시와 농촌의 동시 발전 추진이다. 중국이 당면하고 있는 핵심 과제인 '삼농(三農, 농업·농촌·농민)' 문제를 해결하기 위해서는 이 정책이 필요하다. 여기에는 농민 소득의 증가, 농업 현대화 추진, 신농촌 건설과 빈곤의 해소, 농촌 경영의 개선, 토지 징발 제도의 개혁, 도시의 농촌 발전 견인 등이 포함된다. 다섯째는 '개방형 경제'의 수준 제고다. 경제 발전 방식의 전환과 경제구조의 조정을 위해서는 경제적 대외 개방을 추진하는 것이 필요하다. 여기에는 연해 지역과 내륙 지역의 연계 발전 추진, 해외 진출(走出去) 전략의 추진 등이 포함된다.

　이상의 내용을 종합적으로 검토하면, 시진핑 시대의 경제정책은 후진타오 시대의 경제정책을 계승했다. 즉 과학적 발전관을 지도 이념으로 경제 발전 방식의 전환을 핵심 방침으로 삼아 경제 발전과 경제개혁을 추진하겠다는 것이다. 그리고 이를 위해 수출 및 국가 투자보다 내수 및 민간 투자를 확대하고, 지역 균형 발전 전략과 친환경적 발전을 추구하겠다는 것이다. 특히 지역 균형 발전 전략에서는 심각한 농촌 문제를 해결하기 위해 도시화와 호적제도 개혁을 적극 추진하는 것이 포함된다. 최종적으로는 이런 경제 방침과 정책을 통해 국민 생활수준의 질적인 향상을 도모하겠다는 것이다. 이런 내용은 2012년 12월 15~16일에 시진핑 총서기의 주재로 열린 중앙 경제 업무 회의에서 다시 한 번 확인되었다.[7]

(2) 경제정책의 핵심은 사람 중심의 도시화

그런데 시진핑 정부가 들어서면서 경제정책과 관련하여 강조되고 있는 것이 바로 '도시화'다. 이는 특히 리커창 총리가 지난 몇 년 동안 주도적으로 제기한 정책이며, 앞에서 말한 중앙 경제 업무 회의와 2012년 12월 28일에 개최된 지역 발전 좌담회(리커창 주재)에서도 재차 강조되었다.[8] 도시화가 강조되는 것은 몇 가지 이유 때문이다.

무엇보다 내수 확대를 위해 도시화가 필요하다. 향후 경제정책의 기본 방침은 경제 발전 방식의 전환이고, 그것의 핵심은 수출 의존에서 내수 의존으로 전환하는 것이다. 그런데 내수 확대를 위해서는 도시화가 필요하다는 것이다. 도시화를 통해 거대한 투자 수요를 확보할 수 있기 때문이다. 예를 들어 한 중국학자의 계산에 의하면, 현재 1억 6000만 명의 농민이 도시에 거주하고 있고('농민공'), 앞으로도 매년 1.2퍼센트의 도시화가 진행되면서 2억 명 이상의 농민이 도시로 이주할 것이다. 즉 총 약 4억 명의 농민이 도시로 이주할 예정이다. 그런데 한 명의 농민을 도시민으로 바꾸는 데 평균 10만 위안(약 1800만 원)의 투자비가 소요되기 때문에, 모두 40조 위안(약 7200조 원)의 투자 수요가 발생한다.[9] 다른 계산에 의하면, 도시화가 1퍼센트 증가할 때마다 약 7조 위안(약 1260조 원)의 시장 수요가 발생한다.[10] [그림 4-1]에서 알 수 있는 것처럼, 중국이 지난 10년 동안 매년 평균 1.2퍼센트의 도시화가 진행되었기 때문에, 도시화만으로도 매년 7조 위안 이상의 내수를 확보할 수 있다.

그림 4-1 중국 도시 인구와 도시화율의 변화

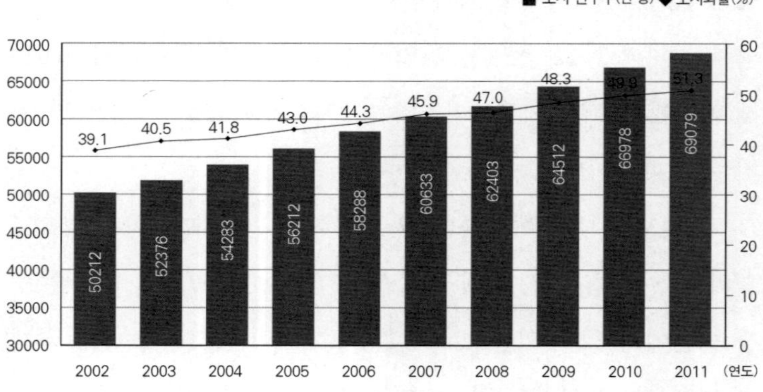

출처: 張毅, 「城鎭化, 中國經濟的火車頭: 訪北京大學中國經濟研究中心主任林毅夫」, 《人民網》 2013年 1月 9日, http://www.people.com.cn (검색일: 2013. 1. 9.)

또한 18차 당대회에서 확정한 매년 7~7.5퍼센트의 성장률 목표를 달성하기 위해서도 도시화가 필요하다. 일부 서구 학자 중에는 중국이 매년 7퍼센트의 성장률을 달성할 수 없다고 주장한다. 그런데 대부분의 중국학자들은 이것이 어려운 과제가 아니라고 본다. 가장 중요한 근거 중의 하나가 바로 중국의 낮은 도시화률이다. [그림 4-1]에서 알 수 있듯이, 중국의 도시화율은 2002년 39.1퍼센트에서 2011년 51.3퍼센트로 매년 평균 1.2퍼센트씩 증가했지만, 세계 수준(평균 75~80퍼센트)과 비교했을 때 여전히 낮은 편이다. 따라서 중국이 세계 수준에 도달하기 위해서는 아직도 20년이 더 필요하고, 이 기간 동안 중국은 매년 평균 1.2퍼센트씩 도시화가 진행될 것이다. 만약 이와 같은 계산대로 된다면 중국이 향후 20년 동안 7퍼센트의 성장률을 확보하는 데에는 큰 문제가 없다.[11]

마지막으로 도시화는 삼농 문제를 해결하기 위해서도 필요하다. 현재 삼농 문제를 먼저 해결하지 못한다면 내수 확대도, 도시와 농촌의 균형 있는 발전도, 국민의 민생 문제 해결도 모두 달성할 수 없다. 그래서 삼농 문제의 해결은 "중요한 정책 중의 중요한 정책(重中之重)"으로 간주되어 왔다. 실제로 중국은 2004년부터 2013년까지 10년 연속으로 삼농 문제를 주제로 한 '중앙 1호 문건'을 하달했다.[12] '중앙 1호 문건'은 공산당 중앙과 국무원이 공동으로 하달하는 것으로, 이를 통해 공산당과 국무원이 가장 중시하는 정책이 무엇인가를 보여 준다. 삼농 문제가 10년 연속 중앙 1호 문건의 주제였다는 것은, 공산당이 삼농 문제 해결을 최우선 과제로 생각하고 있다는 것을 의미한다. 그런데 삼농 문제를 해결하는 가장 중요한 정책이 '도농 일체화(城鄉一體化) 발전'을 통한 '농촌의 도시화'와 '농민의 도시민화'다.

시진핑 시대에 도시화가 실제로 얼마나 진행되어 삼농 문제가 해결될지는 단정적으로 말할 수 없다. 이를 위해서는 몇 가지 정책이 동시에 추진되어야 하기 때문이다. 가장 중요한 정책은, 농민을 차별하는 현행 호적제도를 전면적으로 폐지하여 법적으로 농민과 도시민을 동등하게 대우함으로써 '도농 이중구조(城鄉二元結構)'를 없애는 것이다. 지난 10년 동안의 개혁을 통해 중소 도시에서는 호적제도가 사실상 무의미해졌다. 그러나 대도시, 특히 베이징, 톈진, 상하이, 선전 등 특대도시에서는 여전히 호적제도가 중요하고, 이로 인해 농민공은 심한 차별 대우를 받고 있다. 따라서 호적제도의 전면적 폐지 없이는 도시화가 제대로 추진될 수 없다. 문제는 '도시 이기주의'로 인해 호적제도가 지난 30년 동안 유지되었고, 현재도 이를 극복하는 것이 쉽지 않다는 점이다. 그 밖에도 복지 제공 등에서 농민을 도시민과 동등하게 대우하려면 많은 재정이 소요되는데, 지방정부가 실제로 이를 위해 얼마나 적극적으로 노력할 것인가도 해결해야 할 문제다.

4 민생 개선과 관리 혁신

(1) 사회문제 최대 이슈로 떠오른 민생

민생 문제의 해결은 지난 10년 동안 후진타오 정부가 가장 중시한 국정 과제였다. 18차 당대회에서도 이런 특징이 나타났다. 이를 통해 보건대 시진핑 정부도 향후 10년 동안 민생 개선을 최대의 국정 과제로 추진할 가능성이 높다.

사회정책의 방침으로는 두 가지가 제시되었다. 첫째, '민생 보장 및 개선이 사회 건설의 중점'이라는 방침이다. '인민의 물질 및 문화 생활수준을 제고하는 것이 개혁·개방과 사회주의 현대화 건설의 근본 목표'라는 것이다. 둘째, 사회체제 개혁을 더욱 가속화하고, 이를 통해 '중국 특색의 사회 관리(社會管理, social governance) 체제'를 구축해야 한다. 이것은 '공산당 영도, 정부 책임, 사회 협조, 군중 참여, 법치 보장의 체제'를 말한다. 이처럼 18차 당대회에서는 사회정책과 관련하여 민생 개선과 사회 관리 체제의 구축이 주요 방침으로 결정되었다.

사회 관리 문제는 2002년 후진타오 정부의 등장 이후 지속적으로 제기되었다. 그런데 이것이 사회정책의 주요 방침으로 등장한 것은 2011년 3월에 개최된 11기 전국인대 4차 회의부터다.[13] 이는 아랍 세계의 정치 변화에 대한 중국의 대응이라고 할 수 있다. 실제로 2011년 2월부터 《인민일보》 등 주요 언론 매체에는 '인민 내부 모순(內部矛盾)'의 진지한 인식과 적극적인 해결을 강조하는 주장이 높아졌다. 또한 2011년 2월 19~23일까지 닷새 동안 개최된 '장관급 고위 지도자 사회 관리 혁신 학습반'에서는, 중국이 당면한 사회 모순을 해결하기 위해 어떻게 사회 관리 체제를 혁신할 것인가가 집중 토론되었다. 그 밖에도 중국 정부는 인터넷 매체에 대한 통제를 강화하고, 반체제 인사를 연금하고, 대규모 물리력을 동원하여 시위가 일어날 가능성이 있는 장소를 원천 봉쇄하는 조치를 취했다.

이런 분위기 속에서 통과된 「12차 5개년 계획 요강」에서는 사회 관리가 최초로 독립된 항목으로 설정되었다. 여기서는 사회 관리의 강화를 위해 '당위원회 영도, 정부 책임, 사회 협조, 군중 참여 체제'를 수립할 것을 강조했다. 또한 지역공동체(社區)의 자치 및 서비스 기능 강화, 사회조직 및 단체의 수립 확대, 군중 권익 보호 기제와 분규 해결 기제의 수립, 식품·약품 안전과 산업 안전 등 공공 안전 체제의 수립 강화가 주요 정책 방향으로 제시되었다. 뒤이어 2011년 5월에는 국무원이 「사회 관리 강화 및 혁신 의견」을 하달했고, 8월에는 '중앙사회치안종합치리위원회'가 '중앙사회관리종합치리위원회(中央社會管理綜合治理委員會)'로 개칭됨과 동시에 새로운 권한, 즉 사회 관리 업무의 조정 및 지도 권한이 부여되었다.[14]

또한 11기 전국인대 4차 회의(2011년 3월) 기간에 개최되었던 재정부 장관의 기자회견에 의하면, 2011년 정부 예산 중에서 공안(公安, public security) 예산은 6240억 위안(약 112조 3200억 원)

이고 국방 예산은 6010억 위안으로, 처음으로 공안 예산이 국방 예산을 초과했다. 참고로 2010년에는 공안 예산이 5140억 위안, 국방 예산이 5320억 위안으로 국방 예산이 조금 많았다. 중국이 2011년 무렵부터 사회 안정을 위해 장단기의 사전 예방책을 마련하여 적극적으로 추진하고 있는 것이다. 참고로 공안 예산에는 사회 치안 유지와 관리에 소요되는 비용뿐 아니라, 산업재해와 자연재해 같은 각종 재해 관리에 소요되는 비용도 포함된다. 불량식품과 의약품 단속에 필요한 돈도 공안 예산에 포함된다. 따라서 '공안 예산 = 치안 유지 비용'은 아니다.

한편 18차 당대회에서는 사회정책의 세부 내용으로 모두 여섯 가지가 제시되었다. 첫째, 국민이 만족하는 교육 제공, 둘째, 질 높은 취업 실현, 셋째, 주민소득의 향상(특히 소득분배제도 개혁), 넷째, 도시와 농촌의 종합적인 사회보장 체제 건설, 다섯째, 국민 건강 수준의 제고, 여섯째, 사회 관리의 강화와 혁신이다. 특히 사회 관리 강화에서는 먼저 정부의 공공서비스 제공 방식의 개혁과 유동 인구(농민공) 관리의 개선이 강조되었다. 또한 인민 내부 모순의 정확한 처리를 위해 군중 이익의 보장 기제를 수립하고, 국민의 요구 표현, 이익 조정, 권력 보장의 통로를 확대하고 규범화하는 정책도 강조되었다.

이상을 통해 시진핑 정부의 사회정책도 후진타오 정부의 사회정책과 크게 다르지 않다는 사실을 알 수 있다. 정리하면, 시진핑 정부는 세 가지 내용을 중심으로 사회정책을 추진할 것이다.

첫째는 소득분배제도의 개혁을 통한 빈부 격차의 해소다. 둘째는 '4대' 민생 과제, 즉 취업·교육·의료·주택 문제의 해결이다. 셋째는 사회 관리 체제의 구축과 개선을 통한 사회 안정의 유지다. 이중 사회 안정의 유지는 2000년대 들어 '집단소요사건'이 급증하면서 매우 중요한 사회적 과제로 제시되었다. 단적으로 중국에서는 매일 약 500건의 시위나 폭동이 일어나고 있다. 이런 이유로 사회 관리 체제의 정비가 중요한 정책으로 결정된 것이다.

(2) 빈부 격차 해소가 사회정책의 핵심

그런데 최근에 들어와서는 세 가지 사회정책 중에서도 소득분배제도의 개선을 통한 빈부 격차의 해소가 가장 강조되고 있다. 예를 들어, 11기 전국인대 3차 회의(2010년 3월) 기간에 개최된 기자회견에서 원자바오 총리는 빈부 격차의 해소가 긴급한 과제임을 강조했다. 그는 "중국 현대화가 경제 발전만을 가리키는 것이 아니며, 사회의 공평 정의와 도덕 역량을 반드시 포함해야 한다."라고 주장했다. 또한 자신의 임기 동안 빈부 격차를 해소하기 위해 최선의 노력을 다할 뿐 아니라 "우리 이후의 지도자들도 이 문제에 더욱 주의할 것으로 믿는다."라고 강조했다.[15]

심각한 빈부격차 문제

이는 빈부 격차가 중국 정부의 지속적인 노력에도 불구하고 계속 확대되었고, 동시에 이로 인해 사회 불안정(예를 들어 집단소요사건)이 크게 증가했기 때문이다. 한 조사에 의하면 중국의 지니계수는 1981년에 0.3에서 시작하여 1992년에 처음으로 0.4를 넘은 이후 확대되어 2009년에는 0.44를 기록했다.[16] 또 다른 조사에 의하면 중국의 빈부 격차는 이보다 더욱 심각하다. 시난재정대학과 중국인민은행이 공동으로 설립한 중국가정금융연구조사센터가 2012년 12월에 발표한 조사 결과에 의하면, 중국의 지니계수는 0.61(도시가구는 0.56, 농촌가구는 0.60)로서 전 세계 평균인 0.44를 훨씬 넘고 있다.[17] 다른 방식으로 조사해도 빈부 격차가 급속하게 확대되고 있다는 결과는 비슷하다. 예를 들어 상위 10퍼센트의 가구 소득과 하위 10퍼센트의 가구 소득 간의 격차가 1988년 8.3배(중국식 표현으로는 7.3배/이하도 동일)에서 2010년에는 24배로 크게 증가했다는 것이다. 같은 기간 업종 간 소득 격차는 아홉 배, 지역 간 소득격차는 네 배가 증가했다.[18]

한편 중국 정부는 지니계수 발표에 매우 신중했다. 예를 들어, 2012년 초 국가통계국이 발표한 2011년 농민의 지니계수는 0.3897이었고, 도시민의 지니계수는 너무 낮게 조사되어 신뢰성에 의문이 제기되자 발표를 포기했다. 그러나 이와 같은 중국 정부의 수치를 믿는 중국 학자들은 거의 없다. 그래서 정부는 2000년 중국의 지니계수가 0.412라고 발표한 이후 도시와 농촌 전체를 대상으로 하는 공식 수치를 발표하지 않았다.

그런데 2013년 1월 19일 국무원 국가통계국은 지난 10년 동안의 지니계수를 갑자기 발표했다.[19] 그동안 중국에는 통일된 개념과 방식으로 도시민과 농민을 대상으로 진행한 호구조사제도가 없었고, 그래서 지니계수를 발표하지 못했다고 한다. 이런 문제점을 해결하기 위해 통일된 통계 기준과 지표 체계로 전국 40만 가구를 대상으로 새롭게 자료를 분류·분석하여 새로운 지니계수를 얻었다고 한다. 이에 따르면, 중국의 지니계수는 2008년 0.491을 정점으로 2012년에는 0.474로 감소하는 등 완화 추세를 보인다. 이에 대한 자세한 통계는 이 책의 1장 [그림 1-1]을 참고할 수 있다.

이런 중국의 지니계수는 중국과 유사한 발전 수준에 있는 다른 국가와 비슷한 수치라고 한다. 예를 들어, 2009년 아르헨티나는 0.46, 브라질은 0.55, 러시아는 0.40이며, 2008년 멕시코는 0.48, 2005년 인도는 0.33이다. 참고로 세계은행이 발표한 2010년 세계 평균은 0.44이다. 다만 국가통계국 국장 마젠탕(馬建堂)에 의하면, 이 수치는 중국이 "소득 분배 개혁을 빠르게 추진해서 소득 격차를 축소해야 하는 긴박성"을 보여 준다고 한다.[20]

물론 이런 중국 정부의 발표에 대해 중국 내외의 많은 학자가 여전히 의문을 제기하고 있다. 첫째, 정부의 지니계수가 너무 작다. 앞에서 보았듯이, 중국가정금융연구조사센터의 조사 결과는 0.61였고, 미국 텍사스A&M대학교 경제학과 교수인 간리(甘犁)의 2010년 조사 결과도 0.61이었다. 특히 중국 정부가 조사 방법을 발표하지 않아 의혹이 증폭되었다. 예를 들어, 신고 소득(대개 합법 소득)과 실제 소득(불법 소득도 포함) 중 어느 것을 기준으로 하는가에 따라서도 수치는 큰 차이가 난다. 둘째, 중국의 지니계수가 완화되는 추세에 있다는 사실도 신뢰할 수 없다.

다만 중국 정부가 현 시점에서 지니계수를 공식 발표한 사실에 대해서는 대부분의 학자가 긍정적으로 평가한다. 우선 정부의 발표는 다른 여러 가지 통계나 자료의 발표를 유도할 수 있다. 이렇게 정부가 중국의 현재 상황을 보여 주고 또한 중요한 정책을 결정하는 데 필요한 자료나 정보를 공개하다 보면 정부 정책의 투명성이 지금보다 더욱 높아질 수 있다. 또한 중국 정부의 지니계수 발표는 시진핑 정부가 빈부 격차의 심각한 현실을 직시하고 있고, 이 문제의 해결을 위해 실제로 노력할 것임을 보여 주는 신호로 읽을 수 있다. 이를 통해 당정 간부에게 새 정부의 '의지'를 분명히 보여 줄 수 있고, 일반 국민에게도 믿음을 줄 수 있다.[21]

다른 한편, 중국 당국은 2009년부터 2011년까지 3년 연속해서 농민과 도시민의 소득 격차가 축소되는 경향이 있다는 사실을 강조한다. 예를 들어, 2010년과 2011년의 도시민과 농민의 소득 격차는 2.77 : 1에서 2.72 : 1로 축소되었다는 것이다.[22] 이와 비슷하게, 2012년에도 농민의 실제 소득 증가율이 도시민의 실제 소득 증가율을 추월하는 현상이 이어졌다. 즉 전자가 10.7퍼센트인데 비해 후자는 9.6퍼센트였다는 것이다.[23] 이를 통해 중국 정부는 도농 격차가 축소되고 있다는 사실을 강조하려고 한다. 그러나 그 수치가 미미할 뿐 아니라, 설사 격차 비율이 조금 축소되었을지는 몰라도 격차의 절대 크기가 증가하고 있다는 사실에서 볼 때 격차가 축소되고 있다고 아직 단정적으로 말할 수는 없다.

소득분배 개혁안의 결정

이처럼 빈부 격차가 지속적으로 확대되는 상황을 배경으로 소득분배제도를 개혁해야 한다는 사회적 공감대가 형성되었다.[24] 그래서 국무원은 소득분배 개선방안을 10년 동안 준비해 왔다. 구체적으로 국무원은 2001년에 소득분배제도의 개혁을 공식 제기했다. 이후 국가발전개혁위원회(발전개혁위)가 2004년에 개혁방안의 기초(起草)를 정식으로 시작했다. 기본 방침은 "저소득층의 소득은 높이고(提低), 고소득층의 소득은 통제하며(控高), 중간소득층의 소득은 확대(擴中)한다."는 것이다. 이후 발전개혁위는 초안을 완성하여 2010년 초와 2011년 12월에 국무원에 두 차례 보고했다. 그러나 이 초안은 국무원의 심의를 통과하지 못했다.

이처럼 개혁방안의 작성이 늦어지고 작성된 초안마저 국무원에서 통과되지 못했던 것은 두 가지 이유 때문이다. 첫째, 저소득층의 소득을 높이는 실행 가능하고 실제로 효과도 분명한 방안을 찾기가 쉽지 않다. 둘째, 고소득층의 소득을 통제하기도 어렵다. 이는 주로 기득권 세력의 저항 때문이다. 즉 독점 국유 기업(석유 · 항공 · 전기 · 철도 등)이나 금융업 및 부동산 개발업 등 불로소득이나 회색 소득이 많은 집단과 계층이 당정 간부와 결탁하여 개혁방안을 좌절시켰던 것이다.[25]

이런 준비를 거쳐 드디어 2013년 2월 3일에 「소득분배제도의 개혁 심화에 관한 의견」(이하 「의견」)이 국무원의 승인을 받아 발전개혁위, 재정부, 인력 · 자원 · 사회보장부의 공동 명의로 발표되었다.[26] 원래의 계획에 따르면, 「의견」은 2012년 12월에 발표될 예정이었다. 그런데 국유 기업 이익금의 정부 납입 비율 증가 등 몇 가지 쟁점 사항에 대해 일부 정부 부서와 고위 공직자가 심하게 반발하면서 발표가 2개월 정도 늦어졌던 것이다.[27]

「의견」에 따르면 개혁의 원칙은 네 가지다. 첫째는 '공동 발전과 성과 공유(共同發展共享成果)', 둘째는 '효율과 공평의 동시 고려(兼顧效率與公平)', 셋째는 '시장 조절과 정부 개입(市場調節政府調控)', 넷째는 '적극 추진과 능력 고려 실행(積極而爲量力而行)'이다. 이를 보면, 중국이 추진할 예정인 소득 불평등 해소 방안은, 경제 발전의 성과를 국민 모두가 향유할 수 있도록 노력하되(첫째 원칙), 무조건적인 평등 정책이나 현재 상황을 무시한 무리한 추진은 하지 않겠다는 것(둘째에서 넷째)을 알 수 있다. 이런 원칙에서 판단하건대, '사회주의국가' 중국의 소득 재분배 정책도 자본주의국가의 정책과 크게 다른 점이 없다.

「의견」에서 제기하는 소득분배제도 개혁의 정책 목표는 네 가지다. 첫째, 주민의 실제 소득을 2020년에는 2010년의 두 배로 높인다. 이는 18차 당대회에서 전면적 소강사회의 완성을 제시하면서 내걸었던 목표를 반복한 것이다. 둘째, 소득분배의 차이를 축소하여 '럭비공형(橄欖形)' 분배 구조를 형성한다. 이를 위해 빈곤층을 축소하고, 중간 소득층을 지속적으로 확대한다. 셋째, 소득분배 질서를 개선한다. 이를 위해 합법 소득은 보장하되 과도한 소득은 조절하고 음성 및 불법 소득은 단속한다. 넷째, 소득분배구조를 합리화한다. 이를 위해 GDP에서 주민소득이 차지하는 비중을 늘리고 민생 개선을 위해 정부의 재정 지출을 확대한다.

이를 위해 「의견」은 크게 네 가지 범주의 정책을 제시했다. 첫째는 '최초 분배(初次分配)' 제도의 개선이다. 여기서는 취업 기회의 공평한 제공, 임금 상승, 국유 기업의 지나친 고소득 조절, 재산 소득의 증가, 국유 기업 이익금의 국가 납입 비율의 제고(2015년에는 현재보다 5퍼센트 증가) 등이 포함된다. 둘째는 '재분배' 조절 기제의 개선이다. 여기에는 민생 개선을 위한 재정 지출의 확대(2015년까지 재정의 2퍼센트 지출), 각종 세제(특히 소득세, 부동산세) 개혁, 사회보장제도의 개선, 국민주택의 보급 확대, 빈민 및 자선사업의 확대가 포함된다. 셋째는 농민 소득의 증가다. 계층으로는 유일하게 농민이 「의견」에 독립된 항목으로 편성되었다. 여기에는 농민 경영 소득의 증가, 보조금 제도의 개선, 토지 소득의 분배 개선, 빈곤 지역의 개발 확대, 농민의 도시민화 확대 등이 포함된다. 넷째는 투명하고 합리적인 소득 분배 질서의 형성이다. 여기에는 노동자의 합법 소득의 보장, 고위 당정 간부의 소득 조절, 탈루 소득과 불법 소득의 단속 등이 포함된다.

「의견」에 대해 중국 언론은 일단 긍정적으로 평가한다. "중국의 일대 사건"이고, 사회 불평등을 해소하기 위한 "중요한 일보"라는 것이다.[28] 그런데 「의견」에는 몇 가지 문제가 있다. 우선, 발표 주체가 국무원이 아니라 그 산하의 세 개 부서다. 이렇게 되면서 「의견」의 권위는 그렇게 높지 않다. 참고로 '삼농 문제'의 해결을 지시한 중앙 1호 문건을 공산당 중앙과 국무원이 공동으로 반포한 것과 비교했을 때, 「의견」의 권위가 어떤지 알 수 있다. 또한 「의견」은 '지도성, 원칙성' 지침이지 구체적으로 실행할 수 있는 방안이 아니다. 그래서 각 지방과 정부 부서가 자체적으로 이에 상응하는 실행 방안과 세칙(細則)을 제정해서 집행해야 한다. 이 과정에서 「의견」의 정신과 방침은 의미를 잃고, 현장에서는 지방과 정부 부서의 입맛에 맞는 정책, 즉 실제로 별 의미가 없는 정책만이 추진될 가능성이 매우 높다.

마지막으로, 제정된 「의견」이 제대로 집행될 수 있는가 하는 실천의 문제가 있다. 이 정도 수준으로 내용이 순화된 「의견」을 제정하는 데도 기득권 세력의 반발로 10년이 걸렸다는 사실을 고려할 때, 이것이 현장에서 제대로 집행될 가능성은 그렇게 크지 않다.[29] 결국 「의견」을 얼마나 제대로 실행하여 사회 불평등 문제를 해소할 수 있는가는 전적으로 시진핑 정부의 의지와 지도력에 달려 있다. 동시에 「의견」이 실제로 어떻게 집행되는가를 보면, 시진핑 정부의 의지와 지도력을 알 수 있을 것이다.

5 문화와 환경

(1) 소프트파워 강화

먼저, 문화정책을 살펴보자. 18차 당대회는 '문화 강국의 건설'이 전면적 소강사회 완성의 중요한 요소라고 강조했다. 이와 관련하여 두 가지 방침을 제시했다. 하나는 반드시 '중국 특색의 사회주의 문화 발전의 길'을 걸어간다는 방침이다. 이는 중국이 서구의 가치와 문화를 결코 그대로 도입하지 않을 것임을 분명히 밝힌 것이다. 다른 하나는 전체 민족문화의 활력을 증강하는 것이 관건이라는 방침이다. 이는 중국이 추구하는 '문화 강국의 건설'이 중국의 전통 사상과 전통문화를 바탕으로 하고 있음을 천명한 것이다.

구체적으로 18차 당대회의 '정치 보고'에는 '문화 강국 건설의 견실한 추진'이라는 제목으로 네 가지 세부 정책이 제시되었다. 첫째는 '사회주의 핵심 가치 체계'의 수립을 강화하는 것이다. 공산당이 추구하는 가치 체계는 마르크스-레닌주의를 바탕으로 중국의 전통 및 혁명 가치를 결합한 것으로, '부강(富强) · 민주 · 문명 · 조화(和諧), 자유 · 평등 · 공정 · 법치, 애국 · 경업(敬業) · 성신 · 우애(友善)'를 주요 내용으로 한다. 둘째는 국민의 도덕 소질을 전면적으로 제고하는 것이다. 여기서는 의법치국과 이덕치국(以德治國)의 결합을 견지하면서 사회 도덕, 직업 도덕, 가정 미덕(美德), 개인 품덕(品德)의 교육을 강화하고, 중화 전통의 미덕과 시대의 신풍속을 널리 알리는 것이 강조되고 있다. 셋째는 국민의 정신문화 생활을 풍부히 하는 것이다. 여기에는 사이버공간(網絡社會)의 관리 강화와 법에 근거한 사이버공간의 질서 있는 운영 추진이 포함된다. 넷째는 문화의 전체적인 실력과 경쟁력을 제고하는 것이다. 여기서는 특히 문화 산업의 진흥과 중국 문화의 해외 전파를 강조하고 있다.

이상에서 살펴본 문화정책도 후진타오 정부의 정책을 대부분 계승한 것이다. 일부는 장쩌민 정부가 시작한 정책을 계승한 것이다. 사회주의 가치 체계의 수립과 국민 도덕 함양 정책이 대표적인 사례다. 장쩌민은 유가(儒家) 사상의 인치(仁治)를 모방하여 국가의 통치 방침으로 의법치국과 이법치국의 결합을 강조했다. 또한 2001년 9월에는 유가 사상의 덕목과 사회주의의 집단주의 정신을 결합한 「시민 도덕 건설 실시 요강」을 반포했다. 이에 따르면, 중국의 '시민 도덕 건설'은 '중국의 역사와 현실에서 출발' 해야 한다. 또한 사회주의 도덕은 "인민을 위한 봉사를 핵심으로, 집단주의를 원칙으로, 조국·인민·노동·과학·사회주의에 대한 사랑을 기본 요구로, 사회 도덕, 직업 도덕, 가정 미덕을 역점" 으로 수립해야 한다.[30]

문화 소프트파워의 강화는 후진타오 정부의 대표적인 정책이었다. 이런 점에서 후진타오 정부는 중국 역사상 최초로 소프트파워의 강화를 정부 정책으로 공식 채택하여 추진한 정부라고 할 수 있다.[31] 예를 들어, 2011년 11월에 개최된 공산당 17기 중앙위원회 6차 전체 회의에서는 문화에 대한 당 문건, 즉 「문화체제 개혁과 문화 발전 및 번영을 위한 중대 문제 결정」이 채택되었다. 공산당 중앙위원회가 문화를 단독 주제로 삼아 회의를 개최하고 관련 결정을 채택한 것은 매우 이례적인 일이다. 이는 후진타오 정부가 문화정책을 매우 중시하고 있음을 대내외에 천명한 것이다. 18차 당 대회의 문화정책은 이 내용을 거의 그대로 계승한 것이다.

(2) 환경, '제도'로 보호한다

그동안 공산당은 '경제 건설, 정치 건설, 문화 건설, 사회 건설'을 4대 국정 목표(이른바 '4위1체')로 추진했다. 그런데 18차 당 대회에서는 「당헌」 개정을 통해 '생태문명의 건설'이 추가되면서 '경제 건설, 정치 건설, 문화 건설, 사회 건설, 생태문명의 건설'이 라는 '5위1체' 이론이 만들어졌다. 즉 환경보호가 '생태문명의 건 설'이라는 이름으로 공산당이 추구하는 국정 목표로 공식 포함된 것이다. 이는 환경문제를 더 이상 방치할 수 없다는 현실을 반영 한 것이다. 그만큼 중국이 당면한 환경 파괴는 매우 심각하기 때 문이다. 다만 여기서 말하는 생태문명은 단순히 환경보호뿐 아니 라 국토 개발과 자원 및 에너지 이용도 포함하는 넓은 개념이라 는 사실을 기억해야 한다.

18차 당대회의 '정치 보고'는 '생태문명 건설의 힘찬 추진'이 라는 제목으로 모두 네 가지 정책을 제시했다. 첫째는 국토 공간 개발의 구도를 개선하는 것이다. 여기서는 인구와 자원 환경 간의 균형 고려, 경제·사회·생태 효익(效益, 효율과 이익)의 통일이라는 원칙하에 개발의 관리 및 공간 구조의 조정, 농업 경지의 보존 등 이 강조되었다. 특히 여기서는 해양 이익 및 해양 개발의 필요성이 제기되었다. 즉 '해양 개발 능력을 제고하고 해양 경제를 발전시키며, 해양 생태환경을 보호하고, 국가 해양 권익의 옹호를 견지하여 해양 강국(海洋强國)을 건설한다.'라는 정책을 분명히 했다.

여기서 두 가지 점에 주의할 필요가 있다. 하나는 '해양 강국의 건설' 방침이 최고의 의사 결정 기구(즉 당대회)에서 공식적으로 결정되었다는 점이다. 다른 하나는 이 내용이 '외교' 혹은 '국방' 항목이 아니라 '생태환경의 건설' 항목에서 제기되었다는 점이다. 2009년 무렵부터 중국이 남중국해와 동중국해에서 주변국과 영해 분쟁을 겪어 왔다는 상황을 고려할 때, '해양 강국을 건설'한다는 중국의 공식 결정은 주변국을 긴장시키기에 충분하다. 그래서 의도적으로 '해양 강국의 건설'을 생태환경 항목에서 제기했던 것이다. 그러나 중국에서 '해양 강국은 해상에서의 경제 역량과 무장 역량의 총합을 의미하기 때문에, 이는 경제정책 및 국방정책과 더 관련이 높다. 실제로 국가해양국 국장은 중국이 해양 강국이 되기 위해서는 해군력의 강화가 필수적이라고 주장했고,[32] 다른 학자나 전문가도 이를 적극 주장하고 있다.[33] 이에 대해서는 이 책 9장에서 다시 한 번 자세히 검토할 것이다.

둘째는 자원 절약의 전면적인 촉진이다. 여기서는 먼저 '자원 절약은 생태환경보호의 근본적인 대책'이라는 방침이 천명되었다. 이런 방침 아래 자원 이용 방식의 전면적인 전환, 에너지 관리의 강화, 에너지 생산과 소비 혁명의 추진, 수(水)자원 보호와 관리의 강화, 경지(耕地) 보호 및 관리의 강화 등의 정책이 제시되었다.

셋째는 자연 생태 및 환경보호의 강화다. 여기서는 크게 세 가지 정책이 강조되었다. 먼저 토지 황폐화, 사막화, 수자원 및 토지 유실에 대한 종합적인 대응과 삼림·호수·습지 면적의 확대 및 생물 다양성의 보호다. 또한 각종 자연재해에 대한 대응 강화다. 마지막은 지구 기후변화에 대한 대응이다. 여기서는 그동안 중국이 유엔기후변화회의 등에서 강조했던 원칙, 즉 '공동의 구별되는 책임 원칙, 공평 원칙, 각자의 능력 원칙'이 다시 한 번 강조되었다.

넷째는 '생태문명의 제도 건설'을 강화하는 것이다. '생태환경은 반드시 제도에 의존하여 보호해야 한다.'라는 방침 아래 몇 가지 세부 정책이 제시되었다. 먼저 자원 소모, 환경 훼손, 생태 효익을 경제·사회 발전의 평가 체계에 포함시켜, 생태문명의 요구를 실현하는 목표 체계, 평가 방법, 징벌 기제를 수립한다. 이는 경제 발전을 중심으로 하는 기존의 경제·사회 평가 위주의 평가 체계를 수정한다는 것을 의미한다. 만약 이를 충실히 따른다면 전에 사실상 폐기되었던 '녹색 국내총생산(green GDP)'의 개념이 다시 도입될 수 있을 것이다. 또한 엄격한 경지 보호 제도, 수자원 관리 제도, 환경보호 제도를 수립한다. 그 밖에도 타당한 생태 보상 제도의 수립, 탄소 배출권 등 각종 오염 물질 배출권 시장의 시험 실시(試點), 전 국민에 대한 생태문명 교육의 실시 등이 있다.

6 정책의 일관성과 시진핑 리더십

시진핑 정부는 공산당 18차 당대회를 통해 향후 10년 동안 중국이 추진할 국가 발전 전략과 주요 방침을 결정했다. 이에 대한 분석을 통해, 시진핑 정부의 국가 발전 전략은 후진타오 정부의 전략을 계승·발전한 것임을 알 수 있었다.

중국의 국가 발전 전략이 세대를 뛰어넘는 정치 지도자 간의 합의를 통해 결정되고, 이렇게 결정된 전략이 20년 동안 일관되게 추진된다는 점은 매우 높이 살 만하다. 이는 몇 가지 이점이 있기 때문이다. 우선, 장기적인 정책 수립과 집행이 가능하고, 이를 통해 국가정책의 연속성과 일관성을 보장할 수 있다. 경우에 따라서는 급변하는 국내외 상황에 대처하여 신속하고 융통성 있게 정책을 결정하고 집행하는 것이 필요하다. 그러나 이와 동시에 긴 안목에서 전 영역을 포괄하는 장기적인 계획을 수립하고 집행하는 것도 필요하다. 특히 중국처럼 계획경제에서 시장경제로의 이행이 아직 끝나지 않은 나라에게는 이러한 장기 계획이 필요하다. 현재 중국이 이렇게 하고 있다.

또한, 국가정책의 연속성과 일관성이 보장되기 때문에 국내외로 높은 정책 신뢰성을 확보할 수 있다. 우선, 중국 국민은 공산당이 개혁·개방 노선을 계속 견지할 뿐 아니라 이를 실천하기 위해 일관된 방침과 정책을 추진하고 있다는 사실을 잘 알고 있고 이를 신뢰한다. 게다가 이런 국가 발전 전략이 지난 10년

(2002~2012년) 동안 연 10.6퍼센트의 경제성장이라는 뛰어난 성과를 달성했기 때문에 공산당과 정부의 정책을 지지한다.[34] 국제사회도 중국의 정책을 잘 이해하고 있고, 또한 다른 어떤 국가의 정책보다 안정성이 높다고 믿고 있다. 물론 각국의 이해에 따라 혹은 각자의 입장에 따라 중국의 국가 발전 전략에 대해 지지하기도 하고 비판하기도 한다. 그러나 중국의 정책에 일관성이 있다는 사실에 대해서는 의문을 제기하지 않는다. 이는 중국에게 큰 자산이다.

정책의 연속성과 일관성이 보장된다고 해서 그것이 제대로 집행된다는 보장은 없다. 시진핑 정부가 당면한 현실은 엄준하고 추진해야 하는 정책도 그렇게 쉽지 않다. 특히 세 가지 과제는 매우 중요하면서 동시에 매우 어렵다. 첫째는 경제 발전 방식을 양적 성장에서 질적 성장으로 전환하는 과제다. 둘째는 지역 격차, 도농 격차, 민족 격차, 계층 격차 등 다양한 사회적 불평등을 해소하는 과제다. 셋째는 자연환경을 보호하고 에너지 소비를 줄이는 과제다. 이는 시진핑 정부의 핵심 국정 목표지만 이를 제대로 수행하기는 결코 쉽지 않다. 그렇다고 시진핑 정부가 이를 수행할 수 없다고 주장하는 것은 아니다. 이는 전적으로 시진핑 정부의 의지와 능력에 달려 있다. 시진핑 총서기가 말하는 '중국의 꿈'이 실현될지 여부는 이 세 가지 과제를 얼마나 잘 해결하느냐에 달려 있다.

5

'황금의 10년'인가 '잃어버린 10년'인가

2012년 한 해 동안 중국에서는 가을에 개최 예정인 공산당 18차 당대회를 앞두고 후진타오 시대(2002~2012년) 10년을 칭송하는 선전 활동이 대대적으로 전개되었다.《인민일보》와《광명일보》등 공산당 중앙 기관지뿐 아니라 지방의 공산당 기관지도 '황금의 10년'을 주제로 하는 특집을 연이어 내보냈다. '사회주의 민주정치의 빛나는 발전 10년', '민생 개선의 휘황찬란한 성과 10년', '빛나는 성취와 역사적 진보: 16차 당대회 이후의 10년 평가' 등이 이런 선전의 대표적인 예다.

그런데 공산당 중앙당교의 신문인《학습시보(學習時報)》의 부편집장 덩위원(鄧聿文)이 이런 평가에 이의를 제기하는 일이 벌어졌다. 2012년 8월 30일과 31일 이틀에 걸쳐《재정(財政)》의 인터넷 사이트인《재정망(財政網)》에「후진타오·원자바오의 정치 유산」이라는 기사가 실렸던 것이다. 이 글에서 그는 지난 10년 동안이룬 '눈부신 성과'를 인정하면서도, 동시에 해결하지 못한 '열 가지 문제'를 조목조목 제기했다. 경제 구조 조정과 소비사회 건설의 실패, 두터운 중산층 형성의 실패, 호적제도 개혁의 실패와 도농 격차의 확대, 낙후된 인구 정책과 노령화의 가속화, 교육과 과학 연구 정책의 실패, 환경오염의 심화, 안정적인 에너지 공급 체제의 수립 실패, 사회 도덕의 붕괴, 외교 전략의 부재, 정치개혁과 민주화 추진의 실패가 바로 그가 지적하는 열 가지 문제다.[1] 이후 인터넷에서는 '황금의 10년(黃金的十年)'인가, '잃어버린 10년(傷失的十年)'인가를 놓고 열띤 논쟁이 벌어지기도 했다.

덩위원이 제기한 열 가지 문제 중에서 '정치개혁과 민주화 추진의 실패'는 많은 중국 전문가가 지적하는 동시에 동의하는 내용이다. 그렇다면 이런 지적과 평가는 타당한가? 이 장에서 검토하려는 것이 바로 이것이다. 즉 후진타오 시대 10년 동안 추진된 정치개혁을 상세하게 살펴보고 평가하려고 한다. 이를 통해 우리는 지난 10년 동안 어떤 정치개혁이 추진되었고 그 결과 실제로 어떤 정치적 변화가 일어났는지를 알 수 있을 것이다.

한편 정치개혁은 편의상 두 가지 범주로 나누어 분석할 수 있다. 첫째는 국가개혁이다. 여기에는 정부개혁(행정개혁), 의회개혁, 법원개혁 등이 속한다. 둘째는 공산당 개혁(당개혁)이다. 그 밖에도 농촌과 도시의 기층에서 추진된 다양한 종류의 정치개혁이 있다. 촌민위원회와 거민(居民)위원회의 민주적 선거가 대표적이다. 다만 기층개혁은 1990년대에 본격적으로 추진되었기 때문에 특별히 새로운 내용은 없다. 그래서 여기서는 분석하지 않을 것이다.

그런데 후진타오 시대의 정치개혁을 검토할 때에는 두 가지 사항에 주의해야 한다. 하나는 정치개혁이 이전 시대의 성과를 계승, 발전하는 방식으로 이루어졌다는 점이다. 다시 말해 후진타오 정부는 장쩌민 정부의 정치개혁 방침을 대부분 계승했고, 이를 기반으로 몇 가지 추가적인 조치를 추진했을 뿐이다. 이처럼 정치개혁은 이전 시대와의 단절보다 연속성을 강하게 띠고 있다. 이는 시진핑 시대에도 해당된다.

다른 하나는 정치개혁이 공산당 중앙과 국무원이 주도했지만, 그 과정과 결과가 항상 원래의 의도대로 된 것은 아니라는 점이다. 이는 정치개혁의 추진 과정에서 중앙 이외에도 지방이, 정부 이외에도 사회단체와 국민이 일정한 역할을 담당했기 때문이다. 게다가 중국이 통제할 수 없는 국제 환경의 변화가 국내 상황과 정치개혁에도 커다란 영향을 끼친다. 그래서 어떤 국제적 요소들은 공산당이 의도했던 원래의 정치개혁을 중단시키기도 하고 촉진시키기도 한다.

1 국가개혁

국가개혁은 다시 둘로 나눌 수 있다. 하나는 '중앙'이 주도하여 위로부터 아래로 추진하는 정치개혁이다. '의법치국' 방침의 결정과, 이를 실천하기 위한 국가기관(예를 들어, 정부·의회·법원)의 구체적인 정책 추진이 이에 속한다. 다른 하나는 '지방' 혹은 '국민'이 주도하여 추진하는 정치개혁이다. 여기에는 일부 지방이 주도적으로 추진한 향·진(鄕鎭) 정부 수장(향장·진장)의 직선제 실험, 베이징과 선전 등 일부 지역에서 나타난 지역 주민의 자발적인 지방인민대표대회(지방인대) 대표(한국의 지방의회 의원에 해당) 선거 참여가 속한다.

(1) 법치의 실현을 위하여

먼저, 의법치국 방침의 결정과 추진을 살펴보자.[2] 공산당은 1997년 15차 당대회에서 '사회주의 법치국가'의 수립과 의법치국을 새로운 당 방침으로 결정했다. 이어 1999년 9기 전국인민대표대회(전국인대) 2차 회의에서 헌법 수정을 통해, 이를 서문에 추가함으로써 의법치국은 국가 방침이 되었다. 즉 "중화인민공화국은 의법치국을 실시하여 사회주의 법치국가를 건설한다."라는 것이다. 이런 과정을 거쳐 의법치국은 새로운 국가 통치 방침이자 정치개혁의 핵심 목표로 확정되었다.

이후 각 국가기관과 공산당은 이를 추진하기 위해 세부 방침과 정책을 결정했다. 국무원은 1999년 11월에 「의법행정의 전면 추진 결정」을 발표하여, '의법행정(依法行政, 법률에 의거한 행정)'을 정부개혁의 방침이자 핵심 목표로 결정했다. 이것은 2004년에 「의법행정의 전면 추진 실시 요강」이 발표되면서 더욱 강화되었다. 최고인민법원도 1999년 10월에 「인민법원 5년 개혁 요강」을 발표하여, 사법 공정과 사법 효율의 제고를 목표로 하는 법원개혁 방침을 공식 확정했다. 이후 2005년에 2차(2004~2008년), 2009년에 3차(2009~2013년) 「법원개혁 5개년 요강」이 발표되었다. 마지막으로 공산당도 2002년 16차 당대회에서 새로운 공산당 개혁의 방침으로 '의법집정(依法治政, 법률에 의거한 권력 장악과 운영)'을 결정했다. 그 밖에도 전 국민을 대상으로 법률 지식을 보급하여 국민의 법률 의식과 권리 의식을 제고하려는 '법률보급운동(普法運動)'도 의법치국 방침의 실현을 위한 하나의 정책으로 전개되고 있다.

의법행정은 의법치국 방침의 핵심 내용이다.[3] 의법행정의 전면 추진이 결정되면서 행정개혁은 전과 다른 내용과 방식으로 추진되었다. 한마디로 이전의 행정개혁이 주로 정부 구조를 개혁하고 인원을 조정한 것이었다면, 의법행정은 정부 직능과 운영 방식을 획기적으로 바꾸는 것이다. 그래서 의법행정은 '현대 정부 관리 방식의 중대한 변혁'이며, '현대 정부 관리 모델의 심각한 혁명'으로 간주되었다. 구체적으로 광둥성과 선전시에서 추진된 내용을 보면, 의법행정은 크게 세 가지 정책을 중심으로 추진되었다.[4]

첫째는 정부 행정의 법제화(法制化) 정책이다. 이는 법률 제정과 집행을 통해 정부 행정을 규제하기 위한 정책이다. 선전시가 2001년부터 본격적으로 추진한 '9개 법정화(九個法定化)' 정책은 이를 잘 보여 준다. 9개 법정화는 말 그대로 정부 기구 및 행위와 관련하여 9개 분야(항목)를 대상으로 법제를 정비하고, 이에 의거하여 정부 기구와 행정을 엄격히 통제하는 것을 말한다. 여기에는 정부 기구의 조직과 직능, 행정 절차, 행정 인허가, 행정 수수료, 행정 처벌 등이 포함된다. 9개 법정화 정책은 2008년 「선전시 법치 정부 건설의 지표 체계(指標體系)」가 발표되면서, '법치 정부 지표' 정책으로 확대·발전했다. 이를 통해 법정화 분야가 아홉 개에서 열두 개로 확대되었고, 각 분야에서 달성해야 할 목표가 좀 더 객관적이고 세밀하게 제시되었다.

둘째는 행정 인허가 제도의 개혁이다. 시장경제에 맞게 정부 직능을 전환하기 위해서는 무엇보다 지나치게 많은 정부의 각종 인허가 권한을 축소해야 한다. 또한 자의적이고 불투명하게 운영되던 인허가 제도를 법률에 의거하여 엄격히 통제해야 한다. 그래서 이 개혁이 의법행정의 두 번째 정책에 포함되었다. 국무원은 2001년 세계무역기구(WTO) 가입을 기점으로 2012년까지 모두 여섯 차례에 걸쳐 행정 인허가 제도를 개혁했다. 주요 내용은 정부의 인허가 항목을 대폭 축소하거나 사회(기업과 단체)에 환원하는 것이다. 구체적으로 국무원은 2010년까지 5차에 걸친 개혁을 통해 모두 2183개 항목(전체의 60.6퍼센트)을, 2012년 10월에 실시된 6차 개혁에서 다시 314개 항목을 추가적으로 폐지 혹은 이양함으로써 모두 2497개 항목(전체의 69.3퍼센트)을 정리했다.(현재 국무원은 1100여 개 항목 보유) 같은 기간 지방의 성급 정부도 모두 3만 6000개의 항목(전체의 68.2퍼센트)을 폐지 혹은 이양했다.[5] 선전시는 이런 행정 인허가 제도 개혁을 가장 앞서서 주도적으로 추진한 지역이다.

셋째는 대부처제(大部制) 개혁이다. 이는 홍콩 정부를 모방하여, 정부 권한을 정책·집행·감독으로 나누고, 각기 다른 정부 부서가 이를 행사함으로써 정부 부서 간에 상호 견제하고 협력하는 새로운 행정 체제 모델을 수립하려는 개혁이다. 그래서 선전에서는 이를 '행정 삼분제(行政三分制)'라고 불렀다. 선전시는 국무원의 요청과 자체적인 준비를 거쳐 2001년부터 2004년까지 대부처제 개혁을 시험적으로 실시했다. 다만 개혁의 어려움과 각종 저항으로 원래 의도와는 다른 결과가 나와 실패한 개혁으로 일단락되었다. 그런데 2008년에 국무원이 선전시를 포함한 일부 지방의 경험을 근거로 대부처제를 전국적으로 시험 실시하기로 결정했다. 이후 광둥성과 선전시는 대부처제 개혁을 다시 시작했고, 이는 현재까지 이어지고 있다.[6]

(2) 직접선거의 확대 실시

1997년 15차 당대회에서 장쩌민 총서기가 "기층 민주를 확대한다."는 정책을 발표한 이후, 일부 지방은 향장·진장(한국의 면장·읍장에 해당)을 지역 주민이 직접 선출하는 다양한 선거개혁을 시작했다. 다만 그 명칭과 방식은 지역에 따라 조금씩 다르다. 이 중에서 가장 대표적인 것이 '공개추천공개선출(公推公選)'과 '공개 추천직접선출(公推直選)'이다. 여기서 '추천'은 예비 후보(初步候選人)의 추천, '선출'은 정식 후보(正式候選人)의 선출을 말한다. 주민들은 추천과 선출의 두 과정 모두, 혹은 그중 하나에 직접 참여할 수 있다. 예를 들어, 어떤 지역에서는 주민들이 경선 방식으로 진행되는 예비 후보 추천에 참여한다('공개추천'). 여기서 확정된 다수의 예비 후보는 공산당의 조직 심사를 거쳐 2인의 정식 후보가 되고, 2인의 정식 후보는 당정 간부 연석 회의나 선거인단대회에서 향장 혹은 진장으로 선출된다('공개선출'). 어떤 지역에서는 다양한 방식(예를 들어, 자천, 조직 추천, 주민 추천)으로 예비 후보가 추천되고('공개추천'), 공산당의 조직 심사를 거쳐 확정된 2인의 정식 후보에 대해 주민들이 투표한다('직접선출'). 여기서 선출된 사람이 향장 혹은 진장이 된다.

쓰촨성 지역 — 예를 들어, 메이산시(眉山市) 칭선현(青神縣)의 난청향(南城鄉), 쑤이닝시(遂寧市) 스중구(市中區)의 부윈향(步雲鄉), 바오스진(保石鎮), 롄화향(蓮花鄉) — 과, 선전시 룽강구(龍崗區) 다펑진(大鵬鎮)의 향장·진장 직선제 개혁은 대표적인 사례다.[7] 이런 직선제 실험은 공산당 중앙이나 국무원의 지시 없이 지방이 자체적으로 실시했다는 특징이 있다. 예를 들어, 동일한 쓰촨성에 위치한 난청향 직선제는 성 당위원회 조직부의 지시와 설득으로 시작되었지만, 부원향과 바오스진의 직선제는 쓰촨성 및 쑤이닝시 당위원회가 아니라 스중구 당위원회의 독자적인 결정으로 시작되었다. 선전시 다펑진의 직선제 개혁은 시 당위원회의 지시로 이루어졌다. 이후 전국적으로 여러 지방에서 향·진 정부 직선제가 시험 실시되었다.

그런데 직선제 개혁은 두 가지 문제가 있었다. 우선 공산당 중앙이나 국무원의 지시가 없는 상황에서 지방이 자체적으로 추진함으로써 중앙을 당혹스럽게 만들었다. 다시 말해, 이와 같은 '급진적인 민주개혁'은 중앙의 면밀한 검토와 설계하에 추진되어야 하는데 실제로는 그렇지 않았다는 것이다. 특히 일부 지방의 당 지도부는 상급 당위원회에 보고조차 하지 않고 개혁을 자체적으로 결정한 다음에 몰래 추진했다. 또한 향·진 정부 직선제는 현행 법률을 정면으로 위반하는 문제가 있다. 헌법과 지방정부 조직법에 의하면, 향장과 진장은 지방인대 회의에서 대표들이 선출해야 한다. 따라서 향장·진장의 주민 직선제는 명백한 법률 위반이다.

이런 이유로 향·진 정부의 직선제 개혁은 공산당 중앙과 일부 학자들로부터 신랄한 비판을 받았다. 그 결과 2001년 7월 '중앙 12호 문건', 즉 「전국 향진 인민대표대회 선거 업무 관련 문제에 관한 중공 전국인대 상무위원회 당조(黨組)의 의견」을 전달하는 중공 중앙의 통지(通知)가 하달되면서 직선제 개혁은 '공식적으로' 중지되었다.[8] '통지'의 요지는 다음과 같다. "헌법과 지방조직법의 규정에 따르면, 향장과 진장은 인민대표대회에서 선거로 산출(産出)한다. 일부 지방이 향장과 진장을 직선하는 것은 법률에 부합하지 않는다. 이번 선거에서는 헌법과 관련 법률의 규정을 엄격히 준수하여 향장과 진장 선거를 실시해야 한다.” 이런 중앙의 방침에 따라 쓰촨성 당위원회도 향·진 정부의 직선제 개혁을 정지하도록 지시했다. 대신 공산당은 2002년 16차 당대회에서 ‘당내 민주’의 확대 방침을 결정하고, 그 일환으로 기층 당지도부(서기와 부서기)의 선거개혁을 전국적으로 시험 실시했다. (이에 대해서는 뒤에서 검토할 것이다.)

직선제 개혁의 ‘공식적인’ 중지 방침은 후진타오 시대에도 계속되었다. 그런데 시간이 지나면서 공산당 중앙은 기존 법과 제도가 허용하는 범위 내에서 추진되는 지방의 직선제 개혁에 대해서는 ‘두고 보자’는 관망 자세를 취하기 시작했다. 일부 지방은 이런 변화된 분위기를 감지하고 선거개혁을 계속 추진했다.[9] 그래서 어떤 면에서 보면 직선제 개혁은 중앙의 중지 결정 이후에 오히려 더욱 확대되었다고 할 수 있다. 한 조사에 의하면, 2000년 이전에는 단지 세 곳의 성(즉 산시(山西), 광둥, 쓰촨)에서만 직선제 시험 실시가 이루어졌는데, 2001~2005년 동안에는 전국적으로 모두 7개의 성, 즉 쓰촨, 광시, 후베이, 장쑤, 충칭, 저장, 윈난에서 실시되었다.[10]

다만 직선제 개혁은 현행 법률과 제도에 맞도록 변형된 형태로 추진되었다. 예를 들어, 2002년 초부터 4월까지 쓰촨성 전체

향·진의 40퍼센트에 해당하는 지역에서 직선제가 실시되어 모두 942명의 향장·진장이 선출되었다. 단 두 가지 방식의 변형이 이루어짐으로써 법률상으로는 중앙의 방침을 어기지 않았다. 첫째, 당 지도부(서기·부서기·위원)의 직선제 개혁과 함께 추진됨으로써 향·진 정부 직선제가 당내 민주 확대 정책의 하나라는 모양새를 갖추었다. 둘째, 지역 주민이 향장·진장이 아니라 그 후보를 선출하여 추천하고, 지방인대가 이들 후보를 선출(사실은 '추인')하는 방식으로 추진되면서 형식적인 법률 절차를 준수했다.[11] 다른 지역에서도 이와 비슷한 방식으로 직선제 실험이 계속되었다.[12]

한편 2002년부터 최근까지 일부 지방에서는 현급(縣級, 현·시·구) 지방정부 수장(현장·시장·구장)에 대한 선거제도 개혁이 추진되었다. 여기서는 '공개추천공개선출' 방식이 주로 채택되었다. '초보' 예비 후보는 조직 추천, 주민 추천, 자천의 방식으로 추천되고, 이 중에서 일정한 절차를 걸쳐 소수의 '정식' 예비 후보가 결정된다('공개 추천'). 이렇게 결정된 예비 후보는 연설과 토론, 조사 보고, 주민 여론 투표 등의 절차를 거쳐 능력과 주민 지지를 검증받고, 최종적으로 당위원회 전체 회의의 투표로 정식 후보가 선출된다('공개 선출'). 여기서 선출된 정식 후보는 지방인대 회의에 추천되어 대표들이 최종 선출한다. 이처럼 일부 지방에서는 향급 정부뿐 아니라 현급 정부의 수장에 대한 선거제도 개혁도 추진했다.

후진타오 시대에는 공산당의 의도와 상관없이 국민이 기존의 정치제도에 적극적으로 참여하는 현상이 나타나기도 했다. 2000년대에 들어 각종 대중운동이 급격히 증가하기 시작한 것은 잘 알려진 사실이다. 예를 들어, 2005년 중국 정부는 '집단소요사건(群體性事件)'이 전국적으로 8만 7000건이 발생했다고 발표했다. 그런데 6장의 [그림 6-1]이 보여 주듯이, 비공식 통계에 의하면 2011년에는 18만 2500건의 집단소요사건이 발생했다. 이런 각종 대중운동은 대개 기존의 정치제도를 무시하고 전개되는 불법적인 정치 참여라는 특징이 있다.[13] 이와 함께 과거 10년 동안에는 기존 정치제도 내에서 이루어지는 합법적인 정치 참여도 활발하게 전개되었다.

2003년에 전국적으로 지방인대 대표 선거가 실시되었다. 이때 이전 시기와는 다르게 많은 수의 유권자가 후보 추천과 경선에 직접 참여하여 활기차게 선거운동을 벌이는 현상이 나타났다. 예를 들어, 후베이성 첸장시(潛江市) 인대 선거에서는 모두 41인이 예비 후보로 출마하여 정식 후보가 되기 위해 경선을 벌였다. 여기에는 교사(11인), 촌민위원회 주임(5인), 법률 종사자(4인), 노동자(9인), 농민(12인)이 포함되었다.[14] 1990년대 이후 지방인대의 지위가 높아지고 기능이 강화되면서 인대 대표가 되려는 사람이 많아지고, 이렇게 되면서 선거가 요식 행위에서 실제적인 경쟁으로 변화했다는 것은 주지의 사실이다. 그래서 일부 지역에서는

지방인대 대표가 되기 위해 20년 동안 계속 출마한 농민이 화제가 되기도 했다.[15]

다만 그런 선거 참여가 전국에 걸쳐 대규모로 이루어진 것은 2003년이 처음이라고 할 수 있다. 이런 주민들의 자발적인 선거 참여 열기는 베이징과 선전에서 특히 두드러지게 나타났다. 그래서 중국 언론인과 학자들은 이를 지방인대 선거의 '베이징 경선 현상(北京競選現象)'과 '선전 경선 현상(深圳競選現象)'으로 불렀다. 눈에 띄는 점은 아파트 입주자 위원회의 대표나 관계자가 일부 포함되어 있다는 사실이다. 이들은 대개 경제적 이익(예를 들어, 아파트 보수와 환경 개선)이나 정치적 동기(예를 들어, 정책 결정에 주민의 의견 반영)로 지방인대 대표 선거에 출마했다.

구체적으로 선전에서는 모두 8인, 베이징에서는 모두 26인이 유권자 10인 이상의 연명으로 지방인대 대표의 예비 후보로 등록했다. 이들은 별도의 선거 사무실을 열어 선거운동을 조직적으로 전개했다. 홍보 전단지 및 명함의 제작과 배포, 인터넷을 이용한 정책 홍보, 차량을 이용한 홍보 등이 이들이 사용한 대표적인 방법이다. 이는 전에 없었던 것이다. 특히 이들은 스스로를 '독립 후보(獨立候選人)'라고 부르면서 공산당이나 인민 단체가 추천한 '관방 후보(官方候選人)'와 차별화하려고 노력했다.[16] 이런 현상은 2008년 지방인대 선거에서도 나타났다.

그런데 중국 정부는 국민들의 적극적인 지방인대 선거 참여에 대해 매우 부정적 태도를 보였다. 우선, 일부 후보가 자신들을

'독립 후보'라고 주장하는 것에 대해 비판했다. 즉 전국인대 상무 위원회의 대변인은 중국의 지방인대 대표 선거에서 '독립 후보'는 존재하지 않고, 단지 '유권자 연명 추천 후보'만이 존재할 뿐이라고 주장했다. 또한 정부는 중국 언론과 학자들에게 이런 정치 현상을 보도하거나 조사 연구하지 말 것을 '비공식적으로' 지시했다. 이 때문에 2003년에는 지방인대 '경선 현상'에 대해 전국적으로 수많은 언론 보도가 있었고 학술 논문과 저서도 다량으로 출간되었지만, 2008년에는 그렇지 않았다.[17] 이렇게 되면서 지방인대 대표의 경선 현상에 대한 대중의 관심도 전처럼 그렇게 크지 않았다.

2 공산당 개혁

후진타오 시대의 공산당 개혁은 당내 민주의 확대, 집정 능력의 강화, 부패 척결을 중심으로 추진되었다.[18] 이 세 가지는 2002년 16차 당대회와 2007년 17차 당대회에서 당의 공식 정책으로 결정되어 전국적으로 추진되었다. 또한 이들 정책은 비록 용어가 조금씩 다르지만 대부분 이전부터 추진되었던 것을 계승·발전한 것이다.

이 세 가지 정책이 당 개혁의 중심이 된 것은 그만 한 사정이 있기 때문이다. 한마디로 말해, 이들 정책은 현재 공산당이 직면한 문제를 해결하는 데 매우 필요한 것이다. 먼저, 공산당의 권력 집중이 심화되면서 당정 간부의 자의적인 정책 결정과 권력 남용, 이에 따른 부정부패가 만연했다. 또한 공산당의 권력 집중은 정책 실패와 광범위한 자원 낭비를 야기했다. 당정 간부는 정치적 업적을 쌓기 위해 타당하지 않은 대규모 개발 사업을 추진했다. 혹은 부정 축재의 기회를 만들기 위해 각종 지역 개발 정책을 남발했다. 이러한 문제를 해결하기 위해 추진된 개혁이 바로 당내 민주의 확대다.

공산당의 집정 능력 강화는 전체 당 조직과 당원을 대상으로 추진된 개혁 정책이다. 공산당이 개혁·개방 정책을 성공적으로 추진하기 위해서는 당 조직과 당원 전체가 변해야만 한다. 이전의 관료적이고 무능한 조직과 당원으로는 개혁·개방 정책을 제대로 추진할 수 없다. 또한 고위 당정 간부뿐 아니라 하급 당정 간부들도 일상적으로 부정부패를 저지르는 상황을 개선하지 않으면 공산당은 국민들의 지지를 얻을 수 없다. 이런 이유로 집정 능력의 강화 정책을 추진했던 것이다. 부패 척결은 설명이 필요 없을 정도로 공산당에게는 심각하면서도 주요한 정책이다.

(1) '당내 민주'의 확대를 위한 정책

공산당은 2002년 16차 당대회부터 당내 민주의 확대를 정치 개혁의 핵심 정책으로 추진하기 시작했다.[19] 원래 당내 민주의 확대는 1987년 13차 당대회에서 공식 결정되어 1988년부터 전국적으로 12개 시·현에서 일부 정책(예를 들어, 당대회의 연례화)이 시험 실시되었다. 그러나 1989년 톈안먼 사건과 1991년 소련의 붕괴 이후 '당정 분리(黨政分開)' 방침이 폐기되면서 당내 민주의 확대 정책도 제대로 추진되지 못했다. 단적으로 12개 지역 중 7개 지역에서는 당내 민주의 시험 실시가 중단되었다. 이랬던 것이 16차 당대회에서 다시 부활한 것이다.

당내 민주는 공산당이 조직과 운영을 합리화·제도화하여 당내 통치 기반을 공고히 하고, 당정 간부의 인선과 주요 정책 결정에 일반 당원과 국민의 참여를 일부 허용함으로써 공산당의 지지 기반을 확대하려는 정책이다. 이는 안정적이고 장기적인 공산당의 일당 통치에 필요한 통치의 정당성(legitimacy)을 제고하려는 정책이다.[20] 당내 민주의 핵심은 지방에서 당서기 개인이나 소수의 고위 간부가 정책 결정권과 인사권을 독점하는 폐단을 막는 것이다.

당내 민주의 확대를 위해 공산당은 다섯 가지 정책을 추진하고 있다. 첫째는 당헌(黨章)과 당규(黨規)가 규정한 당원의 권리를 보장하는 것이다. 핵심은 1994년에 제정된 「공산당 당원의 권리 보장 조례」를 충실히 집행하는 것이다. 둘째는 당대회의 연례화와 당원 대표 활동의 일상화(代表常任制)다. 셋째는 당위원회 전체 회의의 권한 강화와 민주적 운영, 특히 인사 문제 결정 시 당위원회의 표결제(票決制)를 도입하는 것이다. 이를 위해 공산당은 2002년 7월에 「당정 영도 간부의 선발 임용 업무 조례」를 제정

했고, 2004년 4월에는 「공산당 지방위원회 전체 회의의 인선 표
결 방법」을 하달했다. 넷째는 당 영도 간부 선발제도의 개혁, 특
히 '공개추천공개선출'이나 '공개추천직접선출'을 확대·도입하
는 것이다. 다섯째는 공산당 업무의 공개와 당내 감독을 강화하
는 것이다. 여기서는 특히 공산당 업무를 일반 당원뿐 아니라 국
민에게도 공개하는 정책(예를 들어, 대변인 제도의 도입, 인터넷 사이트
개설 등)이 강조되었다.[21]

(2) '혁명당'에서 '집권당'으로

공산당의 집정 능력 강화는 2004년 9월 공산당 16기 중앙위
원회 4차 회의에서 공식 결정되었다.[22] 이에 따르면, 공산당은 '혁
명당(revolutionary party)'에서 '집권당(ruling party)'으로 전환하여
국가와 사회를 제대로 통치하기 위해 다섯 가지 영역에서 통치
능력을 제고해야 한다. 여기에는 '사회주의 시장경제의 운영 능
력, 민주정치의 발전 능력, 선진 문화의 건설 능력, 조화사회의 수
립 능력, 국제 사무의 처리 능력'이 속한다. 동시에 공산당은 집정
능력을 제고함으로써만 급변하는 21세기의 국내외 환경에 적응
하고 수많은 과제를 제대로 해결할 수 있다. 한마디로 집정 능력
의 제고 없이는 공산당이 생존할 수 없다.

이를 위해 공산당은 몇 가지 정책을 추진해 왔다. 먼저, 중앙
과 지방의 당정 간부와 일반 당원을 대상으로 정기적으로 집중적
인 교육과 훈련을 실시했다. 예를 들어, 중앙정치국은 2008년부

터 최근까지 모두 33회에 걸쳐 다양한 주제로 집단학습을 실시했
다. 이와 비슷하게 성급에서 기층에 이르기까지 지방의 당정 간
부도 다양한 형식의 집단학습과 교육에 참여했다. 이때에는 각급
당교(黨校), 행정학교, 간부학교가 적극 활용되었다. 한 통계에 따
르면, 2008년부터 2012년까지 진행된 각종 당원 교육 훈련(培訓)
에 연인원 1억 7476만 명이 참여했다. 여기에는 농촌 당서기 교
육 훈련 456만 명, 신입 당원 교육 훈련 1383만 명, 대학생 촌관
(村官) 교육 훈련 122만 명, 당원 창업·취업 교육 훈련 4481만 명
이 포함된다.[23]

또한 전체 당원을 대상으로 하는 대규모 학습 및 실천 운동이
주기적으로 전개되었다.[24] 구체적으로 2002년 16차 당대회에서 삼
개대표 사상이 당헌에 삽입된 이후, 2003년부터 2004년까지 2년
동안 전국적으로 '삼개대표 중요 사상 학습 활동'이 전개되었다.
이때에는 장쩌민의 주요 저작이 집중 학습되었다. 2005년 1월부터
2006년 6월까지 1년 6개월 동안에는 '공산당원의 선진성(先進性)
유지 교육 활동'이 대대적으로 전개되었다. 이것은 당원의 집정 능
력을 제고하고 선진성을 유지해야 한다는 구호하에 진행된 일종
의 '정풍운동(整風運動)'이다. 공산당은 이를 통해 개별 당원과 조
직의 잘못된 태도(作風)를 바로잡고 당의 기풍과 규율을 강화하려
고 시도했던 것이다. 실제로 이런 운동을 통해 잘못을 저지른 많은
수의 당원이 공산당에서 쫓겨났다.

당원과 조직을 대상으로 하는 학습 및 실천 운동은 2007년

17차 당대회 이후에도 지속되었다. 먼저 17차 당대회에서 과학적 발전관이 당헌에 삽입된 이후, 2008년 9월부터 2010년 1월까지 약 1년 6개월 동안 '과학적 발전관의 학습 실천 활동'이 전국적으로 전개되었다. 이는 개별 당원과 당조직이 새로운 당 지도사상으로 채택된 과학적 발전관을 정확히 이해하고 제대로 실천할 수 있도록 강제하기 위한 운동이다. 또한 2010년 2월부터 2012년 12월까지 '학습형(學習型) 정당 건설 조직 활동'이 전개되었다. 이 기간에는 과학적 발전관에 대한 학습과 실천뿐 아니라 '사회주의 핵심 가치 체계'를 학습하고 실천하는 운동도 전개되었다. '당의 선진성'과 함께 '당의 순결성(純潔性)'을 유지해야 한다는 슬로건이 이 기간에 제기되었다. 마지막으로 과학적 발전관의 학습 실천 운동을 계승하여 2010년 하반기부터 현재까지 '선진 창조와 우수 쟁취 활동(創先爭優活動)'이 전개되고 있다.[25]

(3) 부패를 척결하라

부패 척결은 지난 20여 년 동안 지속적으로 추진되어 온 정책이다. 예를 들어, 장쩌민 정부는 1992년 14차 당대회가 끝난 직후인 1993년부터 5년 동안 대대적인 부패 척결 운동을 전개했다. 이때에는 공산당 중앙과 국무원의 지도하에 특정한 기간 동안에 각급 지방 공산당과 정부, 사회단체, 일반 국민이 모두 참여하는 '반부패 운동'이 실시되었다. 이런 점에서 장쩌민 시대의 부패 척결은 마오쩌둥 시대의 대중운동(mass campaign) 방식을 일부 계승

했다고 말할 수 있다.[26]

후진타오 정부도 16차 당대회가 끝난 직후인 2003년부터 부패 척결 정책을 지속적으로 추진해 왔다.[27] 단 그 정책 추진 방식은 장쩌민 시대와는 조금 달랐다. 즉 최근의 부패 척결 정책은 제도 개선을 통한 예방에 초점이 맞추어져 있다. 2003년 12월에 「공산당 당내 감독 조례」가 제정된 것은 대표적인 사례다. 실제로 당내 법규의 제정 통계를 보면, 2001년부터 2007년까지 모두 109건의 법규가 제정되었는데, 이 중에서 부패 척결과 관련된 규정(당 규율 및 당 규율 검사 기관에 대한 규정)은 53건으로 전체 법규의 49퍼센트를 차지한다. 이는 공산당이 법률 제정을 통한 부패 척결에 많은 노력을 기울였음을 보여 준다.

이 밖에도 2003년에 공산당 기율검사위원회(紀律檢査委員會)와 정부 감찰부(監察部)의 권한을 강화하기 위해 지도(領導) 체제의 조정이 이루어졌다. 공산당 조직, 국가기관, 사회단체, 국유 기업 등에 설치된 기율검사조(紀律檢査組)의 지도 체제를 이전의 이중 지도(雙重領導, 상급의 감독 기관과 동급 단위의 공산당 위원회가 동시에 지도)에서 수직 지도(垂直領導, 상급의 감독 기관만이 지도)로 바꾸었다. 이는 감독 과정에서 발생하는 동급 당정 기관의 개입을 막기 위한 조치다. 다만 각 지방의 기율검사기구에는 이중 지도가 유지되고 있다. 여기에 더해 2007년 9월에는 고위 당정 간부의 부패를 단속하는 '국가예방부패국(國家預防腐敗局)'이 설치되었다.

이후 2009년에는 '중앙순시업무영도소조(中央巡視工作領導小

組)'가 설립되었다. 이와 동시에 순시제도를 법적으로 뒷받침하는 「공산당 순시 업무 조례」가 제정되었다. (참고로 공산당 업무에서는 당규도 국법(國法)과 같은 효력이 있다.) 이에 따라 지난 10여 년 동안 법적 근거 없이 임시로 운영되던 순시제도가 법적 근거를 갖게 되었고, 동시에 이를 지도하는 새로운 지도기구(영도소조)가 만들어지면서 좀 더 강력하게 추진될 수 있게 되었다. 실제로 매년 10여 개의 중앙 순시조(巡視組, 조장은 장차관급)가 공식 혹은 비공식적으로 전국을 순회하면서 고위 당정 간부에 대한 감독을 일상적으로 진행하고 있다.

그런데 후진타오 시대의 부패 척결 정책이 실제로 얼마나 효과적이었는가에 대해서는 회의적인 시각이 지배적이다. 우선, 부패 척결 정책이 대중운동 방식에서는 벗어났지만 경쟁 세력에 대한 정치적 보복의 성격에서 완전히 벗어나지는 못했다. 2007년 상하이시 당서기 천량위(陳良宇)의 실각과 구속은 이를 잘 보여주는 사례다. 천량위는 2004년부터 시작된 국무원의 긴축정책에 강력히 반발하면서 문제가 되었다. 또한 2012년 중국을 뒤흔든 '보시라이 사건'은 지난 20년 동안 큰 소리를 내며 추진된 부패 척결 정책이 그다지 효과적이지 않았음을 증명하는 상징적인 사례다.

3 원자바오 총리의 정치개혁 주장과 논쟁

여기서 원자바오 총리의 정치개혁 주장과 이를 둘러싸고 벌
어진 논쟁을 살펴보자. 이는 후진타오 시대 10년의 정치개혁을
이해하는 데 도움을 주기 때문에 상세하게 살펴볼 필요가 있다.
이와 관련하여 우리는 몇 가지 질문을 제기할 수 있다. 먼저, 왜
원자바오는 정치개혁을 주장하게 되었는가? 또한 그가 주장하는
정치개혁의 내용은 무엇인가? 이에 대한 다른 최고 정치 지도자
나 언론은 어떻게 평가했는가? 마지막으로 원자바오의 정치개혁
주장과 이것을 둘러싸고 전개된 논쟁은 중국의 정치개혁과 관련
하여 어떤 시사점을 주는가?

구체적으로 2010년부터 2011년까지 원자바오 총리는 10여
차례에 걸쳐 정치개혁을 추진해야 한다고 주장했다. 또한 그의
주장을 놓고 찬반 논의가 전개되면서 정치개혁에 대한 열기가 모
처럼 고조되었다. 국내외 언론과 전문가들은 원자바오가 왜 이
시점에서 정치개혁 요구를 들고 나왔는지, 또한 그의 주장을 어
떻게 해석해야 하는지를 놓고 다양한 견해를 제시했다. 일부는
정치 엘리트 내부의 권력투쟁 가능성을 조심스럽게 점쳤고, 일부
는 중국이 민주적 정치개혁을 시작하는 신호탄으로 해석했다.

(1) 2010년 원자바오 총리의 정치개혁 주장

언론 보도를 종합하면, 원자바오 총리는 2010년 8월 말부터

9월 말까지 2개월 동안 모두 여섯 차례에 걸쳐 정치개혁의 필요성을 언급했다. 먼저, 2010년 8월 20~21일에 원자바오는 선전시를 방문하여 정치개혁과 개혁·개방 정책의 대담한 추진을 촉구했다. 먼저, 그는 "경제체제 개혁만 추진할 것이 아니라 정치체제 개혁도 추진해야 한다."라고 역설했다. 왜냐하면 "정치체제 개혁의 보장이 없으면 경제체제 개혁의 성과는 유실될 수 있고, 현대화 건설의 목표도 실현될 수 없기" 때문이다. 또한, 그는 지속적인 전진을 촉구했다. 즉 "우리는 새로운 위대한 역사의 기점에 서서 사상 해방을 지속하고 대담하게 탐색하며, 정체하지도 말고 후퇴하지도 말아야 한다. 정체와 후퇴는 30여 년 개혁·개방의 성과와 소중한 발전 기회를 장례 지내는 것이며, 최종적으로는 죽음의 한 길만 있을 뿐이다. 국가 전도와 운명의 대사가 걸린 순간에 우리는 조금의 동요도 없어야 한다."[28] 내용 면에서 보면 새로운 점은 없지만 '장례', '죽음의 길', '국가 대사' 등 매우 비장한 용어가 사용된 점은 눈에 띈다.

이후 원자바오 총리는 2010년 9월 6일 미국의 지미 카터(Jimmy Carter) 전 대통령과의 면담에서, 2010년 9월 13일 톈진에서 열린 하계 다보스 포럼 개막 연설에서, 2010년 9월 22~23일 유엔(UN)총회 참석차 뉴욕을 방문했을 때에도 정치개혁의 필요성을 반복적으로 주장했다. 먼저, 뉴욕 지역의 화교 언론 매체와의 인터뷰에서 그는 "정치개혁이 없는 경제개혁만으로는 성공할 수 없다."라고 주장했다. 또한 유엔총회 연설에서도 정치개혁의 필요성을 언급했고, 파리드 자카리아(Fareed Zakaria)가 진행하는 CNN의 GPS 프로그램 인터뷰에서도 이런 주장을 반복했다. 특히 그는 "민주와 자유에 대한 국민의 요구와 열망은 억누를 수 없고, 국민이 정부를 비판할 수 있는 조건을 만들어 주어야 한다. 공산당도 집권당으로서 헌법과 법률에 따라 통치해야 한다."라고 주장했다.[29]

이상의 발언을 종합하면 두 가지 특징을 발견할 수 있다. 먼저, 원자바오 총리는 정치개혁의 '필요성'을 주장한 것이지, 정치개혁의 특정한 '내용'을 주장한 것은 아니다. 원자바오가 주장한 법치나 공산당의 의법집권은 공산당의 공식 입장이다. 이런 점에서 정치개혁을 주장했다는 사실 말고는 새로운 것이 없다. 또한, 선전시에서의 발언을 제외하면 모두 국제사회를 대상으로 한 주장이라는 특징이 있다. 9월 뉴욕에서의 집중 발언은 이를 잘 보여준다.

이처럼 원자바오 총리의 주장이 내용이 없음에도 국내외에서 주목을 받은 것은 발언의 반복성과 특정한 상황 때문이었다. 무엇보다 최근 몇 년 동안 최고위급 지도자가 정치개혁의 필요성을 집중적으로 언급한 적이 없었다. 후진타오 총서기 등 주요 인사가 공산당 회의나 전국인대 회의에서 공식화된 이야기를 가끔 언급했을 뿐이다. 결국 새로운 내용이 아니라 반복적인 제기 방식 때문에 주목을 받았다.

2010년 10월 저명한 인권 운동가 류샤오보가 노벨 평화상 수

상자로 결정되면서 중국의 민주와 인권에 대한 국제사회의 관심이 높아진 것도 한 배경이 되었다. 여기에 2010년 10월 1일 23명의 공산당 원로급 인사가 476명의 일반인 서명을 받아 중국의 언론 자유를 촉구하는 공개 서한을 전국인대에 제출하면서, 민주개혁의 가능성에 대한 기대가 높아진 점도 작용했다.[30]

(2) 원 총리의 주장에 대한 비판과 논쟁의 전개

원자바오 총리의 촉구 이후, 정치개혁에 대한 글이 2010년 8월부터 11월 사이에 《인민일보》, 《광명일보》, 《환구시보》, 《구시》, 《학습시보》, 《남방일보(南方日報)》 등에 집중 게재되었다. 이 글들은 원자바오의 주장을 지지하는 입장과, 그의 주장을 공산당의 공식 입장에서 명확히 하려는 입장으로 나눌 수 있다. 한국과 외국 언론은 이 두 입장이 대립되는 것으로 보도했는데, 내용을 자세히 분석해 보면 반드시 그렇지는 않다. 특히 두 입장의 차이는 정치개혁의 내용보다는 이에 대한 평가와 추진 방침에서 나타난다.

먼저, 원자바오 총리의 주장을 지지하는 글들이 《남방일보》와 《학습시보》 등에 실렸다.[31] 이들의 주장을 요약하면, 첫째, 정치개혁의 필요성에 대한 강조다. 지난 30년 동안 경제개혁에 비해 정치개혁이 지체된 것은 사실이다. 또한 민주는 세계적 대세이고 중국 국민의 바람이기도 하다. 따라서 정치개혁을 좀 더 적극적으로 추진해야 한다. 정치개혁은 사회 공평의 실현, 부패 해결, 주택난·의료난 등 민생 문제의 해결, 국가 주도에서 시장 주도로의 경제 발전 방식의 전환을 위해서도 필요하다.

둘째, 기존의 행정개혁 위주의 정치개혁에서 벗어난 과감한 개혁이 필요하다. 정치권력 운영의 민주화, 절차화(程序化), 법제화(法制化)를 달성해야 한다. 또한 정치개혁의 관건은 선거인데, 기층 정부의 수장, 지방인대의 대표, 공산당 기층 조직의 지도부에 대한 선거제도를 개혁해야 한다. 차액선거(差額選擧, 당선자 정원보다 후보자 수를 일정 비율 이상으로 많게 하는 제한적인 경쟁 선거)와 '공개추천직접선출'의 확대 실시는 대표적인 방법이다. 여기에 더해 공산당의 의법집권을 강화하고 당정 간부를 더욱 철저히 감독하기 위해 반부패 기구와 제도를 정비해야 한다.

한편 원자바오 총리의 주장을 공산당의 공식 입장에서 명확히 하려는 글은 《인민일보》, 《광명일보》, 《구시》 등에 집중 게재되었다. 그런데 공교롭게도 『네 가지 중요한 경계 구분 학습 교본(劃淸'四個重大界限'學習讀本)』이라는 정치 학습 교재가 2010년 8월 말에 출간되면서, 이를 연구한 프로젝트팀이 이러한 논의를 주도했다. 같은 필자의 유사한 글이 《인민일보》, 《광명일보》, 《구시》 등에 반복 등장한 것은 이 때문이다.[32] 내용은 우리가 들어 왔던 '중국 특색의 민주론'의 재탕이다.[33]

첫째, 중국은 지난 30년 동안 경제개혁뿐 아니라 정치개혁도 추진했고, 그 결과 '중국 특색의 사회주의 민주'가 확립되었다. 서구의 관점과 기준에서 평가하는 사람만이 이를 부정한다. 둘째, 세계 모든 국가와 지역에 적용할 수 있는 보편적이고 절대적인 민주는 없다. 민주는 각국의 역사와 사회적 상황에 따라 다른 모습과 내용으로 존재한다. 중국도 자신의 특성과 조건에 맞는 민주를 모색해야 한다.

셋째, 민주는 계급성을 갖는 정치제도로, 세계에 존재하는 두 가지 종류의 민주를 명확히 구분하는 것이 중요하다. 하나는 광범위한 인민의 실질적인 정치 참여를 보장하는 '인민 민주(즉 사회주의 민주)'다. 다른 하나는 형식적으로는 국민의 정치 참여를 보장하지만 실제로는 자산계급이 통치하는 '금권(金權) 민주(즉 자유민주주의)'다. 중국의 민주는 전자로서 후자보다 우월하다. 정치개혁의 출발점은 이 두 가지 민주 중에서 어느 길을 갈 것인가를 분명히 하는 것이다. 정확한 정치 방향을 잡는 것이 가장 중요하다.

마지막으로, 중국은 '중국 특색의 사회주의 정치 발전의 길'을 고수해야 하며, 서구식 민주제도의 도입을 허용해서는 안 된다. 관건은 '공산당 영도, 인민의 주인화(人民當家作主), 의법치국의 유기적 통일'을 견지하고, 중국의 기본 정치제도, 즉 인민대표대회 제도, 공산당 영도하의 다당 합작과 정치 협상 제도, 민족 구역 자치제도, 기층 민주제도를 발전시키는 것이다.

(3) 계속된 원 총리의 정치개혁 주장과 논쟁

그런데 이런 비판에도 불구하고 원자바오 총리의 정치개혁에 대한 주장은 2011년 3월에 개최된 11기 전국인대 4차 회의에서도 지속되었다. 동시에 이때에는 우방궈(吳邦國) 전국인대 상무위원장도 정치개혁에 대해 자신의 입장을 밝힘으로써 정치개혁에 대한 '두 가지 목소리'가 동시에 제시되었다.

우선, 원자바오 총리는 폐막일 기자회견에서 정치개혁을 다시 한 번 촉구했다. 여기서 그는 정치개혁을 추진해야 하는 다섯 가지 이유를 제시했다. 첫째, 개혁을 통해서만 공산당과 국가의 생기와 활력이 유지될 수 있다. 둘째, 정치개혁이 있어야만 경제개혁을 보장할 수 있다. 다시 말해 정치개혁이 없으면 경제개혁은 성공할 수 없다. 셋째, 중국의 최대 위험 요소인 부패를 해결하기 위해서는 인민이 정부를 비판하고 감독할 수 있도록 해야 한다. 넷째, 사회 안정의 기초인 공평과 정의를 실현해야 한다. 즉 소득 격차의 확대, 교육·의료 자원의 불공정 분배 등의 문제를 해결하기 위해서는 경제개혁과 함께 정치개혁을 추진해야 한다. 마지막으로, 인민의 적극성을 보장하기 위해 인민대표 직선제, 촌민자치제도 등을 실행해야 한다. 다만, 정치개혁은 '공산당의 영도하에' 점진적인 과정과 방식으로 추진되어야 한다.[34]

한편, 우방궈 전국인대 상무위원장은 '의회 업무 보고'를 통해 '중국 특색의 사회주의 길'의 고수를 강조했다. 그에 따르면, "가장 중요한 것은 정확한 정치 방향을 견지하고, 국가 근본제도 등과 관련한 중대 문제에서 동요하지 않는 것이다." 또한, 그는 자유민주주의 정치체제의 도입을 반대했다. 즉 중국은 "중국 조건에서 출발하여, 다당제하의 순환 집권을 하지 않고, 다원화(多元化)를 지도사상으로 삼지 않고, 삼권분립과 양원제를 하지 않고,

연방제를 하지 않고, 사유화(私有化)를 하지 않을 것이다." 우방궈
는 단호한 어조로 이런 내용이 담긴 '의회 업무 보고'를 발표함으
로써, 중국은 정치개혁과 관련하여 '중국의 길'을 고수할 것임을
다시 한 번 대내외에 천명했다.[35]

일부 국내외 언론은 원자바오 총리와 우방궈 위원장의 발언
을 비교·분석하면서, 최고 엘리트 집단 내에 정치개혁을 둘러싸
고 '온건파'와 '강경파'가 대립하고 있다고 보도하기도 했다. 그
런데 여기서 주의할 것이 있다. 먼저, 원자바오의 발언은 정치개
혁의 추진을 주장한 것이지, 민주개혁(예를 들어, 직선제 확대) 등 정
치개혁의 구체적인 내용을 주장한 것이 아니다. 앞에서 살펴보았
듯이, 2010년 하반기 원자바오의 발언도 이와 같은 특징이 있다.
특히 원자바오가 '공산당 영도하의 점진적인 개혁'을 강조했다는
사실에 주목해야 한다.

반면, 우방궈의 보고는 자유민주주의의 도입을 반대한 것이
지, 정치개혁 그 자체를 반대한 것은 아니다. 이런 면에서 우방궈
도 '공산당 영도하의 점진적 개혁'을 얼마든지 찬성할 수 있다.
이런 점에서 두 사람의 발언 '내용'은 결코 대립적이지 않다. 다
만 한 사람은 정치개혁을 '주장'하고, 다른 한 사람은 자유민주주
의의 도입을 '반대'했다는 점에서 표현 '방식'이 다를 뿐이다. 더
나아가 원자바오는 당장 정치개혁을 추진하자고 주장하는데 비
해, 우방궈는 이에 대한 입장을 표명하지 않았다는 차이가 있다.
다만 우방궈가 명시적으로 정치개혁의 즉각적인 추진을 반대한

것은 아니다.

이런 사실은 원자바오 총리와 우방궈 위원장의 언급을 보도한 중국 언론을 통해서도 확인할 수 있다. 구체적으로 2010년 하반기에는 주로 원자바오의 발언에 비판적인 입장을 보였던 《환구시보》가 이번에는 두 개의 별도 사설을 통해 두 사람의 견해를 모두 긍정적으로 평가했다. 우선, 우방궈의 보고에 대해서, 서양 정치제도의 도입 반대가 중국의 주류 의견임을 보여 준 것이라고 논평했다. 또한, 경제성장과 사회 안정 등 실제 성과 면에서 볼 때, 서양의 정치제도를 숭배할 이유도 없고 도입할 필요도 없다고 강조했다.[36] 한편, 원자바오의 발언에 대해서는 부패 방지를 위해서는 정치개혁을 추진해야 한다는 것이 중국 사회의 공감대라고 평가했다. 다만 그것은 공산당 영도하의 점진적 개혁이어야 한다. 또한 한 여론 조사 결과를 인용하면서, 중국 국민의 다수(78퍼센트)는 정치개혁을 원하지만, 오직 소수(15.5퍼센트)만이 서구식 민주정치의 도입을 찬성한다고 소개했다.[37]

원자바오 총리와 우방궈 위원장의 정치개혁 논의는 2012년 3월에 개최된 11기 전국인대 5차 회의에서도 계속되었다. '정부 업무 보고'에서 원자바오는 주로 행정개혁에 대해서만 이야기했다.[38] 그런데 3월 14일 전국인대 폐막식 기자회견에서 원자바오는 정치개혁의 필요성에 대해 다시 한 번 강조했다.[39] 즉 과거의 잔재를 청산하고 현재의 문제점을 해결하기 위해서는 정치개혁이 반드시 필요하다는 것이다. 이는 분명히 '보시라이 사건'과 관련된 발언이었다. 실제로 원자바오의 기자회견이 있은 다음 날, 보시라이는 충칭시 당서기의 직위에서 해임되었고, 그와 그의 가족을 둘러싼 살인 사건과 부패 문제에 대한 전면적인 조사가 시작되었다.

우선, 원자바오 총리에 따르면 공산당은 문화대혁명(문혁)을 주도한 '4인방(四人幇)'을 분쇄한 이후 「건국 이래 약간의 역사 문제 결의」를 채택했고, 개혁·개방 정책도 추진했다. 그러나 문혁의 잘못된 여독과 봉건시대의 영향은 완전히 제거되지 않았다. 또한 개혁기에 경제가 발전하면서 불공정한 분배, 신뢰의 결핍, 부정부패의 만연 등 여러 가지 새로운 문제가 드러났다. "이런 문제를 해결하려면 경제체제 개혁뿐 아니라 정치체제 개혁, 특히 공산당과 국가 지도 제도의 개혁이 필요하다."

또한 원자바오 총리에 따르면, 문혁의 재발을 방지하기 위해서도 정치개혁이 필요하다. 이는 보시라이가 충칭시에 실시한 과거 회귀적 정책(이른바 '충칭 모델')을 염두에 둔 발언이라고 할 수 있다. "현재 개혁은 공격 단계(攻堅階段)에 진입했는데, 정치체제 개혁의 성공 없이는 경제체제 개혁도 철저하게 진행할 수 없고, 이미 이룩한 개혁과 건설의 성과도 다시 잃을 수도 있다." 또한 정치개혁이 없으면 "사회적으로 새로운 문제를 근본적으로 해결할 수 없고, 문혁과 같은 역사적인 비극이 다시 발생할 수도 있다." 따라서 "책임 있는 각 당원과 영도 간부는 긴박감을 가져야 한다."

다만 원자바오 총리는 정치개혁의 방식으로 '중국의 상황(國

情)에 근거한 점진적인 개혁'을 제시했다. 구체적으로 '정치개혁
은 중국의 상황에서 출발하여 절차에 따라 점진적으로 사회주의
민주정치를 수립할 수 있도록 추진되어야 한다.' 실제로 '중국의
민주는 중국 상황에 근거하여 순서에 따라 점진적으로 발전해 왔
고, 어떤 역량도 이를 막을 수는 없다.'

반면 '전국인대 상무위원회 업무 보고'에서 우방궈 위원장은
인민대표대회제도를 반드시 고수해야 한다고 강조했다.[40] 우선,
중국은 "반드시 자기의 길을 가야 한다.""인민대표대회제도를
포함한 중국 특색의 사회주의제도는 현대 중국의 발전과 진보를
근본적으로 보장하는 제도로서, 반드시 더욱 귀하게 여기고 장기
적으로 견지해야 한다." 특히 "중국의 인민대표대회제도와 서방
자본주의국가의 정체(政體) 간에 존재하는 본질적 차이를 명확히
인식하여, 중대한 원칙의 문제에서 확고하게 중국 특색의 사회주
의 정치 발전의 길을 가야 한다." 다시 말해 중국은 서구식 민주
제도를 결코 도입해서는 안 된다.

또한 중국은 "반드시 인민대표대회제도의 특징과 우세를 더
욱 발휘해야 한다." 우방궈 위원장에 따르면, "공산당은 중국 특
색의 사회주의 사업의 굳건한 지도 핵심으로서, (중국의) 정치적
우세다." 따라서 "공산당의 주장을 법이 정한 절차에 따라 국가의
의지로 변화시켜, 제도적 · 법률적으로 공산당의 노선, 방침, 정책
이 제대로 관철되도록 철저하게 보장해야 한다." 이를 위해서는
인민대표대회제도를 더욱 완전하게 만들고 더욱 발전시킬 수 있

도록 노력해야 한다. 이런 우방궈의 주장은 2011년의 주장을 반복한 것이다.

(4) 왜 원 총리는 정치개혁을 주장했는가?

그렇다면, 원자바오 총리의 정치개혁 촉구는 실제로 어떤 의의가 있을까? 먼저 지적할 점은, 2010년, 2011년, 2012년에 원자바오가 처음으로 정치개혁을 촉구한 것이 아니라는 사실이다. 공산당 17차 당대회의 준비가 한창 진행되던 2007년 2월에 원자바오는 종합적인 국내외 정책을 담은 글을 발표했다. 여기서 그는 민주와 법제(法制)는 사회주의제도의 내재적 요소로서 중국은 이를 적극 실시해야 한다고 주장했다.[41] 그의 주장은 2005년 10월 국무원이 발표한 「중국의 민주정치 건설」의 내용을 반복한 것이다. 이런 점에서 최근의 원자바오의 주장이 그렇게 뜬금없는 것은 아니다.

그런데 원자바오 총리의 업무 영역을 놓고 볼 때에도 그의 발언이 그렇게 무게 있는 것은 아니다. 총리로서 그는 경제와 사회 영역을 주로 담당하고, 최근에는 핵심 과제로 경제 발전 방식의 전환과 민생 개선을 추진했다. 만약 원자바오가 이 분야에서 새로운 내용을 언급했다면 의미가 있을 것이다. 현재 정치국 상무위원회의 역할 분담으로 볼 때, 정치개혁은 후진타오 총서기나 우방궈 위원장이 담당하고 있다. 그래서 만약 이들이 이를 반복적으로 주장했다면 큰 의의가 있다. 그러나 후진타오는 결코 그러지 않았다. 예를 들어, 2010년 9월 6일 선전시 경제특구 건립 30주년 경축 대회에서 행한 후진타오의 연설을 보면, 지나가는 말로 정치개혁을 단 한 번 언급했을 뿐이다.[42]

그렇다면 원자바오 총리는 왜 이 시점에서 정치개혁을 다시 제기했는가? 크게 두 가지 가능성을 생각해 볼 수 있다. 첫째는 역할 분담에 따른 연출이라는 해석이다. 지금까지 역할 분담에 따라 후진타오는 '엄격한 아버지', 원자바오는 '자상한 어머니'의 역할을 맡아 왔다. 그래서 이번에도 중국의 국제 이미지를 제고하고, 지지부진한 민주개혁에 대한 국내외의 비판 세력을 무마하고 위안하기 위해 원자바오가 정치개혁을 다시 주장하게 되었다는 것이다.[43] 원자바오의 발언이 주로 국제사회를 청중으로 삼았다는 점에서 일리가 있는 해석이다.

둘째는 원자바오 총리 개인의 소망을 담은 주장이라는 것이 나의 해석이다. 원자바오는 평소에도 상사로 모시던 덩샤오핑과 후야오방에 대한 존경을 표시했다. 또한 2010년 8월의 정치개혁의 촉구 발언도 선전시 역사박물관의 덩샤오핑 특별 전시관을 방문했을 때 한 것으로 알려졌다. 사실 원자바오가 선전시에서 한 발언은 1987년 13차 당대회를 앞두고 덩샤오핑과 후야오방이 제기했던 정치개혁 촉구를 그대로 반복한 것이다. 아마도 원자바오는 이들이 제기한 정치개혁 과제가 제대로 추진되지 않는 현실을 개탄하면서 이들의 주장을 제기함으로써 미안한 마음을 덜어 보려고 했을지도 모른다.

그러나 국민의 정치 권리 확대와 직선제 실시 같은 민주개혁은 특정 정치 지도자 한두 사람이 주장한다고 해서 추진될 수 있는 것이 아니다. 집단지도 체제로 운영되는 중국에서 최고 지도자 간의 합의는 새로운 개혁을 추진하는 데 필요한 필수 전제조건이다. 이 점에서 과감한 정치개혁의 추진은 전체 지도자의 합의를 이끌어 낼 수 있는 새로운 지도력이 형성되어야만 가능하다. 또한 민주적인 개혁 과제가 기득권 세력과 지방의 이익을 침해하지 않아야 제대로 집행될 수 있다. 개혁에 우호적인 국내외 환경의 형성도 무시할 수 없는 조건이다. 내가 보기에 현재 중국에는 이런 국내외 조건이 갖추어져 있지 않다. 또한 최소한 단기간 내에 이것이 갖추어질 가능성도 높지 않다.

결국 원자바오 총리의 정치개혁 촉구는 일회성 사건일 뿐이다. 향후에도 최고위급 지도자 중에서 누군가는 다시 과감한 정치개혁을 촉구할지 모른다. 그러나 그것이 최고 엘리트의 집단적 합의하에 제기된 것이 아니라면 실제로 추진될 가능성은 그리 높지 않다.

4 후진타오 시대의 정치개혁 평가: 현상 유지를 위한 보수적 개혁

이상에서 우리는 후진타오 시대 10년 동안 추진된 정치개혁에 대해 자세히 살펴보았다. 또한 2010년, 2011년, 2012년에 있었던 원자바오 총리의 정치개혁 주장과 이를 둘러싼 논쟁도 살펴보았다. 그렇다면 후진타오 시대의 정치개혁은 어떤 특징이 있는가? 또한 우리는 이를 어떻게 평가해야 하는가?

(1) 두 가지 추세와 특징: 보수화와 당내 민주 중심

후진타오 시대의 정치개혁에는 두 가지 추세가 분명하게 나타났다. 하나는 정치개혁의 '보수화 현상'이 지속되었다는 점이다. 후진타오 정부는 공산당 일당제와 현행 정치체제에 변화를 초래할 수 있는 어떤 정치개혁(이른바 '민주적인' 정치개혁)도 추진하지 않았다. 이뿐 아니라 후진타오 정부는 중앙이 확정한 방침과 일정표에서 벗어나 지방 차원에서 추진된 자율적인 정치개혁 실험과, 국가의 통제를 벗어난 국민의 정치 참여도 억제했다. 일부 지방에서 추진된 향·진 정부의 직선제 개혁에 대한 반대와 중지 지시, 일부 지방인대 대표의 선거에서 나타난 국민들의 활발한 정치 참여에 대한 통제는 이를 잘 보여 준다.

다른 하나는 당내 민주의 확대를 정치개혁의 핵심 정책으로 추진했다는 점이다. 향·진 정부의 직선제를 중지시키고 대신 기층 당조직의 선거제도 개혁을 추진한 것은 이를 잘 보여 준다. 여기서 더 나아가 16차 당대회에서 '당내 민주가 인민민주를 이끈다(帶動).'는 방침이 결정되면서, '민주적 요소'의 도입과 관련한 정치개혁에서는 당 개혁이 국가개혁을 대체하는 현상까지 나타났다. 물론 그렇다고 기층 당조직의 선거제도 개혁이 전국으로,

또한 현급이나 성급 당조직으로까지 확대 실시된 것은 결코 아니다. 예를 들어, 2004~2007년 동안에 약 3만 5000개의 기층 당조직(향·진 당위원회) 중에서 단지 300여 개(전체의 약 1퍼센트)에서만 '공개추천직접선출' 등의 선거제도 개혁이 진행되었다.[44]

이처럼 정치개혁의 보수화와 공산당 개혁 중심이라는 두 가지 추세를 종합하면, 현재까지의 정치개혁은 현행 정치체제를 인정한 상태에서 일부 문제점을 개선 혹은 보완하는 방식으로 진행되는 점진적인 개혁이라고 평가할 수 있다. 동시에 이는 후진타오 시대의 정치개혁이 여전히 '정치 민주화가 아닌 정치 제도화 우선 전략'을 이어 가고 있다고 평가할 수 있다.[45]

(2) 왜 두 가지 추세가 나타났는가?

후진타오 시대의 정치개혁에서 이런 추세가 나타난 것은 크게 보아 두 가지 이유 때문이다. 하나는 국내적 요인이고, 다른 하나는 국제적 요인이다.

우선, 대다수의 정치 지도자와 지식인들은 현행 정치체제에 대해 자신감을 갖고 있다. 그래서 민주적 정치제도의 도입과 같은 급진적인 정치개혁을 당장 추진해야 할 필요성을 느끼지 못한다.[46] 높은 경제성장과 국민의 생활수준 향상, 높아진 국제적 위상과 영향력은 중국 정치체제의 우수성을 보여 주는 대표적인 근거로 제시된다. 이에 비해, 이들이 보기에 민주화 개혁을 추진한 러시아나 동유럽 국가들의 성과는 매우 초라하다. 이런 상황에서 일부 지식인이나 정치가들이 주장하는 민주적 정치개혁은 설득력이 없다. 그래서 급진적 개혁보다는 현 체제의 일부 문제점을 부분적으로 개선하고 보완하는 정치개혁이 주류를 점하게 되었다. 이런 상황을 배경으로 시진핑은 싱가포르의 집권 여당인 인민행동당과 싱가포르식 정부 모델에 깊은 관심을 갖고 연구하고 있다.[47]

물론 일부 '제도권' 학자들은 경제위기에도 불구하고 민주적인 정치개혁을 추진해야 한다고 계속 주장했다.[48] 또한 일부는 당장 정치개혁 논쟁을 전개해야 한다고 주장했다.[49] 실제로 18차 당대회가 개최되기 한 달 전인 10월에 《인민논단》은 '신정치관 탐구'를 위한 특집호를 실었다. 여기에는 정치개혁을 추진하기 위해서는 어떤 관점 혹은 이론이 필요한가에 대한 다양한 견해가 제시되었다.[50] 특히 중국 내외 언론의 주목을 받은 것은 앞에서 말한 덩위원의 비판이었다. 그러나 이런 주장은 아직 정치 엘리트와 지식인의 소수 의견일 뿐이다. 이에 대해서는 2장에서 자세히 분석했다.

게다가 비교적 급진적인 정치개혁을 추진하기 위해서는 정치 엘리트 내에 일정한 공감대나 합의가 형성되어야 하는데, 후진타오 시대에는 결코 그렇지 못했다.[51] 후진타오 집권 1기(2002~2007년)에는 자신의 권력 기반을 공고히 하고 새로운 국가 발전 전략('과학적 발전관'과 '조화사회 건설'은 이를 이끄는 양대 이념이다.)을 수립하는 데 몰두하면서 정치개혁은 중요한 의제가 아니었다. 집권 2기(2007~2012년)에 들어서 정치개혁의 필요성에 대한 문제 제기는 있었지만, 그 구체적인 내용과 방식에 대해서는 정치 엘리트 간에 합의가 이루어지지 않았다. 2010년 하반기부터 2012년 상반기까지 원자바오가 정치개혁의 필요성을 반복해서 주장했지만, 다른 정치국 상무위원이 호응하지 않은 것은 이를 잘 보여 준다.

국제적으로도 민주적 정치개혁을 추진하는 데 유리한 환경이 조성되지 않았다. 먼저, 2003년부터 2005년까지 중앙아시아 지역에서는 색깔 혁명(color revolution)으로 불리는 선거를 통한 재(再)민주화 물결이 번졌다. 그루지야의 장미혁명(2003년, Revolution of Rose), 우크라이나의 오렌지혁명(2004년, Orange Revolution), 키르기스스탄의 튤립혁명(2005년, Tulip Revolution)이 대표적인 사례다. 공산당은 중국에도 이런 현상이 일어날 가능성에 대해 우려했다. 그래서 이를 막기 위한 하나의 정책으로 2005년 무렵부터 시민사회의 활동에 대한 통제를 대폭 강화했다. 미국과 서구 국가의 지원을 받은 시민단체가 색깔 혁명에서 중요한 역할을 했다고 판단했던 것이다. 그래서 중국의 사회단체는 이런 정부의 방침으로 인해 국제기구나 후원 단체로부터 자금 지원을 받는 것이 매우 어려워졌고, 활동도 큰 제약을 받았다.[52]

2008년 베이징 올림픽을 성공적으로 개최하는 것도 중국 정부에게는 매우 중요한 과제였다. 이를 위해서는 사회 치안의 강화와 정치 안정을 이룩하는 것이 필요했다. 특히 2008년 봄 티베트 지역에서 발생한 소수민족 시위는 공산당과 정부를 크게 긴장시켰다. 여기에 더해 2008년 하반기에 세계 금융위기가 시작되면서 중국 정부의 관심은 경제문제에 집중되었다. 미국과 유럽 시장이 위축되면서 중국도 경기 침체에 빠질 수 있고, 이럴 경우 그동안 누적된 사회·경제적 문제가 일거에 표출되어 사회 혼란, 더 나아가서는 정치 혼란이 발생할 수도 있다는 '위기의식'이 광범위하게 퍼졌다. 따라서 경제문제의 해결에 모든 역량을 집중해야 했고, 이에 도움이 되지 않는 모든 정치개혁의 추진은 전면 보류되었다.

(3) 광둥성의 사례: 급진적 정치개혁의 좌절

이런 상황은 좀 더 급진적 정치개혁을 구상했지만 실제로는 추진되지 않은 광둥성의 상황을 보면 잘 이해할 수 있다. 2007년 11월 왕양이 광둥성 당서기로 부임하면서 선전시 개혁은 새로운 활력을 얻었다. 그동안 선전시는 상하이시 등 다른 특대도시에 비해 발전이 뒤처지면서 시민들 사이에 위기감이 고조되었다. 이런 상황에서 신임 당서기가 적극적인 개혁 추진을 강조한 것이다. 그래서 왕양 당서기가 했다는 "개혁의 실패는 용납해도 개혁을 시도조차 않는 태도는 용납할 수 없다.(允許改革失敗不許不改革)"는 말이 많은 사람의 입에 오르내렸다. 특히 왕양은 후진타오 총서기의 전폭적인 지지를 받고 있는 핵심 인물로 알려져 있어, 일부 외국 언론과 전문가들은 "미래의 중국 개혁을 보려면 광둥성을 보라."고 주장하기도 했다.

이런 기대에 부응하듯이, 2008년 5월 선전시 공산당과 정부는 '의견 수렴 원고(意見徵求稿)'의 형태로 「선전시 단기 개혁 요강」을 발표했다. 여기에는 정치·행정·경제·사회·문화 등 5개 분야의 19개 항목의 세부 개혁 과제가 들어 있다. 정치개혁에는 당내 민주의 확대, 기층 정부의 선거 개혁, 지방인대의 강화, 정협(政協)의 강화, 사법제도의 개혁, 부패 척결의 강화, 인사제도의 개혁 등 모두 7개 항목의 과제가 포함되었다. 행정개혁은 정치개혁과 분리되어 독립된 항목으로 설정되었다. 「요강」의 실시를 위해 당정 지도자로 구성된 '개혁 혁신(創新) 영도소조'가 조직되었고, 모든 당정 기관이 참여하여 3년 내에 주요 과제를 달성한다는 목표가 제시되었다. 현지와 외국 언론은 이를 정치개혁의 새로운 실험으로 높이 평가했다. 또한 왕양 당서기는 부인했지만, 이 시기에 선전시가 '정치특구(政治特區)'로 거듭날 것이라는 이야기가 돌았다.[53] 한편 광둥성 공산당도 한 달 후인 2008년 6월에 광둥성 전 지역이 추진할 개혁 과제를 담은 「과학적 발전관 실천의 개척자 결정」을 발표했다.

그런데 2008년 하반기에 들어 정치개혁의 열기는 식기 시작했고, 2009년에 들어서는 이전 계획과 다른 새로운 내용의 계획 방안이 발표되었다. 2009년 5월에 발표된 「선전 종합 개혁 시험 실시(試點) 전체 방안」과 같은 해 6월에 발표된 「선전 종합 개혁 3년 실시 방안」이 그것이다.[54] 이 두 가지 「방안」이 2008년 「요강」과 다른 점은, 선거제도의 개혁 등 민주적인 정치개혁의 내용이 삭제되고 대신 대부처제의 개혁, 행정체제의 개편, 도시권역의 통합을 중심 내용으로 하는 행정개혁이 강조된 점이다. 특히 「방안」은 2004년 중단되었던 '행정 삼분제' 개혁을 부활시켰다는 특징이 있다.[55] 결국 2008년 선전시가 계획했던 과감한 정치개혁 구상이 폐기된 것이다.

내가 2009년 8월 광저우시와 선전시에 일주일 동안 머물면서 현지 조사(인터뷰)를 할 때, 왜 2008년의 「요강」이 폐기되었는가에 대해 고위 관료와 학자들에게 물어보았다. 그들의 대답은 두 가지였다. 하나는 시기적인 문제다. 2008년 초에 비교적 과감한 정치개혁의 계획을 수립했는데, 티베트 폭동이 발생하면서 2008년 베이징 올림픽의 성공적 개최로 모든 정책의 초점이 모아졌다는 것이다. 여기에 더해 2008년 하반기 세계 금융위기가 닥치면서 중국 지도부의 위기의식이 높아졌고, 경제 회복과 일자리 창출이 최우선 과제로 등장했다. 정치개혁이 설 자리가 없어진 것이다.

다른 하나는 권력 교체기를 맞아 정치개혁보다는 정치적 안정을 추구하는 것이 타당하다는 비판이 제기된 점이다. 2010년 봄에는 '아랍의 봄(Arab Spring)'이 촉발되면서 사회관리 체제의 강화와 국민의 정치 활동에 대한 경계가 한층 강화되었다.[56] 이런 이유로 선전시의 새로운 정치개혁의 구상은 끝내 실현되지 못하고 좌절되었던 것이다.

이상에서 살펴본 사실은 시진핑 시대에도 민주화 개혁이 쉽게 추진되지 않을 것임을 말해 준다. 무엇보다 시진핑을 포함한 최고 지도자들이 민주개혁을 추진할 생각이 없다. 이는 일차적으로 이들의 성향 때문이기도 하지만, 동시에 민주화에 대한 사회적 압력이 그렇게 강하지 않기 때문이다. 게다가 국제 상황도 그렇게 유리하지 않다. 결국 중국의 민주화에 유리한 국내외의 조건이 형성되기 위해서는 앞으로 더 많은 시간을 기다려야 할 것 같다.

군사 훈련을 위해 남중국해로 향하는 미국 니미츠 호

최근 한미일 간의 군사 협력이 강화되면서 이에 대한 중국의 안보 우려는 증가하고 있다. 만약 삼국의 안보 협력이 대만해협 문제나, 남중국해 및 동중국해의 해양 분쟁을 겨냥하여 전개될 경우, 중국은 강력하게 반발할 것이다. 중국은 미국이 동맹국 및 안보 협력국과의 군사 협력을 강화하여 자국의 부상을 봉쇄하려 한다고 믿기 때문이다. 이런 상황에서 한미일 군사 협력이 강화되면 중국은 한국도 중국 봉쇄에 참여한 것으로 간주하여 경계할 것이다. 중국의 경계는 군사력 증강의 가속화, 북중동맹의 강화, 중러 안보 협력의 강화로 구체화된다. 결국 현재의 추세가 지속된다면 동아시아에는 '해양 세력'(한미일)을 한편으로 하고, '대륙 세력'(북중러)을 다른 한편으로 하는 냉전 시대의 양대 진영이 형성될 수 있다. 이 경우 한반도는 최대 피해자가 될 것이다.

정전 60주년 기념 북중 친선연환모임

2008년 6월 시진핑 부주석의 방북과 2009년 10월 원자바오 총리의 방북 이후 중국의 대북 투자는 수십억 달러가 넘는 등 증가해 왔다. 이런 상황에서 만약 한국과 미일이 북한 봉쇄 정책을 지속한다면 북한의 중국 의존은 돌이킬 수 없을 정도가 될 것이다. 북한의 중국 의존 심화가 한국의 북한 정책에 제약 요소가 될 것은 분명하다. 즉 한국은 경제 지원을 정책 수단으로 사용할 수 있지만, 그것의 실제 효과는 약화될 것이다. 이렇게 된다면 한국은 북한 핵 문제의 해결을 위해 중국에 점점 더 많은 역할을 기대할 수밖에 없다. 만약 중국이 한국의 기대에 부응하지 못하면 한국은 크게 실망할 것이다. 반대로 중국 입장에서는 한국이 남북관계의 개선을 위해 마땅히 해야 할 역할은 하지 않으면서 중국만 비난한다고 생각할 것이다. 그 결과는 상호 불신의 증가와 전반적인 양국 관계의 악화이다.

시진핑 총서기

시진핑은 세 가지 요소가 결합된 지도력을 보여 주는 '복합형 지도자'라고 할 수 있다. 이는 정도 의 차이는 있겠지만 다른 5세대 지도자들에게도 적용된다. 그래서 이런 특징을 가지고 판단할 때 시진핑 시대의 중국은 '보수정치 + 시장경제 + 실용외교'의 모습을 보일 것으로 예측할 수 있다.

7인의 정치국 상무위원

(왼쪽부터) 장가오리, 류윈산, 장더장, 시진핑, 리커창, 위정성, 왕치산. 미래 중국을 이끌 5세대는 '탈혁명 인문사회형 지도자'들이다. 시진핑 정부에 와서 '기술관료형' 지도자 시대는 막을 내렸다. 7인의 정치국 상무위원 중에서 대학 전공이 이공계인 사람은 시진핑과 위정성 두 사람인데, 이들 모두 기술관료형에 속하지는 않는다. 시진핑은 졸업 후의 업무가 전문 기술직이 아니었을 뿐만 아니라 대학원에서 법학으로 박사학위를 받았다.

중국에서 GDP가 가장 높은 도시로 발전한 상하이

중국공산당에 따르면 민주는 서유럽의 전유물이 아니라 "인류 정치 문명의 발전 성과"이며, "세계 각국 인민의 보편적 요구"이다. 동시에 "각국의 민주는 내부에서 생성되는 것"이지 외부에서 강압적으로 부여되는 것이 아니다. 즉 민주는 각 국가가 처한 특수한 역사적, 사회적 상황과 조건에서 발전한다. 그래서 이 세상에서 유일하면서 보편적으로 적용될 수 있는 민주 모델은 없다. 중국공산당은 상하이 '푸둥의 기적'과 싱가포르의 성공이 그 증거라고 말한다. "상하이는 뉴욕과의 경쟁을 두려워할 필요가 없고, 중국 모델은 서구 모델과의 경쟁을 두려워할 필요가 없다."

6
중국의 민주화는 가능한가

5장에서 후진타오 시대의 정치개혁을 살펴본 것에 이어, 6장에서는 시진핑 정부가 당면한 정치개혁의 과제가 무엇이고, 향후 어떤 정치개혁을 어떻게 추진할 것인가를 살펴볼 것이다. 시진핑 정부는 과거 후진타오 정부와는 달리 급진적인 정치개혁을 추진할 것인가? 예를 들어, 권력분립, 다당제, 직선제 도입과 같은 민주적인 정치개혁('민주개혁')을 시도할 것인가? 만약 시진핑 정부가 민주개혁을 추진하지 못한다면 그 주된 이유는 무엇인가? 이 질문에 답하기 위해서는 먼저 중국이 당면한 정치적 과제를 검토해야 한다. 또한 시진핑 정부가 민주개혁을 추진할 가능성을 주관적 조건과 객관적 조건으로 나누어 살펴보아야 한다. 이런 논의를 토대로 우리는 향후 시진핑 정부가 추진할 정치개혁을 전망할 수 있을 것이다.

결론적으로 말하면, 중국은 현재 심각한 정치문제에 직면해 있지만, 시진핑 정부가 이를 해결하기 위해 민주개혁을 추진하지는 않을 것이다. 대신 지속적인 경제 발전과 국민 생활(즉 민생)의 개선을 통해 민주개혁에 대한 국민의 요구를 최소화하는 전략을 추진할 것이다. 또한 2007년 17차 당대회에서 결정된 '당내 민주가 인민 민주를 이끈다.'라는 방침하에, 당내 민주의 확대와 부패 척결을 주요 내용으로 하는 공산당 개혁 혹은 '공산당 건설(黨建)'을 정치개혁의 핵심 정책으로 추진할 것이다. 그래서 민주개혁의 도입은 아무리 빨라야 2017년 19차 당대회, 아니면 2022년 20차 당대회 이후에나 기대할 수 있을 것이다. 다만 정치는 끊임없이 변화하기 때문에, 또한 정치 민주화는 의도하지 않은 결과로 시작되는 경우가 종종 있기 때문에, 시진핑 정부가 조기에 민주개혁을 추진해야만 하는 상황이 올 수도 있다.

1 시진핑 시대의 정치적 과제: 권력 집중과 국민의 참여 제한

이 책 1장에서 언급했듯이, 중국은 지난 30년 동안 정치 제도화 중심의 정치개혁을 추진했다. 그런데 정치 제도화 개혁이 많은 성과를 거둔 것은 분명한 사실이지만, 동시에 많은 문제를 안고 있는 것도 사실이다. 단적으로 이런 방식의 정치개혁은 두 가지 문제를 해결하지 못하는 근본적인 한계가 있다. 이는 중국이 공산당 일당제를 유지하고 있기 때문에 발생하는 문제다. 따라서 시진핑 정부는 어떻게든 이 두 가지 문제에 대응해야 한다. 이를 해결하는 근본적인 방법은 정치 제도화와 함께 정치 민주화를 추진하는 것이다.

(1) 권력 집중의 문제

첫째로, 공산당으로 정치권력이 집중되는 문제가 있다. 정치 제도화를 위한 개혁은 공산당과 국가 간의 결합을 인정한 상태에서 어떻게 하면 공산당이 국가를 효율적으로 통치할 것인가를 해결하기 위해 추진되는 것이다. 다시 말해, 중국식 정치 제도화는 '당정 분리(黨政分開, 1987년 13차 당대회의 정치개혁 방침)'가 아니라 '당정 결합(黨政不分, 1997년 17차 당대회의 정치개혁 방침)'을 전제로 한다. 반면 정치 민주화는 국민을 정책 결정에 참여시키고 동시에 국가권력의 남용을 방지하기 위해 추진된다. 권력분립, 다당제, 직선제, 입헌주의(constitutionalism) 혹은 법치(rule of law), 국민의 정치적·시민적 권리의 보장이 정치 민주화의 핵심 정책인 이유는 바로 이 때문이다. 이처럼 정치 제도화 개혁의 특징 때문에 정치권력은 공산당으로, 이것은 다시 소수의 당정 간부와 특정 개인으로 집중하는 문제, 즉 '권력 집중'의 문제가 발생한다.

권력 집중으로 인해 중국 정치에서는 다음과 같은 두 가지 문제가 매우 심각한 해결 과제로 등장한다. 우선, 인사(人事)와 정책 결정 과정에서 권력 남용과 부정부패가 널리 퍼져 있다. 인사 청탁, 각종 사업의 인허가권을 둘러싼 일상적인 금전 거래와 정경 유착이 바로 그것이다. 그 결과 당정 간부가 국가권력을 개인의 권력처럼 행사하는 '권력의 가산제화(家産制化, neo-patrimonial state)' 현상이 일어난다.[1] 또한 국가가 국민을 상대로 이권을 다투고 재물을 빼앗는 '약탈 국가화(predatory state)' 현상도 보편적으로 나타난다.[2] 이 두 가지는 아시아, 아프리카, 라틴아메리카의 후진국이나 개발도상국에서 자주 나타나는 현상이다.[3] 2012년 중국을 뒤흔든 보시라이 사건은 이를 상징적으로 보여 준다. 그는 막강한 정치권력을 이용하여 부를 축적했을 뿐 아니라 온갖 일탈 행위를 저질렀다. 그의 부인 구카라이(谷開來)는 심지어 살인조차도 쉽게 저질렀다.

또한 권력 집중으로 인해 광범위한 자원 낭비와 정책 실패가 발생한다. 당정 간부는 개인의 정치 업적을 쌓기 위해 타당성이나 필요성이 없는 대규모 사업을 추진한다. 혹은 부정 축재의 기회를 만들기 위해 각종 지역 개발 사업을 남발한다. 이렇게 되면서 심각한 국가 자원의 낭비가 초래되고, 지역 주민이 필요로 하는 교육이나 의료에 쓸 돈이 부족해진다. 현재 10~15조 위안(한화로 약 1740~2610조 원)에 달하는 막대한 지방정부의 부채는 주로 이 때문에 발생한 것이다. 이와 같은 부정부패와 정책 실패에 대해 국민들은 강한 불만을 표시하고, 이것은 종종 대중 시위로 연결된다.

따라서 시진핑 정부는 이 문제를 어떻게든 해결해야 한다.

(2) 국민의 정치 참여 제한

둘째로, 정치 제도화는 국민의 정치 참여를 제한하고, 이로 인해 시위와 폭동과 같은 '길거리 정치(street politics)'가 확산되는 문제가 있다. 중국과 같은 공산당 일당제에서는 국민이 정부의 정책 결정에 합법적이고 효과적으로 참여할 수 있는 방법이 매우 제한적이다. 형식적인 선거와 옴부즈맨(Ombudsman) 제도(예를 들어 편지 및 방문 제도)가 있지만 실제로 별 효용이 없다. 그래서 주민들은 약탈적인 지역 개발 정책이나 대규모 환경오염을 유발하는 개발 정책이 발표될 때까지 모르고 있다가, 그것이 발표되면 격렬한 반대 운동을 전개한다.

최근 국내 언론에도 자주 보도되는 각종 시위와 폭동, 즉 집단소요사건은 이런 국민 저항의 일부 사례를 보여 준다. 중국 정부는 2005년 8만 7000건의 집단소요사건 통계치를 발표한 이후 지금까지 공식 통계를 발표하지 않고 있다. 그런데 한 비공식 통계 자료에 의하면, 2010년에만 약 18만 건, 2011년에는 18만 2000여 건의 집단소요사건이 발생했다(그림 6-1 참조). 이는 매일 약 500건이 발생한 셈이다. 한마디로 중국은 현재 시위와 폭동이 일상화된 사회가 되었다. 만약 이 문제를 해결하지 않으면 중국은 정치·사회적 안정을 유지할 수 없다. 그래서 시진핑 정부는 이 문제에 적극 대응해야 한다.

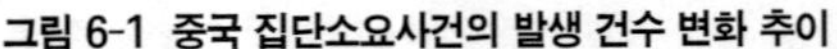

그림 6-1 중국 집단소요사건의 발생 건수 변화 추이

(단위: 천 건)

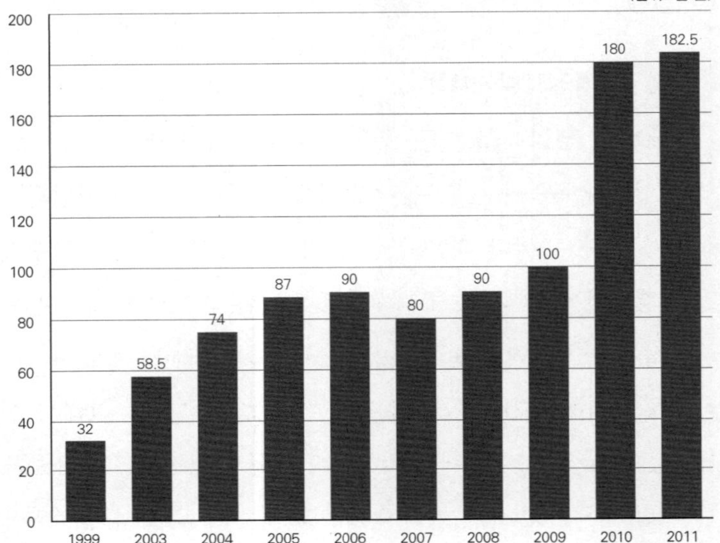

출처:「中國群體性事件保守數量統計」,《天涯社區》2012年 8月 23日, http://www.tianya.cn (검색일: 2012. 12. 25).

(3) 계속되는 최고위 지도자의 부정 축재 폭로

한편 2012년 1년 동안 외신을 통해 보도된 중국 최고 통치 집단의 '부정 축재' 문제도 시진핑 정부가 직면한 매우 중요한 해결 과제다. 이는 공산당의 통치 정당성에 직접적이고 치명적인 타격을 줄 수 있기 때문이다. 예를 들어, 2012년 6월 29일에《블룸버그 뉴스》는 시진핑 총서기의 일가 친척이 모두 3억 7600만 달러(한화 약 4300억 원) 상당의 각종 주식을 보유하고 있다고 폭로했다.[4] 이는 2012년 5월 17일《뉴욕 타임스》가 '태자당'의 재산 축적을 폭로한 이후에 나온 것으로 전 세계 언론의 주목을 받았다.[5] 이후 2012년

10월 25일에《뉴욕 타임스》는 다시 27억 달러(한화 약 3조 원)에 달하는 원자바오 총리 일가의 재산 축적을 폭로했다.[6] 이어서 2012년 12월 26일에는《블룸버그 뉴스》가 다시 모두 1조 6000억 달러(한화 약 1700조 원)에 달하는 '불멸의 8대 혁명 원로' 후손의 재산 축적을 폭로했다.[7]

이 모두가 사실인지 여부는 더 확인해 봐야겠지만, 이런 보도가 전해지면서 중국 국민들이 의심의 눈초리로 공산당과 최고 지도자 집단을 쳐다보게 된 것은 분명한 사실이다. 특히 원자바오 총리 일가의 재산 축적에 대한 보도는 원자바오 개인뿐 아니라 중국 국민 전체를 충격에 몰아넣었다. 그는 '평민 총리', '원 할아버지'로 불리는 청렴하고 소박한 총리로 유명했고, 이로 인해 국민의 신망을 한몸에 받았기 때문이다. 그래서 원자바오는 이를 자신을 음해하려는 특정 세력의 '정치적 음모'로 규정하고, 정치국 상무위원회에 외신 보도 내용의 진상 조사를 자발적으로 요청하면서 억울함을 호소했다. 동시에 그는 변호사를 고용하여 법률적으로 대응할 것임을 밝혔다. 어쨌든 이와 같은 최고 통치 집단의 재산 축적에 대한 연이은 보도는 보시라이 사건과 함께 공산당의 도덕성에 치명타를 가했다고 할 수 있다.

참고로 정치 민주화를 외면하고 정치 제도화만을 추진해 온 싱가포르에서도 권력 집중과 국민의 정치 참여 제한에 문제가 드러났다. 단적으로 1954년에 창당한 인민행동당은 지금까지 싱가포르를 통치하고 있고, 앞으로도 야당으로 권력이 교체될 가능성은 매우 낮다. 즉 싱가포르는 사실상의 일당제인 패권 정당제 (hegemonic party system)로 운영된다. 또한 싱가포르에서는 국민의 정치적 권리(예를 들어, 집회·결사·시위·언론의 자유)가 제한되고, 시민사회도 제대로 발전하지 못했다. 그래서 일반 국민들은 정부의 정책 결정에 거의 참여하지 못한다. 그런데도 싱가포르에서는 관료의 부정부패나 길거리 정치가 없다.

왜일까? 싱가포르는 세계 최고의 행정체제를 갖추었을 뿐 아니라 법치의 원칙하에 공개적이고 공정한 방식으로 정부 정책을 결정하고 집행하기 때문이다. 이는 싱가포르가 홍콩과 함께 150여 년 동안 영국의 식민지 통치하에서 세계 최고 수준의 행정체제를 수립하고 운영했기 때문에 가능한 결과다. 또한 인구 530만 (2012년)의 소규모의 도시국가이기 때문에 가능한 것이기도 하다. 반면 중국은 이와 같은 조건을 갖추고 있지 못하기 때문에 싱가포르와는 달리 부정부패와 길거리 정치가 만연하는 문제가 나타난다. 동시에 이런 조건이 없기 때문에 중국은 결코 싱가포르처럼 될 수 없다.

2 18차 당대회의 정치개혁

(1) '서구식 민주'를 도입할 생각은 조금도 없다

전체적으로 볼 때 18차 당대회에서는 후진타오 시대의 정치개혁과 분명하게 구분되는 새로운 정치개혁 방침과 정책이 제시되지 않았다. 오히려 18차 당대회에서 후진타오가 발표한 '정치 보고'의 내용을 보면, 지난 10년 동안 후진타오 정부가 추진한 방침과 정책이 재차 강조되고 있다.[8] 이것은 시진핑 시대의 정치개혁 방향과 내용을 규정하는 중요한 '지침' 역할을 할 것이다. 이런 점에서 보면, 최소한 시진핑 집권 1기(2012~2017년)에는 후진타오 시대와 크게 다른 정치개혁이 추진될 가능성이 매우 낮다. 이처럼 정치개혁에 대한 새로운 '돌파'가 없는 특징은, 1997년 15차 당대회에서 의법치국 방침이 채택된 이후 계속되는 현상이다.

먼저 '정치 보고'에 의하면, 시진핑 시대의 중국은 '폐쇄적이고 경직된 옛 길'과 '깃발을 바꾸는 잘못된 길'을 결코 가지 않을 것이다. 전자는 마오쩌둥 시대의 공산당 노선으로 돌아가는 것을 의미한다. 반면 후자는 현행 공산당 노선과 방침을 포기하고 서구식 제도를 전면적으로 도입하는 것을 의미한다. 또한 전자는 보시라이의 '충칭 모델'을 옹호하는 좌파(左派) 혹은 마오쩌둥주의자에 대한 비판이다. 후자는 권력분립, 다당제, 직선제 등 자유민주주의 제도의 도입을 주장하는 자유주의자에 대한 비판이다.

대신 공산당은 '중국 특색의 사회주의 이론 체계'의 지도하에, '중국 특색의 사회주의 기본 제도'를 고수하면서, '중국 특색의 사회주의 길'을 갈 것이다. 이 세 가지, 즉 중국 특색의 사회주의 이론 체계, 제도, 길이 바로 '중국 특색의 사회주의'를 구성하는 3대 요소다. 그리고 '중국 특색의 사회주의' 견지가 18차 당대회의 가장 중요한 정신이었다. 예를 들어, 18차 당대회 직후인 2012년 11월 18일에 중앙정치국은 '중국 특색의 사회주의의 견지 및 발전을 중심으로 18차 당대회의 정신을 깊이 학습, 선전 및 관철하자.'라는 주제로 제1차 집단학습을 개최했다. 이때 시진핑은 중국 특색의 사회주의를 견지하는 것이 바로 "18차 당대회의 보고를 관통하는 핵심 정신(一條主線)"이라고 강조했다.[9]

여기서 '중국 특색의 사회주의 이론 체계'는 개혁기에 등장한 이념, 즉 덩샤오핑 이론, 삼개대표 사상(즉 장쩌민 시대의 이념), 과학적 발전관(즉 후진타오 시대의 이념)을 가리킨다. 또한 '중국 특색의 사회주의 기본 제도'는 중국의 현행 제도를 가리킨다. 정치제도에는 인민대표대회 제도, 공산당 영도하의 다당 합작과 정치협상 제도, 민족구역 자치제도, 기층 자치제도가 속한다. 그 밖에도 법률제도, 경제제도, 사회제도가 '사회주의 기본 제도'에 속한다. 마지막으로 '중국 특색의 사회주의 길'은 '하나의 중심(경제 건설)과 두 개의 원칙(개혁·개방과 4항 기본 원칙)'을 견지하여 사회 생산력을 발전시키고, 사회주의 시장경제, 민주정치, 선진문화, 조화사회, 생태문명(이른바 '5위1체')을 건설하여, 궁극적으로 사회주의 현대화 국가를 수립하는 것을 가리킨다. 이처럼 18차 당대회는 중국이 자유민주주의의 정치개혁을 결코 추진하지 않을 것임을 다시 한 번 분명히 밝혔다.

또한 중국은 정치개혁을 추진할 때 두 가지의 '필수(必須)'를 견지할 것이라고 한다. 첫째는 정치개혁의 추진 방식 및 목표와 관련된 것이다. 즉 중국은 '지속적이고 적극적이며 안정적으로 정치개혁을 추진'하여, '더욱 광범위하고 충분하며 건강한 인민 민주를 건설한다.'라는 것이다. 다시 말해, 중국은 정치개혁을 멈추지 않고 추진할 것이다. 둘째는 추진 방침으로 '세 가지 유기적 통일'이 다시 한 번 강조되었다. 즉 중국은 '공산당의 영도, 인민의 주인화, 의법치국의 유기적 통일'의 방침하에서 정치개혁을 추진한다는 것이다. 이 '세 가지' 중에서 가장 중요한 것이 바로 공산당의 영도다. 정리하면 중국은 '공산당의 영도'하에 '인민 민주'를 수립하기 위해 노력할 것이지, '서구식 민주'를 도입할 생각은 조금도 없다.

(2) 국가 개혁과 공산당 개혁: 이전 정책의 반복과 재탕

세부적인 정치개혁은 크게 국가개혁과 공산당 개혁으로 나누어 살펴볼 수 있다. 먼저, 국가개혁의 내용으로 모두 7개 항목의 과제가 제시되었다. 이는 이전부터 주장했던 내용을 다시 한 번 반복한 것이다. 첫째는 인민대표대회가 국가권력기관으로 제 역할을 하도록 보장하는 것이다. 둘째는 공산당 영도하의 다당합작제도와 정치협상회의를 발전시켜 '협상 민주(協商民主)의 제도'를 더욱 완전하게 개선하는 것이다. 셋째는 농촌의 촌민위원회와 도시의 주민(居民)위원회 등 기층 민주제도의 발전이다. 넷째는 의법치국의 방침을 전면적으로 추진하는 것이다. 여기에는 법률체제의 완비, 의법행정의 추진, 사법개혁의 추진, 법제 선전과 교육

등이 포함된다.

다섯째는 행정개혁이다. 행정 인허가제도의 개혁, 기구 간소화, 정부 직능의 전환, 대부처제(大部門制) 개혁의 지속적인 추진, 행정관리 방식의 개혁, 사업 단위(事業單位)의 개혁이 여기에 포함된다. 여섯째는 권력 운영을 제약하고 감독하는 체제를 완전하게 건립하는 것이다. 이를 위해서는 국민의 알권리를 더욱 철저하게 보장해야 하고, 정책 결정 과정에 국민의 의견을 수렴해야 하며, 각종 공개제도와 감독제도를 더욱 개선해야 한다. 마지막은 통일 전선을 더욱 공고하게 발전시키는 것이다. '민주당파(民主黨派)'와 '무당파(無黨派)' 애국 인사와의 협력 강화, 민족구역 자치제도의 완전화, 종교계 인사와 화교에 대한 적극적 대응 등이 세부 정책이다.

한편 18차 당대회에서는 공산당 개혁에 대해 몇 가지 결정이 내려졌다. 먼저, 「당헌」 개정을 통해 지도 이념의 조정이 이루어졌다. 즉 과학적 발전관을 마르크스 · 레닌주의, 마오쩌둥 사상, 덩샤오핑 이론, 삼개대표 사상과 함께 '당의 행동지침(行動指南)'으로 확정한 것이다. 이로써 17차 당대회에서 「당헌」에 추가된 과학적 발전관의 위상이 한 단계 높아졌다. 즉 단순한 '당의 공식 이념'에서 '당의 지도 이념'으로 격상된 것이다. 이렇게 되면서 과학적 발전관의 이름 아래 추진되었던 후진타오 시대의 사회 · 경제정책이 이후에도 지속적으로 추진될 수 있는 기초가 마련되었다. 이는 후진타오 개인의 명예를 높이면서 동시에 정책의 연속성을 보장하기 위한 중요한 조치라고 할 수 있다.

또한 '중국 특색의 사회주의 깃발'의 세 가지 구성 요소, 즉 '중국 특색의 사회주의 길, 이론 체계, 기본 제도' 중에서 '기본 제도'가 새롭게 「당헌」에 추가되었다. 이렇게 되면서 사회주의 이념이 더욱 정교화·체계화되었다. 그 밖에도 '생태문명의 건설'이 「당헌」에 추가되면서 '경제건설, 정치건설, 문화건설, 사회건설, 생태문명의 건설'이라는 '5위1체' 이론이 만들어져 이전의 '4위1체' 이론을 대체했다.

한편 '공산당 건설(黨建)'에서는 당 전체의 집정 능력의 강화, 당원의 선진성(先進性) 및 순결성(純潔性)의 강화를 주요 방침으로 하는 8개 항목의 세부 정책이 결정되었다. 각 정책의 중요성을 기준으로 살펴보면 다음과 같다.

먼저 당내 민주의 적극적인 발전이 다시 강조되었다. 이는 16차 당대회(2002년)의 방침을 계승한 것이다. 특히 이번에는 당원 대표 활동의 일상화를 위한 하나의 조치로, 당대회에서 10인 이상의 당원 대표가 각종 의견을 서면으로 제출하는 '제안제(提案制)'가 도입되었다. 이는 일부 지방에서 이미 실시되고 있는 내용을 중앙으로까지 확대, 적용한 것이다. 참고로 전국인대 대표나 지방 인대 대표들은 매년 1회 개최되는 전체 회의에서 10인 이상의 연명으로, 혹은 특정 지역을 대표하는 대표단의 명의로 '건의(建議)'나 '의안(議案)'을 회의 주석단에 제출할 수 있다. 이 중에서 회의의 정식 의제로 채택되는 경우는 매우 적지만, 대표들은 이를 통해 주민이나 지역의 의견을 정부에 반영하고 해명을 요구할 수 있다. 이번에 도입된 당원 대표 제안제는 이를 모방한 제도로, 지방에서 시험적으로 실시된 이후 정식으로 도입되었다. 물론 당원 대표 제안제가 도입되었다고 해서 일반 당원이나 당원 대표가 당 방침과 정책의 결정 과정에서 의미 있는 역할을 할 수 있는 것은 아니다. 당 방침과 정책은 당 지도부가 결정하기 때문이다.

또한 최근에 크게 부각된 부패 척결 정책이 더욱 강조되었다. 부패 문제를 제대로 해결하지 못하면 '당에 치명적인 상해(傷害)'를 초래하고, '심지어 당과 국가가 망할 수도 있다.'는 결연한 입장을 다시 한 번 천명했다. 이를 위해 '뿌리와 표면의 동시 대처(標本兼治), 즉 이미 밝혀진 부패를 강력히 처벌(標治)할 뿐 아니라 부패 문제를 근본적으로 해결하기 위한 제도 개선(本治)을 함께 추진, 종합적 관리(綜合治理), 징치와 예방의 동시 추진(懲防並擧), 예방 중시(注重預防)'의 기존 방침을 재확인했다. 또한 '정치 보고'는 부패 방지 교육을 강화하고 부패 방지 문화를 건설할 것을 강조했다. 특히 권력의 대소나 지위 고하를 막론하고 국법과 당규를 위반하면 그 누구든지 반드시 처벌을 받는다는 사실을 강조했다. 이는 보시라이 사건을 염두에 둔 발언이라고 할 수 있다.

간부 인사제도의 개혁도 강조되었다. 여기서는 '당관 간부(黨管幹部, 공산당만이 당정 간부를 관리한다.)의 원칙'을 고수하면서 더욱 능력 있고 청렴한 간부를 충원하기 위해 다양한 제도를 마련해야 한다는 정책이 제시되었다. 또한 당정 간부의 선발이 좀 더 민주적이고 공개적인 방식으로 이루어질 수 있도록 하는 제도 개혁도 제시되었다. 이것과 관련된 것으로 우수한 인재를 당과 국가의 사업에 참여시킬 수 있도록 인재를 존중하고 활용하는 정책도 강조되었다.

그 밖에 결정된 정책은 다음과 같다. 첫째, 이상과 신념을 견실히 하여 공산당원의 정신을 추구한다. 이를 위해서는 당원의 품성과 올바른 가치관의 확립이 필요하다고 강조되었다. 둘째, '이인위본'과 '집정위민(執政爲民, 국민을 위한 집정)'을 견지하여, 당이 일반 대중과 밀접한 관계를 유지하는 것이다. 이는 공산당의 군중노선(群衆路線, mass line)을 다시 한 번 천명한 것으로 볼 수 있다. 여기서는 특히 노동조합(工會), 전국부녀연합회(婦聯), 공청단(共靑團) 등 인민 단체와의 관계 강화가 강조되었다.

셋째, 당의 '기층 건설 사업'을 혁신적으로 추진하는 것이다. 넷째, 당의 규율을 엄격히 하여 당의 집중과 통일을 유지하는 것이다. 여기서는 중앙의 권위를 지키고 사상 · 정치 · 행동 면에서 중앙과의 일치를 유지하여 당의 이론과 노선 · 방침 · 정책을 관철할 것을 강조했다. 부패 척결과 당 규율의 강조는 보시라이 사건 이후 악화된 당에 대한 이미지를 개선하기 위한 시도로 볼 수 있다.

3 정치개혁은 '목적'이 아니라 '수단'

(1) 민주개혁 추진의 낮은 가능성

중국에서 민주개혁을 추진해야 하는 객관적인 필요성은 충분히 있다. 그러나 시진핑이 주도하는 5세대 지도자는 민주개혁을 추진할 수 있는 주관적 조건을 갖추고 있지 못하고, 민주개혁에 대한 국민의 요구와 압력도 아직은 그렇게 크지 않다. 그래서 시진핑 정부는 민주개혁을 추진하지 못할 것이다. 좀 더 정확히 말하면 가급적 민주개혁을 추진하려고 하지 않을 것이다.

집단지도 체제는 급진적 개혁을 방해한다

무엇보다 현재의 정치체제에서는 구조적인 면에서 급진적인 정치개혁을 결정하고 추진하기가 쉽지 않다. 구체적으로 현재 중국의 엘리트 정치는 집단지도 방식으로 운영된다. 공산당의 정책 결정과 집행의 원칙인 '집단 결정과 개인 역할 분담(集體決定個人分工)의 결합'은 이를 표현한 것이다. 쉽게 말해 현재 7인의 정치국 상무위원은 모두 국가원수급 지도자고, 정치국 상무위원은 사실상의 '집단적 대통령'이다. 이는 덩샤오핑과 같은 카리스마적 지도자가 사라지면서 나타난 새로운 현상이다. 또한 이로 인해 중국은 권력 승계와 같은 민감한 문제를 비교적 평화롭고 안정적으로 처리할 수 있게 되었다.

집단지도 체제가 수립되면서 정치 지도자들이 타협과 합의를 통해 정책을 결정하는 것이 제도화되었다. 그래서 소수의 지도자가 주도하는 급진적인 정치개혁이 결정될 가능성은 매우 낮아졌다. 앞에서 보았듯이 원자바오 총리가 2010년부터 최근까지 10여 차례에 걸쳐 지속적으로 정치개혁의 필요성을 제기했어도 실제로 그것이 정책으로 결정되지 않은 이유는 이 때문이다. 즉 다른 정치국 상무위원이 동의하지 않음으로써 원자바오의 주장은 개인적인 소망에 머물게 되었다는 것이다. 이는 시진핑 시대에도 해당된다. 설사 시진핑 개인이 민주개혁에 대해 강한 열망과 의지를 갖고 있다고 해도 만약 다른 상무위원이 동의하지 않으면 결코 추진될 수 없다.

보수적인 정치개혁 방침의 지속

또한 중국의 정치 엘리트 사이에서는 보수적인 정치개혁 방침이 여전히 주도적인 견해로 자리 잡고 있다. 지난 30여 년 동안 정치개혁은 두 가지 목적에 부응해야 한다는 방침이 유지되었다. 첫째, 정치개혁은 공산당의 지도(領導)와 권력을 공고히 하는데 기여해야 한다. 즉 공산당 일당제를 위협할 수 있는 어떤 정치개혁(예를 들어, 다당제와 직선제)도 추진될 수 없다. 둘째, 정치개혁은 경제성장과 발전에 기여해야 한다. 즉 정치개혁은 그 자체가 '목적'이 아니라 경제 발전을 위한 '수단'일 뿐이다.[10] 시진핑 시대에도 이런 방침은 변함없이 유지되고 있다. 그래서 민주개혁은 이 방침에 위배되기 때문에 쉽게 추진될 수 없다.

게다가 중국의 정치 엘리트는 민주개혁의 구체적인 내용과 방식에 대해 아직까지 어떤 합의도 이루지 못했다. 오히려 지금까지는 민주개혁을 반대하는 것이 주류의 의견이다. 후진타오 시대에도 정치개혁에 대한 많은 논의가 있었다. 그러나 주류 견해는 현행 정치체제를 인정하고 일부 문제점의 개선을 주장하는 것이지 그것을 근본적으로 바꾸는 민주개혁을 주장하는 것은 아니었다. 공산당으로의 권력 집중 문제를 비판하면서 참된 사회주의적 민주주의를 수립하자는 주장('사회주의 민주론')이나, 동아시아 발전 국가(developmental state, 한국·일본·대만·싱가포르)를 본받아 권위주의에서 점진적인 방식으로 민주주의로 나가자는 주장('신권위주의론')이 대표적인 사례다. 반면 권력분립, 다당제, 직선제와 같은 민주개혁을 주장하는 목소리는 아직 소수에 불과하다.[11]

최근에 들어서는 중국 학계와 사회에 더욱 보수적인 정치개혁 주장이 등장하여 힘을 얻고 있다. 중국이 민주화 과정에서 고통을 겪고 있는 다른 제3세계 국가처럼 되지 않기 위해서는 당분간 민주개혁을 추진해서는 안 된다는 것이다. 대신 사회보장제도의 정비와 복지의 확대, 사회 관리체제의 개선 등 사회개혁을 먼저 추진하여 민주개혁을 추진함으로써 발생할지도 모르는 사회적 갈등과 분열에 미리 대비해야 한다는 것이다. 즉 '경제개혁 → 사회개혁 → 정치개혁' 순으로 개혁을 추진하자는 것이다. 이는 민주개혁을 먼 미래의 일로 미루는 주장이다. 현재 이런 주장이 주류의 견해로 받아들여지고 있다고 판단되며, 그래서 중국에서 민주개혁이 언제 추진될지는 알 수 없다. 이에 대해서는 이

책 2장에서 상세하게 검토했다.

'민주주의 후퇴'가 확연한 국제 정세

마지막으로 최근의 국제적인 정치 변화도 중국의 민주개혁에 유리하지 않다. 중국의 지식인들은 '아랍의 봄'이 '아랍의 가을'을 지나 '아랍의 겨울'로 접어들었다고 냉소적으로 평가한다. 일부 아랍 국가에서 다당제가 도입되고 자유선거가 실시되는 등 '선거 민주화'는 이루어졌지만 국가 건설(state-building)과 민생 개선 등 실질적인 혜택은 없었다는 것이다. 여기에 더해 유럽의 민주주의 선진국에서조차 경제위기를 겪으면서 민주주의의 실효성에 대한 대중의 의문이 더해지고 있다. 민주주의가 그동안 금융자본만 배불렸고 일반 국민은 경제적 곤궁으로 몰아넣었다는 것이다. 중국 내에서 이런 평가가 지속되는 한 일반 국민은 말할 것도 없고 지식인 사회도 민주주의에 대해 결코 호의적으로 생각하지 않을 것이다.

참고로 시진핑과 리커창의 정치 성향 혹은 정치개혁에 대한 태도도 향후 정치개혁에 어느 정도 영향을 끼칠 것이다. 그러나 현재까지 이에 대해 확인된 바가 거의 없기 때문에 무엇이라고 단정적으로 말할 수는 없다. 오히려 지금까지 출판된 각종 전기나 평전에 의하면, 시진핑이 민주개혁을 추진하기보다는 현행 정치체제를 고수하면서 문제가 심각한 일부 내용을 개혁하려고 시도할 가능성이 높다. 한마디로 시진핑은 '민주주의자'가 아니며,

그보다는 충실한 '사회주의자'라고 평가할 수 있다. 이에 대해서는 3장에서 자세히 살펴보았다.

이 밖에도 다른 상황을 고려해 볼 수 있다. 만약 중국 국민이 민주화를 강력하게 요구하면 5세대 지도자도 어쩔 수 없이 민주개혁을 추진할 수도 있다. 그런데 문제는 국민들이 민주화를 강력하게 요구하지 않는다는 점이다. 대신 이들은 경제 발전과 민생 개선을 최우선 국정 과제로 생각한다. 다시 말해 민주개혁은 아직 최우선 과제가 아니다. 또한 국민들은 부패 척결을 위한 개혁을 매우 중시하는데, 싱가포르나 홍콩의 방식으로 이를 해결해 주기를 바라는 경향이 강하다. 반면 이른바 '서구식 민주'에 대해서는 아직 반감을 갖고 있다. 마지막으로 국민들은 부패 등에 대해서는 불만을 표시하지만 공산당과 현행 정치체제에 대해서는 높은 지지를 보이고 있다. 이상의 내용은 다양한 여론 조사를 통해 확인된다. 한마디로 중국 국민의 민주화에 대한 요구와 압력은 아직까지 그렇게 강한 편이 아니다.

(2) 정치개혁의 주변화와 당내 민주 중심

시진핑 정부는 다음과 같은 내용과 방식으로 정치개혁을 추진할 것이다. 먼저, 정치개혁의 주변화(邊界化, marginalization)가 지속될 것이다. 한마디로 정치개혁은 시진핑 정부의 주된 국정 과제가 아니다. 지금까지 공산당은 '경제 발전과 민생 개선을 통한 정치문제의 완화' 전략을 추진해 왔는데, 향후에도 지속될 가능성이 크다. 아마도 정부 역량의 대부분은 경제 발전과 민생 개선에 사용할 것이다. 이 전략은 국민의 정치 참여 요구를 직접 수용하는 것이 아니라, 간접적인 방식으로 그 요구를 완화시키는 것이다. 따라서 최소한 시진핑 정부의 집권 1기(2012~2017년)에는 정치개혁이 부수적인 정책에 불과할 것이다. 만약 이 전략이 성공한다면, 다시 말해 경제 발전과 민생 개선을 통해 국민의 정치 참여 요구와 길거리 정치를 어느 정도 완화할 수 있다면, 시진핑 집권 2기(2017~2022년)에도 민주개혁은 시도되지 않을 것이다.

한편 정치개혁과 관련해서 시진핑 정부는 공산당 개혁을 핵심 정책으로 추진할 것이다. 공산당은 16차 당대회(2002년)에서 '당내 민주로 인민 민주를 추동한다.'는 방침을 결정했다. 이 방침은 공산당 내부에서 민주개혁을 우선적으로 실시하고, 그 경험을 바탕으로 인민 민주를 추진한다는 것이다. 다만 여기서 인민 민주가 구체적으로 무엇을 의미하는지는 분명하지 않다. 아마도 직접선거의 확대나 국민의 정치적 권리 보장 강화 등이 포함될 것이다.

구체적으로 당내 민주의 확대, 부패 척결, 집정 능력의 강화가 전보다 더욱 강력하게 추진될 것이다. 당내 민주의 확대 정책으로는 지방 당서기의 권한 축소와 집단지도 체제의 강화, 고위 당간부에 대한 직접선거의 확대, 일반 당원의 정책 결정 참여의 확대, 당정 간부에 대한 감독의 강화가 포함될 것이다. 부패 척결 정책으로는 당정 간부 재산 공개 제도의 도입, 당정 간부 감독 제도의 강화, 정풍운동의 전개 등이 포함될 것이다. 그 밖에도 각종 학습 및 실천 운동이 공산당의 집정 능력 강화 정책의 일환으로 지속적으로 추진될 것이다. 후진타오 시기에 있었던 '삼개대표 중요 사상 학습 활동(2003~2004년)', '공산당원의 선진성 유지 교육 활동(2005~2006년)'이 대표적인 사례다.

마지막으로, 1997년 15차 당대회에서 결정된 의법치국 방침이 확대 실시될 것이다. 지금까지 중국은 이 방침을 실현하기 위해 다양한 개혁 정책을 추진해 왔다. 정부의 의법행정, 법원과 검찰의 사법개혁, 공산당의 의법집정 등이 대표적이다. 이를 통해 공산당은 당정 간부의 부패와 정책 실패를 바로잡고, 정책 결정과 집행이 법률에 의거하여 이루어지면서 더욱 안정적으로 국가를 통치할 수 있기를 기대한다. 또한 이를 통해 경제 발전에 필요한 정치적·법적 체제를 수립하고 필요한 행정 서비스를 원활하게 제공할 수 있기를 기대한다. 이에 대해서는 이미 앞 장에서 살펴보았다.

이와 같은 시진핑 정부의 정치개혁 방침이 실제로 얼마나 효과를 거두어 국민의 불만과 요구를 잠재울 수 있을까? 현재로서는 이를 정확히 평가할 수 없다. 하지만 이는 결코 쉽지 않은 과제가 될 것이다. 그렇다고 이것이 불가능하다는 것은 아니다. 어쨌든 이런 정치개혁 방침이 제대로 효과를 거둘 수 없다는 사실이 객관적으로 확인되고 나서야 5세대 지도자는 민주개혁의 추진을 진지하게 고민할 것이다. 어쩌면 5세대 지도자의 통치가 끝나고 2022년 20차 당대회에서 6세대 지도자가 등장해서야 중국이 민주개혁을 시도할 수 있을지도 모른다.

4 '《남방주말》 사건'과 '우칸촌 민주'의 시사점

그런데 향후 중국에서 과연 민주개혁이 추진될 것인가와 관련하여 중요한 시사점을 드러내는 두 가지 사건이 2013년 초에 발생했다. 앞에서는 주로 중국의 최고 정치 엘리트의 정치개혁을 전망했는데, 이 두 가지 사건은 밑으로부터의 민주화 가능성을 보여 주는 사례라고 할 수 있다. 하나는 희망적이고, 다른 하나는 비관적이다. 그래서 이를 간단하게 살펴보면서 중국의 민주화 가능성에 대해 생각해 보고자 한다.

(1) 《남방주말》 기자의 용기와 반향

먼저 희망적인 사건을 보자. 2013년 1월 광둥성에서 발간되는 개혁 성향의 신문인 《남방주말》(南方週末, 난팡저우모)의 기자들이 공산당의 검열에 맞서 공개적으로 항의하는 사건이 발생했다. 신년 특집호를 준비하는 과정에서 중국의 정치 현실을 비판하는 「중국의 꿈 헌정의 꿈(中國夢憲政夢)」이 당국의 검열을 거쳐 시진핑의 「중국의 꿈」 연설을 찬양하는 「우리는 어느 때보다 꿈에 더욱 가까이 있다(我們比任何時候都更接近夢想)」로 바뀌었던 것이다. 이에 편집부 기자들이 반발하고 그 사실을 인터넷과 트위터를 통해 외부로 알리면서 '언론 항의 사건'이 시작되었다.

이후에 인터넷에는 공산당을 비판하고 《남방주말》 기자들을 지지하는 글이 넘쳐 났다. 광저우시의 《남방주말》 본사 앞에서는 소규모 항의 집회가 열리기도 했다. 깜짝 놀란 공산당과 정부 당국은 《환구시보》를 통해 이런 상황을 비판하는 논평을 실었고, 전국의 다른 신문들도 이 비판 논평을 게재할 것을 요구했다.[12] 그런데 베이징의 《신경보(新景報)》가 이를 거부하는 사건이 다시 발생했다.[13] 그래서 사건의 확산 방지를 최우선으로 고려했던 광둥성 공산당과 정부 당국은 결국 《남방주말》에 일정한 편집 자율권을 보장하고 항의에 참여한 기자를 처벌하지 않는다는 양보를 할 수밖에 없었다. 이런 조건하에 편집부 기자들이 업무에 복귀함으로써 사건은 일단락되었다.[14]

이 '언론 항의 사건'은 두 가지를 보여 주었다. 하나는 공산당이 전처럼 언론을 쉽게 통제할 수 없다는 사실이다. 다른 하나는 기자를 포함한 중국의 지식인도 전처럼 공산당의 통제를 순순히 수용하지는 않는다는 사실이다. 그래서 일부 외신은 이 사건을 1970년대 말 한국에서 벌어진 이른바 '언론 민주화 운동'에 빗대어 조심스럽지만 희망적으로 평가하기도 했다. 어쨌든 이 사건은 중국이 조금씩 변하고 있다는 사실을 보여 주는 긍정적인 신호임에 분명하다.

(2) '우칸촌 민주'의 암울한 상황

다음으로 비관적인 사건을 보자. 광둥성 루펑시(陸豊市) 우칸촌(烏坎村)에서는 2011년 12월에 대규모의 농민 시위가 발생하여 두 달 남짓 지속되었다. 지방정부와 촌의 당정 간부들이 지난 10년 동안 촌민의 동의 없이 토지를 개발업자에게 불법적으로 팔아넘겼고, 이를 알게 된 촌민들이 들고일어났던 것이다. 이후 왕양 당서기의 개입 아래 부패한 당정 간부가 구속되고 2012년 3월에는 민주적 선거를 통해 시위 지도자를 중심으로 하는 새로운 촌민위원회가 수립되었다. 이렇게 되면서 우칸촌은 '기층 민주의 상징'으로 떠올랐다.[15]

그런데 1년이 지난 2013년 3월 현재 우칸촌의 앞날은 암울하다. 촌민이 시위를 벌인 주된 이유는 불법적으로 매각된 토지를 회수하기 위해서였는데, 이것이 뜻대로 되지 않으면서 촌민들의 불만이 다시 높아진 것이다. 게다가 이 문제를 어떻게 해결할 것인가를 놓고 촌민 간에 분열과 갈등이 확산되고 있다. 그래서 농민 시위를 이끌었고 현재는 촌민위원회의 주임과 부주임을 맡고 있는 지도부는 후회를 하고 어려움을 호소하고 있다.[16] 여기에 더해 우칸촌에서 불과 100킬로미터밖에 떨어지지 않은 제시현(揭西縣) 상푸촌(上浦村)에서 2013년 3월 10일에 동일한 성격의 농민 시위가 발생하자 지방정부는 경찰을 동원하여 강경 진압함으로써 우칸촌을 더욱 고립시키고 우울하게 만들었다.[17]

이렇듯 '우칸촌 민주'의 현실은, 기층에서조차 민주주의의 실

천이 결코 쉽지 않다는 사실을 보여 준다. 이는 민주주의에 대한
중국 국민들의 생각과 일정한 관련이 있다. 중국 국민들은 민주
주의가 정치적 문제뿐 아니라 사회·경제적 문제도 해결하여 '실
제적 이익'을 가져다줄 것으로 믿는 경향이 있다. 우칸촌의 촌민
들은 분명히 그랬다. 그래서 민주화 이후에 기대했던 실제적 이
익이 생기지 않으면서 크게 실망했던 것이다. 문제는 민주주의가
반드시 그런 실제적 이익을 가져다주는 제도가 아니라는 점이다.
앞으로도 이런 실망이 지속된다면 민주주의에 대한 중국 국민들
의 인식과 호감은 크게 바뀌지 않을 것이다. 그리고 중국 국민들
의 생각이 바뀌지 않는 한, '우칸촌 민주'의 딜레마는 이후에도
지속될 것이다.

3부
시진핑 시대의 외교와 한중관계

7

중국은 왜 '공세적'인가

2010년 한국에서는 중국의 '공세적(assertive)' 외교에 대한 불만과 비판의 목소리가 터져 나왔다. 단적으로 2010년 3월의 천안함 폭침 사건과 11월의 연평도 포격 사건을 놓고 남북한이 대립할 때, 중국은 철저하게 북한 편에 서서 북한을 두둔하는 모습을 보여 주었다. 즉 한국을 포함한 국제 조사단의 천안함 사건의 조사 결과를 믿지 않았을 뿐 아니라, 유엔안전보장이사회(안보리)에서 북한 제재 문제를 논의할 때도 일방적으로 북한을 옹호했다. 게다가 북한의 도발을 억제하기 위해 서해 지역에서 진행되었던 한미 합동 군사훈련에 대해 중국은 전에 없던 단호한 어조로 항의했다. 더 나아가 중국은 거의 같은 시기에 인근 지역에서 대규모 군사훈련을 전개함으로써 한·미에 맞대응했다.

그런데 중국에 대한 비판과 불만의 목소리가 한국에서만 터져 나온 것은 아니었다. 2009년부터 최근까지 전 세계의 주요 신문과 방송은 "중국이 변했"다고 비난하기 시작했다. 예를 들어, 미국의《뉴욕 타임스》,《워싱턴 포스트》,《월 스트리트 저널》등에는 2008년 하반기 세계 금융위기 이후 중국의 국제 지위가 급속히 높아지면서 중국 사회에는 '반서구적' 태도가 만연하고, 정치 지도자뿐 아니라 국민들도 '승리감(triumphalism)'에 도취되어 "거만하고(arrogant) 공세적으로(assertive) 변했다."는 기사가 빈번하게 실렸다. 이는 유엔기후변화협약의 개정, G-20 회의와 국제 금융체제의 개혁, 남중국해와 동중국해의 분쟁 등에서 중국이 보여준 강경한 태도에서 확인할 수 있다.

그렇다면 이처럼 변화된 중국 외교를 어떻게 평가해야 할까? 학계에서는 이에 대해 다양한 연구를 진행해 왔다.[1] 보수적인 학자들은 이제 중국이 아시아 지역의 패권(hegemony)을 장악하기 위해 경제력뿐 아니라 군사력을 동원하기 시작했다고 주장했다. 반면 일부 학자들은 중국의 내부 상황에 주목했다. 예를 들어, 2008년 하반기 이후 중국 국민들의 높아진 자신감과 고조된 민족주의는 중국 정부가 '공세적' 외교를 추진하게 만든 중요한 배경이 되었다는 것이다. 그 밖에도 일부 학자들은 중국 외교정책의 결정 과정에 나타난 문제점을 지적했다. 예를 들어, 최근 들어 외교부뿐 아니라 다양한 정부 부서, 군, 대형 국유 기업 등이 외교정책 결정에 깊숙이 개입하면서 특정 문제에 대해 중국이 단일한 정책을 일관되게 추진하기 어렵게 되었다는 것이다.

이상에서 간단하게 살펴본 것처럼 중국의 '공세적' 외교에 대해서는 몇 가지 다른 해석이 있다. 이런 다양한 해석은 편의상 네 가지로 나누어 검토할 수 있다. 첫째는 중국의 공식 입장으로, 중국 외교는 변한 것이 없는데 일부 국가가 도발하면서 여러 가지 분쟁이 발생했다는 것이다. 둘째는 공격적 현실주의(offensive realism) 입장으로, 최근의 중국 외교는 '강대국'으로 부상한 중국이 드디어 '패권 야욕'을 드러내기 시작한 것이라고 주장한다. 셋째는 관료정치 모델(bureaucratic politics model)의 입장이다. 이에 따르면, 중국의 공세적 외교는 주로 국가기관 간, 정부 부서 간, 중앙-지방 간의 정책 조정 혹은 협력의 부재 때문에 발생한 것이다. 넷째는 일종의 경험주의(empiricism) 혹은 '실사구시(實事求是)'의 입장이다. 이는 중국 외교의 변화를 사실에 근거하여 세밀히 검토한 후에 판단해야 한다는 주장이다.

이 장에서는 먼저 위에서 제기한 네 가지 입장을 주요 주장과 문제점을 중심으로 자세히 살펴볼 것이다. 그다음 중국의 '공세적' 외교에 대해 내가 관찰한 몇 가지 특징을 제시할 것이다. 다만 여기서 제시하는 중국의 '공세적' 외교에 대한 주장은 오랜 기간의 실증적 연구를 통해 얻은 '최종 결론'이라기보다는 향후에 이 주제를 깊이 있게 연구하는 데 필요한 일종의 지침을 제공하는 '문제 제기'라고 할 수 있다.

1 중국의 공식 입장: "나무가 커지면 바람이 찾아든다(樹大招風)"

중국의 공식 입장은 2010년 12월에 발표된 다이빙궈(戴秉國) 외교 담당 국무위원(2013년 3월에 퇴직)의 글에 잘 나타나 있다. 이 글은 외국 언론이 2010년 내내 중국의 '공세적' 외교를 비판하는 보도와 주장을 거세게 제기하자 이를 무마하기 위해 직접 발표한 것이다. 한마디로 2008년 하반기 세계 금융위기 이후에도 중국의 외교정책은 바뀐 것이 전혀 없다는 것이다. 중국은 여전히 '자주 독립의 평화 외교' 방침에 입각하여 '평화 발전(和平發展)의 길'을 가고 있으며, 영원히 "우두머리가 되지 않고(不當頭), 패권을 다투지 않으며(不爭霸), 패권국이 되지 않는다(不稱霸)."라는 것이다. 그에 따르면, 평화 발전의 길은 일시적인 대책(權宜之計)이나 권모술수가 아니다. 이는 평화를 사랑하는 중국 문화와 역사에 기반을 두고, 전면적인 소강사회를 완성하려는 중국의 전략적 판단에 의해 결정된 장기적인 외교 방침이다. 그래서 이 방침은 앞으로 10년, 50년, 100년 후에도 결코 바뀌지 않을 것이다.[2]

그런데 문제는 미국이나 일본 등 기존 강대국과, 필리핀이나 베트남과 같은 주변국이 중국을 도발한다는 점이다. "나무는 조용히 있으려 해도 바람이 멈추지 않는다(樹欲靜而風不止)."라는 것이다. 2010년 12월 23일 외교부 정책기획국의 러위청(樂玉成) 국장이《환구시보》기자와 가진 인터뷰에는 이런 인식이 잘 드러나 있다. 예를 들어, 약속을 지키지 않고 대만에 무기를 판매한 미국에 대해 중국 정부가 정당하게 항의하면 미국은 "놀랍다."라고 비난한다. 중국 정부가 불법 감금된 자국 어민의 석방을 요구하면 일본은 중국이 "겁박한다."고 비난한다. 중국은 어디까지나 합당한 국익과 국민의 안전을 보호하기 위해 노력하는 것이지, 국력이 신장하여 '패권 야욕'을 드러내는 것이 결코 아니다. 이를 두고 일부 외국 언론과 인사들이 "중국이 강경해졌다."고 주장하는데, 이는 근거 없는 비난이라는 것이다. 오히려 일반 국민들은 "중국 외교가 너무 약하다", "국력에 걸맞은 공세적 외교를 보여주어야 한다."라고 정부에 압박을 가하는 것이 현실이라고 한다.[3]

사실 이런 중국 정부의 불만은 2010년 3월에 개최된 11기 전국인민대표대회(전국인대) 3차 회의 때부터 본격적으로 터져 나왔다. 예를 들어, 원자바오 총리는 전국인대 기자회견에서 이런 지적이 부당하다고 역설했다. 세간에 '중국 오만론, 중국 강경론, 중국 필승론'을 비판하는 것이 유행인데, 이는 잘못된 비판이라는 것이다. 왜냐하면 중국은 주권 및 영토 문제에 대해서는 단호한 태도를 취하지만, 국제사회의 책임 있는 나라로 활동하면서 영원히 패권을 추구하지 않기 때문이다. 즉 '중국 오만론, 중국 강경론, 중국 필승론'은 존재하지 않는다는 것이다. 또한 그에 따르면 중국의 발전은 전혀 위협적이지 않다. 중국의 발전은 아직 '초급 단계'에 머물러 있을 뿐 아니라, 중국은 도농 격차, 지역 격차, 과다한 인구 등 많은 문제에 직면해 있기 때문이다.[4]

양제츠(楊潔篪) 외교부장(2013년 3월에 외교 담당 국무위원으로 승진)은 최근의 중국 외교에 대한 이런 서구 언론의 비난에 대해 조금은 격양된 태도로 반박했다. 즉 중국은 '원칙 있는 입장'을 견지하는 것이지 '공세적 태도'를 보이는 것이 결코 아니라는 것이다. 그에 따르면, 중국은 자국의 주권, 안보, 발전의 옹호와 함께 세계 평화와 발전의 촉진을 주요 외교 임무로 여기고 있다. 이런 상황에서 중국의 핵심 이익과 존엄을 유지하기 위해 취하는 행동을 강경하다고 하면, 또한 미국이 중국의 이익 침해를 당연한 것으로 여긴다면 세상의 도리(公理)는 어디에 있느냐고 반문했다.[5]

이런 중국의 외교정책은 2011년 9월에 발표한 외교백서, 즉 「중국의 평화 발전」을 통해 다시 한 번 분명하게 공포되었다.[6] 이후 이런 입장은 2012년 11월 공산당 18차 당대회에서 확인되었다. 18차 당대회의 '정치 보고'에 따르면 중국의 외교정책은 이전의 것을 계승 발전한 것이지 새롭게 결정한 것이 아니다. 물론 일부 새로운 개념과 표현이 등장한 것은 사실이다. 그러나 전체적으로 기존의 외교 방침과 정책이 2008년 세계 금융위기 이후에도 여전히 유지되고 있다고 평가할 수 있다.[7] 이에 대해서는 이 책 9장에서 자세히 살펴볼 것이다.

그렇다면 이와 같은 중국 정부의 공식 입장을 어떻게 평가할 것인가? 중국의 외교정책이 공식적으로 바뀌지 않았다는 주장은 타당하다. 중국의 정치 지도자와 정부의 주장뿐 아니라 중국학계의 대표적인 학자들의 주장을 보아도, 외교정책은 바뀐 것이 없다. 그런데 외교정책이 바뀌지 않았다고 해서 외교가 공세적이지 않은 것은 아니다. 중국의 외교 '행태(behavior)'는 정책의 변화 여부와 상관없이 충분히 바뀔 수 있기 때문이다. '공세적이다' 혹은 '강경하다'의 의미를 어떻게 규정하는가에 따라 다르겠지만, 실제로 2008년 하반기 이후 중국 외교가 전과 다르게 좀 더 공세적이고 강경해진 것은 분명한 사실이다. 이에 대해서는 외국 학자나 언론뿐 아니라 중국학자들도 동의한다.[8]

따라서 우리는 중국의 외교정책이 공식적으로 변경되지 않았는데도 왜 '공세적' 외교 행태를 보였는가를 분석해야 한다. 또한 이러한 외교 '행태'가 공식적인 외교'정책'의 변화로 이어질 가능성은 없는지도 진지하게 검토해야 한다. 중국의 국내 정책이 수립되고 변화하는 과정에 비추어 볼 때, 이럴 가능성이 충분히 있기 때문이다. 즉 시간이 지나면서 외교 행태의 변화가 누적되어 하나의 '관행'으로 정착되면, 정부는 이를 근거로 새로운 외교정책을 공식적으로 결정할 수 있다는 것이다. 다만 앞으로도 중국의 '공세적' 외교가 지속될지, 지속된다면 언제쯤 새로운 외교정책의 결정으로 이어질지는 현재로서는 단정적으로 말하기 어렵다. 이 문제에 대해서는 다음 장에서 다시 한 번 검토할 것이다.

2 공격적 현실주의의 입장: "중국 호랑이가 발톱을 드러내기 시작했다(The Chinese tiger shows its claws)"

(1) 공격적 현실주의, 지정학, 장주기론의 입장

중국의 부상에 대한 현실주의적 분석은 여러 가지가 있다. 그중에서 가장 대표적인 것이 바로 공격적 현실주의다. 2008년 이후 나타난 중국의 '공세적' 외교에 대해 공격적 현실주의 학자들은 이미 예견했던 일이 현실로 나타나고 있을 뿐이라고 주장한다. 이런 주장의 대표적인 학자가 바로 미어셰이머(John J. Mearsheimer) 교수다. 그의 주장은 간단명료하다. 한마디로 중국은 평화적으로 부상할 수 없고, 만약 중국이 고도의 경제성장을 지속한다면 미·중은 전쟁의 가능성을 내포한 치열한 안보 경쟁에 말려들 것이다. 또한 이렇게 되면 한국·인도·일본·러시아·베트남 등 주변국은 미국과 함께 중국의 권력을 봉쇄하기 위한 정책을 적극적으로 추진할 것이다. 결국 중국의 부상과 이를 억제하려는 미국의 중국봉쇄정책(containment policy)으로 인해 아시아는 커다란 불안정에 직면해 있다.[9]

구체적으로 그에 따르면 미국과 중국을 포함한 모든 강대국은 유사한 경로로 발전한다. 과거에 미국이 먼저 이 길을 갔고, 현재 중국이 이 길에 들어섰다. 우선, 강대국은 경제성장과 군사력 증강을 통해 해당 지역을 지배하는 패권국(hegemon)으로 성장하려고 시도한다. 중국은 현재 이런 노력 중이다. 지역 패권국이 되면 강대국은 두 가지를 추진한다. 하나는 다른 지역 강대국과의 국력 격차를 확대하여 타국이 감히 자국을 위협할 수 없는 상황을 만드는 것이다. 다른 하나는 타국에 허용 가능한 활동 범위를 지정(명령)하는 것이다. 그래서 중국도 지역 강대국인 러시아·인도·일본과 국력 격차를 벌이려고 노력할 것이고, 이들에게 자국이 수용 가능한 활동 범위를 지정하려고 시도할 것이다. 다른 하나는 이전의 패권국을 해당 지역에서 몰아내는 것이다. 중국의 경우, 아시아 지역에서 미국을 몰아내려고 할 것이다.

미어셰이머 교수에 따르면, 2008년 이후의 중국 외교는 바로 이와 같은 지역 패권국의 발전 경로를 그대로 보여 주고 있다. 예를 들어, 2010년 5월 무렵 중국의 고위 외교관이 미국 외교관들에게 남중국해와 동중국해가 중국의 '핵심 이익'이라고 주장하며 이에 개입하지 말 것을 요구했다고 하는데, 이것이 바로 전형적인 지역 패권국의 모습이라는 것이다. 또한 2010년 3월 천안함 폭침 사건 이후 북한의 도발을 억제하기 위해 한국과 미국이 합동 군사훈련을 전개했을 때 중국은 이를 비난했는데, 이것도 지역 패권국의 모습을 보여 주는 또 하나의 사례라는 것이다.[10] 이를 종합하면, 중국이 아시아 지역에서 미국을 몰아내려고 시도하고 있다고 평가할 수 있다.

또한 미어셰이머 교수는 중국 정부와 학자들이 중국의 평화적 부상이 가능하다고 주장하면서 제시하는 몇 가지 근거를 타당성이 없다고 비판한다. 첫째, 중국은 '자주독립의 평화 외교'를 추구한다고 강조하는데, 이는 무의미한 주장이다. 한 국가의 정책 의도(intention)는 명확하지 않을 뿐 아니라 언제든지 변할 수 있기 때문이다. 둘째, 중국은 방어용으로 군사력을 증강한다고 주장하는데, 이것도 설득력이 없다. 군사력을 방어용과 공격용으로 나누는 것이 타당하지 않을 뿐 아니라, 방어용 군사력도 언제든지 공격용 군사력으로 전환될 수 있기 때문이다. 셋째, 중국은 지난 30년 동안 주변국에 우호적인 모습을 보여 주었고, 이를 통해 보건대 미래에도 우호적인 정책을 추진할 수 있다고 주장하는데, 이것도 타당하지 않다. 과거의 행동은 미래에 얼마든지 바뀔 수 있고, 그래서 과거의 평화적인 행위가 미래에도 지속될 것이라고 보장할 수 없기 때문이다.[11]

지정학(geopolitics) 관점에서 중국의 부상을 분석한 로버트 캐플런(Robert D. Kaplan) 교수도 유사한 결론에 도달했다. 한마디로 "중국의 내적 동학이 외적 야망을 창출한다." 현재 중국 외교정책의 야망은 100년 전 미국이 그랬던 것처럼 매우 '공격적(aggressive)'이다. 다만 그 이유는 조금 다르다. 즉 중국의 대외 팽창은 국내 경제 발전과 국민 생활수준의 향상에 필요한 에너지와 전략 물자를 확보하기 위한 것이다. 그래서 중국은 육지(즉 중앙아시아와 극동 지역)에서 영향력을 확대한 다음 현재는 해양(특히 남중국해)으로 영향력을 확장 중이다.[12] 이런 관점에서 보면, 중국이 최근 남중국해와 동중국해에서 '공세적' 외교 행태를 보이는 것은 강대국으로 부상한 이후에 나타나는 당연한 결과다. 또한 중국의 이런 추세는 앞으로 더욱 강화될 것이다.

장주기론(長週期論, theory of long cycles)의 관점에서 중국의 부상을 분석한 랜들 슈웰러(Randall L. Schweller)와 샤오위푸(Xiaoyu Pu, 蒲曉宇) 교수도 유사한 주장을 한다. 장주기론에 따르면, 패권국과 신흥 강대국 간의 권력 교체는 주기적 유형(cyclical pattern) 내에서 이루어진다. 즉 ① (패권국이 주도하는) 안정적인 질서, ② (신흥 강대국이 주도하는) 패권국 권력의 분권화(decentralization)와 비(非)정당화(delegitimation) 시도, ③ (패권국과 강대국의) 군비 증강과 동맹 결성, ④ 종종 패권 전쟁을 통한 국제 위기의 해소, ⑤ (신흥 강대국에 의한) 체제 갱신이 그것이다. 그런데 탈냉전 시기에는 미국 주도의 단극 체제(unipolarity)가 형성되었기 때문에 중국이 미국에 대해 직접적으로 '세력 균형(balancing)', 즉 군비 증강과 동맹 결성을 통해 도전하는 정책을 추진하기는 결코 쉽지 않다. 이럴 경우 미국과의 전면적 대결을 각오해야 하기 때문이다.

그래서 중국은 미국과의 전면적 대결을 피하면서도 미국의 패권 체제를 약화시킬 수 있는 '분권화(즉 미국 권력의 분산과 약화)'와 '비정당화(즉 미국 지배 체제의 정당성 훼손)' 정책을 추진하고 있다. 최근에 나타나고 있는 중국의 국제 체제 개혁 주장과 실제 정책은 이를 잘 보여 준다. 여기에는 미국의 패권 체제 비판과 국제 체제의 다극화 및 민주화의 강조, 다양한 국제제도를 이용한 자국의 권력 확대, 막대한 외환 보유고를 활용한 경제력 행사, 미국이 주도하여 제정한 기존 국제 규범의 비판과 새로운 규범 형성

의 시도, 소프트파워 외교의 전개 등이 포함된다.[13] 이런 논리에
따르면, 현재 중국은 패권국–신흥 강대국 간의 교체 주기 단계에
서 ②를 추진하고 있으며, 향후에 ③으로 갈 가능성도 있다고 할
수 있다.

(2) 고전적 현실주의의 비판

한편 고전적 현실주의(classical realism)는 공격적 현실주의가
허약한 이론에 입각하여 위험한 정책을 제안하는 잘못된 주장이
라고 비판한다. 조너선 커시너(Jonathan Kirshner) 교수에 따르면,
우선 공격적 현실주의는 이론적으로 문제가 있다. 공격적 현실주
의에 의하면, 강대국이 생존을 위한 최상책으로 패권을 추구하는
것은 매우 합리적인 행위다. 그래서 중국도 아시아에서 패권을 추
구할 것이다. 그러나 고전적 현실주의 입장에서 보면 이런 이론적
가정은 두 가지 측면에서 문제가 있다. 첫째, 패권 추구는 파멸을
초래하기 때문에 합리적인 행위가 아니다. 역사적으로도 패권을
추구했던 다섯 개의 국가 중에서 유일하게 미국만 성공했다(성공률
20퍼센트). 특히 중국은 미국과 비교했을 때 국력이 열세에 있을 뿐
아니라 러시아 · 일본 · 인도 등 다른 강대국에 둘러싸여 있기 때
문에 패권을 추구하면 파멸할 것이다. 둘째, 중국은 핵무기 보유국
이기 때문에 패권을 추구하지 않더라도 생존을 보장받을 수 있다.
다시 말해 중국이 생존을 위해 패권을 추구할 필요는 없다.

또한 커시너 교수에 따르면 공격적 현실주의는 정책적으로

도 문제가 있다. 이들은 모든 수단을 동원하여 중국의 부상을 봉쇄해야 한다고 주장하는데, 이는 실현 가능성이 없는 위험한 발상이다. 무엇보다 세계 2위의 경제대국으로 부상한 중국을 봉쇄하는 것은 현실적으로 불가능하다. 그래서 이런 주장은 '현실주의'가 아니라 '이상주의'에 불과하다. 게다가 중국의 부상을 저지하는 것은 바람직스럽지도 않다. 중국의 격렬한 저항을 불러오고 이는 다시 국제적 대립과 갈등을 초래할 수 있기 때문이다. 결국 강대국으로 부상한 중국을 인정하고 수용하는 관여 정책(engagement policy)만이 올바른 정책이다.[14] 찰스 글레이저(Charles Glaser) 교수도 이와 유사한 관점을 지니고 있다.[15]

공격적 현실주의와 고전적 현실주의는 공통점과 차이점을 모두 갖고 있다. 공통점은, 이들 모두 힘의 관점에서 강대국 간의 세력 분포(distribution of power) 혹은 세력 균형(balance of power)에 주의하고, 그래서 오직 강대국에만 초점을 맞추어 국제정치를 분석한다는 점이다. 예를 들어, 중국의 '공세적' 외교를 평가할 때 미·중의 세력 관계와 양국 상호 간의 외교정책에만 관심을 두고 분석한다. 그래서 아시아 지역의 다른 강대국과 중견국(middle power)의 외교정책, 아시아 지역에서 나타나고 있는 다양한 지역주의적 기구(제도)와 활동에 대해서는 크게 주목하지 않는다. 이 점에서 이들 학자의 연구는 중국의 부상과 동아시아 지역 질서의 변화를 포괄적이고 체계적으로 평가하고 있지 못하다고 판단된다.[16]

중국의 '공세적' 외교에 대한 평가에서는 공격적 현실주의와 고전적 현실주의가 큰 차이가 있다. 주된 차이는 고전적 현실주의가 체제 수준(system level, 국제적 세력 분포)뿐 아니라 국가 수준(state level, 국내적 상황)의 분석도 시도하고, 그래서 각국의 '정치(politics)'가 매우 중요한 의미를 갖는다는 사실을 강조한다는 점이다. 구체적으로 강대국으로 부상하는 중국은 미·중 간의 세력 분포의 구조적 제약을 받지만, 동시에 그 속에서 국가 목표를 달성하기 위해 어떤 정책을 추구할지를 선택하고 추구할 수 있다. 그리고 바로 이런 정책 내용과 추구 과정이 향후 국제정치에 중요한 영향을 끼칠 수 있다. 단적으로 중국은 미국의 패권에 도전하지 않으면서 국익 확대를 추구할 수 있고, 그래서 미·중 간에는 군사적 충돌(예를 들어 전쟁)을 동반한 패권 경쟁이 발생하지 않을 수 있다. 이런 점에서 고전적 현실주의는 공격적 현실주의보다 변화된 현실을 더 잘 고려하고 있다고 생각된다.[17]

3 관료정치 모델의 입장: "정책 조정 능력이 부족한 결과다"

개혁기 중국의 정책 결정 과정과 집행은 복수의 층위에서 다양한 행위자가 참여하는 다층적이고 분산적인 특징을 보이고 있다. 다시 말해, 공산당 중앙과 국무원이 주요 정책을 결정하고 집행을 명령하면 모든 국가기관과 지방정부가 일률적으로 이를 집행하는 시대는 이미 지나갔다는 것이다. 중국 연구자들은 이를

'분절된 권위주의(fragmented authoritarianism)'라고 부른다.[18] 이는 외교정책 결정에도 해당된다.[19] 일상 정책을 결정할 때에는 이런 변화가 큰 문제가 되지 않는다. 시간을 갖고 정해진 절차에 따라 관련 기관 간의 협의를 통해 정책을 결정하면 되기 때문이다.

그러나 급변하는 국제 환경 속에서 중요하고 복잡한 정책을 신속하게 결정해야 할 경우에는 상황이 다르다. 특히 어떤 정책이 다양한 국가기관의 이익과 밀접히 연관된 경우, 또한 국민이 그 정책에 지대한 관심을 갖고 있을 경우에는 문제가 된다. 즉 그럴 경우 국가기관 간에 정책을 조정하기가 매우 어렵고, 그 결과 정책의 일관성이 결여될 뿐 아니라 정책 그 자체도 강경한 방향으로 결정될 가능성이 높아진다. 여러 연구에 따르면, 2008년 하반기 세계 금융위기 이후 중국이 '공세적' 외교를 추구한 배경에는 바로 이와 같은 외교정책 결정 과정의 변화가 놓여 있다.[20] 이 입장은 외교정책 결정 이론 중에서 관료정치 모델과 매우 유사하다.[21]

구체적으로 린다 제이콥슨(Linda Jakobson)과 딘 녹스(Dean Knox)의 연구에 의하면, 최근의 중국 외교정책의 결정 과정에는 다양한 '공식 행위자(official actors)'와 '주변 행위자(actors on the margins)'가 참여한다. 공식 행위자는 ① 공산당 중앙(특히 정치국 및 정치국 상무위원회, 외사영도소조(外事領導小組), 정책연구실·판공청·대외연락부 등 중앙 부서), ② 국무원(특히 외교부, 국가발전개혁위원회, 상무부, 재정부, 인민은행, 국가안전부), ③ 인민해방군을 가리킨다. 반면 주변 행위자에는 ① 국유 기업(특히 에너지 관련 기업)과 금융기

관(특히 은행과 투자회사)을 포함한 다양한 사업 행위자, ②지방정
부(특히 경제가 발전한 연해 지역), ③각종 연구소와 학계, ④언론과
네티즌(특히 교육 수준이 높고 도시에 거주하는 민족주의 성향이 강한 젊
은층)을 가리킨다. 이 중에서 최근 들어 중국 외교에 강한 영향력
을 행사하는 새로운 행위자가 바로 인민해방군과 언론 및 네티즌
이다.[22]

　　또한 이들의 연구에 의하면, 다양한 행위자가 참여하는 중
국 외교정책의 결정 과정에서는 최근 들어 세 가지 뚜렷한 추
세가 나타나고 있다. 첫째는 외교정책을 결정하는 권한의 분화
(fracturing)다. 한마디로 과거에는 외교부가 행사하던 권한을 현
재는 다른 많은 행위자가 공유하는 현상이 나타나고 있다는 것이
다. 이로 인해 발생하는 최대의 문제가 바로 정책 조정의 어려움
혹은 부재다. 둘째는 중국의 국제화에 대한 다양한 관점과 해석
의 증가다. 이는 외교정책 결정에 참여하는 행위자가 많아지면서
나타나는 당연한 결과라고 할 수 있다. 단적으로 국가발전개혁위
원회는 에너지 안보를 중시하여 영해 분쟁에서 비타협적인 경향
이 강하다. 국가안전부는 서양 가치의 침투와 공산당의 통제 약
화를 우려하여 국제화에 매우 비판적이다. 군은 주권 및 영토의
침해를 우려하여 지나친 외부 관여를 경계한다. 셋째는 중국이
국익을 지키기 위해 더욱 적극적으로 국제사회에 참여하여 영향
력을 행사해야 한다는 공감대의 형성이다. 이는 대만, 티베트, 남
중국해와 동중국해의 영토 분쟁에서 중국이 강경한 모습을 보이

는 중요한 원인이 되고 있다.[23]

　한편 국제 위기 그룹(International Crisis Group)의 연구팀은 남중국해 분쟁에 초점을 맞추어 이 문제를 집중적으로 분석했다. 이 연구에 따르면, 우선 남중국해 정책과 관련하여 모두 11개의 행위자가 참여하고 있다. 또한 이들은 모두 각자의 이해관계에 따라 다른 입장에서 다른 정책을 주장한다. 심지어 일부 행위자(예를 들어, 지방정부와 해양 감독 부서)는 중앙의 방침이나 지시가 없는 상황에서 자신에게 유리하게 독자적으로 정책을 결정하고 집행하기도 한다. 남중국해는 안보, 에너지와 자원, 어업, 관광, 해상 수송로 등 매우 중요한 이익이 걸려 있기 때문에, 정부 각 부서, 군, 기업, 지방정부가 각자의 이익을 보존하기 위해 경쟁적으로 활동하는 것은 당연하다. 문제는 이를 조정하는 기구가 사실상 없고, 외교부와 관련 부서의 지위가 낮고 능력이 부족해서 정책 혼선과 충돌이 빈발한다는 점이다. 이 때문에 남중국해 정책은 일관성이 부족할 뿐 아니라 행위자 간의 지나친 경쟁으로 인해 강경한 방향으로 결정되고 집행되는 경향이 강화되고 있다. 이것이 중국이 남중국해 분쟁에서 강경한 모습을 보이는 하나의 중요한 원인이 되고 있다.[24]

　중국 외교에 대한 미국 의회의 한 청문회에서 수전 로런스(Susan V. Lawrence)도 유사한 문제점을 증언했다. 즉 중국 외교정책의 결정에 많은 행위자가 참여하면서 이들 간에 정책 조정이 제대로 이루어지지 않고 있다는 것이다. 특히 인민해방군과 정부 부서 간의 조정 문제는 매우 심각하다. 여기에 언론과 네티즌 등 새로운 행위자들이 참여하면서 외교정책의 결정 과정은 더욱 혼란스럽게 변했다. 로런스의 증언 중에서 충격적인 사실은, 최근 2년 동안 외사영도소조가 하나의 기구로 소집된 적이 없다는 점이다. 중국 정치에서 외사영도소조는 국가기관 간, 정부 부서 간의 외교정책의 조정과 그 정책의 집행을 감독하는 중요한 역할을 담당하는데, 이 기구가 제대로 작동하지 않는다는 것이 사실이라면 이는 매우 중요한 의미를 갖는다.[25]

토머스 크리스텐슨(Thomas J. Christensen) 교수는 이런 문제점을 종합하여 다음과 같이 주장했다. 2010년에 중국이 미국과 주변국에 강경한 태도를 보인 것은 사실이지만, 이것이 중국이 '새로운 공세적 대전략'을 결정하고 집행하고 있음을 보여 주는 것은 아니다. 실제로 중국이 이런 일련의 사태를 주도적으로 일으켰다는 확실한 증거는 부족하다. 오히려 중국이 주어진 사태에 대해 '공세적인(assertive)' 것이 아니라 '반응적(reactive)'이었다고 볼 수 있다.[26] 이런 점에서 우리는 2008년 하반기 세계 금융위기 이후 중국의 외교정책이 바뀌었다고 단정적으로 말할 수 없다고 주장한다.

대체적으로 보면, 관료정치 모델의 입장은 앞에서 살펴본 고전적 현실주의 관점에 입각하여 중국의 '공세적' 외교를 분석하고 있다. 크리스텐슨이 대표적인 경우다. 이런 관점에 있기 때문에 이들은 중국의 국내 정치에 주목했고, 이에 대한 실증적인 분석을 통해 최근에 '공세적' 외교가 등장한 국내의 배경과 과정을 설득력 있게 설명할 수 있었다. 나도 기본적으로 이런 분석 관점과 내용이 타당하다고 생각한다.

4 경험주의 혹은 실사구시의 입장: "사실을 가지고 판단해야 한다"

이 입장에서 중국의 '공세적' 외교를 분석하는 학자들은 앞에서 살펴본 관료정치 모델의 입장과 많은 공통점을 지니고 있다. 고전적 현실주의의 관점에서 중국의 국내 정치에 주목한다는 점이 바로 그것이다. 구체적으로 이 입장에 있는 학자들은 특정한 이론적 관점에서 중국의 행위를 판단하기보다는 먼저 중국의 말과 행동을 실증적으로 분석하고, 이에 입각하여 왜 중국이 강경한 외교 행태를 보였는가를 해석하려고 시도한다. 대표적인 학자가 중국 외교·안보 전문가인 마이클 스웨인(Michael D. Swaine)과 중국 영토 분쟁 전문가인 테일러 프래블(M. Taylor Fravel) 교수다.

스웨인과 프래블은 남중국해와 동중국해에서의 중국의 분쟁 상황, 북한의 군사적 도발을 억지할 목적으로 서해(황해)에서 진행된 한미 합동 군사훈련에 대한 중국의 대응, 그리고 배타적 경제수역(EEZ) 획정과 관련된 중국의 주장을 세밀하게 분석했다.[27] 이에 따르면, 우선 이 지역에 대한 중국의 '양면 정책'은 변하지 않았다. 한편으로 중국은 관련국과의 충돌은 최대한 피하고 협상을 통해 문제를 해결하려고 시도한다. 다른 한편으로 중국은 외부의 도발에 대해서는 강경하게 대응한다. 이런 점에서 중국이 시종일관 공세적 정책을 추진하고 있는 것은 결코 아니다.

다만 최근 들어 국내외적으로 복합적인 요소가 작용하여 중국의 공세적 모습이 부각되고 있다. 예를 들어, 중국의 정책이 바뀐 것은 아니지만, 중국의 국력이 높아지면서 물리적·군사적 대응 능력도 크게 향상되었다. 그래서 중국과 영해 분쟁을 겪고 있는 주변국은 증강된 중국의 해상 감시 활동이나 군사훈련이 전보다 더욱 위협적인 것으로 느끼게 되었다. 또한 국내적으로는 인민해방군과 같은 강경 세력이 전에 비해 커다란 목소리를 내기 시작했다. 이것이 공개적이고 활발한 언론 매체와 자신감이 높아진 네티즌의 민족주의적 주장과 맞물리면서 중국 정부는 전보다 공세적이고 강경한 정책을 추진할 수밖에 없는 상황에 놓이게 되었다.

그러나 전체적으로 보면, 이들 지역에서 발생한 사건이나 상황은 중국이 주도한 것이 아니라 다른 국가가 먼저 시작한 것에 대한 대응이라는 측면이 강하다. 예를 들어, 중국이 남중국해 전역을 포괄하는 이른바 '9단선(九段線, nine-dashed line)'이 표시된 지도를 유엔대륙붕위원회(The UN Commission on the Limits of the Continental Shelf)에 제출한 것도 주도적으로 한 것이 아니라 유엔대륙붕위원회의 요청에 따른 것이다. 게다가 그 주장 내용도 새로운 것이 아니라 이전 것을 반복한 것에 불과하다. 중국이 주장하는 배타적 경제수역에 금어기(禁漁期)를 설정한 것도 1999년에 시작된 것이지 최근 일이 아니다. 어정국(漁政局)의 해당 지역 순항(巡航) 활동도 2000년에 시작된 것이다. 2010년 9월 센카쿠 열도(尖閣列島, 중국명 댜오위다오(釣魚島)) 부근에서 발생한 중국 어선과 일본 해상보안청 함정 간의 충돌 사건도 마찬가지다. 즉 중국이 먼저 일본을 도발한 것이 아니라, 일본이 전례 없이 중국 선장을 구속하자 이에 대응하기 위해 희토류 수출 제한 등 가능한 정책 수단을 모두 동원하여 일본을 압박했던 것이다.

2008년 이후의 남중국해 분쟁을 분석한 프래블 교수는 더 나아가 중국의 행동을 ‘공세적’이라고 볼 수 없다고 주장한다. 여기서 그는 ‘공세적임(assertiveness)’을 ‘분쟁 혹은 관계의 현 상태(status quo)를 변경하기 위해 취하는 새롭고(new) 일방적인(unilateral) 행동’으로 정의한다. 그의 이런 정의에서 보면 중국은 결코 공세적이지 않다는 것이다. 우선 남중국해 분쟁에서 중국이 주장하는 내용은 이전 것의 반복이지 새롭게 확대된 것이 아니다. 다시 말해 중국은 현상 타파를 시도하지 않는다. 또한 이 지역에서의 분쟁은 단 한차례를 제외하고는 모두 베트남이나 필리핀이 먼저 시작한 것에 중국이 대응한 것이다. 다시 말해 중국이 이들 국가를 상대로 주도적으로 도발한 것은 아니다. 그 밖에 중국은 실제 능력을 보유하고 있지만 현상을 변경시킬 수 있는 다른 도발 행위를 하지 않고 있다.[28]

그래서 그는 중국의 남중국해 방침은 영토 분쟁에 대한 세 가지 접근법, 즉 협력(cooperation), 상승(escalation), 지연(delaying)

중 지연 전략에 해당한다고 주장한다. 지연 전략은 일종의 현상 유지 전략으로, 이를 통해 중국은 자신의 주장은 공고히 하면서 타국의 주장 강화는 억제하려고 시도한다. 또한 이를 위해 중국은 외교적 수단(예를 들어, 당사자 간의 협상을 통한 해결), 행정적 수단(예를 들어, 어민 보호를 위한 순찰 및 감독 강화와 석유 탐사 추진), 군사적 수단(예를 들어, 해군의 현대화와 순찰 및 훈련 강화)을 모두 동원한다. 이 중에서 외교적 · 행정적 수단이 중심이고 군사적 수단은 보조 수단에 불과하다.[29] 이와 같은 프래블의 주장은 중국의 외교 행태가 공세적으로 변했다는 일반적인 인식과 다른 것이다.[30]

앞에서 말했듯이, 이 입장은 관료정치 모델의 입장과 많은 공통점이 있다. 어떤 점에서 보면 이 두 입장은 서로 보완적이라고 할 수 있다. 경험주의적 입장의 최대 장점은 '사실(fact)'을 가지고 중국의 '공세적' 외교를 분석하고 판단한다는 점이다. 이 점에서도 관료정치 모델의 입장과 같다. 다만 이 입장에서 선 학자들, 특히 프래블은 '공세적임'에 대한 자신의 정의를 제시하면서 이 정의에 입각해서 볼 때 중국의 외교는 결코 공세적이지 않다고 주장한다는 점에서 특징이 있다. 물론 스웨인은 중국 외교가 '공세적'이라고 인정한 상태에서 그 내용과 정도를 분석하려고 시도한다는 점에서 프래블과 조금은 다르다.[31] 나는 기본적으로 이들의 분석과 주장이 타당하다고 생각한다.

5 '공세적' 중국 외교의 몇 가지 특징

이상에서 2008년 하반기 세계 금융위기 이후 중국의 변화된 외교에 대해 중국과 세계는 어떻게 평가하는가에 대해 자세히 살펴보았다. 먼저, 중국의 '공세적' 외교를 분석하는 입장과 관점은 매우 다양하다. 그래서 이에 대한 단일한 해석이나 평가는 기대할 수 없다. 그런데 만약 중국 정부의 공식 입장을 제외한다면, 두 가지 상반되는 관점과 주장이 있다고 볼 수 있다.

하나는 특정한 이론의 관점에서 연역적으로 중국의 '공세적' 외교를 분석하는 입장이다. 앞에서 살펴본 공격적 현실주의, 장주기론, 지정학 분석 등이 이에 해당한다. 이들은 공통적으로 중국의 '공세적' 외교를 중국의 강대국화에 따른 당연한 결과로 본다. 또한 만약 중국의 세계 강대국화가 지속된다면 향후 미·중 간의 갈등과 대립은 피할 수 없다고 보는 경향이 강하다. 마지막으로 중국의 부상을 기존 국제 질서의 수정으로 보고, 이를 저지하기 위해 미국이 주변국과 함께 중국 봉쇄정책을 추진할 것을 주장한다. 혹은 그런 봉쇄정책이 추진될 것으로 예측한다.

다른 하나는 중국의 국내 상황과 실제 외교 행태를 귀납적으로 분석하여 판단하는 입장이다. 이들은 대개 고전적 현실주의의 관점을 견지하고 있지만, 실제 분석에서는 이런 관점이 크게 드러나지 않는다. 앞에서 살펴본 관료정치 모델의 입장과 경험주의적 입장이 이에 해당한다. 이들은 공통적으로 국제체제 수준

(system level)뿐 아니라 국가 수준(state level)에도 초점을 맞추어 분석한다. 그래서 중국은 여러 가지 국내외 상황으로 인해 '공세적' 외교를 전개했다고 본다. 동시에 중국은 국제 지위의 상승 이후에도 새로운 외교정책이나 전략을 결정하지 않았다고 주장한다. 마지막으로 미국 등 기존 강대국과 주변국이 중국에 대해 봉쇄정책을 추진하는 것은 실현 가능성도 없고 바람직하지도 않다고 본다.

이러한 기존 연구를 바탕으로 2008년 하반기 세계 금융위기 이후부터 최근까지 나타난 중국의 '공세적' 외교를 살펴보면 다음과 같은 몇 가지 특징을 발견할 수 있다. 이것은 아직 초보적인 수준의 판단이며, 이후의 연구를 통해 수정, 보완되어야 하는 잠정적인 결론이다. 또한 일부 내용은 앞에서 살펴본 관료정치 모델과 경험주의의 주장과 유사하다.

(1) '공세적' 외교는 외교 '행태'가 변화한 결과다

'공세적' 외교는 중국이 새로운 외교'정책'을 실행하면서 나타난 결과라기보다는 다양한 국내외적 상황에 대응하는 '과정'에서 나타난 외교 '행태'의 변화로 보는 것이 타당하다. 중국의 외교정책은 2008년 하반기 세계 금융위기 이후 현재까지 공식적으로 바뀐 것이 없다. 1990년대 중반에 수립된 정책(일부는 1980년대 초에 수립)이 현재까지 이어지고 있다는 것이다. 앞에서도 말했듯이 이런 사실은 많은 중국 정부의 공식 문서뿐 아니라 2012년 11월에 개최된 공산당 18차 당대회를 통해서도 확인할 수 있었다.

따라서 최소한 중국이 증강된 국력을 바탕으로 외교정책을 변경했고, 이런 변경된 정책에 입각해서 '공세적' 외교를 일관되고 체계적으로 추진하고 있다고 말할 수는 없다. 그보다는 다양한 국내외 요소(특히 국내 요소)가 상승작용을 일으키면서 '공세적' 외교가 나타났다고 보는 것이 더욱 타당하다. 2008년 하반기 세계 금융위기 이후 나타난 서구 강대국(특히 미국)의 쇠퇴와 이에 대비되는 중국의 급속한 부상, 그리고 이를 자랑스럽게 여기는 중국의 정치 지도자와 국민들의 자신감 상승, 이를 배경으로 한 민족주의의 강화와 확대, 외교정책의 결정과 관련한 행위자의 급속한 증가와 행위자 간 정책 조정의 어려움 혹은 정책 조정의 부재, 권력 교체 시기의 민감성과 이에 따른 강경한 대응의 유혹 등이 이런 다양한 요소에 해당한다.

(2) '공세적' 외교는 '반응적이고 즉자적이다'

그래서 중국의 '공세적' 외교는 '주도적이고 계획적'이라기보다는 '반응적이고 즉자적'이라는 특징이 있다. 2008년 하반기 이후 중국은 남중국해에서는 베트남 및 필리핀과, 동중국해에서는 일본과 새로운 영토 및 영해 분쟁을 겪고 있다. 2010년에는 북한의 군사 도발을 둘러싸고 한국 및 미국과도 갈등을 겪었다. 중국은 또한 2010년부터 본격화된 미국의 '아시아 선회 정책'이 '중국 포위 전략'이라고 강력하게 비판했다. 동시에 중국은 G-20 회의,

유엔기후변화협약회의, 이란과 시리아 문제와 관련된 유엔안보리 회의에서 미국과 협력하기보다는 대립하고 경쟁하기를 이어 갔다. 이처럼 2008년 세계 금융위기 이후 중국과 타국 간의 갈등과 대립은 전례가 없을 정도로 확대되었고, 이런 대립과 갈등에서 중국은 전보다 더욱 공세적인, 경우에 따라서는 공격적인 태도를 취했다.

그런데 이런 분쟁이나 대립을 면밀히 분석해 보면, 중국이 이를 주도적이고 계획적으로 일으켰다는 근거는 거의 없다. 즉 중국은 이미 벌어진 상황에 대응하거나, 타국이 시작한 상황에 대응하기 위해 공세적 조치를 취했던 경우가 대부분이었다. 전자의 예로는 2008년 세계 금융위기가 닥치면서 이를 해결할 목적으로 소집된 G-20 회의와, 새로운 국제 환경체제를 마련하기 위한 목적으로 전과 다르게 미국 등 선진국과 개발도상국의 정상들이 대규모로 참석하여 대립한 2009년의 코펜하겐 유엔기후변화협약회의가 있다. 후자의 예로는 남중국해와 동중국해에서의 분쟁, 북한의 도발과 관련한 중국과 한·미 간의 갈등이 있다.

그래서 많은 중국학자는 중국이 이제 증강된 국력에 합당한 '대전략(大戰略, grand strategy)'을 수립하고, 이에 따라 주요 현안에 계획적이고 체계적으로 대응해야 한다고 주장한다.[32] 다시 말해, 중국은 지금까지 어떤 장기적이고 전체적인 전략이나 방안이 없는 상황에서 동시 다발적으로 혹은 연쇄적으로 발생하는 분쟁에 대응하느라고 커다란 어려움을 겪고 있다는 것이다.

(3) 새로운 대응 모델이 등장하고 있다

그런데 중국이 이런 갈등과 대립을 겪으면서 새로운 방침이나 정책을 서서히 만들어 가기 시작했다. 이는 영토 및 영해 분쟁에서 두드러지게 나타나고 있다. 이른바 '황옌다오 모델(黃巖島模式)'의 등장이 대표적인 사례다. 2012년 4월부터 몇 개월 동안 스카보로 섬(Scarborough Shoal, 황옌다오) 인근에서 필리핀 해군 함정과 중국의 해양 순시선이 대치하는 긴장 국면이 연출되었다. 이때 중국은 몇 가지 조치를 동시에 취하면서 필리핀을 압박했다. 중국 국내법에 따른 해양 순시선의 '현장 법집행을 위주로 하고(現場執法爲主)', 필리핀 정부와 협상을 시도하는 '외교적 수단을 보조로 사용하며(外交手段爲輔)', 만일의 경우를 대비하여 '군사적 수단을 방패로 삼는(軍事手段爲後盾)' 조치를 취했던 것이다.[33] 황옌다오 모델은 이처럼 영토 및 영해 분쟁에 대응하는 중국의 새로운 종합적이고 체계적인 대응 정책을 말한다. 이는 현재 일본과의 센카쿠 열도(댜오위다오) 분쟁에도 적용되고 있다고 판단된다.

황옌다오 모델에는 몇 가지 특징이 있다. 첫째, '방어'에서 '공세'로 대응을 전환한다. 중국이 이전에는 타국이 문제를 일으키면 마지못해 대응했는데, 이제는 발생한 문제를 자국에게 유리하게 만들기 위해 매우 적극적으로 대응한다는 것이다. 둘째, 관련 국에 '한계선(底線, bottom line)'을 선포한다. 만약 상대가 이 한계선을 넘으면 이를 전기로 삼아 '위기'를 '기회'로 전환한다. 즉 상대국의 '과도함'과 '실수'를 '기회'로 활용한다. 실제로 2012년 봄 필리핀과 중국 간에 스카보로 섬(황옌다오) 대치 사건이 발생했을 때, 중국 외교부는 5월 7일에 주중 필리핀 대사관에 "중국은 필리핀의 사태 확대에 대비하여 모든 준비를 마쳤다."고 통보했고, 5월 8일 《인민일보》 사설에서도 이런 뜻을 밝혔다.[34] 5월 15일에는 다이빙궈 국무위원이 한 회의 연설에서 "겸손과 신중함은 타국의 기만을 용인하는 것과 같지 않다."라고 필리핀에 경고했다.[35] 셋째, 정치·경제·군사 등 가능한 모든 수단을 동원하여 상대를 압박한다. 실제로 중국은 필리핀산 바나나의 수입을 제한하는 등 경제제재를 통해 필리핀에 막대한 손실을 주었다. 그 결과 2012년 필리핀의 중국 수출은 약 50퍼센트 정도 감소했다. 중국의 '보이지 않는 경제적 제재'에 의한 수출 감소는 일본에서도 나타났다.

(4) '공세적' 외교는 유연하다

'공세적' 외교는 영역·상황·시기에 따라 중국이 강경책과 유화책을 적절히 혼합하여 구사하면서 다양한 모습을 보인다. 다시 말해 중국의 '공세적' 외교가 항상 '강경한' 외교를 의미하는 것은 아니다. 여기서 '영역'은 주권이나 영토 등 전통 안보 영역과, 기후변화나 금융위기 같은 비전통(non-traditional) 안보 영역을 말한다. '상황'은 국제사회에서 중국의 고립이 심화되는 상황과 그렇지 않은 상황을 가리킨다. '시기'는 2009년부터 2010년까지 중국의 자신감이 최고조에 달한 시기와 그 이후 중국에 대한 전 세계의 비난이 확산된 시기를 가리킨다.

구체적으로 영토 및 영해 분쟁에서, 중국은 기본적으로 강경한 입장을 유지하면서도 군사적 수단보다는 행정적 수단을 사용하여 상황을 관리하려고 노력한다. 또한 이와 함께 외교적 수단을 적극적으로 이용하여 분쟁의 확산을 방지하려고 시도한다. 전통 안보 영역에서 '강경책'은 물리력(예를 들어, 해양 감시선)을 동원하여 타국의 석유 탐사를 저지하거나, 어정 감시선의 순항 활동량을 높여 자국의 배타적 경제수역에 대한 감독을 강화하는 것이 있다. 해군력을 중심으로 한 군사력 증강도 강경책의 중요한 요소다. 미국의 남중국해 개입을 사전에 차단하기 위해 강력히 항의하는 정책도 여기에 포함된다.

'유화책'에는 당사자 간의 양자 협상을 선호하되 아세안(ASEAN)이 주도하는 다자 협상에도 참여할 수 있다는 방침이 있다. 그 밖에도 분쟁국과의 외교적 교류를 지속적으로 추진하는 것도 유화책에 속한다. 실제로 중국은 분쟁 중에도 당사국인 베트남과 필리핀의 최고 지도자나 고위급 인사의 자국 방문을 적극 추진했고, 실제로 이를 성사시켰다.

이런 특징은 중국과 필리핀 간의 남중국해 영토 분쟁을 살펴보면 잘 나타난다. 필리핀은 2008년 무렵부터 남중국해, 특히 스카보로 섬(황옌다오) 지역의 분쟁을 자국에 유리한 방향으로 유도하기 위해 몇 가지 정책을 적극적으로 추진해 왔다. 외국 정유회사와의 공동 석유 탐사, 아세안 + 중국, 아세안 + 한 · 중 · 일, 아세

안 지역안보포럼(ARF), 동아시아 정상회의(EAS) 등 아세안 관련 각
종 회의에서의 문제 제기와 분쟁의 국제화 시도, 미국과의 군사 협
력 강화와 미국의 지지 유도, 베트남 및 일본과의 협력 강화와 중
국에 대한 공동 대응의 추진이 대표적인 조치다. 한마디로 말해 그
동안 중국과의 남중국해 분쟁에서 필리핀은 일방적이고 주도적으
로 문제를 해결하려고 시도했다. 이런 점에서 필리핀이 중국을 도
발하면서 공세적 외교를 전개했다고 평가할 수도 있다.

이에 대해 중국은 '당사자 해결(즉 제3자 개입의 반대)'과 '양자
협상(즉 다자 협상의 반대)'의 원칙을 강조하면서도 유연하게 강경
책과 유화책을 혼합하여 이런 필리핀의 시도에 대응했다. 이 중
에서 특히 쟁점이 되었던 것이 2002년 아세안과 중국이 체결한
「남중국해 행위선언(南海各方行爲宣言)」의 '행동 지침(guideline)'을
제정하는 문제였다. 중국은 남중국해 행위준칙(南海行爲準則, '행동
지침'의 중국식 명칭)'이 기본적으로 '아세안 + 중국'의 다자 협상을
통해 만들어지고, 이렇게 되면 '아세안 대 중국'의 대립 구도가
형성될 것으로 판단해 반대 입장을 견지해 왔다.

그런데 이런 반대 입장이 곧 바뀌었다. 2010년 강경한 중국
에 대한 비판이 전 세계적으로 확산되자 중국은 아세안 국가의
우려와 경계를 완화하기 위해 입장을 바꾸었던 것이다. 구체적으
로 중국은 2011년 7월 '아세안 + 중국' 회의에서 「남중국해 행위
선언」을 실행하기 위한 후속 조치로서 '행동지침' 제정에 참여할
수 있다고 양보했다.

　　다만 중국은 아세안 국가들이 자국을 배제한 상태에서 '행동지침'의 제정을 주도하는 것에는 반대했다. 예를 들어, 2011년 9월 필리핀 마닐라에서 남중국해 관련 아세안 관련국 전문가 회의가 개최되었을 때 중국은 필리핀을 맹비난했다. 필리핀이 중국을 배제한 상태에서 자국에 불리한 내용의 '행동지침'의 초안을 작성하고, 이렇게 만들어진 '행동지침'을 가지고 중국에 가입을 강요할지도 모른다는 것이 비난의 주된 이유였다. 참고로 이 회의에는 아세안 10개국 중에서 모두 8개국, 즉 필리핀·브루나이·말레이시아·베트남·인도네시아·미얀마·싱가포르·태국이 참가했다.[36]

　　이러한 중국의 유연한 입장은 이후에도 계속되었다. 예를 들어, 2011년 9월 18일 외교부 대변인은 정례 브리핑에서 한 기자의 '행동지침'에 대한 중국의 방침을 묻는 질문에 이렇게 답변했다. 즉 "중국은 조건이 성숙되면 '행동지침'의 제정을 모색할 수 있다는 개방적인 자세를 갖고 있고," 실질적인 협력을 전개할 것을 각국에 촉구한다는 것이다.[37] 이런 중국의 입장은 2012년 1월 「남중국해 행위선언」의 실행을 위한 '아세안 + 중국'의 4차 고위급 회담에서 지속되었다. 이때 중국은 「남중국해 행위선언」의 틀 속에서 각국의 협력을 촉진하기 위해 30억 위안(약 5400억 원)의 '중국-아세안 해상(海上) 협력기금'을 출자했다.[38] 이처럼 중국은 완강한 반대에서 조건부 수용으로, 다시 적극적인 추동으로 태도를 바꾸어 왔다.

　　다만 중국이 실제로 구속력 있는 '행동지침'을 제정하는 데 얼마나 동의할 것인가에 대해서는 아직 속단할 수 없다. 중국은 지금까지 자국의 주권 행사에 영향을 끼칠 수 있는 어떤 법적 구속력이 있는(legal-binding) 지역 기구의 조치에도 반대해 왔기 때문이다. 대신 중국은 참여 국가 간의 '협의, 대화, 만장일치' 등을 중시하는 '아세안 방식(ASEAN-way)'을 선호하고, 실제로 이런 방식의 지역 기구에 적극적으로 참여하는 경향이 있다. 이런 점에서 중국은 '남중국해 행동지침'의 제정을 비롯한 각종 지역주의 정책에 대해 '연성의 접근법(soft approach)'을 취하고 있다고 평가할 수 있다.[39]

이와 같은 중국의 유연한 양면 정책은 다른 곳에서도 확인할 수 있다. 예를 들어, 중국은 미국의 아시아 선회 정책을 비판하면서도 양국 관계의 발전을 위한 적극적인 시도를 멈추지 않았다. 미국에 '신형 대국 관계(新型大國關係)'의 수립을 제안한 것은 대표적인 사례다. 구체적으로 중국은 2011년 1월 후진타오 주석의 미국 방문 때 이를 제안했다. 당시 「공동성명(joint statement)」에 미·중은 "상호 존중, 상호 이익 및 공동 승리(互利共贏)의 협력 동반자 관계를 맺기 위해 공동으로 노력한다."라는 표현이 들어간 것은 중국의 제안을 반영한 것이다. 신형 대국 관계의 기본 내용이 이때 처음으로 공식 제시되었다. 이후 2012년 2월 시진핑 부주석이 미국을 방문했을 때 다시 신형 대국 관계를 수립할 것을 공식 제안했다. 이어 같은 해 5월에 개최된 4차 미·중 전략경제대화의 개막식 치사에서 후진타오 주석이,[40] 같은 해 7월에 개

최된 세계평화포럼의 개막식 치사에서 시진핑 부주석이 신형 대국 관계의 수립을 다시 제안했다.[41]

그 밖에도 중국이 최근에 유엔기후변화협약 당사국 총회(COP)에서 보여 준 행태에서도 이런 강경함과 유연함의 결합을 찾아볼 수 있다. 개발도상국도 선진국처럼 온실가스의 의무 감축에 참여해야 하는가라는 문제, 그리고 개발도상국의 환경 개선을 위해 선진국이 어떤 규모로 어떻게 지원할 것인가라는 문제를 놓고 그동안 중국은 주요 선진국과 대립해 왔다. 이 중에서 중국과 미국 간의 대립은 특히 심각했고, 이로 인해 유엔기후변화회의가 성과 없이 진행되었다는 비판이 제기되었다. 그런데 중국의 이런 강경한 태도가 시간이 가면서 조금씩 유연해졌던 것이다.

구체적으로 2009년 덴마크 코펜하겐회의(COP15)에서 중국은 선진국에만 온실가스의 의무 감축을 규정한 교토의정서(Kyoto Protocol) 체제가 앞으로도 계속 유지되어야 할 뿐 아니라 선진국의 개발도상국 지원도 더욱 확대되어야 한다고 주장하면서 미국 등 선진국과 강경하게 대립했다. 그런데 2010년 멕시코 칸쿤회의(COP16)부터 중국의 태도가 변화하기 시작했다. 만약 선진국만이 온실가스의 의무 감축에 참여하도록 규정한 현행 교토의정서가 연장 실시된다면, 중국은 선진국과 개발도상국 모두가 의무 감축에 참여하는 새로운 국제 환경체제의 수립에 협력할 수 있다는 태도를 보이기 시작한 것이다. 이는 2011년 남아프리카 더반회의(COP17)로 이어졌고, 그 결과 2012년 카타르 도하회의(COP18)에서 비록 소수의 선진국만이 참여하는 것이지만 교토의정서의 2차 공약기(2013~2020년)가 확정되었다. 또한 선진국과 개발도상국 모두가 온실가스의 의무 감축에 참여하는 새로운 국제 환경체제 (Post-Kyoto Protocol regime)의 수립을 위해 참여국들이 구체적이고 실제적인 준비에 들어가기로 합의했다.[42]

이처럼 중국의 '공세적' 외교는 항상 강경한 모습만 보여 주는 것이 아니다. 영역·상황·시기에 따라 중국은 강경책과 유화책을 유연하게 사용한다. 특히 주권 및 영토와 관련한 전통 안보 영역에서는 강경책이 중심이 되지만, 이 경우에도 중국은 유화책을 적절히 사용하고 있다. 기후변화나 경제위기와 같은 비전통적 안보 영역에서는 말할 필요도 없다. 결국 중국의 '공세적' 외교가 일반적으로 생각하는 것처럼 항상 강경한 것만은 아니다. 따라서 2008년 하반기 세계 금융위기 이후 중국의 변화된 외교를 분석하고 평가할 때에는 이 점에 유의해야 한다.

(5) '공세적' 외교는 과도기 현상이다

앞에서 말했듯이, 최근 몇 년 동안 중국의 외교 '정책(policy)'은 공식적으로 변화하지 않았지만 외교 '행태(behavior)'는 일정한 변화를 보이고 있다. 그런데 이런 외교정책과 외교 행태 간의 '불일치'는 일정한 시간이 흐른 뒤에 어떤 방식으로든 해소될 것이다. 이는 둘 중 하나의 방식으로 이루어질 것이다. 하나는 중국의 '공세적' 외교 행태가 이전의 외교 행태로 돌아가면서 기존의 외교정책이 계속 유지되는 방식이다. 다른 하나는 중국의 '공세적' 외교 행태가 앞으로도 계속되고, 이런 '공세적' 외교 행태에 맞추어 새로운 외교정책이 공식적으로 결정되는 방식이다.

한 국가의 외교 '행태'는 외교 '정책'의 변화 없이도 일정 기간 변화할 수 있다. 즉 외교정책은 공식적으로 변화하지 않았지만, 달라진 국제 상황과 관련 국가들의 새로운 정책에 대응하는 과정에서 외교 행태에 일정한 '변화'가 발생하고 외교정책에도 '미세 조정(fine-tuning)'이 이루어질 수 있다는 것이다. 이는 국제 정세가 매우 빠르게 변화하여 한 국가의 외교정책이 이를 따라가지 못하는 상황에서 과도기적으로 나타날 수 있다. 그런데 '변화'와 '조정'이 계속 누적되면 그것은 새로운 외교정책의 결정으로 이어질 수 있다. 반면 '변화'와 '조정'이 중단되면 이전의 외교정책이 유지될 것이다. 지난 몇 년 동안 중국 외교에는 바로 이런 '변화'와 '조정'의 현상이 일어나고 있다고 판단된다.

향후 중국 외교 행태의 '변화'와 외교정책의 '미세 조정'이 계속된다면, 미래의 어느 시점에서는 새로운 외교정책이 공식 결정될 가능성이 있다. 2012년 여름의 어느 비공개 학술 세미나에서 한 일본학자는 2014년에 12차 '재외 사절 회의(在外使節會議)'가 개최되면 그 가능성을 엿볼 수 있다고 주장했다. 참고로 재외 사절 회의는 5년에 한 번 개최되는데, 후진타오 총서기가 주재한 11차 재외 사절 회의는 2009년 7월에 개최되었다. 혹은 시진핑 집권 2기가 시작되는 2017년 공산당 19차 당대회, 아니면 '6세대' 지도부가 등장하는 2022년 20차 당대회가 그 시점이 될 수도 있겠다.

만약 중국의 외교정책이 공식적으로 변경되는 시점이 실제로 온다면 아마도 국내총생산 규모를 기준으로 중국이 미국을 제치고 세계 1위의 경제대국이 될 것으로 예상되는 2020년 전후가 될 가능성이 더 높다. 다시 말해 2022년 공산당 20차 당대회에서 새로운 외교 방침과 정책이 공식 결정될 가능성이 있다는 것이다. 다만 이것이 실현되기 위해서는 최근의 외교 행태의 '변화'와 정책의 '미세 조정'이 향후에도 가속화되어야 한다. 실제로 그렇게 될지는 좀 더 두고 볼 일이다.

8

'도광양회'는 유지할 것인가

한 저명한 중국 전문가에 따르면, "2009년은 중국의 세계적인 영향력 팽창이라는 측면에서 하나의 분수령으로 역사에 기록될 것이다." 중국은 새로운 세계 질서에서 자국의 우위를 강화하기 위해 "준(準)초강대국(quasi-super power)의 외교"를 전개하기 시작했기 때문이다.[1] 실제로 2008년 하반기 세계 금융위기 이후, 중국은 정치·경제·안보 등 전 영역에 걸쳐 국제 무대에서 전과 다른 '공세적(assertive)' 모습을 보여 주기 시작했다. 세계 금융위기의 해소를 위해 소집된 G-20 회의에서 중국은 달러를 기축통화로 한 국제통화체제에 의문을 제기했다. 또한 개발도상국의 '대변인'을 자처하면서 세계은행과 국제통화기금(IMF)의 개혁과 개발도상국의 발언권 확대를 강력히 요구했다. 2009년 12월 코펜하겐에서 개최된 15차 유엔기후변화협약 당사국 총회(COP15)에서는 이른바 '베이식(BASIC)'(브라질, 남아프리카공화국, 인도, 중국) 그룹을 형성하여 미국 등 선진국과 단호히 맞섰다.

2010년에는 남중국해와 동중국해의 분쟁에서 중국은 전에 없던 강경한 태도를 보여 주었다. 예를 들어, 2010년 9월 센카쿠 열도(댜오위다오) 지역에서 발생한 중국 어선과 일본 해상보안청 함정 간의 충돌 사고에서, 중국은 희토류 수출 제한 등 온갖 수단을 동원하여 일본을 굴복시켰다. 남중국해 지역에서는 베트남과 필리핀의 석유 탐사를 물리력을 동원하여 저지했다. 미국과의 대립도 마다하지 않았다. 2010년 1월 미국의 대만 무기 수출 결정과 2월 오바마 대통령의 달라이 라마 접견을 매우 강한 어조로 비난했다. 2010년 여름 아세안(ASEAN) 회의에서는 미국의 남중국해 개입 문제에 대해 신랄하게 비난했다. 이렇게 되면서 전 세계에서는 '강경한 중국'의 등장에 대한 경계와 우려의 목소리가 터져 나왔다.

그렇다면 중국이 이와 같은 '강경한' 외교를 보이는 동안에 중국 내에서는 외교정책을 둘러싸고 어떤 논쟁이 전개되었는가? 이 장에서는 바로 이 문제, 즉 2008년 하반기 세계 금융위기 이후 중국의 외교정책 논쟁을 분석하려고 한다. 이는 최근의 중국 외교를 이해하고 평가하는 데 큰 도움을 줄 수 있다. 국내 정책도 그렇지만 외교정책도 이를 둘러싼 논쟁의 영향을 직접 혹은 간접적으로 받을 수밖에 없기 때문이다.

분석 시기는 2009년부터 2012년까지로 잡았다. 자료는 중국의 주요 신문에 발표된 글을 주로 참고했다. 《인민일보》(공산당 중앙 기관지), 《환구시보》(《인민일보》의 자매지로, 국제 문제 전문 일간지), 《학습시보》(공산당 중앙당교 주간지), 《구시》(공산당 중앙당교 이론지) 등이 이에 해당한다. 또한 《신화망(新華網)》(신화통신사의 공식 홈페이지) 등 주요 인터넷 사이트에 실린 글도 참고했다. 참고한 자료 중에는 단순한 사실 보도도 있지만 저명한 학자나 언론인의 글이 대다수를 차지한다. 주요 신문에 실린 글은 학술지에 실린 논문보다 현실 상황을 신속하게 반영할 뿐 아니라 중국 국민과 정부에 대한 영향력도 훨씬 크다.[2] 이런 이유로 신문 글을 주로 선택했다. 그 밖에도 당정 지도자들의 발언과 공식 문건도 참고했다.

2008년 하반기 이후 중국 내에서는 외교정책을 둘러싸고 다양한 논쟁이 전개되었다. 이런 논쟁에 대한 분석을 통해 우리는 두 가지 사실을 알 수 있다. 먼저, 다른 연구도 지적하듯이,[3] 외교정책과 관련하여 중국에는 서로 대립되는 다양한 해석과 주장이 있다. 이는 중국의 국력이 신장되고 국제 환경이 변화하면서 새로운 외교정책을 모색하는 과정에서 나타나는 자연스러운 현상이다. 그러나 전체적으로 보면 2008년 하반기 이후에도 중국 정부의 입장과 학계의 주류 견해는 기존 정책을 지지하고 있다. 다시 말해, 급속한 부상에도 불구하고 중국은 이전의 외교정책을 굳건히 계승해야 한다는 것이다. 이를 근거로 판단하건대 시진핑 시대에 들어서도 중국의 외교정책은 크게 바뀌지 않을 것이다.

1 중국 외교정책의 변화

개혁기 중국의 외교정책은 크게 세 차례의 변화 혹은 조정을 거쳐 현재에 이르고 있다.[4] 첫 번째는 1978년에서 1980년대 중반까지의 시기다. 이 기간에 중국은 '사회주의 현대화 노선'을 공식 채택하여 개혁·개방 정책을 본격적으로 추진하기 시작했다. 이와 함께 마오쩌둥 시기의 외교정책을 폐기하고 새로운 정책을 실시하기 시작했다. 구체적으로 '국제 정세의 인식(중국에서는 이를 '시대 주제(時代主題)'라고 부른다.)'에서 새로운 명제가 제기되었다. 즉 마오쩌둥 시기에 제기되었던 '전쟁과 혁명'이 아니라 '평화와 발전'이 시대 주제라는 것이다. 이런 인식은 1978년부터 공산당 내에서 형성되다가 1984년에 덩샤오핑에 의해 정식으로 제기되었다.[5]

또한 1982년 9월 공산당 12차 당대회에서 행한 후야오방 총서기의 '정치 보고'와, 동년 12월 5기 전국인민대표대회(전국인대) 5차 회의에서의 헌법 수정을 통해 '독립 자주의 외교'와 '비동맹(不結盟) 원칙'이 외교 방침으로 결정되었다. 중국은 더는 미국이나 소련 같은 강대국과 동맹을 맺지 않고 독자적으로 외교정책을 추진하겠다고 선언한 것이다. 마지막으로, 이런 국제 정세 인식과 외교 방침의 확정과 함께 국내 경제 발전에 필요한 안정적이고 평화로운 국제 환경의 조성이 외교의 핵심 목표로 설정되었다. 이는 중국이 개혁·개방 정책을 성공적으로 추진하는 데 필요한 것이었다.[6]

두 번째는 1989년 톈안먼사건에서 1990년대 중반에 이르는 시기다. 이 기간 동안 소련을 비롯한 사회주의권의 붕괴에 의해 냉전 체제가 종식되면서 국제체제는 급변했다. 동시에 톈안먼사건 이후 미국을 중심으로 한 서방 세력의 중국 봉쇄정책이 가시화되면서 중국은 국제적으로 고립되었다. 중국은 이런 변화된 국제 정세에 대응하기 위해 외교정책을 조정해야만 했다. 이때 외교정책을 둘러싼 다양한 논쟁이 전개되었다.[7] 이런 조정을 거쳐 중국 외교의 방침, 목표, 수단이 비교적 완전한 모습을 갖추게 되었고, 이는 기본적으로 현재까지 유지되고 있다.

구체적으로 국제 정세에 대한 기본 인식('평화와 발전')에는 변화가 없었고 독립 자주의 외교 방침도 유지되었다. 다만 탈냉전기에 변화된 국제체제를 '일초다강(一超多强)'(초강대국 미국과 다수의 강대국으로 구성된 국제체제)으로 규정했고, 세계화(globalization)와 다극화(multipolarity)에 대해서도 새롭게 인식했다. 즉 세계화는 점차 확대되는 피할 수 없는 세계적 추세로 중국은 이에 적극 참여해야 한다고 판단했다. 동시에 국제체제의 '민주화'를 위해서는 다극화가 필요하지만 미국의 월등한 경제·군사적 능력을 고려할 때 단기간 내에 실현될 가능성은 희박하다고 판단했다. 그래서 다극화는 중국의 단기 목표가 될 수 없고 대신 장기간에 걸처 실현해야 할 과제라는 인식에 도달했다.

외교 목표로는 국내 경제 발전에 필요한 안정적이고 평화로운 국제 환경의 조성이라는 기존 목표에 더해, 미국을 중심으로 한 기존 강대국의 중국 봉쇄 저지와 국제사회에서의 영향력 확대라는 새로운 목표가 더해졌다. 마지막으로, 외교 영역(수단)에서 중국은 1980년대의 미국과 소련 중심의 강대국 외교에서 벗어나 주변국 외교, 개발도상국 외교, 다자 외교도 함께 적극적으로 추진하기로 결정했다. 이렇게 되면서 중국 외교는 전과 다르게 정치·경제·안보 등 다양한 영역에서 전 세계 각국을 대상으로 전개되는 이른바 '전방위(全方位) 외교'로 변화되었다.[8]

세 번째는 1990년대 후반기에 시작하여 후진타오 시기(2002~2012년)를 거쳐 현재에 이르는 시기다. 중국은 1990년대에 미국 주도의 국제체제하에서 자국의 경제적·군사적 능력을 급격히 증강시킬 수 있었고, 동시에 국제체제로의 편입이라는 과제도 성공적으로 달성할 수 있었다. 2001년 12월 중국의 세계무역기구 가입은 이를 보여 주는 상징적인 예다. 이렇게 되면서 중국은 지역 강대국에서 세계 강대국으로 부상하는 문제를 진지하게 고민했고, 그 일환으로 새로운 외교정책을 모색하기 시작했다.[9] 1990년대 후반기부터 중국에서 '대전략'에 대한 수많은 보고서와 책이 출간된 것은 이를 잘 보여 준다.[10]

그런데 이와 관련하여 중국에서는 그동안 여러 차례의 논쟁이 전개되었지만 아직까지 전과 다른 새로운 외교정책이 공식적으로 결정되지는 않았다. 이런 면에서 이 기간은 아직 별도의 단계라고 할 수 없는 일종의 '과도기'라고 평가할 수 있다. 이는 시진핑 시대에도 해당된다. 다만 2008년 하반기 세계 금융위기 이후 미국과 중국 간의 세력 관계가 서서히 변화하면서 중국의 외교 행태에도 일정한 변화가 나타나고 있다. 만약 이런 외교 행태의 변화가 누적되면 가까운 미래에 새로운 외교 방침이 등장할 수 있다. 이에 대해서는 앞 장에서 자세히 살펴보았다.

구체적으로 이 기간 동안 미국 주도의 국제 정세에 대한 인식 논쟁('평화와 발전' 논쟁), '평화부상(和平崛起, 화평굴기)'과 '평화 발전'(화평발전) 논쟁, '도광양회 유소작위(韜光養晦有所作爲)'(실력을 감추고 때를 기다리되 할 바는 한다.) 논쟁 등 다양한 논쟁이 전개되었다.[11] 후진타오 시기에 공공 외교(公共外交), 특히 소프트파워 전략이 중국 외교의 중요한 영역(수단)으로 본격 추진된 것, 2005년 12월 「중국의 평화 발전의 길」(외교백서) 발간을 통해 '평화 발전'과 '조화세계(和諧世界)' 건설이 중요한 외교 방침으로 새롭게 제시된 것은 이런 논쟁의 결과다.[12] 또한 2006년 10월과 2009년 5월에 있었던 북한의 1·2차 핵실험 이후 중국 내에서는 북한 정책을 둘러싼 논쟁이 전개되었다.[13]

2008년 하반기 세계 금융위기 이후에도 외교정책 논쟁은 지속되고 있다. 논쟁의 핵심은, 중국의 위상 변화(즉 세계 강대국으로의 급속한 부상)에 대한 평가와, 이에 따른 새로운 외교정책의 수립 문제다.[14] 그 밖에도 부수적인 논쟁이 끊임없이 이어졌다. 예를 들어, 2010년 무렵부터 중국의 '핵심 이익(核心利益)'이 무엇인가에 대한 논란이 불거지면서 이에 대한 논쟁이 전개되었다. 일부에서는 남중국해와 동중국해도 중국의 핵심 이익이라고 주장했고, 대다수는 그렇지 않다고 주장했다.[15]

강대국으로 등장한 중국은 어떤 '마음가짐(心態)'을 가져야 하는가라는 논쟁도 진행되었다.[16] '애국주의(愛國主義)'는 마음가짐 논쟁의 핵심 쟁점이었다. 다수는 "애국주의 없이는 중국의 미래도 없다."라고 주장하면서 애국주의를 적극 옹호했다. 더 나아가 정부 차원에서 더욱 체계적이고 광범위한 애국주의 교육을 추진해야 한다고 주장했다.[17] 반면 일부는 현재 중국에는 애국주의가 아니라 '편협한 민족주의'가 넘쳐 나고 있고, 이를 더는 조장해서는 안 된다고 주장했다.[18]

그렇다면 이와 같은 다양한 논쟁 중에서 어떤 것을 중점적으로 살펴보아야 하는가? 이와 관련하여 주(Zhu Liqun) 교수는 세 가지 개념을 중심으로 2000년대의 중국 외교 논쟁을 분석했다. '세(勢, 즉 강대국 간의 세력 분포)', 정체성(identity), 전략(strategy)이 바로 그것이다.[19] 이는 매우 타당한 시도다. 실제로 중국의 외교 전략은 이 세 가지 개념을 중심으로 제시되기 때문이다. 다만 주 교수의 구분은 조금 복잡한 내용을 담고 있기 때문에 이를 간략하게 정리할 필요가 있다.

구체적으로 2008년 이후의 외교정책 논쟁은 크게 세 가지 사항을 중심으로 전개되었다. 첫째는 국제 정세의 판단이다. 여기서 핵심은 '국제 세력 구도(國際格局)'의 변화에 대한 판단이다. 쟁점은 '일초다강' 체제의 지속인가, 변화인가다. 이는 국제정치학에서 말하는 세력 분포(distribution of power) 혹은 극 체제(polar system)의 변화를 가리킨다. 둘째는 중국의 국제 지위에 대한 판단(國際定位)이다. 중국이 '개발도상국인가, 아닌가'가 중요한 쟁점이다. 셋째는 중국의 외교정책이다. 핵심은 덩샤오핑이 1990년대 초에 제기한 '도광양회유소작위' 방침(이하 도광양회 방침)을 유지할 것인가, 아니면 폐기할 것인가다.

2 국제 정세: '일초다강' 체제의 지속인가 변화인가?

(1) 일초다강 체제의 지속

이에 대한 중국의 공식 입장과 학계의 주류 견해는 바뀐 것이 없다. 즉 2020년까지는 현재의 국제 정세가 유지될 것으로 본다. 우선 '평화와 발전'이 시대 주제라는 사실에는 변함이 없다. 비록 세계 금융위기 이후 경제적 혼란과 국지적 분쟁이 지속되고 있지만, 이것이 전 세계적 차원의 평화와 발전을 위협할 정도는 아니다.[20] 게다가 미국이 주도하고 여러 강대국이 보조하는 일초다강의 국제체제도 당분간, 즉 10년 이내에는 근본적으로 바뀌지 않을 것이다. 그 결과 현재 중국은 '크게 할 바는 하는(大有作爲) 중요한 전략적 기회기(重要戰略機遇期)'를 맞이하고 있다.[21]

그런데 2008년 하반기에 시작된 세계 금융위기가 국제 세력 구도에 일정한 영향을 끼친 것도 사실이다. 단적으로 현재의 일 초다강 체제는 세계 금융위기 이후 새로운 체제로 변화하기 시작했다. 핵심은 세계 금융위기 이후 서방 선진국과 개발도상국 간의 '힘의 대비(力量對比)'가 점차로 균형을 이루는 방향으로 발전하고 있다는 사실이다.[22] 경제위기를 겪으면서 선진국의 경제력은 쇠퇴한 반면 '브릭스(BRICS, 브라질·러시아·인도·중국·남아프리카공화국)' 등 신흥 시장국의 경제력은 크게 상승하여 양 집단 간의 격차가 축소되었다는 것이다.

그래서 선진국은 국제경제체제의 개혁을 위해 신흥 시장국의 참여를 인정할 수밖에 없었다. 그 결과가 바로 G-20 회의의 개최였다. 다시 말해 '선진국 클럽'이었던 G-8 회의만으로는 경제위기를 해결할 수 없었던 것이다. 또한 이 때문에 신흥 시장국의 발언권을 더 많이 보장하기 위해 국제기구의 개혁도 수용해야만 했다. 예를 들어, 세계은행에서 개발도상국의 투표권을 44.06퍼센트에서 47.19퍼센트로 3.13퍼센트를 늘렸다. 중국은 최대 수혜자로 투표권이 2.77퍼센트에서 4.42퍼센트로 증가했고, 이로써 독일·프랑스·영국보다 많고 미국·일본보다 적은 세계 3위의 국가가 되었다.(미국은 거부권을 행사할 수 있는 15.88퍼센트를 보유하고 있다.) 비슷하게 2010년 11월에 국제통화기금도 개발도상국의 지분을 6퍼센트 이상 높이기로 결정했다. 최대 수혜자는 역시 중국으로 3.99퍼센트의 지분(6위)에서 6.19퍼센트의 지분(3위)으로 늘리기로 결정

했다.(미국은 17.41퍼센트의 지분을 갖고 있어 거부권을 행사할 수 있다.)[23]

이런 점에서 중국 외교부 정책기획국의 러위청 국장은, 힘의 중심이 미국에서 중국으로 이동하고 있다는 '세력전이론(轉移論)'이나, 힘의 중심이 서구에서 새로운 세력으로 퍼져 나가고 있다는 '세력확산론(擴散論)'은 틀렸다고 비판한다. 선진국과 개발도상국 간에 힘의 균형이 맞추어지는 '세력균형론(均衡論)'이 타당하다는 것이다. "방대한 개발도상국(특히 신흥 시장국)이 신속하게 발전하면서 국제 역량 분포가 점진적으로 균형적으로 발전한다."는 것이다. 이처럼 "아시아의 호랑이, 아프리카의 사자, 미국의 표범"이 국제 세력 구도의 역사적인 변화를 함께 추동하고 있는 것이 현재의 상황이다. 다만 진정한 다극화(多極化)와 '역량 대비'의 완전한 균형이 실현되기까지에는 아직도 갈 길이 멀다.[24] 다시 말해 당분간은 일초다강 체제가 유지될 것이다.[25]

(2) 다극체제 혹은 '양초다강' 체제

그런데 일부 학자들은 신흥 시장국, 특히 중국의 급부상을 근거로 국제체제가 일초다강 체제에서 다극체제로 급속하게 변화하고 있다고 주장한다.[26] 예를 들어, 2009년에는 개발도상국의 경제 총량(GDP의 합)이 51.8퍼센트로 선진국을 처음으로 추월했고, 2012년에는 60퍼센트를 넘으면서 선진국보다 10퍼센트 이상 많게 되었다. 이렇게 되면서 신흥 시장국은 국제 세력 구도의 주변부에서 중심부로 빠르게 이동하고 있다. 동시에 이에 따라 국제

체제는 다극체제로 신속하게 변화하고 있다.[27] 또한 이런 다극체제는 과학기술의 발전, 경제의 세계화, 사회의 정보화 등 몇 가지 원인에 의해 가능해졌다. 게다가 다극화는 한 국가나 소수 국가가 세계를 주재하는 시대의 종말을 의미한다는 점에서 인류 역사의 거대한 진보이며 거스를 수 없는 대세다.[28]

반면 일부 학자들은 다른 주장을 제기한다. 예를 들어, 칭화대학의 옌쉐퉁(閻學通) 교수는 2008년 이후 중국의 급속한 부상으로 세계는 일초다강(一超多强)에서 '양초다강(兩超多强)' 체제로 변하기 시작했다고 주장한다. 그리고 시간이 지나면 미래의 어느 시점에서는 이 체제가 안정적으로 수립될 것이다. 말할 필요도 없이 여기서 '양초'는 미국과 중국을 가리킨다. 결국 그는 국제체제가 다극체제로 변화하고 있다는 많은 학자의 주장을 비판한다.[29]

만약 경제 규모(GDP)만을 근거로 평가한다면, 양초다강 체제의 수립이 다극체제의 수립보다 더 타당해 보인다. 예를 들어, 2011년 미국의 GDP는 약 15조 달러고 중국의 GDP는 7조 3000억 달러로 양자 간에는 약 두 배의 차이가 났다. 그런데 2011년 9월에 발간된 칭화대학의 한 보고서에 따르면, 2020년 무렵이면 중국과 미국의 GDP가 각각 20조 달러로 같아진다. 즉 10년 이내에 중국은 미국과 함께 경제 초강대국으로 성장할 것이다. 2030년이 되면 중국 GDP는 미국 GDP의 두 배가 되어 유일한 경제 초강대국이 될 것이다.[30] 이런 예측은 다른 국제기구나 연구소의 보고서를 통해서도 쉽게 확인할 수 있다.

(3) 마르크스주의자의 전망

한편 중국 사회과학원의 리선밍(李愼明) 교수는 마르크스-레
닌주의에 입각하여 국제체제의 변화를 분석한다. 그가 주목하는
것은 향후 10~20년 동안 세계가 직면할 '중대한 모순(重大矛盾)'
이다. 구체적으로 세계경제는 장기적인 쇠퇴기에 접어들었고, 이
를 배경으로 자본주의와 사회주의 간의 경쟁이 더욱 격렬하고 잔
혹하게 전개될 것이다. 또한 세계 금융위기의 여파가 지속되어, 전
세계적으로 실업이 증가하고 많은 기업이 도산하면서 사회 혼란
이 가중될 것이다. 미국은 우월한 소프트파워를 이용하여 경제력
과 군사력의 쇠퇴를 보완하려고 할 것이다. 그 결과는 다양한 문화
적 혹은 이데올로기적 갈등의 확산이다. 게다가 주요국 간에는 에
너지·식량·금융·인터넷 등을 둘러싼 새로운 경쟁이 격렬하게
전개될 것이다. 마지막으로 미국은 중국과 러시아에 창끝을 겨누
는 정책을 지속적으로 추진할 것이다. 이런 모순으로 인해 "세계
는 한바탕의 대혼란, 대조정, 대변혁의 전야"에 놓여 있다.[31]

정리하면, 2008년 세계 금융위기 이후에도 일초다강 체제는
유지되고 있지만, 향후 10~20년의 시간이 지나면 다극체제 혹은
양초다강 체제로 변화할 것이다. 이런 변화의 배경에는 중국을
포함한 신흥 시장국의 급속한 성장과 서방 선진국의 쇠퇴가 놓여
있다. 한편 중국은 향후 10년 동안 평화와 발전이 주류를 이루는
국제 환경 속에서 국내 발전에 매진할 수 있는 중요한 전략적 기
회기를 맞이했다. 이것이 중국 내 주류의 견해다.

3 중국의 국제 지위: 개발도상국인가, 강대국인가?

(1) 중국은 여전히 개발도상국

이에 대한 중국의 공식 입장은, 2008년 이후에도 중국은 여전히 '세계 최대의 개발도상국' 혹은 '대국(大國)'이라는 것이다.[32] 예를 들어, 2010년 11월 중국-싱가포르 수교 20주년 기념식에서 시진핑은 "중국은 여전히 개발도상국에 속하며, 이에 대해 우리는 시종일관 분명하게 인식하고 있다."라고 주장했다. 지난 30년 동안 중국 경제가 급성장하여 GDP 규모로는 세계 2위가 되었지만, 1인당 GDP로 보면 세계 100위권의 국가라는 것이다. 그 밖에도 소득 격차의 확대, 환경오염의 심화, 과학기술의 혁신 능력 부족, 농업의 취약한 기반, 지역 격차의 확대 등 여러 가지 문제가 있기 때문에 중국은 당분간 개발도상국일 수밖에 없다고 한다. 그래서 중국은 국내의 경제 발전에 전념해야 하고, 이를 위해 '평화 발전'의 외교 방침을 충실히 따라야 한다.[33] 2012년 9월에 개최된 중국-아세안 자유무역 포럼의 개막식 치사에서도 시진핑은 이런 입장을 다시 한 번 천명했다.[34]

대부분의 중국학자들은 이런 공식 입장을 지지한다. 예를 들어, 중국이 '세계' 강대국이 되었다고 명시적으로 주장하는 학자는 거의 없다. 또한 중국이 지역 강대국이라고 확신하지만, 개발도상국 대신에 강대국이라는 용어로 중국의 지위를 강조하는 학자들도 많지 않다. 그런데 이러한 개발도상국 판단의 가장 중요한 근거가 바로 세계 100위권의 1인당 GDP다. 여기에다 과학기술의 수준, 노동 소질, 경영 수준 등을 고려하면 중국과 선진국의 격차는 더 벌어진다고 주장한다.[35] 이런 주장은 외국의 일부 학자들도 강조하는 것이다.[36]

또한 많은 중국학자와 언론은 중국이 잘해서라기보다 선진국이 잘못해서 세계 2위의 경제대국이 되었다는 사실을 강조한다. 2008년 세계 금융위기로 인해 선진국은 쇠퇴했고, 그 결과로 중국은 얼떨결에 세계 2위의 경제대국이 되었다는 것이다. 이를 표현하기 위해 2010년 무렵 중국이 일본을 추월하여 세계 2위의 경제대국이 되었을 때, 중국의 주류 언론들은 "중국에게 세계 2위의 국제 지위가 주어졌다."(中國國際地位 '被第二'), "우리는 둘째 형의 모자를 쓸 수 없다."('老二'帽子咱不戴, 여기서 맏형은 미국을 지칭한다.) 라고 보도했다.[37] 이처럼 세계 2위의 경제 지위는 스스로 '성취한 것'이 아니라 '주어진 것'이기 때문에, 중국은 경제 선진국 혹은 강대국이라고 할 수 없다는 것이다.

(2) 중국은 '이중 신분'

반면 일부 학자들은 좀 더 객관적이고 종합적으로 중국의 국제 지위를 평가해야 한다고 주장한다. 예를 들어, 중국은 2008년 이후 개발도상국과 강대국의 '이중 국가 신분(雙重國家身分)'을 획득했다.[38] 혹은 2008년 이후 중국은 개발도상국의 성격과 선진국의 성격을 동시에 갖고 있는 '이원화된 국가(二元化的國家)'가 되었다.[39] 이 중에서 중국은 주로 개발도상국의 지위, 세계는 강대국의 지위를 강조한다. 이 때문에 중국의 국제 지위에 대한 자국의 인식과 세계의 인식 간에는 괴리가 생기고, 이것이 중국 외교에 커다란 도전 과제를 제기한다. 즉 세계는 '강대국' 중국에게 더 많은 책임과 의무를 요구하지만, '개발도상국'이라고 주장하는 중국은 그런 요구에 부응할 수 없다는 것이다. 이는 중국이 개발도상국의 신분을 완전히 벗고 진정한 강대국이 될 때까지 견뎌야 하는 '곤혹기(尷尬期)'의 어려움이다.

이에 비해 베이징대학의 왕지스(王緝思) 교수는 다방면에서 중국의 지위를 판단해야 한다고 주장한다. 그에 따르면, 중국의 국제 지위는 실력, 지정학적 전략(地緣戰略), 정치체제의 속성, 국제사회에서의 역할 등 네 가지 면을 종합적으로 고려해서 판단해야 한다. 이렇게 보면 중국은 국력 면에서는 가장 웅대하고 견실한 개발도상국이지만 경제 발전의 수준, 기술, 교육, 문화 소프트파워의 면에서는 선진국과 큰 차이가 있다. 지정학 면에서는 이익과 영향력이 전 세계에 끼치는 '아시아 대국(亞洲大國)'이지만 아직 아시아에서조차도 주도적인 역할을 발휘하지 못하고 있다. 정치체제와 가치 면에서는 독특한 사회주의 대국으로 심각한 변혁을 겪고 있을 뿐 아니라 통일을 아직 이루지 못했고, 여기에 더해 민족 분열의 위기까지 겪고 있다. 마지막으로 국제사회 역할 면에서 중국은 현행 국제정치, 경제 질서의 수혜자 · 참여자 · 개혁자이며, 동시에 서방 선진국이 주도한 국제 규칙의 제약을 받고 있는 국가다.[40] 이처럼 중국은 현재 매우 다중적인 특징을 지니고 있다.

물론 일부 민족주의 혹은 국수주의 경향의 학자나 저술가는 중국의 지위와 역량을 높이 평가한다. 또한 이를 근거로 중국이 미국 등 서방 선진국에 당당히 맞서야 한다고 주장한다. 그러나 이는 주류의 견해가 아니다. 이런 비주류의 견해를 잘 보여 주는 것이 2009년에 출간된『중국은 불쾌하다(中國不高興)』와 2010년에 출간된『중국의 꿈: 포스트 미국 시대의 사유(中國夢: 后美國時代的思維)』다.[41] 선동적으로 주장하는 것은 아니지만 일부 학자나 언론인들도 중국이 이미 '부상(崛起)'했으며, 그 결과 중국은 경제력, 군사력, 소프트파워 면에서 강대국 외교를 전개할 실력을 충분히 갖추고 있다고 주장한다.[42] 이런 판단의 대부분은 좀 더 적극적이고 공세적인 외교정책을 주장하는 학자들에 의해 제기되는데, 이에 대해서는 뒤에서 검토할 것이다.

(3) 중국 국제 지위 논쟁의 특징

이상에서 살펴본 중국의 국제 지위 논쟁에는 몇 가지 특징이 있다. 먼저, 중국 정부뿐 아니라 많은 학자가 1인당 GDP를 근거로 중국이 개발도상국이라고 주장하는데, 이는 타당하지 않다. 국제체제에서 중요한 것은 국력이고, 국력은 경제력, 군사력, 소프트파워로 구성된다. 그런데 여기서 경제력은 한 국가의 경제 규모, 즉 GDP를 가리키지 1인당 GDP를 가리키지는 않는다. 한 국가의 경제력은 그 국가가 행사할 수 있는 경제적 수단(leverage)과 영향력(influence)을 의미하는데, 이는 GDP에 의해 결정되기 때문이다. 예를 들어, GDP가 커지면서 중국은 세계의 '공장'에서 '시장'으로 변했고, 이런 시장을 무기로 다른 국가에 커다란 영향력을 행사하고 있다. 반면 1인당 GDP는 국민의 생활수준을 평가할 때 사용된다.

또한 이런 개발도상국 주장은, 2008년 이후 중국 정치가나 지식인뿐 아니라 일반 국민들 사이에도 광범위하게 퍼져 나간 중국의 부상에 대한 확신 및 자신감과도 큰 거리가 있다. 왕지스 교수에 의하면, 2008년 이후 국제체제의 변화와 관련하여 중국 내에는 몇 가지 새로운 생각이 확산되었다. 첫째, 중국은 '일급(first-class)' 강대국으로 성장했고, 국제사회에서 그에 합당한 대접을 받아야 한다. 둘째, 미국은 장기적으로 보았을 때 쇠퇴하는 강대국이다. 그 결과 미 · 중 간의 국력 격차는 크게 축소되었다. 셋째, 개발도상국의 역량이 높아지면서 새로운 국제 세력 구도가 형성되고 있다. 넷째, 중국의 발전 모델은 전 세계 개발도상국에게 새로운 모델을 제시했다.[43] 중국의 부상에 대한 이런 확신과 자신감은 2009년 무렵부터 중국이 '공세적' 외교를 추구하게 한 하나의 중요한 원인이 되었다.[44] 이런 사실은, 중국이 실제로는 그렇게 생각하지도 않고 또한 행동하지도 않으면서 말로만 개발도상국이라고 주장할 가능성을 보여 준다.

이런 중국의 부상과 미국의 쇠퇴에 대한 판단, 미 · 중 간 국력 격차의 축소에 대한 확신을 배경으로, 중국은 2009년 이후 미국에 대해 전과 다른 강경한 태도를 취했다. 또한 이런 자신감은 중국이 미국에 '신형 대국 관계'의 수립을 제안하는 하나의 배경이 되었다. 즉 중국은 미국에 '평등'과 '상호 존중'을 핵심으로 하는 새로운 강대국 관계를 형성하자고 주장했던 것이다. 중국이 요구하는 것은 간단하다. 이제 미국도 중국의 '핵심 이익(즉 대만·티베트·신장웨이우얼자치구 등의 주권 및 영토와 관련된 이익)'을 존중해야 한다는 것이다. 물론 미국은 이를 거절했다. 2010년 대만에 무기 판매를 허용했고, 오바마 대통령이 달라이 라마를 접견한 것은 이를 잘 보여 준다. 또한 2010년 여름 무렵부터 미국은 남중국해와 동중국해의 분쟁에 개입할 의사가 있음을 분명히 밝혔다. 이에 대해 중국은 자존심에 큰 상처를 입었고, 이 때문에 미국에 대해 전과 다르게 격렬하게 반응했던 것이다.

마지막으로 중국의 국제 지위 논쟁은 타당하지 않은 질문을 중심으로 진행되었다. 즉 중국은 '세계' 강대국(global power)인가를 물어야 하는데, 실제로는 중국은 '개발도상국'인가를 물었던 것이다. 2000년대에 들어 중국이 '지역' 강대국(regional power)이 되었다는 점에 대해서는 더 이상 이견이 없다. 경제력과 군사력 면에서 보았을 때 중국은 분명히 아시아의 강대국이다. 그런데 2008년 세계 금융위기 이후 중국의 경제적 지위가 급상승하면서 중국은 '세계' 강대국인가가 쟁점이 되었다. 동시에 중국은 미국을 추월하여 '초강대국(super power)'이 될 것인가도 쟁점으로 떠올랐다. 2011년 6월 「21세기는 중국의 세기인가?」라는 주제로 개최된 문크 논쟁(Munk Debate)은 이를 잘 보여 준다.[45] 따라서 이를 중심으로 논쟁을 진행하는 것이 타당하다. 국제정치학에서 보았을 때에도 한 국가가 개발도상국인가 아닌가는 중요하지 않다. 중요한 것은 힘(주로 경제력과 군사력)과 조건(주로 영토·인구·자원)을 기준으로 어떤 국가가 '강대국(great power)'인가, 아니면 '중견국(middle power)'인가 하는 점이다.[46]

그렇다면 왜 중국 학자들과 언론은 이런 방식으로 논쟁을 진행했는가? 이는 의도적인 것으로, 크게 보아 세 가지 이유 때문이다. 첫째는 중국이 국제사회에서 과도한 부담을 지지 않기 위한 의도에서다. 만약 중국이 강대국임을 자임할 경우 국제사회에서 그에 합당한 책임과 의무를 다해야 한다. 이는 정치·외교·경제·안보 등 여러 가지 면에서 중국에게 매우 커다란 부담이 될 수 있다. 반면 중국이 국제사회에서 개발도상국으로 인정을 받으면 이런 책임과 의무에서 상대적으로 자유로울 수 있다.

예를 들어, 2008년 세계 금융위기 이후 유럽연합이 경제적 어려움에 처했을 때, 유럽연합은 3조 달러 이상의 외환 보유고를 자랑하는 중국에게 지원을 요청했다. 만약 중국이 '강대국'을 자임한다면 이런 요청에 응해야 한다. 이뿐 아니라 세계 경제위기의 극복을 위해 중국은 '강대국'으로서 더 많은 양보를 해야 한다. 예를 들어, 미국과 유럽에 수출만 하려고 하지 말고 자국 시장을 더 많이 개방하려고 노력해야 한다. 위안화(인민폐)의 대폭적인 평가절상(즉 환율 인하)은 이를 위한 대표적인 정책이다. 그러나 중국 입장에서 보면, 위안화의 평가절상은 수출이 중요한 비중을 차지하는 자국 경제에 치명타를 가할 수 있다. 1985년 플라자 합의(Plaza Accord) 이후 일본 엔화가 대폭 평가절상되었고, 일본의 경제위기가 잉태되었다는 사실을 중국은 잘 기억하고 있다.

개발도상국 지위의 강조는 중국이 세계 기후변화에 대응할 때에도 매우 중요하다. 예를 들어, 2009년 12월 코펜하겐에서 열린 15차 유엔기후변화협약 당사국 총회(COP15) 때부터 교토의정서를 대체할 새로운 국제 환경체제를 수립하기 위한 논의가 본격적으로 시작되었다. 이때 핵심 쟁점의 하나가 바로 개발도상국(특히 중국과 인도)도 선진국처럼 온실가스의 의무 감축에 참여해야 하느냐 하는 점이었다. 미국 등 다수의 선진국은 개발도상국, 특히 세계 1위의 온실가스 배출국인 중국도 의무 감축에 참여해야 하고, 만약 이들이 참여하지 않으면 자국도 참여할 수 없다고 주장했다. 반면 중국을 중심으로 한 개발도상국(이른바 'G-77 + 중국')은 선진국의 역사적 책임과 실제 능력을 근거로 이에 반대했다. 대신 중국은 개발도상국에 대한 선진국의 자금 및 기술 지원을 요청했다.[47] 이런 사례는 왜 중국에게 개발도상국 지위가 중요한지를 잘 보여 준다.

둘째, 첫째와도 관련이 있는 것으로, 중국은 외교 전략의 필요성 때문에 개발도상국 지위를 강조한다. 지금까지 중국은 전 세계 개발도상국의 '대표'이자 '친구'임을 자임하면서 개발도상국과의 연대 강화를 중요한 외교정책으로 추진해 왔다. 개발도상국과의 끈끈한 연대는 국제사회에서 인권 문제나 대만 문제를 처리할 때 중국에게 큰 힘이 되기 때문이다. 2008년 이후에도 개발도상국과의 연대는 중국에게 매우 중요하다. 앞에서 살펴본 유엔 기후변화협약 당사국 총회뿐 아니라 G-20 회의 때에도 개발도상국과의 연대를 통해 선진국에 대응한다는 것이 중국의 기본 방침이었다. 이런 개발도상국 외교 방침은 중국의 부상 이후에도 반드시 고수되어야 하는 것이다.[48]

그런데 중국의 입장에서 볼 때 미국 등 강대국은 두 가지 이유 때문에 중국을 '강대국'으로 부르고 그렇게 대접하는 듯한 모양새를 취한다. 첫째, 중국과 다른 개발도상국을 이간시키기 위해서다. 둘째, 국제사회가 직면한 문제의 책임을 중국에 전가하기 위해 혹은 중국에 더 많은 의무를 지우기 위해서다. 몇 년 전부터 'G-2(즉 미국과 중국)'나 '차이메리카(Chimerica, China + America)' 같은 용어(개념)가 유행한 이 때문이라는 것이다. 한마디로 말해, 중국의 입장에서 보면 이는 선진국의 '음모'다.[49]

그래서 중국은 이런 용어에 대해 매우 부정적 태도를 취한다. 예를 들어, 2009년 11월의 한 기자회견에서 원자바오 총리는, G-2 개념은 개발도상국인 중국에 가당치 않을 뿐 아니라 비동맹 원칙을 고수하는 중국의 외교 방침에도 맞지 않는다고 비판했다.[50] 비슷하게 2012년 5월에 개최된 4차 '미·중 전략경제대화'에서 다이빙궈 국무위원은 G-2 개념보다는 'C-2(Cooperation of two)', 즉 '미중 협력'이 더 적절한 개념이라고 주장했다.[51]

마지막으로 중국은 국내 이유 때문에도 개발도상국 지위를 강조한다. 1990년대 중반 무렵부터 중국에는 민족주의(중국식으로는 애국주의)가 중요한 이데올로기로 등장했고, 2000년대에 들어서는 더욱 강화되었다. 2008년 이후에는 중국의 부상에 대한 자신감을 바탕으로 민족주의가 다시 한 번 크게 확산되었다. 이런 상황에서 만약 중국 정부가 스스로를 강대국으로 선언한다면 이는 민족주의를 더욱 고취하는 셈이 된다. 여기에 더해 그렇게 되면 중국 국민들은 국가에 대해 좀 더 많은 요구를 제기할 수 있게 된다. 국가가 강대국이 된다면 국민도 그에 합당한 대우를 받아야 한다는 논리가 제기될 수 있다는 것이다. 그래서 이를 사전에 차단하는 것이 필요하다.

4 새로운 외교 방침: '도광양회'의 유지인가, 폐기인가?

새로운 외교 방침의 수립과 관련한 논쟁의 핵심은 1990년대 초 덩샤오핑이 제기한 도광양회 방침을 유지할 것인가, 아니면 폐기할 것인가 하는 점이다. 논쟁은 크게 두 진영으로 나뉘어 진행되었다. 하나는 중국 정부의 공식 입장이면서 동시에 중국 학계의 주류 견해로서, 이 방침을 고수해야 한다는 주장이다. 이를 도광양회 '유지파'라고 할 수 있다. 다른 하나는 이를 비판하는 비주류 견해로, 도광양회 '폐기파' 혹은 '전면 수정파'라고 할 수 있다.

(1) 도광양회 유지파

우선 중국의 공식 입장은, 도광양회 방침은 단기적인 권모술수가 아니라 장기적인 외교 전략으로, 2008년 이후 중국의 급부상에도 불구하고 굳건히 유지되어야 한다는 것이다. 예를 들어, 2011년 1월 중국 외교부가 '신시기의 중국과 미국 관계'라는 주제로 개최한 '란팅 포럼(藍廳論壇)'에서, 추이톈카이(崔天凱) 부부장(차관, 2013년 4월 주미 대사로 임명)은 "중국은 도광양회의 외교정책을 버리지 않을 것"이라고 명확히 밝혔다. 근거는 중국의 국력이 전에 비해 커진 것은 사실이지만 국가의 발전 목표를 바꾸거나 외교 목표를 바꿀 정도의 상황이 도래한 것은 아니라는 점이다. 게다가 덩샤오핑의 유훈에 따라 "중국은 미래에 발전하더라도 영원히 패권 국가가 되지 않을 것이며, 이것은 우리들의 지도사상"이라고 주장했다.[52]

이 주장은 많은 중국학자나 전문가에게 지지를 받고 있다. 저명한 전직 외교관인 우젠민(吳建民)의 주장이 대표적이다. 그에 따르면 중국은 부상했지만 여전히 개발도상국이고, 해결해야 할 국내외의 산적한 문제를 안고 있다. 따라서 중국은 향후에도 도광양회 방침을 계속 고수해야 한다. 그가 볼 때 이 방침의 핵심은 두 가지다. 첫째, 중국이 '자신의 일(주로 경제 발전과 국민 생활수준의 향상)'에 집중하고 이를 잘 처리하는 것이다. 이것이 중국 국민에게 유리하고 전 세계에도 유리하다. 둘째, 중국이 '대국주의(大國主義)'의 언행을 버리고, 세계 각국을 평등하게 대하는 것이다. 아무리 부상해도 중국은 소국을 무시하면 안 되고, 대국과 소국 모두를 평등하게 대하는 것이 중국 외교의 '킹 카드(王牌)'다.[53]

다른 중국학자나 언론인도 도광양회 방침을 고수해야 한다고 주장한다.[54] 다만 중국의 부상이 가속화되면서 도광양회와 함께 '적극적인' 유소작위를 강조하는 경향이 높아지고 있다. 예를 들어, 중국 국제 문제 연구기금회의 왕위성(王嵎生) 주임은 도광양회가 '장기적인 전략 방침'으로 계속 고수되어야 하지만, 올바른 태도는 "도광양회 의식을 강화하고 적극적으로 유소작위하는 것"이라고 강조한다.[55] 신화사(新華社) 세계문제연구센터의 가오취푸(高秋福) 명예 주임도 유사한 주장을 한다. 즉 도광양회와 유소작위는 장기적인 대외 전략으로, 어려운 국제 환경에 맞서기 위해서는 두 가지 모두를 균형 있게 잘 운영해야 한다는 것이다.[56]

(2) 도광양회 폐기파

반면 칭화대학의 옌쉐퉁 교수는 도광양회 방침을 폐기해야 한다고 주장한다. 우선, 2002년부터 지금까지 중국은 도광양회를 핵심으로 하는 외교 원칙을 잘 지켜 왔다. 이에 따라 "국제 사무에서 앞장서지 않았고(不當頭), 동맹도 맺지 않았으며(不結盟), 외교는 경제 건설에 기여해야 한다는 원칙을 견지했다." 다만 2009년 7월에 있었던 11차 재외사절회의(駐外使節會議, 5년마다 개최되는 외교 관련

회의로 여기에는 정치국 상무위원, 정부 및 외교 관련 고위 공직자, 재외 중국 대사 전원이 참석한다.)에서 외교정책의 '미세한 조정(微調)'이 있었다. 이 회의에서 후진타오는 중국 외교의 '네 가지 목표'를 새롭게 제기했다. 즉 "정치적으로 더욱 영향력이 있고, 경제적으로 더욱 경쟁력이 있으며, 이미지(形象)적으로 더욱 친화력이 있고, 도의적으로 더욱 호소력이 있어야 한다."라는 것이다. 이를 통해 '경제 건설에 기여하는 외교'라는 구호하에 경제 이익만 강조하고 다른 국익은 경시하던 이전의 방침에서 조금은 벗어날 수 있었다.

그러나 중국이 급부상하고 있는 현실을 감안할 때 이제는 도광양회 방침에서 벗어나야 한다. 단적으로 비동맹 원칙을 포기해야 한다. 그에 따르면, 향후 미국과 중국 간에는 '우호 관계(友好關係)'의 쟁탈전이 벌어질 것이고, 이에 대비해 중국도 미국보다 많은 국가와 동맹 혹은 준(準)동맹 관계를 맺어야 한다. 또한 경제 이익 일변도에서 벗어나 안보 이익 등 다른 국익도 중시해야 한다. 이 점에서 볼 때 현재 중국이 직면한 가장 긴박한 문제는 '국방 건설의 강화'다. 미·중 간에는 '구조적 모순(結構性矛盾)'이 계속 심화되기 때문에 양국 관계를 실질적으로 개선하는 것은 매우 어렵다. 그래서 중국은 이에 대비해야 한다. 외교적 대비가 바로 주변국과 동맹 등 밀접한 관계를 형성하는 것이고, 군사적 대비가 바로 군사력을 증강하는 것이다.[57]

이런 주장은 칭화대학의 자오커진(趙可金) 교수에 의해 반복된다. 그에 따르면, 크게 세 가지 이유 때문에 중국 외교는 이제

'이행(轉型, transition)'해야 한다. 첫째, 중국의 국익이 변했다. 이전에는 주로 국내 이익이 중심이었는데, 지금은 해양·해외·우주·사이버공간 등으로 확대되었다. 둘째, 국가의 신분이 변했다. 과거에 중국은 '약국(弱國)'이었는데 지금은 '강국(強國)'이며, 이에 따라 맡아야 하는 책임과 누려야 하는 권리가 변했다. 셋째, 국제 환경이 변했다. 이제 중국 외교는 외국 정부뿐 아니라 국내외의 다양한 정치 세력으로 구성된 '세계 사회(世界社會)'를 상대해야 한다. 따라서 중국 외교는 마오쩌둥의 '1.0 시대'와 덩샤오핑의 '2.0 시대'를 지나 '3.0 시대'로 이행해야 한다.[58]

또한 자오커진 교수에 따르면, 중국은 현재 '전략적 기회기'에서 벗어나 '전략적 선택기(戰略選擇期)'에 접어들었다. 이 시기에 중국은 경제적 우세를 전략적 우세로 전환시킬 수 있는 '대전략(大戰略)'을 수립해야 한다. 문제는 도광양회 같은 이전 방침의 방해로 이것이 제대로 되지 않는다는 점이다. 따라서 빨리 벗어나야 한다.

그에 따르면, 대전략을 수립하기 위해서는 먼저 외교의 종합적인 능력을 제고해야 한다. 또한 민족정신을 고취하고 법통을 다시 세워야 한다. 이때 중화 가치와 중화문명은 소중한 자산이 될 것이다. 세계화 시대에 국가 정체성을 수립하기 위해서는 이를 바탕으로 하는 애국주의 교육을 강화하고 민족정신을 고취해야 하기 때문이다. 마지막으로 국가 이행과 제도 혁신을 대대적으로 추진해야 한다.[59]

중국의 군사 평론가나 군인 신분의 학자들도 안보 문제와 관련하여 도광양회 방침에 의문을 제기한다. 이런 현상은 특히 2009년 이후 남중국해와 동중국해의 분쟁이 부각되면서 두드러지게 나타났다. 구체적으로 영토 및 영해 문제와 관련한 도광양회 방침이 바로 '주권보류 공동개발(擱置主權共同開發, 1980년대 중반 덩샤오핑이 주장한 것이다.)인데, 이제 이 방침을 고수해서는 안 된다는 것이다. 이런 강경한 주장은 인터넷을 통해 확산되었고, 시간이 지나면서 많은 네티즌으로부터 지지를 받았다.

우선, 이들은 '주권보류 공동개발'은 낡은 방침이라 폐기해야 한다고 주장하다. 대신 '주권중국(主權在我) 논쟁보류(擱置爭議) 공동개발(共同開發)'의 방침을 확고히 천명해야 한다. 여기서 핵심은 주권이 중국에 있음을 분명히 밝히는 것('주권중국')이고, 그래서 보류해야 하는 것은 '분쟁'이지 '주권'이 아니라는 점이다.[60] 또한 이들은 중국의 부상에 맞추어 군사력, 특히 해군력의 증강에 매진해야 한다고 주장한다. 예를 들어, 중국의 항공모함 보유는 이제 필수다.[61] 또한 이들은 일본·베트남·필리핀 등 중국의 '주권'을 침해하는 일부 국가에 대해 좀 더 적극적이고 강경하게 대응해야 한다고 주장한다.[62]

물론 많은 학자는 이런 주장을 비판한다. 예를 들어, 우젠민은 남중국해 분쟁에서 중국은 여전히 '주권보류 공동개발'의 방침을 고수해야 하고, 미국과 주변국을 자극하지 않기 위해 최대한 '자제(克制)'해야 한다. 이것이 바로 실력이 증강된 중국이 자신감을 보여 주는 방식이다.[63] 다른 언론인도 '협력(合作)'에 강조점을 두고 자제하면서 주변국과 문제를 해결하기 위해 노력해야 한다고 주장한다. 2002년 아세안과 중국이 체결한 「남중국해 행위선언」을 구체화하기 위해 '남중국해 행동준칙'을 공동으로 제정한 것은 그런 방법의 하나다. 이 경우 '주권보류 공동개발' 방침은 반드시 유지되어야 한다.[64] 다른 학자들도 남중국해 분쟁은 군사력을 사용하여 해결하는 것이 불가능하다고 주장한다. 대신 관련국과의 협의를 통해 공동개발을 하거나 혹은 중국이 독자적으로 개발을 시작하고 타국의 참여를 유도하는 방식으로 진행되어야 한다.[65]

(3) 도광양회 수정파

한편 베이징대학의 왕지스 교수는 도광양회 방침의 전면적인 수정을 제안한다. 국내외 상황이 변했기 때문에 새로운 사고가 필요하다는 것이다. 이는 두 가지 이유 때문이다. 첫째, 1990년대 초 도광양회가 처음 제기되었을 때 이 방침의 주 대상은 미국이었다. 또한 당시에는 서방 선진국이 중국 외교의 핵심 대상이었다. 그런데 지금은 외교 대상이 확대되었을 뿐 아니라 복잡해졌다. 이런 상황에서 인도 같은 대국과 라오스 같은 약소국에 똑같이 도광양회를 적용하는 것이나, 세계 금융위기와 기후변화의 위협 앞에 도광양회를 강조하는 것은 적실성이 떨어진다.

둘째, 도광양회는 원래 당정 고위층 사이에서 '내부 방침'으로 제기되었던 것인데, 1996년 무렵 외부로 알려지면서 세상에 퍼져 나갔다. 그러면서 도광양회는 '중국이 국력을 키우기 전까지 견지하는 과도기 전략이고, 국력을 키운 이후에는 본색을 드러낼 것'이라는 오해를 사게 되었다.

이런 이유로 왕지스는 두 가지를 제안한다. 첫째, 도광양회를 공개적으로 선전하지 말고 대신 '겸손과 신중함(謙虛謹愼, modest and prudent)'으로 그 정신을 표현하는 것이 타당하다. 둘째, 중국의 장기적인 전략 목표와 발전 방향을 정확하게 이해하고 표현해야 한다. 예를 들어, 중국의 목표는 '무엇을 원하지 않는다(不要什麼)'가 아니라 '무엇을 원한다(要什麼)'로 바뀌어야 한다. 또한 '힘의 부상' 추구에서 사상 혁신과 제도 혁신을 통한 '세계에의 공헌' 추구로, 해외 시장과 자원의 확대 추구에서 시장 규칙과 국제 제도의 개선 촉진으로, 권력 정치(power politics)의 다극화 추구에서 세계 각국의 공동 통치와 공정한 국제 질서 및 지구 거버넌스(全球治理) 방식의 변화 추구로 바뀌어야 한다.[66]

마지막으로 2003년에 '화평굴기'를 제창했던 중앙당교의 전임 부교장 정비젠(鄭必堅)은 2020년까지 중국이 추구해야 하는 새로운 전략 구상을 제시했다. '이익합일점(利益匯合點)의 발전'과 '이익공동체(利益共同體)의 건설'이 바로 그것이다. 그에 따르면, 현재 세계에는 세 가지 종류의 행위가 존재한다. 냉전식 사고의 계승, 국지전(局地戰)의 발동, 공동 발전과 상호 이익의 추구가 바로 그것이다. 이 중에서 중국은 세 번째를 추구해야 한다.

먼저 중국은 세계화의 조건 아래서 국내 발전을 위해 노력하고, 이런 기초 위에서 평화 발전의 길을 가야 한다. 또한 중국은 이런 기초 위에서 전 세계의 모든 관련 국가 및 지역과 전방위적으로 '이 합일점'을 발전시키고 다양한 내용과 층위의 '이익공동체'를 수립해야 한다.[67] 이 주장은 도광양회의 틀을 뛰어넘는 새로운 사고를 통해 새로운 방침을 제시하려는 시도라고 평가할 수 있다. 다만 아직까지 이를 지지하는 중국 내의 논의는 눈에 띄지 않는 것이 사실이다.

5 평가와 전망: 기존 외교 방침과 정책의 유지

이상의 검토를 통해 우리는 2008년 세계 금융위기 이후 중국 내에서는 새로운 외교정책의 수립을 둘러싸고 다양한 논쟁이 전개되었다는 사실을 알 수 있다. 동시에 이런 논쟁에서 중국 정부의 공식 입장과 중국 학계의 주류 견해는 기존의 외교 방침과 정책을 계속 유지해야 한다는 것임을 알 수 있었다. 이를 근거로 2022년까지 지속될 시진핑 시대에도 중국의 외교정책이 크게 바뀌지 않을 가능성이 높다고 판단할 수 있다. 실제로 2012년 11월에 개최된 공산당 18차 당대회에서는 새로운 외교 방침이나 정책이 결정되지 않았다. 이에 대해서는 이 책 9장에서 자세히 검토할 것이다.

향후에도 중국의 국내외 상황은 끊임없이 변화할 것이다. 중국은 앞으로 10년 동안 연 7퍼센트 정도의 경제성장을 지속할 가능성이 높다. 이렇게 되면 2020년 무렵에는 중국이 미국을 제치고 세계 1위의 경제대국이 될 것이다. 게다가 중국의 군사력도 계속 증강되어, 2020년 무렵이면 미국도 최소한 동아시아 지역에서는 중국을 쉽게 대할 수 없는 상황이 조성될 것이다. 동시에 중국이 경제적·군사적으로 급속히 부상하면서 미국과 중국 간의 세력 관계는 중국에게 유리한 방향으로 변화될 것이다. 전체적인 국력 면에서 10년 이내에 중국이 미국을 추월할 수는 없지만, 미·중 간의 국력 격차는 크게 축소될 것이고, 이는 국제체제에 커다란 영향을 끼칠 것이다. 그것이 다극체제가 될지 아니면 양초다강 체제가 될지는 앞으로 두고 보아야 한다. 다만 최소한 현재의 미국 주도의 일초다강 체제는 어느 정도 변화될 것이다.

이처럼 국내외 상황이 변하면서 중국의 외교정책을 둘러싼 논쟁은 향후에도 지속될 것이다. 이런 논쟁을 통해 현재는 비주류의 입장 혹은 소수파의 견해가 미래에는 주류의 입장 혹은 다수파의 견해가 될 수도 있다. 만약 이렇게 된다면 논쟁의 결과를 반영하여 중국의 외교정책은 공식적으로 변화할 가능성이 있다. 설사 그렇게 되지 않더라도 중국의 외교정책은 점진적으로 변화 혹은 조정될 것이다. 다만 그것이 언제 이루어질지, 또한 어느 정도로 이루어질지에 대해서는 현재로서는 단정적으로 말할 수 없다.

중국의 '평화적 부상'은 가능한가

다른 대부분의 국가에서 그렇듯, 외교·국방·대만 정책 등 중국의 대외 정책은 국내 정책과는 다르게 결정되고 집행된다. (참고로 중국은 대만을 중국 영토의 일부로 간주하기 때문에 대만 정책을 대외 정책으로 보지 않는다.) 국내 정책, 즉 정치·경제·사회·문화·환경 정책은 중국 내에 적용되는 것으로, 공산당이 결정하여 집행하면 된다. 실제로 급속히 변화하는 현실을 반영하여 중국은 대개 5년 단위로 새로운 국내 정책을 결정하고 집행한다. 5년마다 공산당이 제안하고 전국인민대표대회(전국인대)가 결정하여 전국적으로 집행되는 '국민경제 및 사회발전 5개년 계획(規劃)'이 대표적인 사례다.

이에 비해 대외 정책은 국제 정세의 변화와 주요 강대국(특히 미국)의 정책 변화 등 중국이 통제할 수 없는 변수의 영향을 크게 받는다. 이 때문에 공산당이 정책을 결정한다고 해서 그것이 그대로 집행될 수 있는 것이 아니다. 또한 대외 정책은 공산당의 노선·방침의 변화와 함께 국제 정세의 변화가 중요한 영향을 끼치기 때문에 그렇게 쉽게 변화하지 않는다. 다시 말해 5년 주기로 개최되는 당대회에 맞추어 새로운 대외 정책이 결정되지는 않는다는 것이다. 이런 점에서 대외 정책은 국내 정책에 비해 연속성이 더욱 강하다고 할 수 있다.

실제로 공산당 18차 당대회에서는 외교정책과 관련하여 후진타오 시대와 다른 새로운 방침이나 정책이 결정되지 않았다. 많은 중국학자나 외국학자도 이런 평가를 제시한다.[1] 예를 들어, 양제츠 외교부장은 2012년 10월에 출간된 공산당 중앙당교의 이론지인 《구시》에서 지난 10년 동안의 외교 업무를 회고하고 미래를 예측하면서 중국의 외교 방침과 정책을 자세히 설명했다.[2] 또한 그보다 1년 전인 2011년 9월에 중국 정부는 「중국의 평화 발전」이라는 외교백서를 통해 외교 방침과 정책을 상세히 설명했다.[3] 공산당 18차 당대회에서 후진타오 총서기가 발표한 정치 보고의 외교정책은 이런 내용을 거의 그대로 반복하고 있다.[4] 게다가 2012년 12월 6일에 시진핑 총서기는 중국 주재 외국 전문가들과 좌담회를 가졌는데, 거기서 후진타오 시대의 외교정책과 유사한 내용을 발표했다.[5]

그런데 새로운 외교 방침이나 정책이 결정되지 않았다고 해서 우리가 주목해야 하는 내용이 없는 것은 아니다. 실제로 18차 당대회의 정치 보고에는 외교정책과 관련하여 새로운 표현법뿐 아니라 전과 다른 내용도 등장했다. 또한 유사한 내용이라도 강조점이 달라지면 그 의미는 달라질 수 있다. 예를 들어, 2013년 1월 28일에 있었던 공산당 중앙정치국 3차 집단학습에서 시진핑은 총서기 취임 이후 처음으로 중국의 외교 방침에 대한 분명한 입장을 밝혔다. 이때 행한 시진핑의 연설을 보면, 내용 면에서는 기존의 방침과 다를 것이 없지만, 뉘앙스 면에서는 분명한 차이가 있다.

이 장은 공산당 18차 당대회의 정치 보고를 중심으로 시진핑 시대의 외교정책을 분석하려고 한다. 그래서 무엇보다 공산당의 공식 문건에 나와 있는 외교정책과, 이에 대한 중국 내의 권위 있는 해석을 충실하게 검토하려고 한다. 구체적으로 정치 보고에 있는 공산당의 국제 정세 인식과 외교 방침을 분석할 것이다. 또한 영역별 외교정책, 즉 강대국 외교, 주변국 외교, 개발도상국 외교, 다자(多邊, multilateral) 외교, 공공 외교(公共外交, public diplomacy)의 정책을 검토할 것이다. 이때에는 대만 정책과 국방 정책도 함께 살펴볼 것이다. 이후 우리가 주목해야 할 몇 가지 사항을 자세히 분석할 것이다. 여기에는 '핵심 이익'의 규정, '신형 대국 관계'의 확대 적용, '해양 강국의 건설' 천명, 군사력 강화의 정당화가 포함된다.

1 국제 정세의 인식과 외교 방침

공산당 당대회의 정치 보고나 전국인대 연례회의의 국무원 업무 보고를 보면, 중국은 일정한 방식에 입각하여 외교정책을 설명한다. 이는 사회주의혁명 시기부터 현재까지 이어져 온 공산당의 정책 제시 방식이라고 할 수 있다.

외교정책과 관련하여 먼저, 중국이 처한 국제 정세 혹은 '국제 세력 구도'를 분석한다. 국제 정세에 대한 판단은 외교정책에 매우 커다란 영향을 끼치기 때문에 중요하다. 예를 들어, 마오쩌둥 시대에 중국은 '혁명과 전쟁의 시대'라는 국제 정세의 규정에 따라, '혁명의 수출'을 위해 아시아, 아프리카, 라틴아메리카의 제3세계 국가를 적극적으로 지원했다. 또한 '미국 및 소련과의 전쟁'에 대비하기 위해 여러 국가와 동맹 혹은 준동맹 관계를 수립하는 동맹 외교를 적극적으로 전개했다.

다음으로 외교정책 전체를 규정하는 포괄적인 방침을 제시한다. 그리고 이런 외교 방침에 입각하여 세부적인 영역별 정책을 제시한다. 외교 영역은 시대에 따라 조금씩 변화되어 왔다. 예를 들어, 1980년대에 중국 외교는 강대국 외교와 개발도상국 외교를 중심으로 하고 다자 외교(주로 유엔)를 보조 영역으로 하여 전개되었다. 그런데 최근에는 중국 외교가 다섯 개의 영역, 즉 강대국 외교, 주변국(아시아) 외교, 개발도상국 외교, 다자 외교, 공공 외교 혹은 소프트파워 외교로 정착되었다.

먼저, 18차 당대회의 정치 보고에서는 국제 정세에 대해 '평화
와 발전이 시대 주제'라는 판단이 다시 강조되었다. 이는 1980년대
부터 지금까지 이어져 오는 국제 정세에 대한 공산당의 공식 판단
이다. 이와 함께 '세계 다극화, 경제 세계화, 문화 다양화, 사회 정
보화'가 계속 심화되고 있다는 판단도 더해졌다. 특히 18차 당대회
의 정치 보고에서는, 신흥 시장국(新興市場國, new emerging market
states)과 개발도상국의 종합적인 실력이 증강되면서 국제 역량의
균형에 변화가 생겼고, 그래서 국제 형세가 전체적으로 안정되는
데 보다 유리한 조건이 유지되고 있다는 사실을 강조하고 있다.[6]

이런 국제 역량의 변화에 대한 판단은 2008년 하반기에 시작
된 세계 금융위기의 결과를 반영한 것이다. 세계 금융위기 이후,
미국과 유럽연합 등 기존 선진국들은 심각한 경제 쇠퇴를 경험했
다. 이에 따라 국제경제에서 이들이 행사하는 영향력은 전보다 축
소되었고, 동시에 이들의 발전 모델이나 경제정책도 전과 다르게
설득력이 약화되었다. 반면 브라질 · 러시아 · 인도 · 중국 · 남아
프리카공화국 등 이른바 '브릭스'를 중심으로 하는 신흥 시장국은
성장을 지속했고, 이에 따라 이들의 영향력도 전에 비해 확대되었
다. 세계 금융위기에 대처하기 위해 G-20 회의가 소집되고, 여기
서 다양한 논의가 이루어진 것은 이런 신흥 시장국과 기존 선진국
간의 세력균형에 일정한 변화가 있음을 보여 주는 대표적인 사례
다.[7] 정치 보고는 바로 이와 같은 현상을 지적한 것이다.

물론 이와 함께 세계는 여전히 평화롭지 못하다는 점도 지적

되었다. 국제 금융위기의 영향이 여전하고, '패권주의(覇權主義), 강권(强權) 정치, 신간섭주의(新干涉主義)'가 지속되며, 국지적인 혼란이 자주 발생하고, 지구적인 비전통적 안보, 즉 식량·에너지·자원·사이버 안보 문제가 더욱 두드러지고 있다는 것이다.[8] 여기서 패권주의, 강권 정치, 신간섭주의는 말할 필요도 없이 미국의 외교 행태를 지칭하는 것이다.

한편 18차 당대회의 정치 보고에서 중국은 국제 관계를 처리하는 세 가지의 정신을 제창했다. 즉 '평등과 상호 신뢰(互信), 포용과 상호 본받기(互鑑), 협력과 공동 승리(共贏)의 정신'이 바로 그것이다. 이것은 새로운 것은 아니지만, 이번에 정형화된 형태로 제시했다는 점에서 주의할 필요가 있다. 물론 중국은 여전히 '평화, 발전, 협력, 공동 승리'의 기치를 들고 세계 평화와 공동 발전을 유지 및 보호하기 위해 노력한다는 입장을 잊지 않고 강조했다.[9]

이런 정신과 기치하에 중국은 '평화 발전의 길'을 가고, '자주 독립의 평화 외교정책'을 추진할 것이다. 중국은 "국가주권, 안전, 발전 이익을 수호하고 어떤 외부 압력에도 굴복하지 않을 것이다." 중국은 국제 문제의 평화적 해결을 주장하고, 무턱대고 추진하는 무력 사용이나 위협, 합법적인 국가의 전복, 어떤 형태의 테러리즘에도 반대한다. 또한 "중국은 각종 패권주의와 강권 정치에도 반대하고, 타국의 내정에 간섭하지 않으며, 영원히 패권을 추구하지 않고 확장하지도 않을 것이다." 그 밖에도 국제 사무에 적극 참여하여 "책임지는 대국의 역할을 발휘하여 지구적 도전에 공동으로 대응할 것이다."[10] 이상과 같은 정치 보고의 외교 방침은 이전 것을 다시 천명한 것이다.

2 영역별 외교정책

한편 중국의 5개 영역별 외교정책도 순서와 내용 면에서는 이전과 같다. 정치 보고에 따르면, 중국은 '평화공존 5원칙'에 입각하여 세계 여러 국가와의 우호 협력을 전면적으로 발전시킨다는 방침하에 5개 영역의 세부 정책을 추진할 것이라고 한다.

첫째, 선진 강대국과는 협력 영역을 확대하고 차이(分岐)를 타당하게 처리하여 장기적으로 안정적이고 건강하게 발전하는 '신형 대국 관계'를 건립하도록 추동할 것이다. 둘째, 주변국과는 '이웃을 잘 대하고 이웃을 동반자로 삼는다(以鄰爲善 以鄰爲伴)'는 방침 아래, 선린 우호를 공고히 하고 상호 이익의 협력을 심화하며, '중국의 발전이 주변국에 더욱 혜택이 가도록 노력'하는 정책을 추진할 것이다.

셋째, 개발도상국과의 협력도 강화하여, '국제 사무에서 개발도상국의 대표성과 발언권을 확대'하도록 지지하며, '개발도상국의 영원한 믿을 만한 친구이자 진실한 동반자'가 될 것이다. 넷째, 지역 및 국제 다자기구와 제도에도 적극 참여하여, '국제 질서와 국제체계가 공정하고 합리적인 방향으로 발전'하도록 추동할 것

이다. 마지막으로 공공 외교와 인문 교류(人文交流)를 착실하게 추
진하고, 중국의 해외 합법적인 권익을 유지 및 보호할 것이다.[11]

한편 대만 정책도 이전과 유사하다. 정치 보고에 의하면, 우
선 '평화통일(和平統一)'과 '일국양제(一國兩制)'의 방침을 견지하
여 양안 관계(兩岸關係)의 발전을 계속 추진할 것이다. 또한 '하나
의 중국(一個中國) 원칙'을 시종일관 견지하여 어떠한 '대만 독립
(臺獨)'의 입장에도 반대한다. 동시에 중국과 대만은 '9 · 2 합의
(九二共識)', 즉 '하나의 중국' 원칙에 동의하되, 이것의 의미에 대
해서는 중국과 대만이 독자적으로 해석한다는 합의에서 '같은 것
은 추구하고 다른 것은 인정(求同存異)'할 수 있다. 그래서 대만의
독립을 주장하지 않으며 하나의 중국을 인정하는 어떠한 대만의
정당과도 교류하고 대화하고 협력할 수 있다.[12] 특이한 점은, 역대
당대회 중에서 18차 당대회가 처음으로 '9 · 2 합의'를 공식적으
로 언급했다는 점이다.

이와 함께 중국과 대만이 노력하여 "국가가 아직 통일되지
않은 특수한 상황하에서 양안의 정치 관계를 연구 토론하여 상황
에 맞는 합리적인 준비를 하자."라는 입장을 밝혔다.[13] 이는 중국
과 대만 간에 정치 교류를 확대하여 정치 협상을 위한 준비를 진
행하자는 입장을 표명한 것으로 볼 수 있다. 이것도 17차 당대회
의 정치 보고에는 없었던 새로운 내용이다.

이를 놓고 대만 내에서는 중국이 대만에게 정치 협상을 강요
할 수도 있다는 우려가 제기되었다. 예를 들어, 대만 행정원(行政

院, 중앙정부) 대륙위원회(大陸委員會, 한국의 통일부에 해당)의 왕위치(王郁琦) 주임(장관)은 18차 당대회를 통해 중국이 대만에게 정치 협상을 강요하고 있는데, 이는 대만의 우선순위가 아니라고 비판했다. 비슷하게 마잉주(馬英九) 총통(대통령)도 중국과 대만 간의 정치 협상이 결코 시급한 이슈가 아니며, 현재 이를 추진하는 것은 양자 관계의 강화에 도움이 되지 않는다고 반박했다. 이런 상황에서 중국 국무원 대만판공실(臺灣辦公室)의 부주임(차관)은 중국이 대만에 정치 협상을 강요하는 것이 결코 아니라고 해명해야 했다.[14]

마지막으로, 국방 및 군 현대화와 관련해서 이전과 다른 새로운 방침과 정책은 없었다. 정치 보고에 의하면, 먼저 "우리나라의 국제 지위에 걸맞고, 국가 안전 및 발전 이익에 적당한 강고한 국방과 강대한 군대를 건설하는 것이 우리나라 현대화 건설의 전략 임무이다."라는 입장이 천명되었다. 이런 방침 아래 중국은 국방 및 군 현대화 달성의 '3단계(三步走)' 전략 구상에 따라 기계화(機械化) 및 정보화(信息化) 수립의 이중 임무를 완성하여, 2020년에는 기계화를 기본적으로 실현하고 정보화에서는 중대한 진전을 이루도록 노력할 것이라고 한다.[15]

또한 중국은 국가 발전 전략과 안보 전략의 새로운 요구에 부응하여 "신시기의 적극적 방어 군사전략의 방침"을 관철하고, "정보화 조건하의 국지전(信息化條件下局部戰)에서 싸워 승리할 수 있는 능력"을 핵심으로 하는 다양한 군사 임무의 능력을

제고할 것이다. 그 밖에도 중국은 세계의 새로운 군사 분야 혁명
(Revolution in the Military Affairs, RMA)의 추세에 맞추어 '중국 특색
의 군사 변혁의 깊은 발전'을 추동할 것이다. 후진타오 시기에 제
기되었던 '군민융합식(軍民融合式) 발전의 길(예를 들어, 군의 무기 현
대화와 민간의 과학기술 발전을 공동으로 추진하여 시너지 효과를 극대화)'
도 다시 한 번 강조되었다.[16]

이상에서 살펴본 내용을 근거로 중국은 여전히 '방어성의 국
방정책(防禦性的國防政策)'을 추진할 것이며, '국방 건설'의 목적은
'국가주권, 국가 안전, 영토 완정(完整)을 유지 및 보호(維護)하고
국가의 평화 발전을 보장'하는 것이라는 입장을 다시 한 번 천명
했다. 한편 중국군은 '세계 평화를 유지하는 견실한 역량'으로 이
전처럼 각국과 군사 협력을 강화하고 군사 신뢰를 증진하며, 지
역 및 국제 안보 업무에 참여하여 국제정치 및 안전 영역에서 적
극적인 역할을 발휘할 것이다.[17] 이런 국방 방침은 이전의 것과
크게 다른 점이 없다.

3 몇 가지 주목할 점

이상에서 살펴본 것처럼, 18차 당대회에서는 새로운 외교 방
침이나 정책이 제시되지 않았다. 그러나 우리가 주목해 보아야
할 몇 가지 사항은 분명히 있다. 핵심 이익, 신형 대국 관계, 해양

강국의 수립, 군사력 강화의 정당화가 바로 그것이다.

(1) 핵심 이익의 규정이 분명해지고 있다

우선, 정치 보고가 중국의 핵심 이익을 어떻게 규정하고 있는가를 보아야 한다. 여기서 핵심 이익은 국제정치학에서 말하는 '사활적 이익(vital interest)'을 가리키는 것으로, 국가는 무력을 포함한 모든 수단을 동원하여 사활적 이익으로 규정된 사항을 반드시 지켜야 한다. 예를 들어, 주권과 영토가 이에 해당한다. 2010년을 기점으로 중국의 핵심 이익이 계속 확장되고 있다는 의혹이 제기되었다. 이에 따르면, 핵심 이익이 전에는 주로 대만, 티베트, 신장웨이우얼자치구만을 포함했는데, 이제는 동중국해와 남중국해도 포함한다는 것이다. 2010년부터 중국이 영토 및 해양 분쟁과 관련하여 강경한 태도를 보이는 것은 이 때문이라는 것이다.

예를 들어, 2010년 5월 중국 고위급 외교관은 미국 외교관과의 비공식 자리에서 남중국해를 중국의 핵심 이익으로 언급했다. 미국의 국무장관 힐러리 클린턴도 같은 시기에 중국의 고위급 외교관이 그렇게 주장했다고 언급했다. 물론 이에 대해 중국 정부는 어떤 명확한 공식 입장도 밝히지 않았다. 또한 많은 중국학자는 중국 정부가 남중국해나 동중국해를 대만과 같은 수준의 핵심 이익으로 간주한다는 방침을 결정한 적이 없다고 주장했다.[18] 이런 반론에도 불구하고 중국 정부의 애매모호한 태도가 지속되었고, 2009년 하반기 이후 남중국해 지역에서의 해양 순찰이 강화

되면서 주변국의 우려는 해소되지 않았다.[19]

이런 국제 여론을 의식해서인지 중국 정부는 2011년 9월에 발표한 외교백서, 즉 「중국의 평화 발전」에서 최초로 중국의 '국가 핵심 이익'이 무엇인지를 분명하고도 상세하게 밝혔다. 이 백서에 따르면, 중국의 핵심 이익은 "국가주권, 국가 안전, 영토 완정, 국가 통일, 중국 헌법이 확립한 국가 정치제도와 사회 전체의 안정, 경제·사회의 지속 가능한 발전의 보장"이다.[20] 간단히 정리하면, 중국은 '주권·안전·영토' 등 일반적으로 인정되는 각국의 사활적 이익 이외에도 '통일·안정·발전'도 중국의 핵심 이익에 포함되는 것으로 본다. 이처럼 외교백서는 중국의 핵심 이익을 매우 포괄적으로 규정하고 있다.

한편 2011년 외교백서의 이와 같은 규정은 다이빙궈 국무위원이 2010년 12월에 발표한 글의 주장을 거의 그대로 반복한 것이다. 여기서 다이빙궈는 '개인적인 이해'임을 전제로 세 가지가 중국의 핵심 이익이라고 주장했다. 첫째는 "중국의 국체(國體)·정체(政體)·정치의 안정, 즉 공산당 영도, 사회주의제도, 중국 특색의 사회주의제도"다. 둘째는 "중국의 주권 안전, 영토 완정, 국가 통일"이다. 셋째는 "중국 경제·사회의 지속적인 발전의 보장"이다. 이를 정리하면 '안정, 주권, 안전, 영토, 통일, 발전'이 중국의 핵심 이익이라고 할 수 있다.[21]

그런데 핵심 이익과 관련하여 18차 당대회의 정치 보고에는 '이것이 핵심 이익이다.'라고 명시하지는 않았지만, 이를 가리키는 두 가지 표현법이 제시되었다. 하나는 외교 및 대만 항목의 표현법으로, '국가주권, 안전, 발전 이익'이다.[22] 다른 하나는 국방 항목의 표현법으로 '국가주권, 안전, 영토 완정, 평화 발전'이다.[23] 국방은 주로 외부의 적으로부터 영토와 국민의 안전을 수호하는 것이기 때문에 '영토 완정'이 포함된 것 같다.

참고로 2007년에 개최된 17차 당대회의 정치 보고에도 유사한 언급이 있었다. 즉 외교 항목에 '국가주권, 안전, 발전 이익', 국방 항목에 '국가주권, 안전, 영토 완정(단 '평화 발전'은 없음)'의 표현이 있었다.[24] 이어 2009년 7월에 개최된 '11차 재외사절회의'에서 후진타오는 '국가주권, 안전, 발전 이익'의 수호를 강조했다.[25] 참고로 2004년 8월에 개최된 '10차 재외사절회의'에서 후진타오는 "국가주권과 안전의 수호를 제1위의 자리에 놓아야 한다."고 강조했지만 '주권·안전·발전'이라는 표현은 사용하지 않았다.[26] 반면 2002년에 개최된 16차 당대회의 정치 보고에는 핵심 이익에 대한 이러한 규정이 아예 없었다.[27] 이런 사실은 17차 당대회부터 '주권·안전·발전'이 중국의 핵심 이익을 가리키는 표현법으로 정착되고 있음을 보여 준다.

이렇게 핵심 이익을 규정할 경우 많은 내용을 포괄할 수 있다는 장점이 있다. 예를 들어, '발전' 혹은 '평화 발전'에는 경제성장뿐 아니라 국제사회에서의 중국의 발언권 확대 등 여러 가지 내용이 포함된다. '영토 완정'도 구체적인 지역(예를 들면 대만, 티베트, 신장웨이우얼자치구)을 명시할 경우보다 더욱 포괄적이고, 이를 근거로 중국 정부는 상황에 따라 탄력적으로 자신의 행위를 정당화할 수 있다. 예를 들어, 2009년 5월 베트남과 말레이시아가 유엔대륙붕위원회에 제출한 남중국해 관련 보고서에 맞서 중국도 남중국해 전체를 자국 영토로 규정하는 구두보고서(note verbale)를 같은 위원회에 제출했다. 이때 제출된 것이 이른바 '남중국해 9단선'이 표시된 지도다. 중국은 남중국해와 동중국해에서 주변국과 대립할 때 이를 근거로 자국 행위의 정당성을 주장했다.

이런 점에서 중국 정부는 의도적으로 핵심 이익을 포괄적이고 애매하게 규정하고 있다고 말할 수 있다. 예를 들어, 남중국해의 어디까지가 중국 영토인가를 분명하게 밝히지 않음으로써 중국은 상황에 맞추어 "융통성 있게 행동하고 동시에 체면을 살릴 수 있다."는 것이다. 물론 이런 애매함은 중국의 내부 사정에서 기인하는 것이기도 하다. 예를 들어, 중국 정부는 남중국해의 어디까지를 자국 영토로 규정할 것인가에 대해 내부적으로 합의하지 못했다. 또한 그렇게 명시적으로 규정할 경우 군사력을 동원해서라도 영토를 확보해야 하는데 실제로 중국이 현재 그런 군사적 능력을 갖추고 있는가에 대해서도 확신이 없다. 그래서 애매한 입장을 취한다는 것이다.[28]

그러나 핵심 이익을 이렇듯 포괄적이고 애매하게 규정하여 초래된 심각한 문제도 있다. 예를 들어, '영토 완정(完整)'에서 영토의 범위를 어디까지로 보느냐 하는 점이 대표적인 사례다. 중국 정부는 대만은 말할 것도 없고 동중국해의 센카쿠 열도(댜오위다오)와 남중국해의 난사 군도(南沙群島), 시사 군도(西沙群島), 중사 군도(中沙群島)도 모두 중국의 영토라고 주장한다. 예를 들어, 중국 정부는 2012년 6월 이 세 곳을 관할하는 싼사시(三沙市)를 공식적으로 설립했다. 이 주장대로라면 동중국해와 남중국해 전역 혹은 대부분이 중국의 핵심 이익에 포함된다. 그러나 중국 정부가 이에 대해 명시적이고 분명하게 밝힌 적은 없다.

이처럼 포괄적이고 애매하게 핵심 이익을 규정함으로써 중국에 대한 주변국의 우려와 의구심은 증폭되고 있다. 다시 말해 핵심 이익을 규정하는 원래의 취지, 즉 중국의 의도를 분명하게 밝혀 주변국 및 관련국의 의구심을 해소한다는 의미가 무색해졌다는 것이다. 더 나아가 이처럼 포괄적이고 애매한 핵심 이익의 규정은 2008년 하반기 세계 금융위기 이후 중국이 '공세적' 혹은 '공격적' 외교정책을 추진하기 시작했음을 보여 주는 중요한 근거로 제시되고 있다. 즉 미국과 중국 간의 세력균형이 중국에 유리하게 돌아가면서 중국은 핵심 이익을 확장하기 시작했고, 이를 보여 주는 결정적인 증거가 바로 포괄적이고 애매한 핵심 이익의 규정이라는 것이다.[29]

한편 이와 관련하여 2013년 1월 28일에 있었던 공산당 중앙정치국의 3차 집단학습에서 행한 시진핑 총서기의 연설에 주목할 필요가 있다.[30] 이날 학습 주제는 '평화 발전의 길을 굳건히 간다.'였는데, 총서기 취임 이후 시진핑은 처음으로 중국의 외교 방침을 대외에 천명했다. 여기서 시진핑은 두 가지 사실을 강조했다.

첫째, 평화 발전의 길은 중국의 변함없는 외교 방침이다. 평화 발전의 길은 평화를 사랑하는 중화민족의 우수한 문화 전통을 계승 발전한 것이다. 또한 중화민족의 위대한 중흥이라는 '중국의 꿈(中國夢)'을 실현하기 위해서는 평화적인 국제 환경이 필요하고, 중국은 이런 환경을 조성하기 위해 노력해야 한다. 그래서 중국은 평화 발전의 길을 흔들림 없이 걸어왔고, 앞으로 이 길을 굳건히 갈 것이다.

둘째, 중국은 "정당한 권익(正當權益)을 결코 방기하지 않을 것이고, 국가의 핵심 이익을 결코 희생하지 않을 것이다." 그래서 "어떤 다른 나라도 우리가 핵심 이익을 거래할 것이라고 희망해서는 안 되며, 우리가 국가주권, 안전, 발전 이익의 손해라는 쓴 열매(苦果)를 감수할 것이라고 희망해서는 안 된다." 이처럼 시진핑은 평화 발전의 길과 함께 핵심 이익의 수호를 동시에 강조했다. 여기서 시진핑은 '국가주권, 안전, 발전'을 중국의 핵심 이익으로 명시했다. 즉 시진핑이 말하는 핵심 이익은 18차 당대회 정치 보고의 외교 및 대만 항목에서 언급된 핵심 이익과 완전히 같은 것이다.

이 중에서 "중국은 평화 발전의 길을 간다."는 주장은 후진타오 시대부터 중국 정부가 강조하는 공식 입장이기 때문에 새로울 것이 없다. 즉 이 내용은 「중국의 평화 발전」에 나와 있는 내용을 거의 그대로 반복한 것이다. 반면 "중국은 핵심 이익을 결코 희생하지 않을 것이다."라고 시진핑이 힘주어 강조한 것은 새로운 점이다. 그래서 대부분의 외신은 이를 두고 시진핑 시대에 중국은 남중국해와 동중국해의 영토 분쟁에서 후진타오 시대보다 더욱 강경한 입장을 취할 것이라고 전망했다. 특히 센카쿠 열도(댜오위다오) 문제를 놓고 중국과 일본이 첨예하게 대립하고 있는 상황에서, 또한 이 문제를 완화하려고 일본의 특사가 연이어 파견되어 베이징에 머물고 있는 상황에서, 이런 발표가 있었다는 점에 외신들은 주목했다.[31]

반면 중국 언론은 두 가지 다른 해석을 내놓았다. 하나는 평화 발전의 길을 강조하는 입장이다. 즉 시진핑은 외교 방침이 바뀌지 않았다는 사실을 대외에 천명했고, 이것이 중요하다는 것이다.[32] 이런 입장에서 일부 신문은 핵심 이익의 수호만을 강조하는 외신들의 '편향된' 보도 태도에 대해 불만을 표시했다.[33] 다른 하나는 시진핑이 이번 연설에서 평화 발전과 관련한 '중국의 한계선(底線, bottom line)'을 분명히 했다는 점이 중요하다는 입장이다. 이는 외국 신문들의 보도와 유사한 해석이다. 단 강조점이 다르다. 즉 이 입장은, 중국이 비록 경제 발전을 위해 평화롭고 안정적인 외부 환경을 필요로 하지만, 주권이나 안전 등 핵심 이익을 희생하면서까지 그런 환경을 조성할 생각은 추호도 없다는 사실을 분명히 밝혔다는 점을 강조한다. 따라서 일본 등 중국의 '주권'을 침해하고 있는 국가와 이를 조장하는 미국은 '중국의 한계선'을 반드시 직시해야 한다는 것이다.[34]

정리하면 중국은 2011년 9월 외교백서에서 여섯 가지(주권 ·

안전·영토·통일·안정·발전)를 자국의 핵심 이익으로 제시했고, 18차 당대회에서는 이 중에서 네 가지(주권·안전·영토·발전)를 핵심 이익으로 강조했다. 현재 중국이 이전의 용법, 즉 대만·티베트·신장웨이우얼자치구가 핵심 이익이라는 주장을 폐기했는지는 알 수 없다. 다만 2011년의 외교백서와 18차 당대회를 통해 중국은 자국의 핵심 이익이 무엇인지에 대한 새로운 공식 입장을 밝혔고, 그 내용도 점차 고정화되고 있다고 평가할 수 있다. 그러나 이것이 주변국이나 관련국의 우려를 얼마나 해소할 수 있을지는 회의적이다.

(2) 신형 대국 관계가 확대 적용되다

다음으로 미국을 비롯한 선진 강대국과의 관계를 규정한 '신형 대국 관계'라는 개념에 주목해야 한다. 이 표현법은 시진핑 정부의 새로운 미국 정책을 보여 주는 대표적인 사례로, 국내외의 많은 학자의 주목을 받았다. 그런데 18차 당대회의 정치 보고에서는 미국뿐 아니라 모든 선진국 혹은 강대국 일반에 대해 중국이 추구하는 외교 목표가 바로 신형 대국 관계의 수립임을 분명히 했다. 이는 중국이 강대국 외교 영역에서 새로운 개념을 제시했음을 의미한다.

실제로 중국의 한 연구자에 의하면, 중국은 러시아와의 관계에서 이미 모범적으로 신형 대국 관계를 수립했다. 여기서 중요한 것은, 두 강대국(즉 중국과 러시아)이 "서로의 핵심 이익과 중대한 관심사(重大關切)를 상호 존중"하는 것이다.[35] 이를 보여 주듯이, 시진핑 국가주석이 2013년 3월 22일에 푸틴 대통령과 함께 서명한 「공동성명」에는 신형 대국 관계에 대한 규정이 들어 있다. 즉 "쌍방은 신형 대국 관계를 수립한 역사적 경험과 실천에 기반하여" 세계 각국에 9개 항목을 제안한다는 것이다. 9개 항목에는 신형 대국 관계가 추구하는 정신에 입각하여 "공정하고, 민주적이며, 조화로운 세계 질서"를 수립하는 것, "국제 관계의 민주화를 추동하여 각종 형식의 패권주의와 강권 정치를 반대하는 것" 등이 포함되어 있다.[36]

그런데 신형 대국 관계는 원래 2009년 하반기부터 시작된 미국과 중국 간의 특정한 갈등 양상을 배경으로 미국을 주요 대상국으로 제기한 새로운 개념이다.[37] 2009년 1월에 등장한 오바마 정부는 중국에 대해 우호적인 입장을 취하고 있었다. 미국은 이란과 북한 핵문제, 유엔기후변화협약 등에서 중국과 충분히 협력할 수 있을 것으로 판단했던 것이다. 동시에 2008년 하반기에 불어닥친 세계 금융위기를 극복하기 위해서는 중국과의 협력이 절실했고, 실제로 이것이 가능하리라고 판단했다. 그래서 오바마는 2009년에는 달라이 라마의 접견 요구를 거절했고 대만에 대한 무기 판매에도 유보적인 입장을 취했다.

그런데 2009년 11월의 중국 방문과 같은 해 12월 코펜하겐 유엔기후변화협약회의(COP15)에서 겪은 '수모'는 오바마와 미국 정부의 이런 기대가 헛된 것이었음을 보여 주는 결정적인 계기가 되었다.[38] 그래서 2010년 1월 오바마 정부는 대만에 대한 무기 판매를 결정했고, 2월에는 백악관에서 오바마 대통령이 달라이 라마를 접견했다. 같은 해 3월에 발생한 '천안함 사건'을 계기로 미국은 한반도와 동아시아 지역에 대해 군사력을 포함한 모든 수단을 동원하여 적극적으로 개입할 의사가 있음을 밝혔고, 실제로 한국과의 합동 군사훈련 등을 통해 이를 실천에 옮겼다.

이 와중에 힐러리 클린턴 국무장관은 2010년 5월 다이빙궈 국무위원과의 만남에서 남중국해에 대한 미국의 적극적인 개입 의사를 밝혔다. 여기서 더 나아가 같은 해 7월에 개최된 아세안 지역안보포럼에서 힐러리 클린턴은 이런 미국의 입장을 공식화했다. 게다가 같은 해 9월 센카쿠 열도(댜오위댜오) 해상에서 발생한 중국 어선과 일본 해상보안청 함정 간의 충돌 사건에서 미국은 일본에 대한 지지 입장을 분명히 했다. 그 밖에도 2010년 11월의 G-20 서울회의에서 북한 핵문제를 놓고 오바마 대통령과 후진타오 주석이 충돌하면서 미·중 관계는 긴장을 넘어 일정한 갈등 양상을 보였다.

이런 상황에서 중국은 2011년 1월 후진타오 주석의 미국 방문을 계기로 양국 관계를 개선하기 위해 노력했다. 그 결과 정상회담의 「공동성명」에는 "상호 존중, 상호 이익 및 공동 승리의 협력 동반자 관계를 맺기 위해 공동으로 노력한다."라는 표현법이 들어갔다. 신형 대국 관계의 기본 내용이 이때 처음으로 공식 제기된 것이다. 그러나 양국 간의 긴장 관계는 해소되지 않았다. 2011년 11월 오바마 대통령의 동아시아 정상회의 참석, 오스트레

일리아 다윈 기지의 미군 주둔 결정 발표, 미국의 환태평양 협력 동반자 관계(TPP)의 적극 추진 표명 등을 통해 미국은 아시아로의 회귀(Return to Asia, 후에는 아시아·태평양으로 선회(Pivot to Asia-Pacific)와 재균형 전략(Rebalancing Strategy)으로 바꾸어 불렀다.) 정책을 더욱 가속화했다.

이를 배경으로 2012년 2월 미국을 방문한 시진핑 부주석은 미국에 신형 대국 관계를 수립할 것을 다시 공식 제안했다. 이어 같은 해 5월에 개최된 4차 미·중 전략경제대화의 개막식 치사에서 후진타오 주석은 "상호 존중과 상호 이익 및 공동 승리의 신형 대국 관계"를 수립하자고 제안하고, 이를 위한 다섯 가지의 태도 혹은 정신을 제창했다. 첫째는 혁신 사고, 둘째는 상호 신임, 셋째는 평등한 상호 이해, 넷째는 적극 행동, 다섯째는 돈독한 우의가 바로 그것이다.[39] 같은 해 7월에 개최된 세계평화포럼의 개막식 치사에서 시진핑 부주석도 다시 한 번 신형 대국 관계의 수립을 강조했다.[40]

이상에서 살펴본 일련의 과정을 통해 미국을 주요 대상국으로 하여 등장한 신형 대국 관계 개념은, 18차 당대회의 정치 보고에서는 다른 모든 강대국에 적용되는 개념으로 확장되었다. 그런데 이것이 실제로 어떻게 실현될지는 두고 보아야 한다. 미국과 일본이 중국의 급속한 부상과 영향력 확장에 대해 강력하게 반발하고 있는 현재의 상황을 놓고 볼 때, 중국이 양보하는 모습을 보이지 않는 한 이들 간에 신형 대국 관계가 중국의 뜻대로 실현되지는 않을 것이다. 다시 말해 중국은 러시아와는 신형 대국 관계를 유지하겠지만, 미국 및 일본과는 여전히 갈등과 긴장의 경쟁 관계를 유지할 것이다.

이와 관련하여 베이징대학의 자칭궈(賈慶國) 교수는, 미·중 간에 신형 대국 관계를 수립하는 과정에서는 급부상하는 중국의 현재 상황 그 자체가 문제가 된다는 점을 강조했다. 현재 미·중 간에는 영토 분쟁도 없고, 상호 무역의존도도 매우 높으며, 중국은 기존의 국제 질서에 도전하지도 않는다. 그런데 문제는 중국에 있다. 즉 중국은 현재 이중적이고 모순적인 정체성(認同, identity) ─부국(富國)인가 아니면 빈국(窮國)인가, 선진국인가 아니면 개발도상국인가 등─을 갖고 있는데, 이것이 양국 간에 신형 대국 관계를 형성하는 데 방해가 된다는 것이다. 단적으로 "미국은 중국의 장기 목표가 무엇인지를 알고 싶지만 불가능하다. 왜냐하면 중국 자신이 변화 중에 있고, (중국의) 자기 정체성도 형성 중에 있기 때문이다."[41] 이런 상황에서는 당분간 신형 대국 관계가 수립되기 어렵다. 이는 매우 솔직한 상황 인식이라고 할 수 있다.

반면 푸단대학의 니스슝(倪世雄) 교수는 미·중 간에 객관적으로 존재하는 세 가지 방해 요소를 지적한다. 첫째는 정치제도, 문화, 역사에 존재하는 차이다. 둘째는 미·중 간 핵심 이익의 충돌이다. 즉 대만, 남중국해, 센카쿠 열도(댜오위다오)와 관련하여 다수의 중국인은 미국이 '중립 입장'을 견지한다고 믿지 않는다.(참고로 니스슝은 중국이 대만뿐 아니라 남중국해와 동중국해도 자국의 핵심 이익으로 간주한다고 생각한다.) 셋째는 미국의 전략 조정과 중국의 전략 기회가 상충하여 상호 불신감이 높아지고, 그래서 많은 사람이 미국의 '재균형' 전략이 중국을 겨냥한 것으로 판단한다는 점이다.[42] 이 중에서 첫째와 둘째 문제는 쉽게 해결될 수 있는 것이 아니다. 그래서 미·중 간에는 중국이 원하는 신형 대국 관계가 쉽게 수립될 수 없다고 판단한다.

(3) '해양 강국의 건설'이 선언되다

18차 당대회의 정치 보고가 제시하는 '중국은 해양 강국의 건설을 추진한다.'라는 정책에도 주목해야 한다. 그런데 재미있는 것은, '해양 강국의 건설' 방침이 외교나 국방 항목이 아니라 '생태문명의 건설' 항목에서 제시되었다는 점이다. 이는 국제사회의 불안과 의심을 피하기 위한 기술적 시도로 보인다. 그러나 해양 강국의 수립에 대한 중국 내의 논의를 보면, 이는 결코 생태문명에 국한되는 것이 아님을 알 수 있다. 다시 말해 해양 강국의 수립은 중국의 해양 군사력 증강과 확장을 포함하는 내용을 담고 있다.

예를 들어, 국가해양국(國家海洋局)의 류츠구이(劉賜貴) 국장은 《인민일보》와의 인터뷰에서 '해양 강국의 특징'으로 네 가지를 꼽았다. 첫째는 해양 경제가 발전하는 것이고, 둘째는 해양 과학기술의 혁신이 강력해지는 것이다. 셋째는 해양 생태환경을 우아하고 아름답게 만드는 것이고, 넷째는 해양 방위 능력을 증강하여, 국가주권을 효과적으로 방위하고 해양의 평화 발전을 수호하는

데 강력한 실력을 갖추는 것이다.[43] 이런 방침은 2013년 1월 10일에 개최된 전국해양업무회의에서도 이어졌다. 이 회의에서 류츠구이는 해양 강국을 수립하기 위한 다섯 가지 정책을 제시했다. 즉 해양 인식과 지식의 제고, 해양 이용 수준의 제고, 생태 해양의 구조 개선, 해양 관리 통제 능력의 제고, 조화로운 해양 국면의 조성 노력이 바로 그것이다.[44] 여기서 알 수 있는 것처럼 해양 강국의 수립은 생태 영역보다는 경제 및 군사 안보 영역에 더 가깝다고 할 수 있다.

이와 유사하게, 중국의 한 학자도 2030년에 중국이 '해양 강국의 꿈(海洋强國夢)'을 실현하기 위해서는 모두 7개 항목의 정책을 추진해야 한다고 주장했다. 여기서 '해양 강국은 해상에서의 경제 역량과 무장 역량의 총합'을 지칭한다. 첫째, 강대한 해군의 건립이 필요하다. 예를 들어, 중국은 최소 6~8척의 항공모함을 보유해야 한다. 둘째, 해양 경제가 전체 국내총생산에서 1/3~1/2을 차지해야 한다. 셋째, 강한 해양 기술과 해양 개발 능력을 보유해야 한다. 넷째 강력한 해양 관리 능력을 보유해야 한다. 다섯째, 전체 국민의 해양 의식과 해양 문화가 필요하다. 여섯째, 전 지구를 포괄하는 해양 전략의 상층 계획(頂層設計)이 필요하다. 일곱째, 중국 통일의 대업(즉 대만과의 통일)을 완성하고, 도서 및 해양 분쟁을 해결해야 한다.[45] 여기서 알 수 있듯이, 중국이 해양 강국을 수립하기 위해서는 대폭적인 군사력(특히 해군)의 확충과 이를 바탕으로 한 도서 및 해양 분쟁의 해결이 필요하다. 이는 군사 안보 영역에 속하는 문제다.

이 때문에 외국 언론은 중국이 해양 강국의 수립을 정책 목표로 제시했다는 점에 대해 매우 우려하는 태도를 보이고 있다. 즉 중국이 이를 제기했다는 것은, 덩샤오핑이 제기했던 도광양회 방침을 폐기했다는 것을 의미한다. 특히 2009년부터 불거져 나온 중국과 주변국 간의 해양 분쟁, 즉 필리핀·베트남 등과의 남중국해 분쟁, 일본과의 동중국해 분쟁이 격화되는 상황에서 해양 강국을 수립하겠다는 주장은 이런 의심을 뒷받침한다는 것이다. 그 결과 미국과 중국 간의 경쟁은 향후에 더욱 격렬하게 전개될 것이고, 중국에 대한 주변국의 경계도 더욱 강화될 것이다.[46]

이런 외국 언론의 비판적 보도에 대해 중국은 근거 없는 비판이라고 주장한다. 인류의 역사를 보면, 대국(大國)의 부상은 필연적으로 해양 진출을 동반하는데, 중국도 예외가 아니라는 것이다. 중국은 세계 2위의 경제대국으로서 이미 해양에 전적으로 의존하는 '외향형(外向型) 경제'가 되었으며, 해양 자원 및 공간에 의존하는 정도가 향후에 더욱 높아질 것이다. 이런 상황에서 중국이 해양 강국의 목표를 제시한 것이지, '해양의 패권국가(海洋霸權)'가 되려는 의도를 갖고 이를 추진하는 것은 결코 아니라는 것이다.[47] 아무튼 이 문제는 향후에도 계속 쟁점으로 남을 것이다.

한편 18차 당대회에서 '해양 강국의 건설' 방침을 천명한 이후, 중국은 이를 실천하기 위해 노력하기 시작했다. 예를 들어, 중국 정부는 2012년 12월에 발표한 「전국 해양경제발전 12차 5개년 계획(規劃)」을 통해 2011년부터 2015년까지의 5년 동안에 중국의 주변 해양을 3대 권역으로 나누어 발전시킨다는 정책을 세웠다. 3대 권역은 북부 해양 경제권(랴오닝 반도, 보하이 만(渤海灣), 산둥 반도 일대), 동부 해양 경제권(장쑤성, 상하이, 저장성 연해), 남부 해양 경제권(푸젠성, 양쯔 강 연안, 베이부 만, 하이난 섬 연안)을 가리킨다. 또한 이 기간 동안에 현재 분쟁 지역인 중사 군도와 시사 군도 지역에 관광지 및 휴양지를 개발한다는 계획도 있다.[48] 그 밖에 일부 중국학자들은 해양 강국을 수립하기 위해서는 해양 전략의 수립과 집행을 담당할 전문 부서가 있어야 한다고 주장했다. 2012년에 들어 국무원 산하의 '국가해양국'을 '해양부(海洋部)'로 승격해야 한다는 논의가 등장한 것이 바로 이것이다.[49]

실제로 2013년 3월에 개최된 12기 전국인민대표대회 1차 회의에서는 국가해양국에 대한 구조 조정이 있었다. 우선, 기존에 해양 관리와 경계 업무를 맡았던 4개 부서의 업무를 국가해양국으로 통합했다. 여기에는 국가해양국의 중국어감(中國漁監), 공안부의 변방해경(邊防海警), 농업부의 중국어정(中國漁政), 해관총서(海關總署)의 해상밀수경찰(海上緝私警察)이 속한다. 이를 통해 그동안 분산되고 중복되었던 해양 관리 및 경계 업무를 통일적이고 집중적으로 수행할 수 있는 토대가 마련되었다. 단 국가해양국이 해양 관리와 경계 업무를 담당할 때에는 국가해경국(國家海警局)의 명의로 하며, 공안부의 업무 지도를 받는다. 즉 이 경우 '하나의 조직, 두 개의 명패(一套人馬兩個牌子)'의 형태를 띤다. 그러나

고유한 업무를 수행할 때에는 이전처럼 국토자원부의 업무 지도를 받는다.

또한 이번에 국가해양위원회(國家海洋委員會)가 신설되었고, 그 세부 업무는 국가해양국이 담당하도록 했다. 해양 업무는 경제·기술·환경·안보 등 여러 업무를 포괄하고 있다. 그래서 이런 업무와 관련된 국가기관 및 정부 부서 간의 업무를 조정하고 총괄하는 기구가 필요하다는 지적이 제기되었다. 이런 요구에 부응하여 이번에 국가해양위원회가 신설된 것이다.[50] 단 이것이 실제로 어떻게 운영될지는 두고 보아야 할 것이다.

(4) 군사력 강화를 정당화하다

마지막으로 18차 당대회 정치 보고의 국방 및 군 현대화 항목에서는 전과 다른 뉘앙스의 표현법이 등장했다. 예를 들어, 앞에서 살펴본 '중국의 국제 지위에 걸맞고, 국가 안전 및 발전 이익에 적당한 국방과 군대를 건설한다.'라는 표현이 이번에 새롭게 등장한 것이다. 이는 지난 20여 년 동안 중국이 추진해 온 군 현대화와 이를 위한 국방비의 급속한 증액을 정당화하는 표현으로 볼 수 있다. 이에 대해 일부 외국의 평론가들은 중국의 외교 및 안보 정책이 전과는 다르게 "패기가 등등하다."(霸氣外露)라고 평가했다. 예를 들어, 17차 당대회의 정치 보고에서는 "중국은 어떤 국가에도 군사 위협이 되지 않는다."라는 표현법을 사용했는데, 이번에는 이것이 빠지고 대신 위의 표현법이 등장했다는 것

이다.[51]

그러나 이런 표현법의 변화가 어떻게 실제 행동으로 옮겨질 지는 두고 보아야 한다. 다시 말해 이런 표현법의 변화가 곧바로 중국의 공세적인 군사정책으로 이어질지는 아직 단정적으로 말 할 수 없다는 것이다. 실제 중국의 군사력이 이를 뒷받침할 정도 로 증강되지 않았고, 이를 실행할 정도의 군사 운영 능력을 아직 갖추지 못하고 있기 때문이다.[52]

4 외교정책의 '조정'

공산당 18차 당대회에서는 후진타오 시대의 외교정책과는 분 명하게 다른 새로운 '시진핑 시대의 정책'이 제시되지는 않았다. 최근 몇 년 동안 중국이 전과 다르게 강경하고 공격적인 외교정 책을 추진하고 있다는 많은 언론과 학자들의 주장을 놓고 볼 때 이는 조금 의외일 수 있다.

그러나 이 책의 앞 장에서 자세히 검토했듯이, 한 국가의 외 교 '행태(behavior)'는 외교 '정책(policy)'의 변화 없이도 어느 정 도 변화할 수 있다. 즉 외교정책은 공식적으로 변화하지 않았지 만, 달라진 국제 상황과 관련국들의 새로운 정책에 대응하는 과 정에서 한 국가의 외교 행태에는 일정한 '변화'가 발생하고 외교 정책에도 미세한 '조정(fine-tuning)'이 이루어질 수 있다는 것이다. 지난 몇 년 동안 중국 외교에는 바로 이런 '변화'와 '조정' 현상이 일어나고 있다. 다만 아직 공식적인 외교 방침과 정책의 변화는 일어나지 않았다. 이번 18차 당대회는 이를 잘 보여 주었다.

먼저, 중국은 국제 정세에 대해 '평화와 발전이 시대 주제'라는 판단을 이어 가고 있다. 특히 세계 금융위기 이후 신흥 시장국과 개발도상국의 국력이 높아지는 반면 기존 강대국의 국력은 상대적으로 약화되면서 '국제 역량의 균형'에 일정한 변화가 발생하고 있다는 점에 주목한다. 다만 미국 주도의 패권주의, 강권 정치, 신간섭주의가 지속되고, 국지적 혼란과 비전통적 안보 문제가 여전히 해결되지 않는 등 국제 정세에는 불안 요소도 상존한다고 본다. 또한, 중국은 이런 국제 정세에 대한 판단에 기초하여 평화 발전의 길을 고수하고, 독립 자주의 평화 외교를 이어 갈 것이라고 한다. 동시에 국가의 핵심 이익을 수호하기 위해 비타협적인 자세를 견지할 것이다. 이런 외교 방침 아래 중국은 강대국 외교, 주변국 외교, 개발도상국 외교, 다자 외교, 공공 외교를 전개할 것이다. 대만과 국방 영역에서도 기본적으로 이전 정책을 계승할 것이다.

한편 외교정책의 '조정'과 관련해서는 네 가지 사항에 주목해야 한다. 먼저, 2011년의 외교백서에 이어 18차 당대회에서는 중국의 핵심 이익이 포괄적으로 규정되었다. 그래서 '대만, 티베트, 신장웨이우얼자치구' 대신에 '주권 · 안전 · 발전('군사적' 표현에는 영토 추가)'이 중국의 핵심 이익이라는 표현법이 정착되어 가고 있다. 또한 18차 당대회에서는 미국을 주요 대상으로 제기되었던 신형 대국 관계 개념이 강대국 일반에 적용되었다. 그 밖에도 해양 강국의 수립이 공식 정책으로 결정되었고, 군사력 강화를 정당화하는 새로운 표현법이 등장했다. 이는 모두 외교 방침과 정책이 공식적으로 변화되지 않은 상황에서 이루어진 미세한 '조정'이라고 할 수 있다.

이상의 분석을 근거로, 우리는 지난 몇 년 동안 비록 중국의 외교 방침과 정책이 공식적으로는 바뀌지 않았지만 미세한 정책의 '조정'이 이루어지고 있다고 판단할 수 있다. 이는 2008년 하반기 세계 금융위기 이후 중국을 둘러싸고 벌어진 일련의 '새로운 현상'을 반영한 것이다. 여기서 새로운 현상이라 함은 아시아 지역 차원에서 일어나고 있는 세력균형의 점진적 변화(특히 미·중 및 중·일 간의 경제력 변화), 급속한 중국의 부상에 대한 미·일 등 주요 국의 위기의식의 강화와 이에 따른 강경한 중국 정책의 등장, 중국 지도부의 이런 국제 상황의 변화와 주요 국의 정책 변화에 대한 인식, 이를 반영한 중국 정부의 적극적인 대응 정책의 추진 등을 의미한다. 이 새로운 현상은 시진핑 시대에 더욱 강화될 것이다.

이에 따라 중국 외교정책의 '조정'은 향후에도 지속되어, 미래의 어느 시점에서는 새로운 외교 방침과 정책으로 공식화될 가능성이 있다. 다만 그 시점이 언제가 될지, 또한 정책이 어떤 방향으로 변화할지를 알기 위해서는 좀 더 많은 시간이 필요하다.

한미동맹과 북중동맹은 양립 가능한가

2013년 2월 12일 오전 11시 57분경, 북한은 국제사회의 강력한 만류와 경고에도 불구하고 3차 핵실험을 강행했다. 이에 대해 주변국들은 하나같이 북한의 핵실험을 비난하고 비핵화(非核化), 즉 핵 개발의 포기와 핵 시설의 폐기를 촉구했다. 당시 박근혜 대통령 당선인은 "새 정부는 어떠한 경우에도 북한의 핵무장을 용인하지 않을 것"이라고 강조했다. 오바마 미국 대통령은 "지역 안정을 해치고 수많은 유엔안보리 결의를 위반한 행위"라며 북한을 비난했다. 중국도 외교부 성명에서 "북한 핵실험에 강력히 반대한다. 북한이 비핵화 약속을 지키고 사태를 악화시키는 행동을 취하지 않기를 강력하게 촉구한다."라고 밝혔다.

그 후 한국과 미국은 국제사회와 공조하여 북한을 강력하게 제재하기 위한 구체적인 협의에 들어갔다. 관건은 중국의 태도다. 중국은 2006년 1차, 2009년 2차 핵실험 때와는 다르게 국제사회의 강력한 북한 제재에 동참할 것인가? 아니면 그때처럼 말로는 북한을 비난하면서 실제로는 북한을 감싸는 정책을 지속할 것인가? 현재 상황에서 보면 후자의 가능성이 더 높다. 북한은 중국이 미국의 포위 정책에 맞서는 중요한 '전략적 자산'이고 한국을 압박하는 좋은 '외교적 수단'이기 때문이다. 이것이 한중 관계의 현황이고, 양국 관계의 발전을 위해 앞으로 해결해야 할 힘겨운 과제다.

1 중국의 북한 정책에 대한 두 가지 목소리

그런데 최근에 중국의 북한 정책과 관련하여 우리는 두 가지 다른 목소리를 들을 수 있다. 하나는 '이번에는 중국의 태도가 변했다.'라는 목소리다. 다른 하나는 '이번에도 중국의 태도는 변하지 않았다.'라는 목소리다.

(1) 중국의 태도가 변했다

우선 '중국의 태도가 변했다.'라는 주장을 살펴보자. 이 주장에 따르면, 북한에 크게 실망한 나머지 중국은 전과 다르게 유엔

안보리의 북한 제재 결의를 충실하게 이행할 것이고, 이는 여러 가지 정황을 통해 확인할 수 있다.[1] 예를 들어, 유엔의 북한 제재 결의안을 협상하는 과정에서 김숙 유엔 주재 한국 대사는 "중국과 협의를 하면서 달라진 태도를 느낄 수 있었느냐."는 기자의 질문에 "그렇다."라고 답했다.[2]

또한 중국의 중앙 정부인 국무원은 유엔의 북한 제재 결의를 철저히 이행하기 위해 관련 부처와 지방정부에 방침을 하달했고, 실제로 이것이 집행되고 있다는 보도가 이어졌다. 예를 들어, 나진·선봉 특구와 관련한 중국의 회의가 모두 취소되었고, 2월에는 중국의 북한 원유 수출도 중단되었다는 것이다.[3] 청와대도 이런 사실을 확인했다. 즉 중국 정부는 한국 정부와의 '교감' 속에서 유엔의 북한 제재 결의를 충실히 이행하기 위해 공식적으로 관련 지침을 하부에 하달했다는 것이다.[4]

이런 주장은 미국 정부 관계자에게서도 들을 수 있다. 예를 들어, 미 재무부의 데이비드 코헨(David Cohen) 차관은 2013년 3월 22일 중국을 방문하고 귀국하는 길에 가진 기자 간담회에서 "중국의 은행과 규제 기관이 유엔안보리의 결의를 매우 중시하고 있으며" 중국 측으로부터 "안보리 결의를 이행할 강한 의사(strong intention)를 들었다."라고 주장했다. 다시 말해 이번에는 중국이 북한에 금융 제재를 가할 것으로 믿는다는 것이다.[5] 이보다 열흘 전에 오바마 대통령도 비슷한 견해를 밝혔다. ABC 뉴스와의 인터뷰에서 그는 "중국이 김정은의 핵 벼랑끝전술

(brinkmanship)에 실망해서 북한 정책을 재고하고 있다는 조짐이 있다."라고 말했다. 또한 그는 "중국이 생각을 바꾸고 있는 것은 고무적(promising)"이라고 주장했다.[6]

또한 일부 언론과 학자들은 중국 지도자들의 최근 언행을 통해서도 이를 확인할 수 있다고 주장한다. 예를 들어, 중국은 최근에 북한에 세 차례의 '엄중한 경고'를 보냈다. 첫째는 2013년 4월 6일 왕이(王毅) 외교부장이 반기문(潘基文) 유엔 사무총장과의 전화 통화에서 한 말이다. 여기서 그는 중국은 한반도 사태에 대해 지대한 관심을 갖고 있으며, "중국의 집 앞에서 일이 생기는 것을 결코 용납하지 않겠다."라고 말했다. 둘째는 4월 8일 시진핑 국가주석이 보아오 포럼 개막식 치사에서 한 말이다. 즉 "자기의 이익을 위해 지역 혹은 세계를 혼란스럽게 하면 안 된다."라는 뜻이다. 셋째는 4월 13일 리커창 총리가 중국을 방문한 존 케리(John Kerry) 국무장관과의 대화에서 한반도에서 문제를 일으키는 것은 "돌을 들어 자기 발을 찍는 일에 다름 아니다."라고 말했다.[7]

그런데 이런 중국의 세 차례의 '엄중한 경고'는 보는 관점에 따라서는 다른 해석이 가능하다. 한마디로 말해, 중국이 경고한 대상은 북한만이 아니라는 것이다. 중국의 입장에서 보면, 현재 한반도에서 문제를 일으키는 당사자는 북한뿐 아니라 미국과 한국도 포함되기 때문이다. 예를 들어, 중국의 일부 학자와 군 관계자는 미국이 북한의 위협을 과장하여 과잉 대응하고 있고, 이것이 다시 북한을 크게 자극하여 극단적으로 대응하게 만들었다고 본다. 한미 합동 군사훈련에서 미국이 핵폭탄을 장착할 수 있는 B-22 전략 폭격기와 B-2 스텔스 폭격기, 최신 전투기인 F-22와 핵 잠수함을 동원한 것은 이를 보여 주는 사례라는 것이다. 동시에 미국은 이런 상황을 이용하여 중국을 견제하기 위해 군사력의 전진 배치를 강화하고 있고, 국제사회에서의 중국의 이미지도 훼손하고 있다.[8]

(2) 중국의 태도는 변하지 않았다

그런데 중국 정부와 중국의 주요 언론은 "중국의 북한 태도나 정책은 전과 다르게 변한 것이 없다."라고 주장한다. 2013년 2월 12일 북한의 3차 핵실험 이후 중국 외교부는 성명을 발표하여 북한의 핵실험을 "결연히 반대"한다고 주장했다.[9] 이런 방침에 입각하여 중국은 3월 7일 유엔안보리의 '대북 제재 결의 2094호'의 통과에 찬성했다.[10] 그런데 이후 중국의 외교부장(장관), 부부장(차관), 유엔 대사 등 고위급 외교관과 외교부 대변인은 여러 장소에서 반복적으로 "중국의 입장은 변함이 없다."는 점을 일관되게 강조한다.

여기서 말하는 '중국의 입장'은 세 가지 내용으로 구성된다. 첫째, 중국은 북한의 핵실험에 반대한다(한반도 비핵화의 지지). 둘째, 중국은 유엔안보리의 '북한 제재 결의 2094호'를 이행할 것이다(국제사회의 결의 준수). 셋째, 북한 핵 문제는 제재가 아니라 대화(예를 들어, 6자 회담)를 통해서만 근본적으로 해결할 수 있다(대화

를 통한 문제 해결).[11] 이와 비슷하게, 왕이 외교부장도 존 케리 국무
장관과의 회담에서 북한 핵 문제를 처리하는 중국의 '3대 원칙'을
천명했다. 첫째는 한반도의 평화와 안정의 유지, 둘째는 '한반도'
의 비핵화('북한' 비핵화가 아니다.), 셋째는 대화와 협상 등 평화적
인 수단을 통한 문제 해결이다.[12]

　이런 입장을 확인하듯이, 2013년 2월 27일에《파이낸셜 타
임스》에 기고한 글에서 "중국은 북한을 버려야 한다."라고 주장
했던《학습시보》의 덩위원 부편집장이 얼마 후 직위에서 해임되
었다.[13] 또한 2013년 4월 12일에는《환구시보》에「북한을 버리자
는 주장은 지나치게 유치하고 극단적이다」라는 사설이 게재되어
덩위원의 글을 공개 비판했다. 이 사설에 따르면, 중국은 "북한의
국가 안전을 수호할 뿐 아니라, 북한 정권의 안정적인 집권을 지
지한다." 동시에 "중국은 지금부터 자국에 대한 북한의 올바른 태
도 변화를 요구하여, 북 · 중 간에 상호 존중과 공동 우호의 '정상
관계'를 회복해야 한다." 마지막으로 "중국의 북한 정책은 어느
정도 조정하는 것이 필요하지만, 그것은 한국 · 미국 · 일본과 같
은 편에 서는 것이 아니라, 지나치게 극단적이고 또한 중국의 이
익을 침해하는 북한의 행위에 필요한 반응을 하는 것이며, 우리
의 태도와 행동으로 북한의 잘못을 바로잡도록 하는 것이다."[14]

　이런 공식 입장은 중국 언론에서도 반복되었고, 몇 가지 추가
사항도 공통적으로 강조되었다. 먼저, 북한 핵 문제의 본질은 북
한과 미국 간의 대립이며, 그래서 해결의 열쇠는 북한과 미국이

쥐고 있다. 즉 중국은 북한 핵 문제의 당사자도 아니며 해결 주체는 더욱 아니다.[15] 또한 중국은 유엔안보리 결의에는 동참하지만 미국이 주도하는 개별 국가의 제재에는 결코 동참하지 않는다. 특히 중국의 북한 '징벌'은 유엔안보리 결의나 개별 국가의 제재보다 강도가 높아서는 안 된다. 그 밖에도 중국은 세 가지 조건이 갖추어지는 한 '평형을 유지'한다. 세 가지 조건은 첫째, 중국의 동북 지역에 핵 오염이 없고, 둘째, 한국·미국·일본이 북한을 공격하지 않으며, 셋째, 한국과 일본이 핵무기를 개발하지 않는다는 것이다.[16]

(3) 어느 것이 진실인가

그렇다면 이런 두 목소리 중에서 어느 것이 중국의 '진짜' 모습인가? 두 목소리 모두가 진짜일 수 있다. 예를 들어, 중국의 북한에 대한 태도와 정책은 '실제로는' 변화했지만 북한의 체면을 고려해서 '겉으로는' 변하지 않았다고 주장할 수 있다. 아니면 중국이 '비공식적으로는' 미국과 한국 등 주변국에 자신의 본심, 즉 "중국의 북한에 대한 태도와 정책은 변했다."라고 말하면서도 북한을 자극하지 않기 위해 '공식적으로는' 그렇지 않다고 주장할 수도 있다. 우리가 중국의 실제 상황을 제대로 알 수 없기 때문에 이런 가능성을 모두 염두에 두어야 한다.

그런데 이에 대한 정확한 판단을 내리기 위해서는 좀 더 거시적인 관점에서 문제를 바라볼 필요가 있다. 예를 들어, 지난 20년 동안의 한국-중국 간의 관계(한중 관계)를 뒤돌아보면 우리는 이에 대한 비교적 정확한 대답을 얻을 수 있다. 여기에 더해 미중 관계의 변화 추세를 보면 이런 판단을 내리는 데 도움을 받을 수 있다. 왜냐하면 중국의 북한 정책은 한중 관계 및 미중 관계와 밀접하게 연관되어 혹은 '연동되어' 있기 때문이다. 이로 미루어 판단하건대, 현재 중국의 북한에 대한 태도와 정책은 "크게 변한 것이 없다."라는 중국 정부와 중국 언론의 주장이 타당하다고 생각된다.

우리는 어떤 근거로, 또한 어떤 논리에서 북한의 3차 핵실험 이후에도 중국의 북한에 대한 태도와 정책이 크게 변하지 않을 것이라고 판단할 수 있는가? 이 장에서 검토하려고 하는 것이 바로 이것이다.

2 한중 관계와 안보 문제

1992년 수교 이후 한중 관계는 '눈부신 발전'을 이룩했다. 그러나 이와 함께 양국 모두에게 '힘겨운 과제'를 제시한 것도 사실이다.[17] 이는 지난 20년간 한중 관계가 보여 준 네 가지 특징을 통해 확인할 수 있다. 즉 그동안 한중 관계는 교류 주체와 영역의 급속한 확대, 영역별 불균등 발전의 심화, 공식 규정과 실제 관계의 괴리, 양국 간 국력 격차의 확대라는 특징을 보여 주었다.[18] 이 중에서 첫 번째 특징은 한중 관계의 눈부신 발전을 보여 주는 근거가 된다. 반면 나머지 세 가지 특징은 힘겨운 과제와 직접적 혹은 간접적으로 관련이 있다. 이는 한·중 간에 해결해야 할 수많은 과제가 있다는 사실을 보여 준다.[19]

이 중에서 2000년대 후반기에 들어 가시화된 안보 영역에서의 갈등은 한중 관계의 발전에 커다란 장애를 초래하는 힘겨운 과제다. 예를 들어, 한중 관계의 영역별 불균등 발전의 현상에서, 안보 영역은 발전이 가장 더딘 분야에 해당한다. 이로 인해 경제 및 사회 관계의 발전도 방해를 받고 있다. 게다가 공식 규정과 실제 관계 간의 괴리에서 특히 문제가 되는 것이 바로 안보 영역이다. 2008년 한·중 정부는 양국 관계를 '전략적 협력 동반자 관계'로 발전시키기로 공식 합의했지만 안보 영역에서의 문제로 인해 양국 간에는 오히려 '전략적 불신'과 갈등이 심화되는 현상이 나타났다. 한·중 간의 국력 격차의 확대라는 특징도 경제 영역뿐 아니라 안보 영역, 즉 군사력의 격차 확대에서도 두드러지게 나타나고 있다.

이런 점에서 향후 한중 관계의 내실 있는 발전을 위해서 한중 양국은 안보 문제를 제대로 인식하고 대응하는 것이 중요하다. 한중 안보 관계에 커다란 영향을 끼치는 쟁점은 크게 두 가지다. 하나는 북한-중국 간의 군사동맹(북중동맹)이고, 다른 하나는 한국-미국 간의 군사동맹(한미동맹)이다. 전자는 주로 한국의 우려 사항이고, 후자는 주로 중국의 우려 사항이다. 지난 20년간의 한중 안보 관계를 보면, 양국 간의 갈등은 주로 이 두 가지 쟁점을 둘러싸고 나타났다. 북중동맹과 관련한 안보 쟁점으로는 북한의 3차(2006년 1차, 2009년 2차, 2013년 3차)에 걸친 핵실험과 핵무기 보유의 선언, 탈북자 처리 문제, 북한의 군사적 도발에 대한 한·중의 다른 인식과 대응이 있다. 반면 한미동맹과 관련된 안보 쟁점으로는 한미동맹의 성격 변화(즉 북한 억지에서 한반도 주변 지역의 안보 확보로 역할 확대)와 한·미·일 군사 협력의 강화에 대한 한·중의 다른 인식과 대응이 있다.

이 두 가지의 안보 쟁점은 2008년 이명박 정부가 등장한 이후 분명하게 부각되었다. 예를 들어, 2008년 5월 이명박 대통령이 중국을 공식 방문하는 날, 중국 외교부 친강(秦剛) 대변인은 "한미 군사동맹은 역사가 남긴 산물"로 "냉전 시기의 군사동맹을 가지고 당면한 안보 문제를 처리하는 것은 불가능하다."라고 비판했다.[20] 2010년에 들어와서는 한·중 간에 북한의 군사적 도발을 둘러싸고 '전략적 불신'이 더욱 심화되었다. 2010년 3월 북한의 천안함 폭침 사건과 같은 해 11월 연평도 포격 사건에 대한 양국의 대립과 갈등은 이를 잘 보여 준다. 중국은 천안함 사건의 조사 결과를 믿지 않았고 유엔안보리에서도 북한의 입장을 옹호했다. 연평도 포격 사건에 대해서도 마찬가지였다. 대신 중국은 서해와 남해에서 진행된 한미 합동 군사훈련을 중국에 대한 포위 전략으로 간주하여 강력하게 비판했다.

그래서 이 장에서는 북중동맹과 한미동맹을 중심으로 지난 20년 동안의 한중 안보 관계를 분석하려고 한다. 여기서 두 가지 관점을 강조하고 싶다. 먼저, 탈북자 문제, 북핵 문제, 북한의 군사적 도발, 한반도 통일 문제 등 세부적인 안보 현안은 분석하지 않을 것이다. 대신 중국의 한반도 정책과 한국의 북한 정책, 한미 동맹과 중국의 대응, 이를 둘러싼 한·중 양국의 협력과 갈등 등 거시적 측면에서 한중 안보 관계를 분석할 것이다. 한중 관계에서 안보 문제의 내용과 특징을 정확히 이해하는 데는 거시적 관점이 필요하기 때문이다.

또한, 미래 지향적인 관점에서 한중 안보 관계를 분석할 것이다. 한중 관계에서 안보 문제가 부각된 것은 비교적 최근의 일이다. 2000년대 초중반까지만 해도 북핵 문제나 탈북자 문제를 둘러싸고 양국 간에 갈등이 있었지만, 이것이 한중 관계 전체에 큰 영향을 끼치지는 않았다. 그런데 2000년대 후반에 들어와 안보 문제가 부각되면서 한·중 간에는 전략적 불신이 높아졌고, 이것은 다시 양국 관계 전체에 부정적인 영향을 끼치기 시작했다. 동시에 이와 같은 상황은 향후 한중 관계의 발전에 커다란 영향을 줄 것이다. 따라서 향후 한중 관계의 견실하고 내실 있는 발전을 위해서는 양국이 적절한 대응 방안을 모색하고 실천해야 한다.

3 안보 문제가 등장한 배경과 특징

(1) 세 가지 요소의 변화

먼저, 한중 관계에서 안보 문제가 부각된 배경을 살펴보자. 시기적으로 보면, 2008년 2월 이명박 정부가 들어서면서 한중 관계에서 안보 문제가 부각되고 이로 인해 양국 간에 갈등과 대립이 심화되기 시작했다. 그래서 이명박 정부의 외교정책 변화, 특히 한미동맹 강화와 중국 견제, 북한 봉쇄정책이 한중 안보 관계를 악화시킨 주요 원인 혹은 배경인 것처럼 보인다. 이 기간에 중국의 외교정책과 한반도 정책은 바뀐 것이 거의 없기 때문이다. 그러나 이는 사실이 아니다. 따라서 이 문제를 제대로 이해하고 대응하기 위해서는 좀 더 포괄적이고 체계적으로 분석해야 한다. 다시 말해 이는 한·중 양국뿐 아니라 양국을 포함한 동아시아 지역의 전략 환경이 변화한 것과도 관련이 있다는 것이다.[21]

크게 세 가지 조건의 변화가 한중 관계에서 안보 문제가 부각되는 데 중요한 역할을 했다. 첫째는 중국 부상의 가속화와 동아시아 지역에서의 미중 세력균형의 변화, 이에 따른 중국 외교정책의 미세한 조정과 한국 내 '중국위협론'의 확산이다. 둘째는 미국의 외교정책, 특히 오바마 정부의 아시아 정책의 변화다. 셋째는 이명박 정부의 등장과 외교정책 및 북한 정책의 변화다. 이들 세 가지 요소가 복합적으로 작용하여 한중 관계에서 안보 문제가 중요한 쟁점으로 부각되었고, 한·중이 이런 쟁점에 대해 제대로 대응하지 못함으로써 양국의 안보 관계는 악화되었다.

21세기에 들어 중국은 고도의 경제성장, 군사력 증강, 소프트 파워의 향상을 토대로 지역 강대국(regional power)에서 세계 강대국(global power)으로 급속하게 발전하고 있다. 단적으로 중국은 1978년부터 2011년까지 연평균 9.9퍼센트의 경제성장률을 기록했고 그 결과 2010년에는 일본을 제치고 세계 2위의 경제대국이 되었다. 이와 함께 미·중 간의 경제 규모(GDP) 격차도 1992년 13배(6조 3000억 달러 대 4900억 달러)에서 2011년 2.1배(15조 달러 대 7조 3000억 달러)로 급속히 축소되었다. 게다가 중국의 국방비는 1998년 169억 달러에서 2010년 1190억 달러로 7배나 증가했다. 그 결과 중국은 2008년부터는 미국에 이어 세계에서 두 번째로 많은 국방비를 사용하는 국가가 되었다. 이에 대해서는 1장의 [표 1-2]와 [표 1-3]을 참고할 수 있다.

중국의 급속한 부상은 한중 관계에서 안보 문제가 주요 현안으로 등장하게 만든 근본적인 배경이 되었다. 먼저, 동아시아 지역에서 미·중 간의 세력균형이 중국에 유리한 방향으로 전개되었다. 한마디로 미·중 간의 국력 격차가 축소되면서 탈냉전 시기에 미국이 누려 왔던 패권적 지위가 도전받기 시작한 것이다.[22] 심지어 군사력 면에서도 아시아 지역만을 놓고 본다면 미국이 군비 경쟁에서 결코 중국을 이길 수 없다는 주장이 제기되고 있다.[23] 이렇게 되면서 그동안 미국과의 군사동맹을 통해 다양한 안보 위협에 대응해 왔던 한국은 안보 불안감을 심하게 느끼기 시작했다. 결국 한국도 중국의 군비 증강에 대해 좀 더 적극적으로 대응해야 할 필요성이 제기되었던 것이다.[24] 이명박 정부에 들어와 한미동맹의 강화와 한·미·일 안보 협력의 확대가 강력하게 제기되고 실제로 추진된 배경에는 이런 사실이 놓여 있다.

또한 세계 강대국으로의 급속한 부상은 중국의 대외 정책에 영향을 끼쳤고, 이것이 다시 한국을 포함한 동아시아 국가의 안보 불안감을 가중시켰다. 한마디로 2008년 하반기 세계 금융위기 이후 중국은 전보다 더욱 공세적이고 경우에 따라서는 공격적인 외교 행태를 보여 주었다. 2009년 4월 G-20 런던회의 무렵부터 중국이 독자적인 의제를 제안하고 이를 관철시키기 위해 러시아·브라질·인도 등과 적극 협력하는 모습, 2009년 12월 코펜하겐 유엔기후변화협약회의 이후부터 중국이 보여 준 세계 기후변화 문제에 대한 적극적인 대응, 2010년 남중국해와 동중국해의 해양 분쟁에 대한 중국의 공세적인 대응과 북한의 군사 도발에 대한 중국의 단호한 비호 등은 대표적인 사례다. 앞에서 자세히 보았듯이, 이와 같은 중국의 '공세적' 외교 행태는 중국 내에서 전개된 다양한 정책 논쟁을 반영한 것이다. 현 단계에서 중국이 이전과는 다른 새로운 외교정책을 확정했다고 말할 수는 없지만, 높아진 국제적 위상과 신장된 국력에 걸맞은 새로운 외교정책을 모색하고 있는 것은 분명한 사실이다. 그리고 그 과정에서 표출된 '공세적' 외교 행태는 한국을 포함한 주변국을 긴장시키고 있다.

한편 중국의 부상이 가속화되면서 미국의 아시아 정책, 특히 중국 정책은 전보다 더욱 적극적이고 공세적으로 변했다. 2009년에 등장한 오바마 정부의 '아시아로의 회귀' 정책은 이를 잘 보여준다. 이는 2009년 하반기부터 본격적으로 등장하여 2010년을 거치면서 좀 더 뚜렷해졌고, 2011년에는 '아시아 선회' 혹은 '재균형 전략'의 이름으로 공식 정책으로 확정되었다.[25] 중국은 군사·안보 영역에서 나타난 미국의 '아시아 선회' 정책을 반(反)중국 포위 정책으로 간주하여 비판한다.[26]

예를 들어, 중국은 미국이 한국 및 일본과의 군사동맹을 한층 강화하여 아시아에서 중국을 포위하는 '소규모 북대서양조약기구(Mini-NATO)'를 만들고 있다고 비판한다.[27] 특히 이런 시도는 2010년 천안함 사건과 연평도 포격 사건 이후 더욱 강화되었다는 것이다. 이처럼 미국의 강화된 아시아 정책과 중국의 반발로 2000년대 후반기에 들어 미·중 간에는 새로운 군사적 긴장 관계가 형성되었다. 이런 미중 긴장 관계는 한반도를 중심으로 전개되면서 한중 안보 관계가 크게 부각되었던 것이다.

마지막으로 2008년에 등장한 이명박 정부는 김대중, 노무현 정부와는 다른 외교정책과 북한 정책을 추진하기 시작했다. 즉 한미동맹의 강화가 외교정책의 핵심이 되었고, 관여 정책의 폐기와 봉쇄정책의 강력한 추진이 북한 정책의 핵심이 되었던 것이다.[28] 이명박 정부의 한미동맹 강화 정책과 북한 봉쇄정책은 그동안 중국이 추구해 온 안보 이익과 정면으로 대립한다. 중국의 관점에서 보면, 한국은 한미동맹의 강화를 통해 미국 주도의 '반(反)

중국 안보 연합'에 본격적으로 참여하기 시작한 것이다. 또한 중국의 입장에서 보면, 한국의 북한 봉쇄정책은 북한 정권의 붕괴를 포함한 한반도의 불안정 혹은 현상 변경을 유발할 가능성이 크다. 이는 곧 평화롭고 안정적인 한반도의 조성을 목표로 중국이 추진해 온 정책과 배치된다. 이런 이유로 김대중, 노무현 정부 시기에는 나타나지 않았던 안보 문제를 둘러싼 갈등과 대립이 이명박 정부 시기에 눈에 띄게 증가했던 것이다.

(2) 한중 안보 관계의 두 가지 특징

한중 안보 관계는 크게 두 가지 특징을 지니고 있다. 하나는 '간접성'이고, 다른 하나는 '매개성'이다. 이 두 가지 특징은 모두 북중동맹 및 한미동맹과 관계가 있다. 이 두 가지 동맹을 중심으로 한중 안보 관계를 집중 분석하려고 하는 것은 바로 이 때문이다.

먼저 간접성을 살펴보자. 한·중 양국이 안보 문제를 둘러싸고 직접 충돌할 가능성은 높지 않다. 이는 몇 가지 이유 때문이다. 우선, 한·중이 직접 충돌한 만한 안보 현안이 양국 간에는 존재하지 않는다. 예를 들어, 한·중은 내륙 국경선을 맞대고 있지 않기 때문에 국경 분쟁이 없다. 이 점에서 한국은 중국과 국경을 맞대고 있는 인도·베트남·러시아 등과는 상황이 다르다. 참고로 이들 국가는 모두 과거에 중국과 국경 지역에서 무력 충돌을 경험한 적이 있다. 인도는 1962년에, 러시아는 1969년에, 베트남은 1979년에 국경 지대에서 중국과 군사적으로 충돌했다.

또한 한·중 간에는 해상 영토 분쟁도 존재하지 않는다. 물론 양국 간에는 서해와 남해 지역에서 해양 경계선을 획정하는 문제, 즉 배타적 경제수역의 경계 설정 문제가 존재한다. 그러나 이는 도서 영유권 분쟁 혹은 영토 분쟁이 아니다. 최소한 양국 정부는 이렇게 주장한다.[29] 이 점에서 남중국해와 동중국해에서 중국과 도서 영유권 분쟁을 겪고 있는 필리핀·베트남·말레이시아·브루나이·일본과 한국의 상황은 다르다. 참고로 필리핀과 베트남은 이 해역에서 1990년대까지 중국과 군사적으로 충돌한 경험이 있다. 2010년 센카쿠 열도(댜오위다오) 지역에서 중국 어선의 나포를 둘러싸고 벌어진 중·일 간의 심각한 분쟁과, 2012년 스카보로 섬(황옌다오) 지역에서 중국의 해양 감시선과 필리핀의 해군이 긴장 속에서 수개월 동안 대치한 사건은 아직도 우리 기억에 생생하다.

따라서 한국이 중국에 대해 느끼는 안보 불안은, 이웃 국가 중에서 강대국이 출현하면 주변 약소국이 일반적으로 느끼는 '수동적 위협'이라고 할 수 있다. 다시 말해 한국은 아직 중국으로부터 직접적인 공격 의도의 표현, 즉 '적극적 위협'을 느끼고 있는 것은 아니다.[30] 이는 한국이 미국이나 일본과는 달리 중국과 아시아 지역 혹은 세계의 주도권을 놓고 경쟁하는 국가가 아니라는 사실에 의해서도 뒷받침된다. 한국은 경제성장과 민주화를 바탕으로 중견국으로 성장했지만, 세계 강대국으로 급속하게 발전하고 있는 중국과, 지역 및 세계의 주도권을 놓고 겨룰 정도는 아니다. 따라서 중국이 급속히 부상함에 따라 미국과 일본은 각각 세계 초강대국의 지위(미국) 혹은 아시아 지역 강대국의 지위(일본)를 상실할지도 모른다는 위협과 불안을 느낄 수 있지만 한국은 그렇지 않다.

다른 한편, 현재 한·중 간의 안보 문제는 북한을 매개로 한 것(즉 북중동맹과 한국의 우려)과 미국을 매개로 한 것(즉 한미동맹과 중국의 우려) 두 가지가 있다. 이러한 면에서 한중 안보 관계는 매개적이라는 특징이 있다. 북한은 현재까지 한국 안보의 최대 위협 요소로 작용한다. 중국은 북한의 유일한 군사동맹국으로서 의도하든 의도치 않든 간에 한국의 안보에 직접적인 영향을 끼치고 있다. 여기에 더해 역사적인 문제가 해결되지 않음으로써 중국에 대한 한국인의 경계심은 여전히 남아 있다. 바로 중국의 한국전쟁 참전과 이에 대한 한국 국민들의 불만이다. 이 문제는 1992년 국교 수립 과정에서 일단락 지었으면 좋았지만 그렇지 못했기 때문에 현재까지 이어지고 있다.

반면 중국은 미국의 아시아 동맹체제를 세계 강대국으로 부상하는 과정에서 당면한 최대의 과제이자 안보상의 최대 우려 사항으로 생각한다. 이런 상황에서 이명박 정부에 들어와 한미동맹이 미일동맹과 유사한 방향으로 강화되는 추세가 나타나면서, 한미동맹에 대한 중국의 반감은 더욱 커져 갔다. 게다가 한·미·일 안보 협력이 강화되면서 동아시아에도 유럽의 북대서양조약기구와 같은 미국 주도의 동맹 및 안보 협력 체제가 공고화되는 것이 아닌가 하는 우려가 중국 내에서 제기되고 있다. 결국 중국은 한미동맹을 그 자체로 보는 것이 아니라, 미국의 아시아 전략, 구체적으로는 중국 견제 전략의 일환으로 보고 경계한다.[31] 향후 중국의 부상이 가속화되고, 이에 대한 미국의 대응이 전보다 더욱 적극적이 된다면 한미동맹은 중국에는 매우 민감한 안보 문제가 될 것이다.

4 북중동맹과 한국의 안보 우려

한국의 입장에서 보면, 한중 관계에서 가장 중요하고 커다란 안보 현안은 북중동맹과 중국의 북한 지원이다. 그래서 이 문제는 현재도 그렇고 향후 단기간 내에도 한중 관계에 가장 커다란 영향을 끼치는 안보 현안이 될 것이다. 여기에는 북한 핵 문제,[32] 북한의 군사적 모험주의,[33] 북한의 급변 사태와 한반도의 통일 문제 등에 대한 한·중의 다른 인식과 대응이 포함된다.[34]

(1) 개혁기의 북중 관계 변화: '혈맹'에서 '일반' 관계로

개혁·개방 시기에 들어 북한과 중국 간의 관계(북중 관계)는 커다란 변화를 겪었다. 한마디로 말해, 북중 관계는 사회주의혁명과 한국전쟁을 공유한 '동지애로 맺어진 특수 관계'에서 '일반적인 국가 대 국가의 관계'로 변화하고 있다는 것이다.[35] 다만 북중 관계가 일반적인 국가 간의 관계와는 다르다는 사실을 강조하기 위해 중국은 이를 '전통적 우호 협력 관계'로 규정한다. 물론 개

혁 이전 시기의 북중 관계가 '혈맹(血盟)'이라는 이름에 부합하는 견실한 관계였다는 것은 아니다.[36]

　북중동맹의 성격 변화는 북중 관계의 변화를 보여 주는 중요한 지표다. 최명해 박사의 연구에 의하면, 북중동맹은 중국의 개혁기에 들어 근본적인 변화를 겪었다. 즉 북중동맹에서 미국과 한국 등 공동의 외적에 군사적으로 대응한다는 동맹의 '외적 기능(external function)'은 약화되었고, 대신 동맹 파트너(즉 중국과 북한)를 상호 견제하고 관리한다는 동맹의 '내적 기능(internal function)'이 강화되었다는 것이다. 그 결과 현재 북중동맹은 중국과 북한이 서로를 견제하고 관리하는 기제로 주로 기능하고 있다고 평가할 수 있다.[37]

　그동안 북중동맹이 변화되었다고는 하지만 현재도 여전히 법적으로 유효한 군사동맹임에는 변함이 없다. 그래서 한국은 북중동맹에 대해 우려하지 않을 수 없다. 한국의 우려 사항은 크게 두 가지다. 첫째, 북한이 북중동맹을 배경으로, 혹은 북중동맹을 활용하기 위해 군사적 도발을 감행할 가능성이다. 중국이 북한의 이런 군사 도발을 지원하는 것은 결코 아니다. 그렇지만 그동안 북한이 보여 주었던 군사적 모험주의는 북중동맹과 관련된 것이 적지 않다.[38] 둘째, 북한에 급변 사태가 발생할 때 중국은 북중동맹 조약을 법적 근거로 북한에 개입할 가능성이 있다. 이럴 경우 북한에 한국이 선호하는 민주적 정부가 들어설지, 혹은 한국 주도로 한국의 구상에 따라 한반도가 통일될 수 있을지는 보장할

수 없다.[39]

(2) 중국의 한반도 정책과 북중동맹의 유지

한편 한중 수교 이후 중국의 한반도 정책은 비교적 일관되게 이어져 왔다. 그것은 상위의 외교 목표, 즉 국내 경제 발전에 전념할 수 있는 평화적이고 안정적인 국제 환경의 조성과, 중국의 국제적 영향력 확대라는 양대 목표에 의해 결정되었다. 이에 따라 중국은 한반도의 안정과 평화 유지 및 자국 영향력의 확대를 최우선 목표로, 북한 정권의 유지와 한국과의 관계 강화를 부수적인 목표로 추진해 왔다. 또한 이와 같은 정책 목표를 달성하기 위해 중국은 남북한 모두에 영향력을 유지하는 균형 외교 혹은 등거리외교를 추진해 왔다. 특히 중국은 한반도 안정과 평화에 커다란 위협이 되었던 북한 핵 문제와 북한의 군사 도발 등 중요한 한반도 관련 문제에 적극적으로 개입해 왔다.[40] 이런 중국의 한반도 정책은 단기간 내에는 변하지 않을 것이다.[41]

중국은 이런 정책 목표를 달성하기 위해 지금까지 북중동맹을 유지해 왔고, 북한에 대한 정치·경제적 지원도 지속해 왔다. 중국은 주로 '안보 이익'을 위해, 부수적으로 '외교 이익'을 위해 북중동맹을 유지하고 북한을 지원한다. 안보 이익은 미국이 주도하는 한·미·일 삼국의 안보 협력에 대응하는 수단으로, 또한 미국과의 직접적인 군사 대치를 방지하는 '완충지대(buffer zone)'로 북중동맹을 활용하는 것을 가리킨다.[42] 외교 이익은 6자회담 등을 통해 국제사회에서 중국의 지위와 역할을 확대하고, 한·미·일과의 관계에서 '북한 카드'를 중요한 협상 수단으로 사용하는 것을 말한다. 물론 북한이 중국에게 이익(자산)인가, 아니면 손해(부채)인가에 대해서는 중국 내에서도 통일된 견해가 없다.[43] 예를 들어, 일부 중국학자들은 중국의 요구를 무시하고 핵실험을 강행한 북한은 중국의 안보 이익과 외교 이익을 심각하게 침해했고, 따라서 이런 북한에 대해 강력한 제재를 포함한 강경책을 추진해야 한다고 주장한다.[44]

향후에도 중국은 한반도에 대한 자국의 영향력이 축소되는 것을 허용할 수 없기 때문에 북중동맹을 포기할 수 없을 것이다. 왜냐하면 북중동맹은 한국과 미국의 한반도 영향력 확대에 대응하는 중국의 중요한 수단이기 때문이다.[45] 또한 북중동맹은 중국이 북한의 '돌출 행위'를 관리하는 중요한 수단이기 때문에 이를 쉽게 포기할 수 없을 것이다.[46] 다만 두 가지 요소가 북중동맹의 유지 및 발전에 영향을 끼칠 것이다. 하나는 미중 관계다. 만약 미국과 중국이 협력적인 관계를 유지한다면, 전략적 완충지대로서의 북한의 가치는 약화될 것이다. 반대로 미국 주도의 '반(反)중국 안보 협력'이 강화된다면 북한의 안보상 가치는 커질 것이다. 다른 하나는 한미 관계다. 만약 한미 관계가 약화되고 동시에 중국 견제 수단의 성격이 사라진다면 북중동맹의 존재 가치도 약화될 것이다.[47]

북한의 입장에서도 북중동맹을 쉽게 포기할 수는 없을 것이

다. 무엇보다 한미동맹이 건재하고 미국의 북한 '적대시 정책'이
지속되는 한, 북한은 자국의 안보를 위해 중국을 배제할 수 없다.
물론 북한이 북중동맹을 이용한 중국의 자국 '관리'를 수용한다
는 것은 아니다.[48] 또한 한국과 미국 등의 북한 봉쇄정책이 지속
되는 한, 정치·외교적 측면에서뿐 아니라 경제적 측면에서도 북
한을 지원해 줄 수 있는 유일한 국가는 중국뿐이다. 따라서 북한
의 입장에서 볼 때, 북미 관계와 남북 관계가 크게 개선되어 안보
우려가 완전히 해소되고 충분한 경제적 지원을 확보할 수 있기
전까지 북중동맹은 여전히 중요한 안보 기제가 될 것이다.

(3) 북한의 중국 의존 심화와 봉쇄정책의 한계

한편 중국의 국력이 신장되면서 북한의 중국 의존은 더욱 심
해지고 있다. 정치·외교 영역뿐 아니라 경제 영역에서도 북한
은 이미 중국에 깊이 의존하고 있다.[49] 예를 들어, 북한의 중국 무
역의존도(북한의 전체 무역에서 북중 간 무역이 차지하는 비중)를 보면,
2002년 24.9퍼센트에서 시작하여 2005년 52.7퍼센트로 처음으로
50퍼센트를 넘은 이후 지속적으로 높아져 2009년에는 78.5퍼센
트에 이르렀다. 무역액도 2003년 처음으로 10억 달러를 넘은 이
후 해마다 증가 추세에 있고, 최근에는 매년 두 자릿수의 증가세
를 보였다. 그래서 2009년에 29억 7000만 달러, 2010년에 34억
7000만 달러, 2011년에 56억 2000만 달러를 기록했고, 2012년에
는 69억 3000만 달러로 사상 최고를 기록했다.[50] 북한의 전략물자

도입에서 중국이 차지하는 비중도 마찬가지다. 2005년 이후 북한은 원유의 100퍼센트, 식량의 40~80퍼센트를 중국에 의존하고 있다.[51]

북한이 유치한 해외 직접투자(FDI)에서 중국이 차지하는 비중도 지속적으로 높아졌다. 2003년 북한이 유치한 1억 5800만 달러 중에서 중국 투자액은 100만 달러로 그 비중은 0.7퍼센트에 불과했다. 이후 중국의 북한 투자는 지속적으로 증가하여 2008년에는 북한이 유치한 외자 총액(4400만 달러) 중에서 중국(4123만 달러)이 차지하는 비중이 93.7퍼센트가 되었다.[52] 2008년 6월 시진핑 부주석의 방북과, 2009년 10월 원자바오 총리의 방북 이후 중국의 대북 투자는 수십억 달러가 넘는 등 증가해 왔다.

이런 상황에서 만약 한국과 미국, 그리고 일본이 북한 봉쇄정책을 지속한다면 북한의 중국 의존은 돌이킬 수 없을 정도가 될 것이다. 이것이 한반도의 평화 정착과 통일을 위해 긍정적 역할을 할 것인지 아니면 부정적 역할을 할 것인지는 좀 더 많은 검토가 필요하다. 그러나 북한의 중국 의존도가 심화될수록 한국의 북한 정책에 제약 요소가 될 것임은 분명하다. 즉 한국은 경제 지원을 정책 수단으로 사용할 수 있지만, 그것의 실제 효과는 북한의 중국 의존 심화와 함께 약화될 것이다.

이렇게 된다면 한국은 북한 핵 문제의 해결을 위해 중국에게 점점 더 많은 역할을 기대할 수밖에 없다. 만약 중국이 한국의 기대에 부응하지 못하면 한국은 크게 실망할 것이다. 반대로 중국 입장에서는 한국이 남북 관계의 개선을 위해 마땅히 해야 할 역할은 하지 않으면서 중국만 비난한다고 생각할 것이다. 그 결과는 한·중 간에 상호 불신만 높아지고 전반적으로 양국 관계가 악화될 것이다. 2010년의 한·중 간의 갈등은 이것의 단초를 보여 주었다.

이상에서 살펴본 것처럼, 북중동맹이 지속되고 중국이 북한을 정치·경제적으로 계속 지원한다면, 또한 만약 한국이 북한 봉쇄정책을 계속 추진한다면 한·중 간에는 북한 정책을 둘러싼 갈등과 대립이 지속될 것이다. 반대로 만약 한국이 북한 관여 정책을 추진한다면 중국과는 북한 정책을 둘러싼 갈등과 대립 대신에 협력과 공조가 가능하게 될 것이다. 전자의 예로는 이명박 정부 때의 한중 관계, 후자의 예로는 김대중·노무현 정부 때의 한중 관계를 들 수 있다. 단기간 내에 중국의 한반도 정책은 변하지 않을 것이다. 이 때문에 한국이 어떤 북한 정책을 추진하는가에 따라 한·중 간에는 갈등·대립의 관계와 협력·공조의 관계가 반복하여 출현할 것이다. 다시 말해 북중동맹은 한중 안보 관계의 갈등 요소로 계속 남아 있을 가능성이 높다.

특히 북한이 핵무기 보유국임을 선언한 상태(예를 들어, 2012년 4월 북한은 헌법을 개정해 "북한은 핵무기 보유국이다."라는 사실을 명시했다.)에서, 또한 2013년 2월 북한이 3차 핵실험을 통해 핵무기의 경량화를 더욱 앞당긴 상황에서 한국이 북한에 대해 유화정책을 추진하기는 쉽지 않다. 이에 따라 한국이 강경책을 고수한다면 북한 핵문제를 놓고 한·중이 협력할 가능성은 줄어들 것이다. 예를 들어, 만약 한·미가 북한에 대한 군사적 압박을 계속한다면 중국은 북한의 핵무기 보유를 '묵인'하고, 경제제재를 받고 있는 북한 체제의 안정을 위해 정치·경제적 지원을 계속할 가능성이 있다. 이는 한국의 안보 이익과 정면으로 배치된다.

5 한미동맹과 중국의 안보 우려

한미동맹의 성격과 역할 변화는 현재에도 그렇고 향후에도 한중 안보 관계에 큰 영향을 끼칠 수 있는 중요한 사안이다. 앞에서 말했듯이, 현재 중국에게 가장 커다란 안보 위협은 아시아 지역에서 미국이 주도하는 동맹 및 안보 협력 체제가 강화되는 것이다. 한미동맹과 미일동맹도 여기에 포함되며, 중국의 입장에서 볼 때 더 위협적인 것은 미일동맹이다.[53] 이는 미·일이 군사·안보적 측면에서 중국의 부상을 견제 혹은 방해할 수 있는 역량을 갖추고 있는 나라이기 때문이다. 미국이 '반중국 안보 협력'을 실제로 추진하고 있는가는 논란의 여지가 있지만, 중국 지도부와 대다수의 중국학자들은 그렇다고 믿고 있다.

(1) 한미동맹에 대한 중국의 인식

한미동맹에 대한 중국의 태도와 정책은 지난 60여 년 동안 몇 차례의 변화를 겪어 왔다.[54] 예를 들어, 한중 수교 이전까지 중국은 한미동맹에 대해 매우 비판적이고 부정적인 태도를 보였다. 즉 한미동맹은 동북아시아에서 미국이 패권을 유지 및 확장하기 위해 시도하는 대표적인 사례이며, 중국의 안보 이익을 해치는 적대적 기제이자, 한반도 통일의 장애물이라는 것이다.[55] 그러나 이런 중국의 기본 관점도 미중 관계의 상황과 한국 정부의 중국 정책 및 북한 정책에 따라 일정한 변화를 보여 왔다. 단적으로 한·중 양국이 거의 전 분야에 걸쳐 우호적인 협력 관계를 유지했던 김대중·노무현 정부 때에는 한미동맹에 대한 중국의 부정적인 인식이 크게 완화되었다. 반면 미·중 간에 군사적 갈등이 증폭되고 또한 한중 관계가 악화된 이명박 정부 때에는 그렇지 않았다. 이 시기에 중국 내에서는 한미동맹에 대한 강경한 비판과 함께 중국 정부가 다양한 정책을 동원하여 한미동맹을 약화시켜야 한다는 논의가 등장했다.[56]

지금까지 한미동맹의 중점은 북한의 도발 억지와 한반도의 평화 유지였다. 향후 단기간 내에도 이런 방침이 크게 바뀌지는 않을 것이다.[57] 그런데 2005년 한·미 간에 주한 미군의 전략적 유연성(strategic flexibility)에 대한 합의가 이루어졌고, 이에 따라 주한 미군의 역할이 한반도에서 아시아 및 세계 지역으로 확대되면서 한미동맹의 성격과 역할이 조정될 가능성이 높아졌다. 특히 미국은 중국의 군사력 증강에 대응하기 위한 수단으로 한미동맹을 활용하려고 한다. 여기에 부응하여 이명박 정부는 한미동맹을 '21세기의 전략 동맹'으로 발전시킨다는 방침을 천명하고 추진했었다.[58] 이에 따라 한미동맹이 미국이 주도하는 '반중국 안보 연합'의 일환으로 성격과 역할이 바뀌고 있다는 중국의 의심은 더욱 깊어졌다.

(2) 한미일 군사 협력과 중국의 우려

한미동맹의 성격 변화와 역할 확대에 더해, 한일 안보 협력을 강화하자는 요구도 이명박 정부 때에 더욱 높아졌고 실제로 추진되어 왔다. 우선, 미국이 이것을 강력히 요구했다. 2008년 세계 금융위기 이후 심각한 재정 위기에 직면한 미국은 군사비를 축소해야 한다. 향후 10년 동안 최소 4000억 달러, 최대 1조 달러의 국방비를 감축해야 한다는 것이다. 이에 따라 미국이 동아시아 지역에서 군사력의 유지에 사용할 수 있는 자원은 점점 제한된다. 이라크 및 아프가니스탄 전쟁이 장기화되면서 미국인의 전쟁 피로감과 고립주의 경향이 강해지고 있는 것도 큰 부담이다. 그래서 미국은 한·일이 협력하여 주도적으로 중국의 군사적 부상에 대응할 것을 요구한다.[59]

이런 미국의 요구에 대해 일본은 적극 호응해 왔고, 한국에서도 이명박 정부에 들어와 이에 호응하는 목소리가 커졌다. 이에 따라 한·일 간의 직접적인 안보 협력이 시작되었다. 일본은 역사 갈등과 해양 분쟁을 겪고 있는 중국이 군사력을 급속히 증강하는 것에 대해 매우 우려하고 있다. 그래서 미일동맹을 강화하는 한편 한국·호주·인도 등 다른 민주국가와의 안보 협력 강화도 적극 추진해 왔다.[60] 이명박 정부에 들어와 한국 내에서도 일본과 안보 협력을 강화하고, 이를 통해 중국의 군사력 증강에 대비해야 한다는 목소리가 강화되었다.[61]

최근에는 이런 주장이 실제 정책으로 추진되었다. 예를 들어, 2010년 한미 합동 군사훈련과 미일 합동 군사훈련에 한국군 및 일본군 장교가 최초로 상호 참관한 것, 한·미·일 해군이 같은 해 10월 부산 지역에서 PSI(대량살상무기 확산 방지구상) 합동 훈련을 최초로 실시한 것은 이를 잘 보여 준다. 2011년 1월 한일 국방 장관회의에서 한·일 간에 군사비밀보호협정과 상호 군수지원협정 체결이 논의된 것은 또 다른 사례다. 이후 이런 한일 정부 간의 논의는 조약 체결을 모색하는 수준으로까지 발전했는데, 정치권과 국민들의 반대로 성사되지는 못했다.

이처럼 한·미·일 간의 군사 협력이 강화되면서 이에 대한 중국의 안보 우려는 증가하고 있다.[62] 더 나아가 삼국의 안보 협력이 대만해협 문제나, 남중국해 및 동중국해의 해양 분쟁을 겨냥하여 전개될 경우, 중국은 강력하게 반발할 것이다. 중국은 미국이 동맹국 및 안보 협력국과의 군사 협력을 강화하여 자국의 부상을 봉쇄하려 한다고 믿기 때문이다. 이런 상황에서 한·미·일 군사 협력이 강화되면 중국은 한국도 중국 봉쇄에 참여한 것으로 간주하여 경계할 것이다. 중국의 경계는 군사력 증강의 가속화, 북중동맹의 강화, 중러 안보 협력의 강화로 구체화된다. 결국, 현재의 추세가 지속된다면 동아시아에는 '해양 세력(한·미·일)'을 한편으로 하고, '대륙 세력(북·중·러)'을 다른 한편으로 하는 냉전 시대의 양대 진영이 형성될 수 있다. 이 경우 한반도는 최대의 피해자가 될 것이다.

한편 박근혜 정부에서도 이와 같은 추세, 즉 한미동맹과 한미일 안보 협력의 강화 추세를 쉽게 되돌릴 수 없을 것이다. 향후에도 중국이 세계 강대국으로 계속 부상하면서 한국의 안보 불안감은 높아질 것이기 때문이다. 게다가 미국의 중국 견제 정책도 지속될 것이고, 한미동맹과 한미일 안보 협력의 강화는 그것의 중요한 요소가 될 것이기 때문이다. 따라서 한미동맹 및 한미일 안보 협력의 문제를 둘러싼 한·중 간의 갈등과 대립이 지속될 가능성은 그 반대의 가능성보다 높다고 할 수 있다.

6 '전략적 불신'에서 '전략적 신뢰'로

한국과 중국 정부가 북중동맹과 한미동맹을 둘러싸고 나타나는 갈등을 해결하지 못한다면 한중 관계는 앞으로 크게 발전할 수 없다. 그래서 만약 박근혜 정부와 시진핑 정부가 한중 관계의 발전을 원한다면 이 문제를 어떻게든 해결해야 한다. 그동안 많은 학자가 이 문제를 어떻게 해결할 것인가에 대해서 다양한 의견을 제시했다.[63]

그런데 한중 안보 관계는 단순히 양국 간의 정책과 행위에 의

해 결정되는 것이 아니기 때문에 문제가 훨씬 복잡하다. 중국의 급속한 부상과 미중 세력 관계의 변화, 중국 외교정책의 미세한 조정, 미국의 아시아 및 중국 정책의 변화, 북한의 핵 문제와 생존 전략, 한국의 외교정책 및 북한 정책의 변화 등 여러 가지 요소가 복합적으로 작용하여 한중 안보 관계에 영향을 끼치고 있다. 그래서 이 문제는 짧은 기간 안에 쉽게 해결될 수 있는 사안이 아니다.

이 중에서 특히 중요한 것이 미국의 태도와 정책이다. 예를 들어, 북한은 미국이 자국의 체제 안전을 보장하지 않는 한 핵무기를 결코 포기하려고 하지 않을 것이다. 따라서 북핵 문제를 해결하기 위해서는 미국의 북한에 대한 태도와 정책의 변화가 필요하다. 한미동맹의 성격 변화도 미국의 아시아 정책(특히 중국 정책)과 관련이 있다. 즉 미국이 중국 포위 전략을 계속하고 한국에게 참여를 요청한다면 한국은 매우 곤란한 처지에 빠질 수 있다. 그러나 한국과 중국은 미국에 정책 변화를 강요할 수 없기 때문에 양국 차원에서 할 수 있는 노력을 다할 수밖에 없다.

이와 관련하여 관건은 한국과 중국 양국이 두 가지 방향에서 안보 문제를 해결 혹은 관리하기 위해 노력해야 한다는 점이다. 먼저, 두 나라는 공통의 안보 이익에 대한 합의(consensus)를 넓히고 이를 달성하기 위해 협력함으로써 양국 간의 '전략적 신뢰'를 확대하려고 노력해야 한다. 또한, 한국과 중국 양국은 서로에 대해 갖고 있는 안보상의 우려 요소를 충분히 이해하고 각자의 정책과 행동을 최소한 '양해(諒解)'함으로써 '전략적 불신'을 축소하려고 노력해야 한다. 이처럼 전략적 신뢰는 확대하고, 전략적 불신은 축소하려는 양면적인 노력이 필요하다.

(1) 북중동맹과 한 · 중의 노력

먼저, 북중동맹과 관련된 노력이다. 중국의 안보 이익을 고려할 때, 중국의 한반도 정책은 당분간 변하지 않을 것이다. 중국에는 한반도 안정이 최우선이고, 그래서 북한 정권의 불안정을 초래할 수 있는 비핵화 정책(예를 들어 전면적인 대북 경제제재)은 결코 추진하지 않을 것이다. 반면 한국에는 한반도의 평화와 안정도 중요하지만 북한의 비핵화도 매우 중요하다. 이처럼 양국의 안보 이익과 정책이 충돌하는 상황에서 북한의 핵 문제를 해결하면서 동시에 한 · 중 간의 갈등을 완화할 수 있는 방법은, 한국이 북한 봉쇄정책을 포기하고 관여 정책을 추진하는 것이다. 이 점에서 이명박 정부의 북한 봉쇄정책과 이로 인한 한 · 중 간의 갈등은 바람직한 정책 방향이 아니었다.

여기서 한국의 북한 봉쇄정책은 실효성이 점점 떨어지는 정책이라는 사실을 기억해야 한다. 무엇보다 남북 관계의 한 주체인 북한이 이를 결코 수용할 수 없다. 게다가 중국도 자국의 안보 이익 때문에 이를 강력하게 반대한다. 그래서 비록 한국이 미국과 일본의 협조를 얻어 북한 봉쇄정책을 지속하더라도 중국의 북한 지원 확대로 인해 기대하는 정책 효과를 얻을 수 없다. 이런 상황에서 미국도 아시아 지역 및 세계 문제의 해결에서 중국의 협조를 얻기 위해 중국의 북한 정책을 수용할 가능성이 있다. 일본도 마찬가지다. 결국 한국의 북한 관여 정책은 중국의 적극적인 지지와 최소한 미국과 일본의 소극적인 지지를 얻을 수 있는 정책인 반면, 봉쇄정책은 중국의 적극적인 반대와 미·일의 유동적인 지지를 얻을 수 있는 정책이다. 시간이 가면 갈수록 북한 관여 정책만이 주변국과 북한의 지지를 얻는 유일한 정책이 될 것이다.

이에 호응하여 중국도 한국의 안보 우려를 해소하기 위해 상응하는 북한 정책을 추진해야 한다. 핵심은 북한이 핵무기 보유에 대한 태도를 바꾸어 한국의 안보 불안감이 해소될 수 있도록 중국이 최대한 노력하는 것이다. 이를 위해서 중국은 북한 지원 정책뿐 아니라 강경한 제재 정책도 사용할 수 있어야 한다. 물론 중국이 한·미·일과 공조하여 '공개적으로' 북한을 압박할 필요는 없다. 상황에 따라서는 중국이 단독으로 또한 비공개적으로 북한이 수용할 수밖에 없는 강력한 정책 수단을 사용할 수 있다.

만약 이런 중국의 적극적인 노력과 일련의 과정을 통해 북한이 핵무기 보유에 대해 전향적인 태도를 취한다면, 한국의 북한 관여 정책은 탄력을 받을 수 있다. 또한 이를 바탕으로 한국과 중국의 대북 공조가 복원되고, 북한의 경제개혁 지원과 북미 관계의 정상화도 다시 모색할 수 있다. 관건은 북한의 비핵화고, 이를 위해 중국이 얼마나 실제적인 노력을 경주하는가 하는 점이다. 물론 앞에서 말했듯, 한국의 북한 정책도 매우 중요한 요소다.

(2) 한미동맹과 한·중의 노력

다음은 한미동맹과 관련한 노력이다. 북한의 위협이 상존하고, 중국의 부상이 초래할지도 모르는 불확실성이 남아 있는 한, 한국은 한미동맹을 결코 포기할 수 없다. 중국도 이런 사실을 잘 알고 있다. 중국이 우려하는 것은, 한미동맹이 미일동맹처럼 성격과 역할이 변화되어 한국이 미국 주도의 '반중국 안보 연합'에 참여하는 것이다. 따라서 한미동맹의 존재 그 자체가 한중 관계의 발전을 저해하는 요소는 아니다. 같은 이치로 북중동맹 그 자체가 한중 관계의 발전을 가로막는 방해물은 아니다. 이런 면에서 한국과 중국이 각각 한미동맹과 북중동맹을 양국 관계의 발전을 위해 순기능적으로 작용하도록 운영할 수 있는 여지는 남아 있다.

이와 관련하여 한국은 중국과의 안보 관계에서 전략적 신뢰가 일정한 정도로 구축되기 전까지 한미동맹의 역할 확대와 한미일 안보 협력 강화에 대해 신중하게 접근해야 한다. 무엇보다 한미동맹은 현재도 그렇고 가까운 미래에도 북한의 도발 억지에 초점이 맞추어져야 한다. 다시 말해 한미동맹의 역할이 확대되어 한국군이 한반도를 벗어난 동아시아 지역에서 발생하는 분쟁에 개입하는 일은 없어야 한다. 미국의 결정에 의해 움직이는 주한미군의 역할 확대는 한국이 어떻게 할 수 있는 것이 아니기 때문에, 이에 대해서는 중국의 양해를 구할 수밖에 없다. 같은 맥락에서 중국의 군사적 부상에 대응하는 데 실효성도 떨어지고 오히려 중국의 전략적 불신만 초래할 수 있는 한미일 안보 협력도 중국과의 전략적 신뢰가 구축되기 전까지는 추진을 보류하는 것이 타당하다.

이런 한국의 정책에 호응하여 중국도 상응하는 정책을 추진해야 한다. 무엇보다 중국의 급속한 부상과 북중동맹으로 인해 야기되는 한국의 안보 불안감을 충분히 고려해서 중국은 신중하게 처신해야 한다. 예를 들어, 서해와 남해의 배타적 경제수역 획정과 관련된 문제에서 말과 행동으로 한국을 긴장시키지 말아야 한다. 또한, 한미동맹을 단순히 미국의 아시아 및 중국 전략의 연장선상에서만 보는 기존의 시각도 바꾸어야 한다. 이런 관점에서만 보면 북한의 군사 도발 억지나 그 밖에 한반도 주변에서 발생하는 안보 문제에 대한 대응으로 한국 정부가 추진하는 정책을 모두 미국의 주도하에 추진되는 반중국 봉쇄 전략으로 확대 해석할 가능성이 있다. 중국이 이런 관점을 고수한다면 양국 간에는 전략적 불신만이 증대될 것이다.

그 밖에도 한중 안보 관계를 발전시키기 위해서는 중국이 미국과 일본과의 관계에서 풀어야 하는 과제가 있다. 이들 강대국 간의 관계, 특히 미중 관계가 한중 안보 관계에 지대한 영향을 끼치기 때문이다. 예를 들어, 미 · 중, 중 · 일 간의 전략적 불신을 해소하고 공동의 협력을 통해 동아시아 지역의 안보 현안(예를 들어, 한반도 문제, 대만해협 문제, 남중국해 문제)을 풀어 가는 것이다. 물론 한국도 북핵 6자회담이나 아세안 지역안보포럼 등의 다자주의 기제를 통해 이에 참여할 수 있다. 그러나 한국은 중견국이기 때문에 남북 관계 개선 등 일부를 제외하고는 지역 안보 현안의 해결에서 주도적인 역할을 담당할 수 없다.

이런 사실을 종합하면, 한국과 중국은 과거 20년간의 '눈부신 발전'을 토대로 향후에 안보 영역에서의 '힘겨운 과제'를 해결하기 위해 더욱 많은 노력을 기울여야 한다. 이는 매우 힘겹겠지만 건강하고 내실 있는 한중 관계의 발전을 위해서는 양국이 꼭 해야 하는 필요한 일이다.

7 '정책 3중주'를 다시 강조한다!

2012년에 출간한 『용과 춤을 추자: 한국의 눈으로 중국 읽기』에서 나는 한국의 바람직한 중국 정책으로 '정책 3중주(policy trio)'를 제시했다. 즉 한국은 부상하는 중국에 대해 관여(engagement), 위험 분산(hedging), 동아시아 다자주의(multilateralism)의 세 가지 정책을 동시에 또한 균형 있게 추진해야 한다고 주장했다. 이런 생각은 지금도 변함이 없다. 오히려 한국에는 박근혜 정부가, 중국에는 시진핑 정부가 들어서서 양국 관계의 발전을 위해 새로운 방침과 정책을 모색하는 현재 단계에서는 이에 대한 적극적인 고려가 더욱 필요하고 중요하다고 생각한다. 그래서 여기서 그 내용을 다시 한 번 정리하면서 이 책을 끝맺으려고 한다.[64]

한국의 중국 정책으로서 관여, 위험 분산, 다자주의를 살펴보기 전에 먼저 관여, 봉쇄(containment), 위험 분산의 개념에 대해 간단히 설명하겠다. 이 세 개념은 모두 한 국가가 특정 국가에 대해 사용하는 외교정책 혹은 전략을 가리키는 국제정치학 개념이다. 관여는 다른 말로 '개입' 혹은 '포용'이라고도 한다. 이는 특정 국가와의 적극적인 교류와 협력을 통해 자국이 원하는 방향으로 특정 국가의 정책과 행동을 유도하는 정책을 말한다. '햇볕 정책'으로 불리는 김대중 정부의 북한 정책이 대표적인 사례다. 반면 봉쇄는 정치 · 경제 · 군사 등 여러 방면에서 특정 국가를 고립 및 포위하는 전략을 추진하여 특정 국가의 정책과 행동을 변화시키는 정책을 말한다. 미국의 쿠바 정책, 이명박 정부의 북한 정책, 미국 레이건 정부의 소련 정책이 대표적인 사례다.

이에 비해 위험 분산은 보험 용어를 국제정치 분야에 적용한 개념이다. 다른 말로는 '위험 대비'라고도 한다. 위험 분산은 다양한 의미를 갖고 있다. 학자에 따라 이것을 관여와 봉쇄 혹은 관여와 세력균형(balancing)의 혼합 정책으로 이해하기도 한다. 나는 이를 좀 더 넓은 의미로 사용한다. 즉 위험 분산은 군사 · 안보와 관련한 정책으로, 한 국가가 불확실한 국제 상황에서 잠재적 위협 국가가 초래할지도 모르는 각종 위험에 대비하기 위해 복합적인 정책을 동시에 실시하는 전략을 가리킨다.

이러한 위험 분산 전략은 몇 가지 세부 정책으로 구성된다. 먼저 세력균형이 있다. 이는 자국의 군비 증강(이를 내적 균형(internal balancing)이라고 한다.)이나 타국과의 군사동맹 체결(이를 외적 균형

그림 10-1 한국의 바람직한 중국 정책: '정책 3중주'

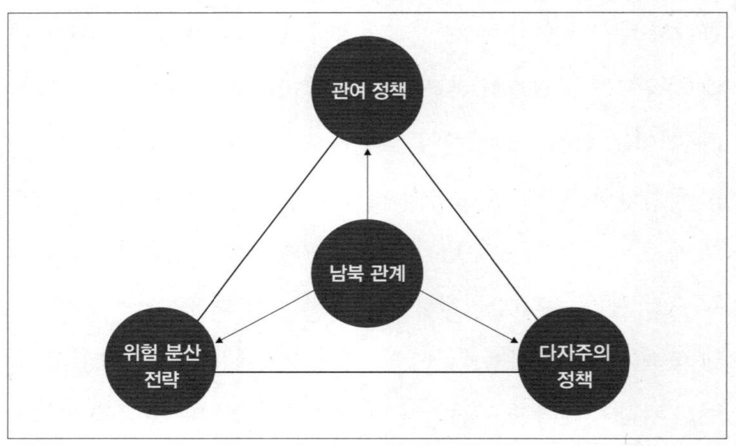

(external balancing)이라고 한다.)을 통해 잠재적 위협 국가에 대응하는 정책이다. 또한 속박(binding)도 있다. 이는 잠재적 위협 국가와 일대일로 혹은 다른 국가와 함께 각종 조약을 체결함으로써 위협 국가의 행동을 제약하는 정책이다. 다시 말해 속박은 잠재적 위협 국가를 법률적 수단으로 묶어 두는 정책이라고 할 수 있다. 그 밖에도 통합(integrating)이 있다. 이는 잠재적 위협 국가를 국제기구나 지역 조직에 가입시켜 그 국가의 행동을 제약하는 정책이다. 위험 분산은 이처럼 다양한 정책을 동시에 사용하는 전략을 말한다. 대개 위험 분산 전략은 관여 정책과 함께 사용된다.

첫 번째로 한국은 중국에 대해 지속적이고 일관되게 관여 정책, 즉 교류와 협력을 통한 양국 관계의 발전 정책을 추진해야 한다. 관여 정책의 목표는 한·중 양자 관계의 안정화다. 즉 관여 정책을 통해 한중 관계를 견실하게 발전시켜 미중 관계와 같은 강대국 관계의 악화, 북한 문제 등 지역 현안의 돌출, 한·중 신세대 간의 민족주의 감정과 행동의 충돌 등 양국 현안의 등장이 양국 관계 전체에 부정적인 영향을 끼치지 않도록 미연에 방지하는 것이다.

가장 기본적인 정책 방향은 한중 관계의 견인차며 버팀목 역할을 하는 경제협력을 강화하고, 사회·인적 교류를 확대하는 것이다. 이를 위해서는 특히 민간 차원에서 심각한 문제로 제기되는 규범 및 가치관의 충돌을 완화하고 안정적으로 관리하는 것이 중요하다. 또한 한·중 양국 모두에 도움이 되는 방향으로 자유무역협정(FTA)을 조속히 체결하는 것도 중요한 과제다.

또한 관여 정책에서는 정치·안보 영역에서 한·중 간에 전략적 신뢰를 구축하기 위해 노력하는 것도 중요하다. 앞에서 살펴보았듯이, 한중 관계는 급속히 발전하면서도 동시에 매우 불균등한 양상을 보여 주었다. 이런 현상은 군사·안보 분야의 교류와 협력이 지체되었기 때문에 발생했다. 특히 이명박 정부 때에는 북한 문제와 한미동맹을 중심으로 한·중 간에 전략적 불신감이 높아지는 경향이 나타났다. 또한 이로 인해 지난 5년 동안 양국 관계 전체는 어려움을 겪은 것이 사실이다. 따라서 이런 문제가 양국 관계를 악화시키지 않도록 잘 관리하고, 또한 문제가 발생할 경우 이를 타당하게 처리할 수 있도록 하는 단기적·중장기적 대응 방안을 마련해야 한다.

두 번째로 한국은 중국의 부상에 군사·안보적으로 대비하기 위해 위험 분산 전략을 추진해야 한다. 여기에는 한미동맹의 지속과 한·미·일의 선택적인 안보 협력이 포함된다. 중요한 것은 이것이 한·미 간에 혹은 한·미·일 간에 '반중국 안보 연합'의 형성을 의미하는 것이 아니라는 점이다. 특히 한미동맹의 범위는 한반도가 중심이라는 점, 즉 한미동맹은 북한의 도발 억지가 목표지 중국 견제가 목표가 아님을 분명히 해야 한다. 그래서 미국 주도의 한·미·일 군사협력의 강화나 미사일 방어체제(MD)에 한국이 참여하는 문제에는 매우 신중해야 한다.

게다가 위험 분산 전략은 단순히 자체적인 군사력의 증강이나 타국과의 군사 협력의 강화만을 의미하지 않는다. 위험 분산은 전통 안보와 비전통 안보를 포함하는 다양한 영역에서 다자간 협력 기제를 구축하고, 필요할 경우 안보 협력을 제도화하는 것도 포함된다. 이런 면에서 위험 분산은 냉전 시대의 세력균형과는 다르다. 이 때문에 위험 분산은 결코 '중국 반대' 정책이 아니다. 그래서 중국도 한국의 위험 분산 전략에 호응할 수 있다. 중국이 6자회담의 상설화 등 역내 안보 현안을 해결하기 위해 다자간 협력 기제의 구축을 주장하고 있는 사실은 이를 잘 보여 준다.

세 번째로 한국은 중국 정책의 일환으로 다양한 동아시아 다자주의 정책을 적극적으로 추진해야 한다. 여기에는 아시아 전체를 포괄하는 대(大)다자주의, 동북아시아나 특정 지역과 국가만을 포괄하는 소(小)다자주의 정책이 모두 포함된다. 또한 여기에는 기존 조직의 발전과 새로운 조직의 형성, 전통적 안보 기구와 비전통적 안보 기구의 형성과 발전 모두가 포함된다. 대다자주의의 사례로는 동아시아 정상회의, 동남아시아 국가연합(ASEAN) + 3(한·중·일), 아세안 지역안보포럼, 아시아·태평양 경제협력체(APEC) 등을 들 수 있다. 소다자주의의 사례로는 6자회담, 한중일 정상회의, 한미일 외교안보회의 등을 들 수 있다.

다자주의 정책과 관련해서는 두 가지를 주의해야 한다. 첫째, 위험 분산 전략처럼 다자주의 정책도 '중국 반대' 정책이 아니다. 그래서 한·중은 동아시아 지역 공동체의 형성과 발전을 위해 공동으로 노력할 수 있다. 다만 동아시아 지역 공동체가 세계 강대국으로서 중국이 보여 줄지도 모르는 패권적 행위를 규제할 수 있도록 한국과 주변국에 유리하게 수립되고 운영되도록 노력하는 것이 필요하다. 둘째, 동북아시아에만 국한된 다자주의 정책은 바람직하지 않다. 미국·중국·일본·러시아와 같은 강대국을 상대로 하는 다자주의에서 한국이 할 수 있는 역할은 극히 제한되기 때문이다. 대신 동아시아 지역을 대상으로 하고, 필요할 경우 태평양 양안 등 다른 지역을 포괄하는 유연하고 개방적인 다자주의 정책을 추진해야 한다.

마지막으로, 남북 관계는 한국의 중국 정책과는 아무런 상관이 없는 것처럼 보이지만 실제로는 그렇지 않다는 점을 기억해야 한다. 한마디로 남북 관계는 정책 3중주에서 매우 중요하고, 그래서 정책 3중주의 성패를 좌우하는 관건적 요소라고 할 수 있다. 만약 한국이 주도적으로 남북 관계를 해결하지 못한다면, 정책 3중주는 제대로 작동할 수 없다. 반대로 한국이 남북 관계를 주도적으로 해결한다면 정책 3중주는 유연하게 작동될 가능성이 크다. 그래서 정책 3중주의 삼각형에서 남북 관계를 무게중심에 놓았던 것이다.

첫째, 남북 관계는 중국 관여 정책을 성공적으로 추진하는 데 커다란 영향을 끼친다. 만약 한·중 간에 전략적 불신이 심화된다면 한국의 중국 관여 정책은 제대로 추진될 수 없다. 그런데 앞에서 상세히 분석했듯이, 한국의 북한 정책은 한·중 양국 간에 전략적 불신을 심화시킬 수 있는 주요한 요인으로 작용하고 있다. 이 점에서 한국은 북한과 협력하여 한반도 문제를 능동적으로 해결하고, 이를 통해 중국의 전략적 신뢰를 얻는 것이 중요하다.

둘째, 한국이 주도적으로 북한 문제를 해결하는 것은 위험 분산 전략이 한중 관계의 발전을 방해하지 않도록 하는 데도 중요하다. 과거의 경험에 의하면, 남북한이 군사적인 긴장 상태에 놓이면, 남북한과 각각 군사동맹을 맺고 있는 미국과 중국도 이를 둘러싸고 갈등하는 상황이 초래된다. 만약 미·중이 대립하면 한·중 간에 한미동맹이 다시 부각되고, 이렇게 되면 한국의 중국 위험 분산 전략은 미국의 '반중국 안보 협력'의 일환으로 잘못 인식될 가능성이 높다. 따라서 한국이 북한 문제를 주도적으로 처리하여 미국과 중국이 이로 인해 갈등 관계에 놓이지 않도록 미연에 방지하는 것이 필요하다.

셋째, 남북 관계는 한국의 동아시아 다자주의 정책에도 영향을 끼친다. 한국이 북한 문제를 주도적으로 해결하여 한반도의 평화와 안정을 이룩하는 것은 아시아의 평화와 안정에 크게 기여하는 일이다. 현재 이 지역에서 분쟁 가능성이 가장 높은 곳이 바로 한반도, 대만해협, 남중국해이기 때문이다. 게다가 만약 한국이 북한 문제를 주도적으로 처리하지 못하면 한국은 지역 문제의 해결에서 지도력을 인정받을 수 없다. 자신의 문제도 해결하지 못하면서 다른 문제를 해결하겠다고 나서는 것은 설득력이 약하기 때문이다. 이런 점에서 한국이 동아시아 다자주의 정책을 성공적으로 추진하기 위해서는 남북 관계를 주도적으로 개선하고 이를 통해 타국으로부터 지도력을 인정받는 것이 필요하다.

정책 3중주는 중장기적으로 일관성 있게 추진되는 것이 가장 중요하다. 이를 위해서는 부상하는 중국에 적절히 대응하고 한중 관계를 발전시키기 위해서는 정책 3중주를 균형 있게 추진해야 한다는 공감대가 우리 사회에 형성되어야 한다. 이런 공감대를 기반으로 한국은 남북 관계를 주도적으로 처리하고, 이 과정에서 미국과 중국의 지지 및 협조를 얻어야 한다. 또한 이를 바탕으로 한미동맹과 한·중 전략적 동반자 관계가 상호 모순되지 않고, 한국은 미·중의 국익을 침해하지 않으면서도 두 관계를 동시에 발전시킬 수 있다는 신뢰를 미국과 중국 모두에게 주어야 한다. 이를 위해서는 정책의 지속성이 필수적이다. 한국의 중국 정책이 장기적이고 종합적인 관점에서 당파와 정권을 초월하여 수립되고 추진되어야 하는 것은 이 때문이다.

주(註)

1장

1   「習近平總書記深情闡述'中國夢'」,《人民網》2012年 11月 30日, http://www.people.com.cn (검색일: 2012. 12. 3).

2   Patti Waldmeir, "Tears, reality TV and the Chinese dream," *Financial Times*, (April 18, 2013), http://www.ft.com (검색일: 2013. 4. 18).

3   이에 대한 자세한 논의는 조영남, 『용과 춤을 추자: 한국의 눈으로 중국 읽기』 (서울: 민음사, 2012)를 참고할 수 있다.

4   조영남, 『21세기 중국이 가는 길』 (파주: 나남, 2009)의 「1장 중국 공산당 통치의 안정성과 정치적 기초」; 조영남, 『용과 춤을 추자』의 「4부 공산당 일당 독재, 지속할 수 있을까?」.

5   조영남, 『후진타오 시대의 중국 정치』 (파주: 나남, 2006)의 「4장 후진타오 시대의 등장과 엘리트 정치」; 조영남, 『21세기 중국이 가는 길』의 「3장 중국 공산당

제17차 전국대표대회의 정치개혁과 엘리트 정치」.

6 조영남, 『21세기 중국이 가는 길』의 「2장 정치개혁과 '중국 특색의 민주주의'」. 이에 대한 좀 더 상세한 분석은 나의 '법치 3부작' 연구를 참고할 수 있다. 조영남, 『중국의 법치와 정치개혁』 (파주: 창비, 2012); 조영남, 『중국의 법원개혁』 (서울: 서울대학교출판문화원, 2012); 조영남, 『중국의 법률 보급 운동』 (서울: 서울대학교출판문화원, 2012).

7 Pew Research Center, *Growing Concerns in China about Inequality, Corruption* (Global Attitudes Project, 2012), pp. 7-10.

8 조영남, 『21세기 중국이 가는 길』, pp. 44-47.

9 조영남, 『용과 춤을 추자』의 「3부 '2020 프로젝트'의 실체」.

10 高晨, 「中國家庭基尼係數0.61 高於全球平均水平」, 《新華網》 2012年 12月 10日, http://www.xinhuanet.com (검색일: 2012. 12. 10).

2장

* 이 장은 다음 논문을 보완한 것이다: 조영남, 「중국의 최근 개혁 논쟁 분석」, 《중소연구》 37권 1호 (2013년 봄).

1 馬立誠 · 淩志軍, 『交鋒: 當代中國三次思想解放實錄』 (北京: 今日中國出版社, 1998); 劉勇 · 高化民 主編, 『大論爭: 建國以來重要論爭實錄』 (珠海: 珠海出版社, 2001); 劉吉 主編, 『踫撞三十年: 改革開放十次思想觀念交鋒實錄』 (南京: 江蘇人民出版社, 2008); 馬國川, 『爭鋒: 一個記者眼裏的中國問題』 (北京: 中國水利水電出版社, 2008).

2 馬立誠, 『交鋒三十年: 改革開放四次大爭論親歷記』 (南京: 江蘇人民出版社, 2008). 참고로 이 책은 馬立誠 · 淩志軍, 『交鋒』의 증보판이다.

3 馬立誠, 『當代中國八種社會思潮』 (北京: 社會科學出版社, 2012).

4 전성흥 편, 『중국 모델론: 개혁과 발전의 비교 역사적 연구』 (서울: 부키, 2008); 딩쉐량(丁學良) 저, 이희옥 · 고영희 옮김, 『중국 모델의 혁신: 대중시장경제를 향하여(辯論中國模式)』 (서울: 성균관대학교출판부, 2012); 潘維 主編, 『中國

模式: 解讀人民共和國的60年』(北京: 中央編譯局, 2009); 鄭永年, 『中國模式: 經驗與困局』(杭州: 浙江人民出版社, 2010); 沈雲鎖·陳先奎 主編, 『中國模式論』(北京: 人民出版社, 2004); 黃平·崔之元 主編, 『中國與全球化: 華盛頓共識還是北京共識』(北京: 社會科學文獻出版社, 2005); 俞可平·黃平·謝曙光·高健 主編, 『中國模式與'北京共識': 超越'華盛頓共識'』(北京: 社會科學文獻出版社, 2006).

5 이홍규, 「보시라이 숙청과 충칭 모델의 미래」, 《현대중국연구》 14집 1호 (2012년 8월), pp. 37-82; 王紹光, 「探索中國式社會主義3.0: 重慶經驗」, 《馬克思主義研究》 2011年 2月, 《環球視野網》, http://www.globalview.cn (검색일: 2011. 8. 20); 秋風, 「廣東模式與重慶模式的政治意涵」, 《文化從橫》, 《求是理論網》 2012年 8月 1日, http://www.qstheory.cn (검색일: 2012. 8. 2).

6 World Bank, "10 Years After the Crisis," *East Asia & Pacific Update* (April 2007).

7 World Bank, "10 Years After the Crisis," pp. 3-4, pp. 25-30.

8 Indermit Gill and Homi Kharas, *Overview An East Asian Renaissance: Ideas For Economic Growth* (World Bank) (Washington D.C., 2007), p. 5.

9 World Bank and Development Research Center of State Council, *China 2020: Building a Modern, Harmonious, and Creative High-Income Society* (Conference Edition) (February 2012).

10 World Bank and Development Research Center, *China 2020*, p. 3, p. 12.

11 World Bank and Development Research Center, *China 2020*, pp. 10-14.

12 World Bank and Development Research Center, *China 2020*, pp. xv-xvii, p. 9.

13 龔雯, 「我們能否跨過中等收入陷阱」, 《人民日報》 2011年 7月 26日, 《人民網》, http://www.people.com.cn (검색일: 2011. 7. 26).

14 張暉明, 「中國會落入中等收入陷阱嗎?」, 《光明日報》 2012年 10月 29日, 《新華網》, http://www.xinhuanet.com (검색일: 2012. 10. 29); 張廷玉, 「跨越中等收入陷阱 需應對哪些挑戰」, 《新華日報》 2012年 12月 5日, 《求是理論網》, http://www.qstheory.cn (검색일: 2012. 12. 7); 厲以寧, 「當前最要緊的五項改革」, 《求是理論網》 2013年 1月 6日, http://www.qstheory.cn (검색일: 2013. 1. 9).

15   林毅夫,「中國可以擺脫中等收入陷阱」,《中國經濟周刊》2012年 11月 6日,
《求是理論網》, http://www.qstheory.cn (검색일: 2012. 11. 7); 林毅夫,「如
何才能做到收入翻番」,《新華日報》2012年 11月 29日,《求是理論網》, http://
www.qstheory.cn (검색일: 2012. 11. 29).

16   向松祚(中國農業銀行首席經濟學家),「以深化改革跨越中等收入陷阱」,《新華
網》2012年 12月 21日, http://www.xinhuanet.com (검색일: 2012. 12. 22);
陳鳳英(中國現代國際關係研究院 世界經濟研究所 所長),「中國不會陷入中
等收入陷阱」,《新華網》2013年 1月 22日, http://www.xinhuanet.com (검색
일: 2013. 1. 24); 樊綱(中國經濟體制改革研究會 副會長),「中國經濟還可能平
穩增長二三十年」,《人民網》2013年 2月 6日, http://www.people.com.cn (검
색일: 2013. 2. 6).

17   World Bank and Development Research Center, *China 2020*, p. 9, 〈표 1〉;
清華大學 國情研究中心,『2030 中國: 邁向共同富裕』(北京: 中國人民大足額
出版社, 2011), p. 58, 〈표 3-1〉.

18   Diana Choyleva, "China's Economic Dead End," *Wall Street Journal* (De-
cember 6, 2012), http://online.wsj.com (검색일: 2012. 12. 7).

19   清華大學 凱風發展研究院 社會進步研究所 · 清華大學 社會學係 社會發展研
究課題組,「'中等收入陷阱'還是'轉型陷阱'」,《開放時代》2012年 3期, http://
www.opentimes.cn (검색일: 2012. 11. 23); 孫立平,「轉型陷阱」,《中國改革
論壇網》2013年 1月 7日,《求是理論網》, http://www.qstheory.com (검색일:
2013. 1. 9). 참고로 이와 관련된 쑨리핑 교수의 연구로는 다음이 있다. 孫立平,
『斷裂: 20世紀90年代以來的中國社會』(北京: 社會科學文獻出版社, 2003);
孫立平,『失衡: 斷裂社會的運作邏輯』(北京: 清華大學出版社, 2004); 孫立平,
『轉型與斷裂: 改革以來中國社會結構的變遷』(北京: 清華大學出版社, 2004).
이 중에서 첫 번째 책은 김창경 교수에 의해『단절』(부산: 산지니, 2007)로 번
역 · 출판되었다. 시

20   王占陽,「政治改革爲何社會建設更迫切」,《環球時報》2012年 4月 21日,《環球
網》2012年 4月 23日, http://www.huanqiu.com (검색일: 2012. 4. 23).

21   「溫家寶深圳重提政改引關注 或爲深化改革信號」,《中國新聞周刊》2010年 8

月 26日,《新華網》, http://www.xinhuanet.com (검색일: 2010. 8. 27).

22 「溫家寶總理答中外記者問」,《新華網》2011年 3月 15日, http://www.xinhua-net.com (검색일: 2011. 3. 16).

23 吳敬璉, 「若政治不改革, 經濟改革也落實不了」,《中國經濟周刊》2012年 2月 28日,《環球網》, http://www.huanqiu.com (검색일: 2012. 2. 29); 최형규, "중국, 힘 있는 공무원이 '법치의 사유화' 중단해야: 중국의 '미스터 쓴소리' 원로 경제학자 마오위스 인터뷰," 《중앙일보》 2012년 9월 3일, www.joinsmsn.com (검색일: 2012. 9. 3); 茅于軾 主編, 『民主法治: 中國政府體制改革之路』(廣州: 暨南大學出版社, 2009).

24 孫立平, 「重啓改革要融合普世價値與公平正義」,《環球網》2012年 4月 10日, http://www.huanqiu.com (검색일: 2012. 4. 10).

25 閻健 編, 『民主是個好東西: 俞可平訪談錄』(北京: 社會科學文獻出版社, 2006).

26 俞可平, 『敬畏民意: 中國的民主治理與政治改革』(北京: 中央編譯出版社, 2012), p. 19.

27 俞可平, 『敬畏民意』, pp. 216-217.

28 판웨이 교수와 캉샤오광 교수의 주장은 조영남, 『후진타오 시대의 중국 정치』(파주: 나남, 2006), pp. 88-95; 이문기, 「판웨이의 '자문형 법치국가론'」,《동아시아브리프》 6권 3호 (2011. 8), pp. 48-54; 이문기, 「캉샤오광의 협력주의 국가론」,《동아시아브리프》6권 1호 (2011. 2), pp. 61-64를, 왕사오광 교수의 주장은 이민자, 「왕사오광의 중국식 민주주의」,《동아시아브리프》6권 2호 (2011. 5), pp. 42-47; 王紹光, 『祛魅與超越: 反思民主 · 自由 · 平等 · 公民社會』(北京: 中信出版社, 2010)을 참고할 수 있다.

29 蔡定劍, 『民主是一種現代生活』(北京: 社會科學文獻出版社, 2010), pp. 1-46, pp. 47-65, pp. 118-124.

30 邱雲華, 「政治要改革, 但社會建設更迫切」,《環球時報》2012年 4月 21日,《環球網》2012年 4月 23日, http://www.huanqiu.com (검색일: 2012. 4. 23).

31 김도희, 「정융녠의 중국 정치개혁과 국가 건설 이론」,《동아시아브리프》6권 1호 (2011. 2), pp. 65-68.

32 馬立誠, 『當代中國八種社會思潮』, p. 212.

33 鄭永年, 「中國社會改革應先于政治改革」, 《環球網》 2010年 9月 10日, http://www.huanqiu.com (검색일: 2010. 9. 10); 鄭永年, 「期待十八大后社會改革加速」, 《環球網》 2012年 1月 11日, http://www.huanqiu.com (검색일: 2012. 1. 12); 鄭永年, 「意識形態淡化, 共産黨留了一個法寶」, 《環球網》 2012年 2月 29日, http://www.huanqiu.com (검색일: 2012. 2. 29); 鄭永年, 「中國政治改革的理想路徑」, 《環球網》 2012年 8月 6日, http://www.huanqiu.com (검색일: 2012. 6. 8).

34 鄭永年, 『中國模式』, pp. 33-55.

35 鄭永年, 『中國模式』, pp. 85-96.

36 鄭永年, 『中國改革三步走』 (北京: 東方出版社, 2012), p. 7.

37 鄭永年, 『中國改革三步走』, pp. 12-20.

38 鄭永年, 『中國改革三步走』, pp. 81-85.

39 鄭永年, 『中國改革三步走』, pp. 96-97.

40 祝念峰 外, 「2012年 思想理論領域十個熱點問題」, 《紅旗文稿》 2013年 1期, 《求是理論網》 2013年 1月 10日, http://www.qstheory.cn (검색일: 2013. 1. 11); 餘宗言, 「道路決定改革的命運: 有關改革討論的評議」, 《紅旗文稿》 2013年 2期, 《求是理論網》 2013年 1月 23日, http://www.qstheory.cn (검색일: 2013. 1. 25); 包俊洪, 「改革共識四人談」, 《求是》 2013年 2期, 《求是理論網》 2013年 1月 16日, http://www.qstheory.cn (검색일: 2013. 1. 17).

41 Michael Wines, "As China Talks of Change, Fear Rises on the Risks," *New York Times* (July 17, 2012), http://www.nytimes.com (검색일: 2012. 7. 19); 牛新春, 「改革應有理論先行」, 《環球網》 2012年 11月 5日, http://www.huanqiu.com (검색일: 2012. 11. 5); 牛新春, 「改革急需明確邊界」, 《環球網》 2013年 1月 10日, http://www.huanqiu.com (검색일: 2013. 1. 10); 吳酩, 「改革共識有哪些」, 《求是理論網》 2012年 4月 1日, http://www.qstheory.cn (검색일: 2012. 4. 2).

42 Eric X. Li, "The Life of Party," *Foreign Affairs*, Vol. 92, No. 1 (January/February 2013), pp. 34-46; Yasheng Huang, "Democratize or Die," *Foreign*

Affairs, Vol. 92, No. 1 (January/February 2013), pp. 47-54.

43 國務院 新聞辦公室,『中國的民主政治建設』(2005. 5).

44 胡錦濤,「高擧中國特色社會主義偉大旗幟 爲奪取全面建設小康社會新勝利而奮鬪」, 中共中央文獻研究室 編,『十七大以來重要文獻選編(上)』(北京: 中央文獻出版社, 2009), pp. 1-47.

45 胡錦濤,「堅定不移沿著中國特色社會主義道路前進: 爲全面建成小康社會而奮鬪 ― 在中國共產黨第十八次全國代表大會上的報告」,『中國共產黨第十八次全國代表大會文件彙編』(北京: 人民出版社, 2012), pp. 1-53.

46 劉佳義,「大力發展社會主義協商民主」,《人民日報》2012年 12月 24日,《求是理論網》, http://www.qstheory.cn (검색일: 2012. 12. 24); 李效熙,「正確認識和把握社會主義協商民主」,《人民日報》2013年 1月 24日,《求是理論網》, http://www.qstheory.cn (검색일: 2013. 1. 24).

47 何增科 外,『中國政治體制改革研究』(北京: 中央編譯出版社, 2004), p. 26.

48 李君如,『當代中國政治走向』(福州: 福建人民出版社, 2007), pp. 143-146, pp. 150-154.

49 趙培傑,「自覺劃清中國特色社會主義民主同西方資本主義民主的界限」,《紅旗文稿》2010年 5月 10日,《求是理論網》, http://www.qstheory.cn (검색일: 2010. 5. 12); 中共中央黨校 中國特色社會主義理論體系研究中心,「自覺劃清中國特色社會主義民主同西方資本主義民主的界限」,《求是》2010年 6月 1日,《求是理論網》, http://www.qstheory.cn (검색일: 2010. 6. 1);『劃清'四個重大界限'學習讀本』編寫組,「人民民主是社會主義的生命: 劃清中國特色社會主義民主同西方資本主義民主的界限」,《人民日報》2010年 8月 25日,《求是理論網》, http//www.qstheory.cn (검색일: 2010. 8. 25); 房寧,「劃清兩种民主的界限是中國民主政治建設的前提」,《光明日報》2010年 9月 8日,《求是理論網》, http//www.qstheory.cn (검색일: 2010. 9. 11); 秋石,「中國特色社會主義民主政治的制度優勢與基本特徵: 劃清中國特色社會主義民主同西方資本主義民主的界限」,《求是》2010年 9月 16日,《求是理論網》, http//www.qstheory.cn (검색일: 2010. 9. 17); 秋石,「中國特色社會主義民主政治的制度優勢與基本特徵: 劃清中國特色社會主義民主同西方資本主義民主的界限」,《人民日報》2010年 10月

20日,《求是理論網》, http//www.qstheory.cn (검색일: 2010. 10. 22).

50 劉書林,「'普世價値'論包裹的'私貨'」,《人民論壇》2013年 1月 25日,《求是理論網》, http://www.qstheory.cn (검색일: 2013. 1. 29).

51 張維爲,「西方政治體制陷入六大困境」,《環球時報》2012年 11月 1日,《環球網》, http://www.huanqiu.com (검색일: 2012. 11. 1).

52 國紀平,「扭曲的民主結不出好果子: 西方政治體制困境透視」,《人民日報》2013年 2月 1日,《人民網》, http://www.people.com.cn (검색일: 2013. 2. 4).

53 張維爲,「中國模式不怕與西方模式競爭」,《環球時報》2013年 3月 18日,《環球網》, http://www.huanqiu.com (검색일: 2013. 3. 18).

54 張維爲,「中國政治改革離不開自信」,《環球時報》2010年 9月 25日,《環球網》, http://www.huanqiu.com (검색일: 2010. 10. 18); 張維爲,「沒有政治改革怎會有今日中國之崛起」,《人民日報》海外版 2011年 3月 30日,《求是理論網》, http://www.qstheory.cn (검색일: 2011. 3. 31); 張維爲,「在國際比較中解讀中國道路」,《求是》2012年 11月 2日,《求是理論網》, http://www.qstheory.cn (검색일: 2012. 11. 2).

55 鍾聲,「選賢任能是治國理政之要」,《人民日報》2013年 3月 15日, http://www.people.com.cn (검색일: 2013. 3. 17); 曹鵬程,「政治確定性是中國航船壓艙石」,《人民日報》2013年 3月 16日, http://www.people.com.cn (검색일: 2013. 3. 16);「社評: 領導人高風亮節與頂層政治過渡」,《環球時報》2013年 1月 24日,《環球網》, http://www.huanqiu.com (검색일: 2013. 1. 24).

56 貝淡寧,「當代選能政治是中國的大進步」,《環球時報》2013年 1月 29日,《環球網》, http://www.huanqiu.com (검색일: 2013. 1. 29). 이 주제에 대한 그의 연구로는 Daniel A. Bell, *Beyond Liberal Democracy: Political Thinking for an East Asian Context* (Princeton: Princeton University Press, 2006); Daniel A. Bell, *East Meets West: Human Rights and Democracy in East Asia* (Princeton: Princeton University Press, 2000)이 있다.

57 田文林,「富強夢需要怎樣的政治制度」,《人民日報》海外版 2012年 12月 28日,《環球網》, http://www.huanqiu.com (검색일: 2012. 12. 28); 田文林,「阿拉伯政治轉型之困」,《人民日報》2013年 1月 7日,《人民網》, http://www.

people.com.cn (검색일: 2013. 1. 7); 「社評: 埃及革命最缺對當代人的現實好處」,《環球時報》2012年 12月 7日,《環球網》, http://www.huanqiu.com (검색일: 2012. 12. 8).

58 Edward Wong and Jonathan Ansfield, "Many Urge Next Leader of China to Liberalize," *New York Times* (October 21, 2012), http://www.nytimes.com (검색일: 2012. 10. 23); Cary Huang, "Communist Party journal suggests it could learn from Singapore's PAP," *South China Morning Post* (October 23, 2012), http://www.scmp.com (검색일: 2012. 10. 23); 「學習時報介紹新加坡建設服務型政府經驗」,《中國時刻網》2012年 10月 22日, http://www.s1979.com (검색일: 2012. 10. 23).

59 조영남,『후진타오 시대의 중국 정치』, pp. 96-97; 이종화,「류쥔닝의 자유주의 정치개혁론」,《동아시아브리프》6권 2호 (2011. 5), pp. 58-63; 이종화,「차오스웬의 민주사회주의 정치개혁론」,《동아시아브리프》6권 3호 (2011. 8), pp. 55-60; 이민자,「친후이: 자치민주를 강조하는 자유주의자」,《동아시아브리프》6권 4호 (2011. 11), pp. 90-95.

60 이민자,「중국 민주화와 류샤오보」,《중소연구》34권 4호 (2010/2011 겨울), pp. 37-65; 이민자,「류샤오보의 자유민주주의」,《동아시아브리프》7권 2호 (2012. 5), pp. 64-69.

61 「何清漣談〈改革共識倡議書〉」,《華語》2012年 12月 27日, http://www.chinese.rfi.fr (검색일: 2012. 12. 28).

62 「執行憲法 第35條, 廢除預審制, 兌換公民的言論出版自由!」,《多維新聞網》2010年 10月 12日, http://www.dwnews.com (검색일: 2010. 10. 13); "Open letter calls for end to media censorship," *South China Morning Post* (October 12, 2010), http://www.scmp.com (검색일: 2010. 10. 13).

63 「公民建議書」,《中國人權》2012年 12月 13日, http://www.hrichina.org (검색일: 2012. 12. 28).

64 황희경, "중국 자유파 인사 200여 명 정치개혁 촉구 모임",《연합뉴스》2013년 3월 1일, http://www.yonhapnews.co.kr (검색일: 2013. 3. 2); Edward Wong and Jonathan Ansfield, "Reformers Aim to Get China to Live Up to Own

Constitution," *New York Times* (February 3, 2013), http://www.nytimes.
com (검색일: 2013. 2. 4).

65 「社評: 莫被互聯網虛構的‘路綫鬪爭’迷惑」, 《環球時報》 2012年 8月 24日, 《環球網》, http://www.huanqiu.com (검색일: 2012. 8. 24).

3장

1 조영남 · 안치영 · 구자선, 『중국의 민주주의: 공산당의 당내 민주 연구』 (파주: 나남, 2011), pp. 93-94.

2 조영남, 『21세기 중국이 가는 길』, pp. 105-110.

3 조영남, 『21세기 중국이 가는 길』, pp. 149-150.

4 程映虹, 「越南政治改革爲何領先中國?」, 《環球網》 2012年 4月 12日, http://
www.huanqiu.com (검색일: 2012. 4. 13); Ivan Zhai, "Beijing can learn from 'little brother' Hanoi's reform steps," *South China Morning Post* (February 19, 2009), http://www.scmp.com (검색일: 2009. 2. 19); "Vietnam's reforms a pointer for China," *South China Morning Post* (February 20, 2009), http://www.scmp.com (검색일: 2009. 2. 21).

5 베트남공산당의 당내 민주에 대해서는 이한우, 「베트남에서 개혁의 확대와 정치적 일원주의의 완화: 제10차 당대회 결과 분석」, 《신아세아》 14권 1호 (2007년 봄), pp. 84-108을 참고할 수 있다.

6 「黨政領導幹部職務任期暫行規定」, 中共中央辦公室法規室 外編, 《中國共産黨黨內法規選編(2001-2007)》 (北京: 法律出版社, 2009), pp. 321-322.

7 조영남, 『21세기 중국이 가는 길』, p. 130.

8 「社評: 領導人交接慣例向制度化前進」, 《環球網》 2012年 11月 16日, http://
www.huanqiu.com (검색일: 2012. 11. 17).

9 張宿堂, 「黨的新一屆中央領導機構産生紀實」, 《人民網》 2012年 11月 15日, http://www.people.com.cn (검색일: 2012. 11. 16); Cary Huang, "Party polls 370 members on choice of top leaders," *South China Morning Post* (June 8,

2012), http://www.scmp.com (검색일: 2012. 6. 8); Edward Wong and Jonathan Ansfield, "China's Communist Elders Take Backroom Intrigue Beachside," *New York Times* (July 21, 2012), http://www.nytimes.com (검색일: 2012. 7. 23); 宇文,「獨家: 十八大帷幕拉開 省部要員票選常委」,《多維新聞網》2012年 5月 11日, http://www.dwnews.com (검색일: 2012. 5. 16); 宇文,「中共票選十八的常委細節曝光 人數或9變7」,《多維新聞網》2012年 5月 15日, http://www.dwnews.com (검색일: 2012. 5. 16); 宇文,「揭祕中共十八大中央政治局產生過程」,《多維新聞網》2012年 6月 13日, http://www.dwnews.com (검색일: 2012. 8. 1).

10   Wang Xiangwei, "Horse trading under way in earnest," *South China Morning Post* (August 6, 2012), http://www.scmp.com (검색일: 2012. 8. 6); Kathrin Hille, "China opens secret leadership conclave," *Financial Times*, http://www.ft.com (검색일: 2012. 8. 6); Chris Buckley, "China considers downgrading domestic security tsar in next line-up," *Reuters* (August 29, 2012), http://www.reuters.com (검색일: 2012. 8. 31); 穆堯,「胡錦濤被弱化 北戴河會議」,《多維新聞網》2012年 8月 16日, http://www.dwnews.com (검색일: 2012. 8. 17).

11   Benjamin Kang and Ben Blanchard, "China power brokers agree on preferred leadership-sources," *Reuters* (October 19, 2012), http://www.reuters.com (검색일: 2012. 10. 20).

12   Shi Jiangtao, "Conservatives dominate latest line-up for new Communist Party leadership," *South China Morning Post* (November 2, 2012), http://www.scmp.com (검색일: 2012. 11. 2); Wang Xiangwei, "Jiang outmaneuvered to sway Standing Committee line-up," *South China Morning Post* (November 13, 2012), http://www.scmp.com (검색일: 2012. 11. 13); Edward Wong and Jonathan Ansfield, "Grabs for Power Behind Plan to Shrink Elite Circle," *New York Times* (November 1, 2012), http://www.nytimes.com (검색일: 2012. 11. 2).

13   張宿堂,「黨的新一屆中央領導機構產生紀實」; 宇文,「揭祕中共十八大中央政治局產生過程」.

14 「胡錦濤習近平出席中央軍委擴大會議並發表重要講話」,《人民網》2012年 11月 18日, http://www.people.com.cn (검색일: 2012. 11. 18).

15 "China's backroom power brokers block reform candidates," *South China Morning Post* (November 21, 2012), http://www.scmp.com (검색일: 2012. 11. 21).

16 「31省份黨政一把手平均57.5歲 七成擁有文科背景」,《新京報》2013年 4月 15日,《人民網》, http://www.people.com.cn (검색일: 2014. 4. 15).

17 「中共中央領導集體實現新老交替」,《人民網》2012年 11月 14日, http://www.people.com.cn (검색일: 2012. 11. 15).

18 주장환,「중국 제5세대 정치 엘리트: 행위자와 구조적 특성에 대한 분석」,《국가전략》제17권 3호 (2011년 가을), pp. 149-173; Cheng Li, "The Battle for China's Top Nine Leadership Posts," *Washington Quarterly*, No. 35, No. 1 (Winter 2011), pp. 131-145; Cheng Li, "Will China's 'Lost Generation' Find a Path to Democracy?", Cheng Li (ed.), *China's Changing Political Land-scape: Prospects for Democracy* (Washington D.C.: Brookings Institution Press, 2008), pp. 98-117.

19 이에 대한 좀 더 자세한 논의는 조영남,『21세기 중국이 가는 길』, pp. 137-141을 참고할 수 있다.

20 「31省份黨政一把手平均57.5歲 七成擁有文科背景」.

21 「中共中央領導集體實現新老交替」.

22 조영남,『21세기 중국이 가는 길』, p. 142.

23 김기수,『시진핑 리더십』(서울: 석탑출판, 2012); 소바 마사루, 이용빈 옮김,『시진핑』(서울: 한국경제신문, 2011); 상장위(相江宇), 박영인 옮김,『시진핑과 조력자들(習近平班底)』(서울: LINN, 2012); 賈玉民,『第五代: 中共十八大主角』(香港: 明鏡出版社, 2010); 夏飛 外,『習近平 PK 李克強: 太子黨和共靑團』(香港: 明鏡出版社, 2007); 于石坪,『新太子黨』(香港: 明鏡出版社, 2010).

24 「習近平等十八屆中共中央政治局常委同中外記者見面」,《人民網》2012年 11月 15日, http://www.people.com.cn (검색일: 2012. 11. 17).

25 「習近平總書記深情闡述'中國夢'」,《人民網》2012年 11月 30日, http://www.
people.com.cn (검색일: 2012. 12. 3).

26 「審議關於改進工作作風密切聯係群衆的有關規定 分析研究2013年經濟工
作」,《人民網》2012年 12月 5日, http://www.people.com.cn (검색일: 2012.
12. 5);「總書記三番講話激動人心」,《新華網》2012年 12月 5日, http://www.
xinhuanet.com (검색일: 2012. 12. 5);「把群衆安危冷暖時刻放在心上 把黨和
政府溫暖送到千家萬戶」,《人民網》2012年 12月 31日, http://www.people.
com.cn (검색일: 2012. 12. 31); Shi Jiangtao, "Xi wins rare reviews for visit
to Hebei villages," *South China Morning Post* (December 31, 2012), http://
www.scmp.com (검색일: 2012. 12. 31).

27 「中國共産黨第十八屆中央紀律委員會第二次全體會議公報」,《人民網》2013
年 1月 24日, http://www.people.com.cn (검색일: 2013. 1. 24).

28 「更有科學更有效地防治腐敗 堅定不移把反腐倡廉建設引向深入」,《人民網》
2013年 1月 23日, http://www.people.com.cn (검색일: 2013. 1. 23);「習近
平講話發出建設廉潔政治動員令」,《人民網》2013年 1月 22日, http://www.
people.com.cn (검색일: 2013. 1. 23).

29 「十八大後中央6提反腐 27名廳級以上幹部處理」,《新華網》2013年 2月 20日,
http://www.xinhuanet.com (검색일: 2013. 2. 20).

30 Chris Buckley, "Vowing Reform, China's Leaders Airs Other Message in
Private," *New York Times* (February 14, 2013), http://www.nytimes.com (검
색일: 2013. 2. 15).

31 「全國人民代表大會常務委員會 關於加強網路信息保護的決定」,《新華網》
2012年 12月 28日, http://www.xinhuanet.com (검색일: 2012. 12. 29).

32 「網絡信息保護 正站在新的法治起點」,《人民網》2012年 12月 29日, http://
www.people.com.cn (검색일: 2012. 12. 29);「社評: 網路立法 須用安全感
沖散疑慮」,《環球網》2012年 12月 29日, http://www.huanqiu.com (검색일:
2012. 12. 29).

33 Keith Bradsher, "China Toughens Its Restrictions on Use of the Internet,"
New York Times (December 28, 2012) http://nytimes.com (검색일: 2012.

12. 29); Zhuang Pinghui, "Critics fear NPC's new rules for digital information will stifle the internet," *South China Morning Post* (December 29, 2012), http://www.scmp.com (검색일: 2012. 12. 29).

34 조영남, 『후진타오 시대의 중국 정치』, p. 173.

35 「習近平在廣東考察時強調: 做到改革不停頓開放不止步」,《新華網》2012年 12月 11日, http://www.xinhuanet.com (검색일: 2012. 12. 12); Li Jing, "Xi Jinping vows no stop in reform and opening up," *South China Morning Post* (December 12, 2012), http://www.scmp.com (검색일: 2012. 12. 12); Leslie Hook and Simon Rabinovitch, "Xi stokes economic reform hopes in China," *Financial Times* (December 11, 2012), http://www.scmp.com (검색일: 2012. 12. 18).

36 「習近平: 更好統籌國內國際兩個大局夯實走和平發展道路」,《新華網》2013年 1月 29日, http://www.xinhuanet.com (검색일: 2013. 1. 30).

37 「剛柔並濟 習近平對外戰略出路風骨」,《多維新聞網》2012年 12月 5日, http://www.dwnews.com (검색일: 2012. 12. 6).

4장

* 이 장은 다음 논문을 보완한 것이다: 조영남, 「시진핑 시대 중국의 국가발전 전략」,《한국정치연구》22집 2호 (2013년 여름).

1 조영남, 『용과 춤을 추자』의 3부; 조영남, 『후진타오 시대의 중국 정치』의 3장과 5장; 조영남, 『21세기 중국이 가는 길』의 3장과 4장.

2 胡錦濤, 「堅定不移沿著中國特色社會主義道路前進 爲全面建成小康社會而奮 鬪: 在中國共産黨第十八次全國代表大會上的報告」,『中國共産黨第十八次全 國代表大會文件彙編』(北京: 人民出版社, 2012), pp. 1-53.

3 조영남, 『용과 춤을 추자』, pp. 153-154.

4 예를 들어, World Bank and Development Research Center of State Council, *China 2020: Building a Modern, Harmonious, and Creative High-Income*

Society (Conference Edition) (February 2012), p. 9, 〈표 1〉; 淸華大學 國情 研究中心, 『2030 中國: 邁向共同富裕』(北京: 中國人民大足額出版社, 2011), p. 58,《표 3-1》가 있다.

5 『中國共産黨第十八次全國代表大會文件彙編』, p. 108.

6 조영남,『용과 춤을 추자』, pp. 184-185.

7 「中央經濟工作會議在北京擧行 明確明年穩中求進總基調 提出六大任務」,《人 民網》2012年 12月 17日, http://www.people.com.cn (검색일: 2012. 12. 18).

8 「逐步縮小城鄕區域差距是發展的潛力富民的動力」,《人民網》2012年 12月 29 日, http://www.people.com.cn (검색일: 2012. 12. 29).

9 遲福林,「釋放改革的紅利」,《學習時報》2012年 12月 3日,《求是理論網》 http://www.qstheory.com (검색일: 2012. 12. 6).

10 陸一,「李克强將發起新一輪農解放運動」,《多維新聞網》2012年 12月 17日, http://www.dwnews.com (검색일: 2012. 12. 18).

11 張毅,「城鎭化, 中國經濟的火車頭: 訪北京大學中國經濟硏究中心主任林毅 夫」,《人民網》2013年 1月 9日, http://www.people.com.cn (검색일: 2013. 1. 9); 黃泰岩,「下一個十年的中國高增長靠哪裏」,《環球網》2012年 11月 29日, http://www.huanqiu.com (검색일: 2012. 11. 29).

12 2013년의 '중앙 1호 문건'은 다음과 같다.「中共中央國務院關於加快發展現代 化農業進一步增强農村發展活力的若干意見」(2013. 1. 31),《人民網》2013年 2月 1日, http://www.people.com.cn (검색일: 2013. 2. 1).

13 조영남,「제11기 전국인대 제4차 회의: '전환, 민생, 법치'의 국정 방침」,《동아시 아브리프》(성균관대학교 동아시아학술원) 6권 2호 (2011년 5월), pp. 16-23.

14 「社會管理十年大事記」,《求是理論網》2012年 10月 23日, http://www.qs-theory.cn (검색일: 2012. 10. 23).

15 조영남,「중국 정치의 '전시장': 제11기 전국인민대표대회 제3차 회의 분석」, 《동아시아브리프》5권 2호 (2010년 5월), pp. 16-22.

16 梁學良,「城鄕收入差距將縮小 未來調控重點在城鎭」,《新華網》2012年 11月 27日, http://www.xinhuanet.com (검색일: 2012. 12. 10).

17 高晨,「中國家庭基尼係數0.61 高於全球平均水平」,《新華網》2012年 12月 10

日, http://www.xinhuanet.com (검색일: 2012. 12. 10).

18 羅旭,「我國居民收入差距數十倍 行業區域方面表現突出」, http://www.
people.com.cn (검색일: 2012. 10. 23).

19 「統計局首次發布十年基尼係數 收入差距仍較大」,《人民網》2013年 1月 19日,
http:/www.people.com.cn (검색일: 2013. 1. 20).

20 「統計局首次發布十年基尼係數 收入差距仍較大」.

21 Cary Huang, "Beijing's release of wealth divide data gets mixed recep-
tion," *South China Morning Post* (January 20, 2013), http://www.scmp.
cm (검색일: 2013. 1. 20); Simon Rabinovitch, "China wealth gap data stoke
scepticism," *Financial Times* (January 18, 2013), http://www.ft.com (검색
일: 2013. 1. 20).

22 「中國城鄉居民收入差距連續三年呈縮小態勢」,《新華網》2012年 11月 1日,
http://www.xinhuanet.com (검색일: 2012. 11. 2).

23 顧陽,「五大數據折射中國經濟企穩回升」,《人民網》2013年 1月 19日, http://
www.people.com.cn (검색일: 2013. 1. 20).

24 蘇海南,「收入分配改革緣何長期懸而未決？ 爭議焦點全面剖析」,《人民網》
2012年 11月 2日, http://www.people.com.cn (검색일: 2012. 11. 2).

25 何敏,「收入分配改革方案將出臺 或'提低控高'更重公平」,《新華網》2012年
10月 23日, http://www.xinhuanet.com (검색일: 2012. 10. 23);「用公平正義
分配改革共識」,《人民網》2012年 10月 23日, http://www.people.com.cn (검
색일: 2012. 10. 23);「收入分配制度改革如何破題: 出發點 關鍵點 突破點」,
《新華網》2012年 10月 23日, http://www.xinhuanet.com (검색일: 2012. 10.
24); 陳月石,「消息稱收入改革方案近期難出臺: 提低限高都困難」,《人民網》
2013年 1月 19日, http://www.people.com.cn (검색일: 2013. 1. 20); 羅旭,「我
國居民收入差距數十倍 行業區域方面表現突出」.

26 國務院,「批轉發展改革委等部門關於深化收入分配制度改革若干問題意見的
通知」(2013年 2月 3日).

27 Chris Buckley, "China Issues Proposal to Narrow Income Gap," *New York
Times* (February 5, 2013), http://www.nytimes.com (검색일: 2012. 2. 6);

Simon Rabinovitch, "Beijing vows to raise minimum wages," *Financial Times* (February 5, 2012), http://www.ft.com (검색일: 2012. 2. 6); Victoria Ruan, "Wage Increases part of approval income distribution plan," *South China Morning Post* (February 6, 2012), http://www.scmp.com (검색일: 2012. 2. 6).

28 「社評: 改革收入分配 下決心必有收穫」,《環球網》2013年 2月 6日, http://www.huanqiu.com (검색일: 2012. 2. 6); 評論員,「邁出重要的一步」,《人民網》2013年 2月 6日, http://www.people.com.cn (검색일: 2013. 2. 6).

29 車海剛,「既得利益者仍將阻礙收入分配改革」,《新華網》2013年 3月 25日, http://www.xinhuanet.com (검색일: 2013. 3. 25).

30 조영남,『용과 춤을 추자』, p. 243, p. 399.

31 후진타오 정부의 소프트파워 전략에 대해서는 조영남,『21세기 중국이 가는 길』의 제5장을 참고할 수 있다.

32 餘建斌,「國家海洋局長談建設海洋強國: 向海而興 背海而衰」,《人民網》2012年 12月 17日, http://www.people.com.cn (검색일: 2013. 1. 11).

33 張建剛,「2030年中國將圓海洋強國夢」,《環球網》2013年 1月 10日, http://www.huanqiu.com (검색일: 2012. 1. 10).

34 Pew Research Center, *Growing Concerns in China about Inequality, Corruption* (Global Attitudes Project, 2012), pp. 7-10.

5장

1 鄧聿文,「胡溫的政治遺産」,《財經網》2012年 8月 30/31日,《中國政治發展》, http://politicalchina.org (검색일: 2012. 9. 5);「大陸媒體十問胡溫政治遺産被熱炒」,《多維新聞網》2012年 9月 3日, http://www.dwnews.com (검색일: 2012. 9. 5).

2 조영남,『중국의 법치와 정치개혁』의 제1장과 제2장.

3 법원개혁은 조영남,『중국의 법원개혁』, 공산당 개혁은 조영남,『중국의 법치와

정치개혁』제4장, 법률 보급 운동은 조영남, 『중국의 법률 보급 운동』을 참고할
수 있다.

4　이 내용은 조영남, 『중국의 법치와 정치개혁』의 제5장을 참고하여 정리했다.

5　「我國十年行政審批制度改革成效明顯」,《新華網》2012年 1月 6日, http://
www.xinhuanet.com (검색일: 2012. 10. 17);「溫家寶率國務院呼公民自決政
改再添滄桑」,《多維新聞網》2012年 10月 11日, http://www.dwnews.com (검
색일: 2012. 10. 15).

6　楊興坤, 『大部制: 雛形, 發展與完善』(北京: 中國傳媒大學出版社, 2012); 石
亞軍 主編, 『透視大部制改革: 機構調整 職能轉變 制度建設實證研究』(北京:
中國政法大學出版社, 2011).

7　黃衛平 · 汪永成 主編, 『當代中國政治研究報告VI』(北京: 社會科學文獻出版
社, 2009), pp. 34-76; 史衛民 等著, 『鄉鎮改革: 鄉鎮選擧 體制創新與鄉鎮治
理研究』(北京: 中國社會科學出版社, 2008); 黃衛平 · 奏樹彬 主編, 『鄉鎮長
選擧方式改革: 案例研究』(北京: 社會科學文獻出版社, 2003); 蔡定劍 主編,
『中國選擧狀況的報告』(北京: 法律出版社, 2002); Lianjiang Li, "The Politics
of Introducing Direct Township Elections in China," *China Quarterly*, No.
171 (September 2002), pp. 704-723; 任中平 等著, 『巴蜀政治: 四川省基層
民主政治建設的制度創新研究』(北京: 中國社會科學出版社, 2010), pp. 193-
240; 李凡, 『乘風而來: 我所經歷的步雲鄉長直選』(西安: 西南大學出版社,
2003); 黃衛平 主編, 『中國基層民主發展的最新突破: 深圳市大鵬鎮鎮長選擧
制度改革的政治解讀』(北京: 社會科學文獻出版社, 2000).

8　任中平 等著, 『巴蜀政治』, p. 224.

9　기층선거를 오랫 동안 연구한 중국 학자와의 인터뷰: 서울, 2013년 1월 28일.

10　史衛民 等著, 『鄉鎮改革』, p. 378.

11　任中平 等著, 『巴蜀政治』, pp. 224-225.

12　구체적으로 후베이성 양지진(楊集鎮)(2002년), 윈난성 빙현(屛縣)의 7개 향진
(2004년), 충칭시 목동진(木洞鎮)(2007년)에서 직선제가 시험 실시되었다. 黃
衛平 · 汪永成, 主編, 『當代中國政治研究報告VI』, p. 58.

13　Ching Kwan Lee, *Against the Law: Labor Protests in China's Rustbelt and*

Sunbelt (Berkeley: University of California Press, 2007); Kevin J. O'Brien (ed.), *Popular Protest in China* (Cambridge, MA: Harvard University Press, 2008); Yongshun Cai, *Collective Resistance in China: Why Popular Protests Succeed or Fail* (Stanford: Stanford University Press, 2010); Kevin J. O'Brien and Lianjiang Li, *Rightful Resistance in Rural China* (New York: Cambridge University Press, 2006); 中國行政管理學會課題組, 『中國群體性突發事件: 成因及對策』(北京: 國家行政學院出版社, 2009); 丁雲 等 編著, 『當代中國農民政治參與』(北京: 知識產權出版社, 2011); 于建嶸, 『抗爭性政治: 中國政治社會學基本問題』(北京: 人民出版社, 2010); 于建嶸, 『底層立場』(上海: 上海三聯書店, 2010); 李國波, 『農村群體性事件法律研究』(廣州: 中山大學出版社, 2010); 王學輝 等著, 『群體性事件防範機制研究』(北京: 科學出版社, 2010); 宋維强, 『社會轉型期中國農民群體性事件研究』(武漢: 華中師範大學出版社, 2009).

14 黃衛平 · 汪永成 主編, 『當代中國政治研究報告VI』, p. 68.

15 조영남, 『중국 의회정치의 발전: 지방인민대표대회의 등장 · 역할 · 선거』(서울: 폴리테이아, 2006)의 제6장.

16 Xinsong Wang, "Rights Consciousness, Economic Interests, and the 2003 District-Level People's Congress Elections in China: Middle-Class Motivations and Democratic Implications," in Yang Zhong and Shiping Hua (eds.), *Political Civilization and Modernization in China: The Political Context of China's Transformation* (Singapore: World Scientific Publisher, 2006), pp. 251-288; 鄒樹彬 主編, 『2003年 北京市區縣人大代表競選實錄』(西安: 西北大學出版社, 2004); 唐娟 · 鄒樹彬 主編, 『2003年 深圳競選實錄』(西安: 西北大學出版社, 2003).

17 나의 중국 현지 인터뷰(중국학자, 의회 관계자 등)에 따랐다.

18 조영남, 『용과 춤을 추자』, pp. 170-172.

19 조영남 · 안치영 · 구자선, 『중국의 민주주의: 공산당의 당내 민주 연구』(파주: 나남, 2011).

20 조영남 · 안치영 · 구자선, 『중국의 민주주의』, p. 15.

21 조영남 · 안치영 · 구자선, 『중국의 민주주의』 5장.

22 「中共中央關於加強黨的執政能力建設的決定」(2004. 9. 19), 本書編寫組 編, 『〈中共中央關於加強黨的執政能力建設的決定〉輔導讀本』(北京: 人民出版社, 2004), pp. 1-39.

23 中央組織部黨員敎育中心「爲偉大事業注入不竭動力」, 《求是理論網》 2012年 7月 4日, http://www.qstheory.cn (검색일: 2012. 7. 25).

24 참고로 2012년 6월 현재 공산당원은 모두 8342만 7000명이다. 이는 17차 당대회 이후 모두 1322만 8000명의 신입 당원이 가입한 결과다. 中央組織部組織一局, 「不斷增強黨員隊伍的生機活力 ── 關於黨的十七大以來黨員隊伍建設情況的調査報告」, 《求是理論網》 2012年 10月 29日, http://www.qstheory.cn (검색일: 2012. 10. 30).

25 杜榕, 「十年求索路 創新映征程」, 《求是理論網》 2012年 10月 29日, http://www.qstheory.cn (검색일: 2012. 10. 30); 李志偉 謝文, 「黨的建設: 在改革創新中奮勇前行」, 《求是理論網》 2012年 10月 18日, http://www.qstheory.cn (검색일: 2012. 10. 30).

26 Young Nam Cho, "Implementation of Anticorruption Policies in Reform-Era China: The Case of the 1993-97 'Anticorruption Struggle'," *Issues & Studies*, Vol. 37, No. 1 (January/February 2001), pp. 49-72.

27 戴南, 「十七大以來懲防體系建設工作綜述」, 《求是理論網》 2012年 9月 18日, http://www.qstheory.cn (검색일: 2012. 9. 20); 「血肉聯係更緊密: 黨的十六大以來作風建設綜述」, 《新華網》 2012年 10月 16日, http://news.xinhuanet.com (검색일: 2012. 10. 16); 「中國鐵腕反腐敗十年路: 加強對權力運行監督」, 《新華網》 2012年 6月 23日, http://news.xinhuanet.com (검색일: 2012. 6. 23).

28 「溫家寶深圳重提政改引關注, 或爲深化改革信號」, 《中國新聞周刊》 2010年 8月 26日, 《新華網》, http://www.xinhuanet.com (검색일: 2010. 8. 27).

29 Ng Tze-wei, "Wen Returns to hot topic of political reform," *South China Morning Post* (September 27, 2010), http://www.scmp.com (검색일: 2010. 9. 28); Raymond Li, "Wen vows to keep on pressing for reform," *South China Morning Post* (October 4, 2010), http://www.scmp.com (검색일:

2010. 10. 4).

30 「中共老人上書全國人大要求言論自由」,《多維新聞網》2010年 10月 12日, http://www.dwnews.com (검색일: 2010. 10. 13).

31 「政治體制改革: 未來特區新使命」,《南方日報》2010年 9月 6日,《新華網》, http://www.xinhuanet.com (검색일: 2010. 9. 6); 侯少文,「推進政治體制改革是民意所向」,《學習時報》2010年 9月 13日, http://www.studytimes.com.cn (검색일: 2010. 9. 14); 辛鳴,「以務實的態度推進政治體制改革」,《求是理論網》2010年 9月 27日, http//www.qstheory.cn (검색일: 2010. 9. 28).

32 〈劃清'四個重大界限'學習讀本〉編寫組,「人民民主是社會主義的生命: 劃清中國特色社會主義民主同西方資本主義民主的界限」,《人民日報》2010年 8月 25日,《求是理論網》, http//www.qstheory.cn (검색일: 2010. 8. 25); 秋石,「中國特色社會主義民主政治的制度優勢與基本特徵: 劃清中國特色社會主義民主同西方資本主義民主的界限」,《求是理論網》2010年 9月 16日, http//www.qstheory.cn (검색일: 2010. 9. 17); 秋石,「中國特色社會主義民主政治的制度優勢與基本特徵: 劃清中國特色社會主義民主同西方資本主義民主的界限」,《人民日報》2010年 10月 20日,《求是理論網》, http//www.qstheory.cn (검색일: 2010. 10. 22); 房寧,「劃清兩种民主的界限是中國民主政治建設的前提」,《光明日報》2010年 9月 8日,《求是理論網》, http//www.qstheory.cn (검색일: 2010. 9. 11).

33 조영남,『후진타오 시대의 중국 정치』제2장; 조영남,『21세기 중국이 가는 길』제2장.

34 「溫家寶總理答中外記者問」,《新華網》2011年 3月 15日, http://www.xinhua-net.com (검색일: 2011. 3. 16).

35 「中國重申不搞西方式民主, 堅持走自己的政治文明道路」,《新華網》2011年 3月 10日, http://www.xinhuanet.com (검색일: 2011. 3. 15).

36 「社評: 沒有理由向多黨制膜拜」,《環球時報》2011年 3月 11日,《環球網》, http://www.huanqiu.com (검색일: 2011. 3. 11).

37 「社評: 鞏固擴大中國社會的政治共識」,《環球時報》2011年 3月 15日,《環球網》, http://www.huanqiu.com (검색일: 2011. 3. 15).

38 「溫家寶在十一屆全國人大五次會議上作的政府工作報告」,《求是理論網》 2012年 3月 6日, http://www.qstheory.cn (검색일: 2012. 3. 10).

39 「溫家寶總理答中外記者問」,《求是理論網》 2012年 3月 15日, http://www.qstheory.cn (검색일: 2012. 3. 15).

40 吳邦國, 「全國人民代表大會 常務委員會 工作報告」(2012. 3. 9),《中國人大網》2012年 3月 19日, http://www.npc.gov.cn (검색일: 2012. 3. 20).

41 조영남,『21세기 중국이 가는 길』, p. 118.

42 胡錦濤, 「在深圳經濟特區 建立30周年慶祝大會上的講話」,《新華網》2010年 9月 6日, http://www.xinhuanet.com (검색일: 2010. 9. 9).

43 Keith B. Richburg, "Chinese Premier Wen Jiabao talks reform, but most countrymen never get to hear what he says," *Washington Post* (October 13, 2010), http://www.washingtonpost.com (검색일: 2010. 10. 14).

44 黃衛平·汪永成 主編,『當代中國政治研究報告Ⅵ』, pp. 65-66.

45 조영남,『중국의 법치와 정치개혁』, pp. 251-255.

46 「大力推進社會主義民主政治建設: 訪中國社會科學院政治研究所所長房寧」,《求是理論網》2012年 11月 5日, http://www.qstheory.cn (검색일: 2012. 11. 6); 張維爲, 「西方政治制度陷入六大困境」,《環球網》2012年 11月 1日, http://www.huanqiu.com (검색일: 2012. 11. 1); 潘維, 「怎樣判斷中國政治模式的成敗」,《求是理論網》2011年 3月 30日, http://www.qstheory.cn (검색일: 2011. 3. 31).

47 Edward Wong and Jonathan Ansfield, "Many Urge Next Leader of China to Liberalize," *New York Times* (October 21, 2012), http://www.nytimes.com (검색일: 2012. 10. 23); Cary Huang, "Communist Party journal suggests it could learn from Singapore's PAP," *South China Morning Post* (October 23, 2012), http://www.scmp.com (검색일: 2012. 10. 23); 「學習時報介紹新加坡建設服務型政府經驗」,《中國時刻網》2012年 10月 22日, http://www.s1979.com (검색일: 2012. 10. 23).

48 俞可平, 「以發展民生去替代民主是一種錯誤思維」,《新華網》2009年 3月 31日, http://news.xinhuanet.com (검색일: 2009. 4. 1); 俞可平, 「讓民主造福中國經濟危機也是政治契機」,《新華網》2009年 3月 1日, http://news.xinhuanet.

com (검색일: 2009. 4. 1).

49　牛新春, 「改革應該理論先行」, 《環球網》 2012年 11月 5日, http://opinion. huanqiu.com (검색일: 2012. 11. 5).

50　《人民論壇網》 2012年 10月 8日, http://www.rmlt.com.cn (검색일: 2012. 10. 21).

51　Michael Wines, "As China Talks of Change, Fear Rises on the Risks," *New York Times* (July 17, 2012), http://www.nytimes.com (검색일: 2012. 7. 19).

52　나의 중국 현지 인터뷰다. 법률 구제 사회단체에 대한 중국 정부의 강화된 통제와 탄압에 대해서는 조영남, 『중국의 법률 보급 운동』의 제6장을 참고할 수 있다.

53　「深圳政改投石問路, 汪洋明確否定'政治特區'説法」, 《瞭望東方周刊》 2008年 7月 17日, 《新華網》, http://www.xinhuanet.com (검색일: 2008. 7. 17); 「深圳 擬推區長差額選擧, 學習香港廉政公署」, 《南方日報》 2008년 5월 23일, 《人民 網》, http://www.people.com.cn (검색일: 2008. 7. 17).

54　「深圳將啓動行政部門分權改革, 逐步撤銷區級政府」, 《新京報》 2009年 5月 25 日, 《人民網》, http://www.people.com.cn (검색일: 2009. 5. 28); 「深圳通過 配套改革 3年實施方案, 確定六個方面任務」, 《中國新聞網》 2009年 6月 30日, 《人民網》, http://www.people.com.cn (검색일: 2009. 6. 30).

55　조영남, 「중국 선전의 행정개혁 실험: '행정 삼분제'의 시도와 좌절」, 《중소연구》 30-2 (2006년 여름), pp. 13-38.

56　Cheng Li, "The End of the CCP's Resilient Authoritarianism? A Tripartite Assessment of Shifting Power in China," *China Quarterly*, No. 211 (September 2012), p. 616.

6장

＊이 장은 다음 논문의 일부 내용을 보완한 것이다: 조영남, 「정치개혁과 엘리트 정치의 변화」, 전성흥 편저, 『공산당의 진화와 중국의 향배: 제18차 당대회의 종합적 분석』 (서울: 서강대학교출판부, 2013).

1　Georg Sorensen, *Democracy and Democratization: Progresses and Pros-*

pects in a Changing World (Third Edition) (Boulder: Westview Press, 2008), pp. 71-72.

2   이기현, 「중국 전환기 국가 성격에 대한 재고찰: 분권화된 약탈국가 이론의 관점에서」,《중소연구》34권 3호 (2010년 가을), pp. 67-90; Minxin Pei, *China's Trapped Transition: The Limits of Developmental State* (Cambridge, MA: Harvard University Press, 2006), pp. 132-166.

3   Pei, *China's Trapped Transition*, pp. 167-205; Jude Howell, "Governance Matters: Key Challenges and Emerging Tendencies," Jude Howell (ed.), *Governance in China* (Lanham: Rowman & Littlefield Publishers, 2004), pp. 1-18.

4   *Bloomberg News*, "Xi Jinping's millionaire relations reveal elite Chinese fortunes," *Washington Post* (June 29, 2012), http://www.washingtonpost.com (검색일: 2012. 7. 2).

5   David Barboza and Sharon LaFraniere, "'Princelings' in China Use Family Ties to Gain Riches," *New York Times* (May 17, 2012), http://www.nytimes.com (검색일: 2012. 5. 18).

6   David Barboza, "Billions in Hidden Riches for Family of Chinese Leader," *New York Times* (October 25, 2012), http://www.nytimes.com (검색일: 2012. 10. 26).

7   *Bloomberg News*, "Heirs of Mao's Comrades Rise as New Capitalist Nobility," (December 26, 2012), http://www.bloomberg.com (검색일: 2012. 12. 28).

8   이 내용은 18차 당대회의 정치 보고를 참고하여 정리한 것으로, 별도의 출처를 밝히지 않는 한 다음을 텍스트로 삼았다. 胡錦濤, 「堅定不移沿著中國特色社會主義道路前進: 爲全面建成小康社會而奮鬪: 在中國共產黨第十八次全國代表大會上的報告」,『中國共產黨第十八次全國代表大會文件彙編』(北京: 人民出版社, 2012), pp. 1-53.

9   「中共中央政治局進行第一次集體學習, 習近平主持」,《人民網》2012年 11月 19日, http://cpc.people.com.cn (검색일: 2012. 11. 17).

10   조영남, 『후진타오 시대의 중국 정치』, p. 27.

11   조영남,『후진타오 시대의 중국 정치』, pp. 55-105.

12   「社評: 有必要冷靜思考《南方周末》事件」,《環球時報》2013年 1月 4日,《環球
     網》, http://www.huanqiu.com (검색일: 2013. 1. 4); 「南方周末'致讀者'實
     在令人深思」,《環球時報》2013年 1月 7日,《環球網》, http://www.huanqui.
     com. (검색일: 2013. 1. 8); 「社評: 在動態梳理中重現中國新聞實景」,《環球時
     報》2013年 1月 9日,《環球網》, http://www.huanqiu.com (검색일: 2013. 1. 9).

13   Kathrin Hille, "Echoes of Tiananmen resound in China," *Financial Times*
     (January 9, 2013), http://www.ft.com (검색일: 2013. 1. 10); Teddy Ng and
     Li Jing, "Media crisis spreads as row erupts over state meddling at Beijing
     News," *South China Morning Post* (January 10, 2013), http://www.scmp.
     com (검색일: 2013. 1. 10).

14   Teddy Ng and Mini Lau, "South Weekly reporters to return to work after
     censorship stand-off," *South China Morning Post* (January 9, 2013), http://
     www.scmp.com (검색일: 2013. 1. 9); Li Jing, "Southern Weekly agrees
     to autonomy deal, says censor," *South China Morning Post* (January 22,
     2013), http://www.scmp.com (검색일: 2013. 1. 22).

15   양한순,「우칸촌 농민 시위를 통해 드러난 중국 농촌의 토지문제」,《동아시아브
     리프》7권 1호 (2012. 2), pp. 40-48.

16   Mimi Lau, "A year after free election, grass-roots democracy in Wukan
     withers," *South China Morning Post* (March 5, 2013), http://www.scmp.
     com (검색일: 2013. 3. 5); Rahul Jacob, "Tensions rise in China's tiny de-
     mocracy," *Financial Times* (March 3, 2013), http://www.ft.com (검색일:
     2013. 3. 5).

17   Rahul Jacob, "Village crackdown crushes China reform hopes," *Financial
     Times* (March 13, 2013), http://www.ft.com (검색일: 2012. 3. 14); 「中國
     當局暴力處理上浦土地糾紛」,《中文網》2013年 3月 10日, http://www.bbc.
     co.uk (검색일: 2013. 3. 15).

7장

* 이 장은 다음 논문을 보완한 것이다: 조영남, 「중국은 왜 강경한가?」, 《국제·지역연구》 22권 2호 (2013년 여름).

1   김재철, 「중국의 공세적 외교정책」, 《한국과 국제정치》 제28권 제4호 (2012), pp. 29-59; Michael D. Swaine, "Perception of an Assertive China," *China Leadership Monitor*, No. 32 (Spring 2010); Michael D. Swaine and M. Taylor Fravel, "China's Assertive Behavior, Part Two: The Maritime Periphery," *China Leadership Monitor*, No. 35 (2011); James Mann, "Behold China: Repressive at Home, Aggressive Abroad, Driving Obama Nuts," *New Republic* (March 17, 2010), http://www.tnr.com (검색일: 2013. 1. 24).

2   戴秉國, 「中國堅持走和平發展道路, 並非拍腦袋的產物」, 《人民網》 2010年 12月 13日, http://www.people.com.cn (검색일: 2010. 12. 13).

3   王文, 「專訪外交高官: 中國外交及不軟弱 也沒有變強硬」, 《環球網》 2010年 12月 23日, http://www.huanqiu.com (검색일: 2010. 12. 24).

4   溫家宝, 「溫家宝總理會見中外記者」, 《中國人大網》 2010年 3月 14日, http://www.npc.gov.cn (검색일: 2010. 3. 14).

5   楊潔篪, 「外交部張楊潔篪答記者問」, 《中國人大網》 2010年 3月 7日, http://www.npc.gov.cn (검색일: 2010. 3. 7).

6   國務院 新聞辦公室, 「中國的和平發展」 (2011年 9月).

7   Michael D. Swaine, "The 18th Party Congress and Foreign Policy: The Dog that Did Not Bark?," *China Leadership Monitor*, No. 40 (2013); 慕永鵬, 「中國新班子要走麼外交路」, 《人民網》 2012年 11月 23日, http://opinion.people.com.cn (검색일: 2012. 11. 23).

8   Wang Jisi, "China's Search for a Grand Strategy: A Rising Great Power Finds Its Way," *Foreign Affairs*, Vol. 90, No. 2 (March/April 2011), pp. 68-79; Kenneth Lieberthal and Wang Jisi, *Addressing U.S.-China Strategic Distrust* (John L. Thornton China Center at Brookings Institution, 2012).

9   Zbigniew Brzenzinski and John J. Mearsheimer, "Clash of the Titans," *For-*

eign Policy, No. 146 (Jan/Feb 2005), pp. 46-50; 존 미어셰이머, 이춘근 옮김, 『강대국 국제정치의 비극』 (파주: 나남, 2004), pp. 659-733.

10　John J. Mearsheimer, "The Gathering Storm: China's Challenge to US Power in Asia," *Chinese Journal of International Politics*, No. 3 (2010), pp. 389-390.

11　Mearsheimer, "The Gathering Storm," pp. 382-385.

12　Robert D. Kaplan, "The Geography of Chinese Power," *Foreign Affairs*, Vol. 89, No. 3 (May/June 2010), pp. 20-41.

13　Randall L. Schweller and Xiaoyu Pu, "After Unipolarity: China's Visions of International Order in an Era of U.S. Decline," *International Security*, Vol. 36, No. 1 (Summer 2011), pp. 41-72.

14　Jonathan Kirshner, "The Tragedy of Offensive Realism: Classical Realism and the Rise of China," *European Journal of International Relations*, Vol. 18, No. 1 (August 2010), pp. 53-75.

15　Charles Glaser, "Will China's Rise Lead to War? Why Realism Does Not Mean Pessimism," *Foreign Affairs*, Vol. 90, No. 2 (March/April 2011), pp. 89-91.

16　중국의 부상과 동아시아 지역 질서의 변화에 대한 좀 더 체계적인 논의는 조영남,『용과 춤을 추자』의 2장을 참고할 수 있다.

17　이에 대해서는 조영남,『용과 춤을 추자』의 1장을 참고할 수 있다.

18　David M. Lampton (ed.), *Policy Implementation in Post-Mao China* (Berkeley: University of California Press, 1987); Kenneth Lieberthal and Michel Oksenberg, *Policy Making in China: Leaders, Structures, and Processes* (Princeton: Princeton University Press, 1988); Kenneth Lieberthal and David M. Lampton (eds.), *Bureaucracy, Politics, and Decision Making in Post-Mao China* (Berkeley: University of California Press, 1992); Carol Lee Hamrin and Suisheng Zhao (eds.), *Decision-Making in Deng's China: Perspectives from Insiders* (Armonk: M.E. Sharpe, 1995); 朱光磊,『當代中國政府過程』(修訂版) (天津: 天津人民出版社, 2002).

19 Michael D. Swaine, *The Role of the Chinese Military in National Security Policymaking* (Santa Monica: RAND, 1996); Lu Ning, *The Dynamics of Foreign-Policy Decisionmaking in China* (Boulder: Westview Press, 1997); David M. Lampton (ed.), *The Making of Chinese Foreign and Security Policy in the Era of Reform, 1978-2000* (Stanford: Stanford University Press, 2001); Gilbert Rozman (ed.), *China's Foreign Policy: Who Makes It, and How Is It Made?* (Seoul: Asan Institute for Policy Studies, 2012); Michael D. Swaine, "Chinese Assertive Behavior, Part Three: The Role of the Military in Foreign Policy," *China Leadership Monitor*, No. 36 (March 2012); Michael D. Swaine, "Chinese Assertive Behavior, Part Four: The Role of the Military in Foreign Crises," *China Leadership Monitor*, No. 37 (May 2012); 郝雨凡·林甦 主編,『中國外交決策: 開放與多元的社會因素分析』(北京: 社會科學文獻出版社, 2007); 張歷歷,『外交決策』(北京: 世界知識出版社, 2007).

20 Linda Jakobson and Dean Knox, *New Foreign Policy Actors in China* (SIPRI Policy Paper 26, 2010); Susan V. Lawrence, "Perspective on Chinese Foreign Policy" (Testimony Before the U.S.-China Economic and Security Review Commission Hearing, April 2011); Thomas J. Christensen, "More Actors, Less Coordination? New Challenges for the Leaders of a Rising China," Gilbert Rozman (ed.), *China's Foreign Policy: Who Makes It, and How Is It Made?*, pp. 19-35; International Crisis Group, *Stirring up the South China Sea (I)* (Asia Report N. 223, 2012).

21 남궁 곤,「외교정책 결정 이론」, 우철구·박건영 편.『현대 국제관계이론과 한국』(서울: 사회평론, 2004), pp. 291-331.

22 Jakobson and Knox, *New Foreign Policy Actors in China*, pp. 4-16, pp. 24-46.

23 Jakobson and Knox, *New Foreign Policy Actors in China*, pp. 47-51.

24 International Crisis Group, *Stirring up the South China Sea (I)*.

25 Lawrence, "Perspective on Chinese Foreign Policy."

26   Christensen, "More Actors, Less Coordination?" pp. 19-35.

27   Swaine and Fravel, "China's Assertive Behavior, Part Two: The Maritime Periphery."

28   M. Taylor Fravel, "Maritime Security in the South China Sea and the Competition over Maritime Rights," Patrick M. Cronin et al., *Cooperation from Strength: The United States, China and the South China Sea*(Center for a New American Security, 2012), pp. 33-50.

29   M. Taylor Fravel, "China's Strategy in the South China Sea," *Contemporary Southeast Asia*, Vol. 33, No. 3 (2011), pp. 292-319.

30   이와 유사한 주장으로 Alastair Iain Johnston, "How New and Assertive Is China's New Assertiveness?" *International Security*, Vol. 37, No. 4 (Spring, 2013), pp. 7-48을 참고할 수 있다.

31   이와 관련된 스웨인의 시리즈 연구 결과로는 다음과 같은 것이 있다. Michael D. Swaine, "Perception of an Assertive China," *China Leadership Monitor*, No. 32 (2010); "China's Assertive Behavior, Part One: On 'Core Interests'," *China Leadership Monitor*, No. 34 (2011); "Chinese Leadership and Elite Response to the U.S. Pacific Pivot," *China Leadership Monitor*, No. 38 (2012a); "Chinese Assertive Behavior, Part Three: The Role of the Military in Foreign Policy," *China Leadership Monitor*, No. 36 (2012b); "Chinese Assertive Behavior, Part Four: The Role of the Military in Foreign Crises," *China Leadership Monitor*, No. 37 (2012c); "Chinese Views of the Syrian Conflict," *China Leadership Monitor*, No. 39 (2012d).

32   郝雨凡,「用大戰略打破中國外交被動」,《環球網》2010年 9月 17日, http://www.huanqiu.com (검색일: 2010. 9. 19); 趙克金,「制定大戰略, 中國不能再猶豫」,《環球網》2010年 6月 2日, http://www.huanqiu.com (검색일: 2010. 6. 2); 閻學通,「中國崛起面臨的國際體系壓力」,《環球網》2012年 12月 7日, http://www.huanqiu.com (검색일: 2012. 12. 7);「未來十年的中國外交轉型」,《環球網》2013年 1月 4日, http://www.huanqiu.com (검색일: 2013. 1. 4).

33   「海上摩擦正步入多發期 中國將有所作爲」,《新華網》2012年 12月 29日,

http://www.xinhuanet.com (검색일: 2012. 12. 29).

34 安非, 「中方已做最後交涉 對菲方動武一觸即發」, 《多維新聞網》 2012年 5月 8
日, http://www.dwnews.com (검색일: 2012. 5. 9).

35 程光錦, 「國務委員戴秉國: 謙虛謹愼不等于容忍他國欺負」, 《人民網》 2012年
5月 15日, http://www.people.com.cn (검색일: 2012. 5. 16).

36 "Asean meeting on sea dispute risks infuriating Beijing," *South China
Morning Post* (September 23, 2011), http://www.scmp.com (검색일: 2011.
9. 23); 「揭開菲律賓 南海會議眞相」, 《人民網》 2011年 9月 26日, http://www.
people.com.cn (검색일: 2011. 9. 26).

37 「外交部就制定南海行爲準則做出回應」, 《新華網》 2011年 11月 19日, http://
www.xinhuanet.com (검색일: 2011. 11. 19).

38 「中國和東盟國家在京召開落實《南海各方行爲宣言》高官會」, 《新華網》 2012
年 1月 15日, http://www.xinhuanet.com (검색일: 2012. 1. 16).

39 Suisheng Zhao, "China's Approach toward Regional Cooperation in East
Asia," *Journal of Contemporary China*, Vol. 20, No. 68 (January 2011), pp.
53-67.

40 胡錦濤, 「推進互利共贏合作發展新型大國關係」, 《人民網》 2012年 5月 3日,
http://politics.people.com.cn (검색일: 2012. 11. 14).

41 「習近平: 推動個大國客觀理性看待彼此戰略意圖」, 《人民網》 2012年 7月 7日,
http://politics.people.com.cn (검색일: 2012. 11. 14).

42 신범식, 「기후변화의 국제정치와 미-중 관계」, 《국제정치논총》 제51집 제1호
(2011), pp. 127-158; 원동욱, 「국제기후담판에서 중국의 입장변화 분석: 과
정과 동인을 중심으로」, 《중소연구》 제35권 제3호 (2011), pp. 41-69; Bjorn
Conrad, "China in Copenhagen: Reconciling the 'Beijing Climate Revolu-
tion' and the 'Copenhagen Climate Obstinacy'," *China Quarterly*, No. 210
(June 2012), pp. 435-455; Lichao He, "China's Climate Change Policy from
Kyoto to Copenhagen: Domestic Needs and International Aspirations,"
Asian Perspective, Vol. 34, No. 3 (2010), pp. 5-33; 蔡學儀, 『中國與國際氣候
政治』 (臺北: 五南圖書出版社, 2011).

8장

1   Willy Lam, *China's Quasi-Superpower Diplomacy: Prospects and Pitfalls* (Jamestown Foundation, 2009), p. 2.

2   Susan L. Shirk, "Changing Media, Changing Foreign Policy in China," Susan Shirk (ed.), *Changing Media, Changing China* (Oxford: Oxford University Press, 2011), pp. 225-252.

3   Liqun Zhu, *China's Foreign Policy Debates* (ISS Chaillot Papers, 2010); David Shambaugh, "Coping with a Conflicted China," *Washington Quarterly*, Vol. 34, No. 1 (Winter 2011), pp. 7-27; Daniel Lynch, "Chinese Thinking on the Future of International Relations: Realism as the Ti, Rationalism as the Yong?," *China Quarterly*, No. 197 (March 2009), pp. 87-107; Yong Deng, "Conceptions of National Interests: Realpolitik, Liberal Dilemma, and the Possibility of Change," Yong Deng and Fei-Ling Wang (eds.), *In the Eyes of the Dragon: China Views the World* (Lanham and Boulder: Rowman & Littlefield, 1999), pp. 47-72.

4   이 내용은 조영남, 『21세기 중국이 가는 길』, pp. 229-232의 내용을 보완한 것이다.

5   兒健民 · 陳子舜, 『中國國際戰略』(北京: 人民出版社, 2003), p. 5.

6   當代中國叢書編輯委員會, 『當代中國外交』(北京: 中國社會科學出版社, 1990), pp. 339-340, p. 452; 田曾佩 主編, 『改革開放以來的中國外交』(北京: 世界知識出版社, 1993), pp. 1-10; 劉山 · 薛君度 主編, 『中國外交新論』(北京: 世界知識出版社, 1997), pp. 36-52.

7   Michael Pillsbury, *China Debates the Future Security Environment* (Honolulu: University Press of the Pacific, 2005).

8   조영남, 『후진타오 시대의 중국 정치』, pp. 221-251; Avery Goldstein, *Rising to the Challenge: China's Grand Strategy and International Security* (Stanford, California: Stanford University Press, 2005); Yong Deng and Fei-Ling Wang (eds.), *China Rising: Power and Motivation in Chinese Foreign*

Policy (Lanham, Maryland: Rowman & Littlefield Publishers, 2005); Robert G. Sutter, *China's Rise in Asia: Promises and Perils* (Lanham, Maryland: Rowman & Littlefield Publishers, 2005); David Shambaugh (ed.), *Power Shift: China and Asia's New Dynamics* (Berkeley, California: University of California Press, 2005).

9   Zhu, *China's Foreign Policy Debates*.

10   대표적인 연구로는 다음과 같은 것들이 있다. 鄭必堅,『論中國和平崛起發展新道路』(北京: 中共黨校出版社, 2005); 胡鞍鋼·楊帆 等著,『大國戰略: 中國利益與使命』(瀋陽: 遼寧人民出版社, 2000); 彭澎 主編,『和平崛起論: 中國重塑大國之路』(廣州: 廣東人民出版社, 2005); 門洪華,『構建中國大戰略的框架: 國家實力, 戰略觀念與國際制度』(北京: 北京大學出版社, 2005); 門洪華,『中國: 軟實力方略』(杭州: 浙江人民出版社, 2007); 門洪華 主編,『中國: 大國崛起』(杭州: 浙江人民出版社, 2004); 閻學通·孫學峰 等著,『中國崛起及其戰略』(北京: 北京大學出版社, 2005); 葉自成,『中國大戰略』(北京: 中國社會科學出版社, 2003); 江西元·夏立平,『中國和平崛起』(北京: 中國社會科學出版社, 2004); 張劍荊,『中國崛起』(北京: 新華出版社, 2005); 胡鞍鋼,『中國崛起之路』(北京: 北京大學出版社, 2007).

11   1999년의 '평화 발전 논쟁'에 대해서는 David M. Finkelstein, *China Reconsiders Its National Security: "The Great Peace and Development Debate of 1999"* (Alexandria, Virginia: The CNA Corporation, 2000); 安衛·李東燕,『十字路口上的世界: 中國著名學者探討21世紀的國際焦點』(北京: 中國人民大學出版社, 2000)을 참고할 수 있다. 화평굴기 논쟁의 간단한 정리는 조영남,『후진타오 시대의 중국』, pp. 203-204, pp. 287-288을 참고할 수 있다.

12   國務院 新聞辦公室,「中國的和平發展道路」(China's Peaceful Development Road) (2005년 12월).

13   북한 정책의 논쟁과 그 결과에 대해서는 International Crisis Group, *Shades of Red: China's Debate over North Korea* (Asia Report N. 179, 2009)를 참고할 수 있다.

14   Verna Yu, "Has Beijing got what it takes to be a global player?" *South*

China Morning Post (October 2, 2010), http://www.scmp.com (검색일: 2010. 10. 2); Teddy Ng, "Getting into the game," *South China Morning Post* (March 7, 2012), http://www.scmp.com (검색일: 2012. 3. 7).

15 Edward Wong, "China Hedges Over Whether South China Sea is a 'Core Interest' Worth War," *New York Times* (March 30, 2011), http://www.nytimes.com (검색일: 2011. 3. 31); Cary Huang, "Diaoyus row marks shift in Beijing's diplomatic posture," *South China Morning Post* (October 2, 2010), http://www.scmp.com (검색일: 2010. 10. 2); Lanxin Xiang, "Stumbling block," *South China Morning Post* (November 26, 2010), http://www.scmp.com (검색일: 2010. 11. 26); 薛力, 「南海是中國哪個層面的利益」,《環球網》2010年 10月 11日, http://www.huanqiu.com (검색일: 2010. 10. 26); 「社評: 中國在南海上既要堅決又不焦躁」,《環球網》2012年 6月 27日, http://www.huanqiu.com (검색일: 2012. 6. 28).

16 「當今中國需要涵養大國心態」,《新華網》2010年 9月 28日, http://www.xinhuanet.com (검색일: 2010. 9. 29); 「社評: 中國想繼續崛起嗎? 那麼多承受些」,《環球網》2010年 12月 29日, http://www.huanqiu.com (검색일: 2010. 12. 30); 「社評: 未來十年 中國心大才能前途遠」,《新華網》2012年 11月 23日, http://www.xinhuanet.com (검색일: 2012. 11. 23).

17 「'最中國'的9句外交語錄」,《人民網》2010年 9月 19日, http://www.people.com.cn (검색일: 2010. 9. 19); 戴旭, 「中國沒有狹隘民族主義」,《環球網》2012年 5月 3日, http://www.huanqiu.com (검색일: 2012. 5. 3); 「社評: 捍衛愛國主義, 知識精英最關鍵」,《環球網》2012年 5月 8日, http://www.huanqiu.com (검색일: 2012. 5. 8); 秦天, 「沒有愛國主義就沒有中國未來」,《環球網》2012年 3月 12日, http://www.huanqiu.com (검색일: 2012. 3. 12); 吳楚克, 「中國的愛國教育並不過剩」,《環球網》2012年 5月 22日, http://www.huanqiu.com (검색일: 2012. 5. 22).

18 吳建民, 「警惕狹隘的民族主義」,《環球網》2012年 5月 3日, http://www.huanqiu.com (검색일: 2012. 5. 3).

19 Zhu, *China's Foreign Policy Debates*, pp. 17-20.

20　胡錦濤,「堅定不移沿著中國特色社會主義道路前進 爲全面建成小康社會而奮
　　鬪: 在中國共産黨第十八次全國代表大會上的報告」,『中國共産黨第十八次全
　　國代表大會文件彙編』(北京: 人民出版社, 2012), pp. 5-6, p. 15, pp. 42-43.

21　「用好重要戰略機遇期 開拓外交工作新局面: 外交部長楊潔篪在中宣部等六
　　部門聯合擧辦的熱點問題形勢報告會上的報告」,《人民網》2011年 3月 3日,
　　http://www.people.com.cn (검색일: 2011. 3. 3); 劉水明,「中國外交迎難而
　　上 開拓創新 大有作爲: 外交部長楊潔篪回顧‘十一五’展望‘十二五’」,《求是理
　　論網》2010年 12月 14日, http://www.qstheory.cn (검색일: 2010. 12. 14).

22　胡錦濤,「堅定不移沿著中國特色社會主義道路前進」, pp. 42-43.

23　陸大心,「國際力量正逐步向相對均衡方向發展」,《新華網》2010年 8月 6日,
　　http://www.xinhuanet.com. (검색일: 2010. 8. 16); 王芳,「對話外交部長楊潔
　　篪: 中國外交與國際形勢」,《新華網》2010年 12月 20日, http://www.xinhua-
　　net.com (검색일: 2010. 12. 20); 曲星,「複雜的國際形勢與活躍的中國外交」,
　　《求是理論網》2011年 1月 1日, http://www.qstheory.cn (검색일: 2011. 1. 1).

24　王文,「專訪外交高官: 中國外交及不軟弱 也沒有變強硬」,《環球網》2010年
　　12月 23日, http://www.huanqiu.com (검색일: 2010. 12. 24).

25　劉江永,「中國該如何認識塑造國際大格局」,《新華網》2010年 5月 14日,
　　http://www.xinhuanet.com (검색일: 2010. 5. 17).

26　鄭東超,「新世紀國際戰略格局的變化與中國和平發展」,《新華網》2010年 6
　　月 24日, http://www.xinhuanet.com (검색일: 2010. 6. 25); 曲星,「複雜的
　　國際形勢與活躍的中國外交」,《求是理論網》2011年 1月 1日, http://www.
　　qstheory.cn (검색일: 2011. 1. 1); 戚建國,「前所未有的大變局 對世界戰略形
　　勢和我國家安全環境的認識與思考」,《求是理論網》2013年 1月 21日, http://
　　www.qstheory.cn (검색일: 2013. 1. 22).

27　王友明,「新興市場國家 國際秩序構建者」,《人民網》2012年 12月 6日, http://
　　www.people.com.cn (검색일: 2012. 12. 6).

28　郭憲剛,「不可逆轉的大趨勢」,《人民網》2012年 12月 6日, http://www.peo-
　　ple.com.cn (검색일: 2012. 12. 6).

29　閻學通,「‘一超多強’開始向‘兩超多強’演變」,《環球網》2011年 12月 30日,

http://www.huanqiu.com (검색일: 2011. 12. 30); 閻學通,「中國崛起面臨的 國際體系壓力」,《環球網》2011年 12月 7日, http://www.huanqiu.com (검색 일: 2012. 12. 7).

30 조영남,『용과 춤을 추자』, pp. 65-66.

31 李愼明,「抓住前所未有的機遇 應對前所沒有的挑戰」,《求是理論網》2012年 9 月 10日, http://www.qstheory.cn (검색일: 2012. 9. 11).

32 鐘聲,「今日中國的淸醒和定力」,《人民網》2012年 12月 20日, http://www. people.com.cn (검색일: 2012. 12. 22).

33 習近平,「在慶祝中新建交20周年招待會上的致辭」,《人民網》2010年 11月 6 日, http://www.people.com.cn (검색일: 2010. 11. 7).

34 習近平,「攜手推進深度合作 共同實現持續發展」,《人民網》2012年 9月 21日, http://www.people.com.cn (검색일: 2012. 9. 23).

35 「不宜過度延伸‘世界第二’的含義」,《新華網》2010年 8月 3日, http://www. xinhuanet.com (검색일: 2010. 9. 2); 関權,「中國依然需要韜光養晦」,《求是理 論網》2012年 10月 1日, http://www.qstheory.cn (검색일: 2012. 10. 1).

36 Michael Beckley, "China's Century? Why America's Edge Will Endure," *International Security*, Vol. 36, No. 3 (Winter 2011/12), pp. 41-78; Joseph S. Nye, "American and Chinese Power after the Financial Crisis," *Washington Quarterly*, Vol. 33, No. 4 (October 2010), pp. 143-153.

37 陳向陽,「中國國際地位‘被第二’」,《新華網》2010年 6月 12日, http://www.xin-huanet.com (검색일: 2010. 6. 12);「黨報評GDP超日:‘老二’帽子咱不戴」,《新 華網》2011年 2月 22日, http://www.xinhuanet.com (검색일: 2011. 2. 23).

38 「社評: 中國得‘熬’過外交‘尷尬’期」,《環球網》2011年 11月 10日, http://www. huanqiu.com (검색일: 2011. 11. 10).

39 喬良,「中國的戰略定位及要國關係」,《新華網》2010年 2月 3日, http://www. xinhuanet.com (검색일: 2010. 6. 12).

40 王緝思,「中國的戰略定位問題與‘韜光養晦有所作爲’的戰略思想」,《新華網》 2011年 6月 28日, http://www.xinhuanet.com (검색일: 2011. 6. 30); 王緝思, 「中國的自我定位」,《環球網》2012年 6月 28日, http://www.huanqiu.com (검

색일: 2012. 6. 29).

41 宋曉軍 外, 『中國不高興』(南京: 江蘇人民出版社, 2009); 劉明福, 『中國夢: 后
    美國時代的思維與戰略定位』(北京: 中國友誼出版公司, 2010).

42 楊子岢, 「中國外交 醒獅崛起」, 《人民網》 2011年 2月 8日, http://www.peo-
    ple.com.cn (검색일: 2011. 2. 8).

43 Kenneth Lieberthal and Wang Jisi, *Addressing U.S.-China Strategic Dis-
    trust*, pp. 8-10.

44 김재철, 「중국의 공세적 외교정책」, pp. 29-59; Thomas Christensen, "The
    Advantages of an Assertive China: Responding to Beijing's Abrasive Diplo-
    macy," *Foreign Affairs*, Vol. 90, No. 2, (2011), pp. 54-67; Wang Jisi, "China's
    Search for a Grand Strategy: A Rising Great Power Finds Its Way," *Foreign
    Affairs*, Vol. 90, No. 2 (March/April 2011), pp. 68-79.

45 Rudyard Griffiths and Patrick Luciani (eds.), *Does the 21st Century Belong
    to China? The Munk Debate on China* (Toronto: Anansi Press, 2011).

46 Joshua S. Goldstein, *International Relations* (Brief Edition) (New York:
    Longman, 2002), pp. 67-68.

47 신범식, 「기후변화의 국제정치와 미-중 관계」, 《국제정치논총》 제51집 제1호
    (2011), pp. 127-158; 원동욱, 「국제기후담판에서 중국의 입장변화 분석: 과
    정과 동인을 중심으로」, 《중소연구》, 제35권 제3호 (2011), pp. 41-69; Bjorn
    Conrad, "China in Copenhagen: Reconciling the 'Beijing Climate Revolu-
    tion' and the 'Copenhagen Climate Obstinacy'," *China Quarterly*, No. 210
    (June 2012), pp. 435-455; Lichao He, "China's Climate Change Policy from
    Kyoto to Copenhagen: Domestic Needs and International Aspirations,"
    Asian Perspective, Vol. 34, No. 3 (2010), pp. 5-33; 蔡學儀, 『中國與國際氣候
    政治』(臺北: 五南圖書出版社, 2011).

48 鐘聲, 「黨報議中國'發展中大國'屬性: 需清醒與自覺」, 《新華網》 2010年 9月 2
    日, http://www.xinhuanet.com (검색일: 2010. 9. 2); 錢文榮, 「中國的國際定
    位變了嗎?」, 《新華網》 2010年 6月 2日, http://www.xinhuanet.com (검색일:
    2010. 6. 3).

49 陶短房,「中國到了和第三世界說‘再見’的時候了麼?」,《新華網》2010年 4月
27日, http://www.xinhuanet.com (검색일: 2010. 4. 28); 中國國際問題研究
所,「中國在相當長時期內仍將是發展中國家」,《求是理論網》2010年 9月 16
日, http:/www.qstheory.cn (검색일: 2010. 6. 3); 高秋福,「中國發展中國家的
定位問題」,《新華網》2010年 1月 27日, http://www.xinhuanet.com (검색일:
2010. 2. 4); 高秋福,「中國不要規避成正在崛起的大國」,《新華網》2013年 1月
19日, http://www.xinhuanet.com (검색일: 2013. 1. 20).

50 「溫家寶: 中國不贊成‘G2’」,《財富贏家網站》2009年 11月 19日, http://www.
cf8.com.cn (검색일: 2013. 2. 20).

51 「戴秉國: 中美不搞G2 但可以搞C2」,《鳳凰網》2012年 5月 3日, http://www.
ifeng.com (검색일: 2012. 2. 20).

52 「外交部: 不認爲任何人有能力構成對中國包圍圈」,《環球網》2011年 1月 15
日, http://www.huanqiu.com (검색일: 2011. 1. 15).

53 吳建民,「已經天下第二 還要韜嗎?」,《人民網》2012年 12月 11日, http://
www.people.com.cn (검색일: 2012. 12. 11); 吳建民,「2010年大國關係展望」,
《新華網》2010年 1月 26日, http://www.xinhuanet.com (검색일: 2010. 2. 4);
吳建民,「中國需要保持對外合作的勢頭」,《新華網》2011年 3月 15日, http://
www.xinhuanet.com (검색일: 2011. 3. 15); 吳建民,「中國成爲二大經濟体
應承擔的國際責任是什麼?」,《人民網》2011年 2月 16日, http://www.people.
com.cn (검색일: 2011. 2. 21).

54 「中國走向‘大外交’」,《人民網》2011年 2月 8日, http://www.people.com.cn
(검색일: 2011. 2. 8);「國際格局: 再思韜光養晦」,《新華網》2011年 12月 19日,
http://www.xinhuanet.com (검색일: 2011. 12. 21).

55 王嵎生,「中國外交的變與不變」,《新華網》2012年 1月 3日, http://www.
xinhuanet.com (검색일: 2012. 10. 30); 王嵎生,「2010: 美國攪局東亞 中國情
緒浮躁」,《人民網》2010年 12月 15日, http://www.people.com.cn (검색일:
2010. 12. 16).

56 高秋福,「中國‘發展中國家’的定位問題」,《新華網》2010年 1月 27日, http://
www.xinhuanet.com (검색일: 2010. 2. 4); 高秋福,「中國不要規避成正在崛

起的大國」,《新華網》2013年 1月 19日, http://www.xinhuanet.com (검색일: 2013. 1. 20).

57 張肖雯,「中國外交十年: '變化'的戰略 '不變'的主體－訪淸華大學當代裹進關係研究院院長閻學通」,《求是理論網》2012年 10月 29日, http://www.xinhua-net.com (검색일: 2012. 10. 30); 閻學通,「中國崛起面臨的國際關係壓力」,《環球網》2012年 12月 7日, http://www.huanqiu.com (검색일: 2012. 12. 7).

58 「未來十年的中國外交轉型」,《環球網》2013年 1月 4日, http://www.huanqiu.com (검색일: 2013. 1. 4).

59 趙可金,「制定大戰略, 中國不能再猶豫」,《環球網》2010年 6月 2日, http://www.huanqiu.com (검색일: 2010. 6. 2); 趙可金,「中國對外戰略的轉型和調整」,《求是理論網》2012年 9月 1日, http://www.qstheory.cn (검색일: 2010. 9. 1); 趙可金,「正確理解重要戰略機遇期」,《求是理論網》2013年 1月 8日, http://www.qstheory.cn (검색일: 2013. 1. 9).

60 許利平,「調整南海戰略 重在防止惡化」,《環球網》2011年 6月 24日, http://www.huanqiu.com (검색일: 2011. 6. 25); 龍韜,「中國克制與自信不是一回事」,《環球網》2011年 6月 27日, http://www.huanqiu.com (검색일: 2011. 6. 27).

61 李傑,「沒有航母, 難成大國」,《環球網》2010年 12月 2日, http://www.huanqiu.com (검색일: 2010. 12. 3); 丁剛,「航母 ＋ 開發 維護主權最有力」,《環球網》2011年 8月 1日, http://www.huanqiu.com (검색일: 2011. 8. 1); 「若美國是狼, 中國不應是羊」,《環球網》2011年 12月 20日, http://www.huanqiu.com (검색일: 2011. 12. 21).

62 韓旭東,「全球軍事治理, 中國大有可爲」,《環球網》2011年 4月 29日, http://www.huanqiu.com (검색일: 2011. 4. 29); 韓旭東,「防禦思維在阻礙中國海外擴張」,《環球網》2012年 6月 26日, http://www.huanqiu.com (검색일: 2012. 6. 26); 韓旭東,「地區動蕩幫中國撬動格局」,《環球網》2012年 8月 18日, http://www.huanqiu.com (검색일: 2012. 8. 20); 楊毅,「周邊安全需要全方位戰略」,《環球網》2012年 10月 26日, http://www.huanqiu.com (검색일: 2012. 10. 26); 羅援,「南海亂局, 美國是幕後推手」,《環球網》2012年 8月 7日, http://

www.huanqiu.com (검색일: 2012. 8. 10).

63 吳建民, 「南海爭端 中國克制是種自信」,《環球網》 2011年 6月 22日, http://
www.huanqiu.com (검색일: 2011. 6. 22).

64 鐘聲, 「解決南海問題需要實實在在做點什麼」,《人民網》 2012年 1月 13日,
http://www.people.com.cn (검색일: 2012. 1. 16).

65 「三位學者: 中國需加速開發南海」,《環球網》 2011年 6月 23日, http://www.
huanqiu.com (검색일: 2011. 6. 23).

66 王緝思, 「中國的戰略定位問題與'韜光養晦有所作爲'的戰略思想」,《新華網》
2011年 6月 28日, http://www.xinhuanet.com (검색일: 2011. 6. 30).

67 鄭必堅, 「中共智囊鄭必堅在論'中國和平崛起'」,《新華網》 2011年 5月 16日,
http://www.xinhuanet.com (검색일: 2011. 5. 16); 鄭必堅, 「對一個重大戰略
構想的新認識」,《求是理論網》 2012年 1月 12日, http://www.xinhuanet.com
(검색일: 2012. 1. 12).

9장

* 이 장은 다음 논문을 보완한 것이다: 조영남, 「시진핑 시대의 중국 외교 전망」,
《한국과 국제정치》 29권 2호 (2013년 여름).

1 Michael D. Swaine, "The 18th Party Congress and Foreign Policy: The Dog
that Did Not Bark?", *China Leadership Monitor*, No. 40 (January 2013);
慕永鵬, 「中國新班子要走什麼外交路」,《人民網》 2012年 11月 23日, http://
www.people.com.cn (검색일: 2012. 11. 23); 鐘聲, 「發揮負責任大國作用」,
《人民網》 2012年 12月 4日, http://www.people.com.cn (검색일: 2012. 12. 5).

2 楊潔篪, 「偉大的創新 豐碩的成果: 十年來我國外交工作的回顧與展望」,《求是
理論網》 2012年 10月 16日, http://www.qstheory.cn (검색일: 2012. 10. 17).

3 國務院 新聞辦公室, 「中國的和平發展」 (2011年 9月), 中華人民共和國 國務
院 新聞辦公室 編, 『2011年 中國政府白皮書彙編』 (北京: 人民出版社, 2011),
pp. 161-187.

4　후진타오의 정치 보고는 다음을 참고했다. 胡錦濤,「堅定不移沿著中國特色社會主義道路前進」, pp. 1-53.

5　「習近平同外國專家代表座談時强調 中國是合作共贏倡導者踐行者」,《人民網》2012年 12月 6日, http://www.people.com.cn (검색일: 2012. 12. 6); 鐘聲,「'我們的事業'同世界共贏」,《人民網》2012年 12月 6日, http://www.people.com.cn (검색일: 2012. 12. 6).

6　胡錦濤,「堅定不移沿著中國特色社會主義道路前進」, pp. 42-43.

7　Kenneth Lieberthal and Wang Jisi, *Addressing U.S.-China Strategic Distrust*, pp. 8-10; Zhu Liqun, *China's Foreign Policy Debates* (ISS Chaillot Papers, 2010), pp. 31-32.

8　胡錦濤,「堅定不移沿著中國特色社會主義道路前進」, p. 43.

9　胡錦濤,「堅定不移沿著中國特色社會主義道路前進」, p. 43.

10　胡錦濤,「堅定不移沿著中國特色社會主義道路前進」, pp. 43-44.

11　胡錦濤,「堅定不移沿著中國特色社會主義道路前進」, pp. 44-45.

12　胡錦濤,「堅定不移沿著中國特色社會主義道路前進」, pp. 40-41.

13　胡錦濤,「堅定不移沿著中國特色社會主義道路前進」, pp. 41-42.

14　Alan D. Romberg, "Following the 18th Party Congress: Moving Forward Step-by-Step," *China Leadership Monitor*, No. 40 (January 2013); Lawrence Chung, "Beijing expected to keep same policy towards Taipei," *South China Morning Post* (November 14 , 2012), http://www.scmp.com (검색일: 2012. 11. 14).

15　胡錦濤,「堅定不移沿著中國特色社會主義道路前進」, p. 38.

16　胡錦濤,「堅定不移沿著中國特色社會主義道路前進」, p. 39.

17　胡錦濤,「堅定不移沿著中國特色社會主義道路前進」, p. 39.

18　Edward Wong, "China Hedges Over Whether South China Sea is a 'Core Interest' Worth War," *New York Times* (March 30, 2011), http://www.nytimes.com (검색일: 2011. 3. 31); Cary Huang, "Diaoyus row marks shift in Beijing's diplomatic posture," *South China Morning Post* (October 2, 2010), http://www.scmp.com (검색일: 2010. 10. 2); Lanxin Xiang, "Stumbling block," *South China Morning Post* (November 26, 2010), http://www.scmp.com (검색일: 2010. 11. 26); 薛力,「南海是中國哪個層面的利益」,《環球時報》 2010年 10月 11日,《環球網》, http://www.huanqiu.com (검색일: 2010. 10. 26).

19 이에 대한 자세한 검토는 Michael D. Swaine, "China's Assertive Behavior, Part One: On 'Core Interests'," *China Leadership Monitor*, No. 34 (February, 2011)를 참고할 수 있다.

20 中華人民共和國 國務院 新聞辦公室,『2011年 中國政府白皮書彙編』(北京: 人民出版社, 2011), p. 178.

21 戴秉國,「中國堅持走和平發展道路, 並非拍腦袋的產物」,《人民網》2010年 12月 13日, http://www.people.com.cn (검색일: 2010. 12. 13).

22 胡錦濤,「堅定不移沿著中國特色社會主義道路前進」, p. 40, p. 44.

23 胡錦濤,「堅定不移沿著中國特色社會主義道路前進」, p. 40.

24 胡錦濤,「高擧中國特色社會主義偉大旗幟, 爲奪取全面建設小康社會新勝利而奮鬪」(2007. 10), 中共中央文獻研究室 編,『十七大以來重要文獻選編(上)』(北京: 中央文獻出版社, 2009), p. 32, p. 36.

25 胡錦濤,「我國改革發展穩定面臨新的機遇和挑戰」,《人民日報》2009年 7月 21日.

26 「第十次駐外使節會議在北京擧行」,《人民日報》2004年 8月 30日.

27 江澤民,「全面建設小康社會 開創中國特色社會主義事業新局面」(2002. 11), 新華月報 編,『十六大以來黨和國家重要文獻選編(上-1)』(北京: 人民出版社, 2005), pp. 33-39.

28 이에 대해서는 International Crisis Group, *Stirring up the South China Sea (I)*, p. 17을 참고할 수 있다.

29 김재철,「중국의 공세적 외교정책」,《한국과 국제정치》 제28권 제4호 (2012년 겨울), pp. 35-36; 이희옥,「중국의 부상과 한중 관계의 새로운 위상」,《한국과 국제정치》제28권 제4호 (2012년 겨울), pp. 8-11.

30 習近平,「更好統籌國內國際兩個大局 夯實走和平發展道路」,《新華網》2013年 1月 29日, http://www.xinhuanet.com (검색일: 2013. 1. 3).

31 Chris Buckley, "China's Incoming Leader Pledges Not to Bargain on Dis-

puted Territory," *New York Times* (January 29, 2013), http://www.nytimes.com (검색일: 2013. 1. 30); Jamil Anderlini, "Xi strikes strident tone on foreign policy," *Financial Times* (January 29, 2013), http://www.ft.com (검색일: 2013. 1. 30); Teddy Ng, "Xi says China will not waive its legitimate international rights," *South China Morning Post* (January 30, 2013), http://www.scmp.com (검색일: 2013. 1. 30).

32 鐘聲, 「走和平發展道路是戰略抉擇」,《求是理論網》2013年 1月 30日, http://www.qstheory.cn (검색일: 2013. 1. 30); 「習近平闡明中國和平發展原則底綫」,《新華網》2013年 1月 30日, http://www.xinhuanet.com (검색일: 2013. 1. 31).

33 「社評: 中國強硬? 那亞洲早非今天這樣了」,《環球網》2013年 1月 31日, http://www.huanqiu.com (검색일: 2013. 1. 31).

34 沈丁立, 「正視和平發展的'中國底綫'」,《人民網》2013年 2月 1日, http://www.people.com.cn (검색일: 2013. 2. 1).

35 王堭生, 「中國外交的變與不變」,《新華網》2012年 10月 30日, http://www.xinhuanet.com (검색일: 2012. 10. 30).

36 「中俄兩國元首共同簽署聯合聲明」,《人民日報》2013年 3月 23日,《人民網》, http://www.people.com.cn (검색일: 2013. 3. 25).

37 2009년부터 최근까지의 미중 관계의 변화에 대한 상세한 정리는 다음을 참고할 수 있다. Mark E. Manyin et al., *Pivot to the Pacific? The Obama Administration's 'Rebalancing' Toward Asia* (Congressional Research Service, March 2012); Suisheng Zhao, "Shaping the Regional Context of China's Rise: How the Obama Administration Brought Back Hedge in Its Engagement with China," *Journal of Contemporary China*, Vol. 21, No. 75 (May 2012), pp. 369-389; Michael D. Swaine, "Chinese Leadership and Elite Response to the U.S. Pacific Pivot," *China Leadership Monitor*, No. 38 (August 2012); Mark Lander, "Obama's Evolution to a Tougher Line on China," *New York Times* (September 20, 2012), http://www.nytimes.com (검색일: 2012. 9. 21); 袁鵬, 「關於構建中美新型大國關係的戰略思考」,《現代國際關係》

2012年 5期,《求是理論網》2012年 8月 27日, http://www.qstheory.cn (검색일: 2012. 11. 16).

38 코펜하겐 유엔기후변화협약회의에서 미·중 간의 갈등과 오바마가 개인적으로 겪었던 '수모'에 대해서는 다음 연구를 참고할 수 있다. 원동욱,「국제기후담판에서 중국의 입장변화 분석: 과정과 동인을 중심으로」,《중소연구》제35권 제3호 (2011), PP. 41-69; 신범식,「기후변화의 국제정치와 미-중 관계」,《국제정치논총》제51집 제1호 (2011), PP. 127-158; Bjorn Conrad, "China in Copenhagen: Reconciling the 'Beijing Climate Revolution' and the 'Copenhagen Climate Obstinacy," *China Quarterly*, No. 210 (June 2012), pp. 435-455.

39 胡錦濤,「推進互利共贏合作 發展新型大國關係」,《人民網》2012年 5月 3日, http://www.people.com.cn (검색일: 2012. 11. 14).

40 「習近平: 推動個大國客觀理性看待彼此戰略意圖」,《人民網》2012年 7月 7日, http://www.people.com.cn (검색일: 2012. 11. 14).

41 節大磊,「學者: 中美摩擦的戒毒會加劇嗎」,《環球網》2013年 1月 31日, http://www.huanqiu.com (검색일: 2013. 1. 31).

42 節大磊,「學者: 中美摩擦的戒毒會加劇嗎」.

43 餘建斌,「國家海洋局長談建設海洋強國: 向海而興 背海而衰」,《人民網》2012年 12月 17日, http://www.people.com.cn (검색일: 2013. 1. 11).

44 「中國將推進建設海洋強國 持續提升利用海洋水平」,《人民網》2013年 1月 10日, http://www.people.com.cn (검색일: 2013. 1. 11).

45 張建剛,「2030年 中國將圓海洋強國夢」,《環球網》2013年 1月 10日, http://www.huanqiu.com (검색일: 2012. 1. 10).

46 Cary Huang, "As China's navy grows, end of Deng's dictum of keeping a low profile?," *South China Morning Post* (4 January, 2013), http://www.scmp.com (검색일: 2013. 1. 4).

47 孟彦周勇,「海洋強國等於海洋霸權?」,《人民網》2012年 11月 13日, http://www.people.com.cn (검색일: 2012. 11. 15).

48 「我國要建設三大海洋經濟圈 將在西沙中沙建設度假基地」,《人民網》2013年 1月 20日, http://www.people.com.cn (검색일: 2013. 1. 20).

49 康欣,「中國應設立‘海洋部’符合中國大戰略利益」,《人民網》2012年 12月 31
日, http://www.people.com.cn (검색일: 2013. 1. 11).

50 趙超,「新一輪國務院機構改革將啓動 國務院組成部門減至25個」,《新華網》
2013年 3月 10日, http://www.xinhuanet.com (검색일: 2013. 3. 10);「中央編
辦負責人就國務院機構改革和職能轉變答人民日報新華社記者問」,《新華網》
2013年 3月 10日, http://www.xinhuanet.com (검색일: 2013. 3. 10).

51 孫瀾,「中共十八大報告外交表達‘霸氣外露’」,《多維新聞網》2012年 11月 8
日, http://www.dwnews.com (검색일: 2012. 11. 10); 曾九平,「十八大報告
展現 習解決釣魚島南海爭端新思路」,《多維新聞網》2012年 11月 9日, http://
www.dwnews.com (검색일: 2012. 11. 10); 曾九平,「十八大報告棄‘不對
任何國家構成軍事威脅’」,《多維新聞網》2012年 11月 9日, http://www.
dwnews.com (검색일: 2012. 11. 13).

52 이에 대해서는 Taeho Kim, "China's Anti-Access Strategy and Regional
Contingencies: Implications for East Asian and Korean Security," *Korean
Journal of Defense Analysis*, Vol. 24, No. 3 (September 2012), pp. 355-371
을 참고할 수 있다.

10장

* 이 장은 다음 논문을 보완한 것이다: 조영남,「한·중관계 20년의 안보 쟁점
분석」,《국제·지역연구》21권 4호 (2012년 겨울).

1 이영종, "김정은 잇단 도발에 …… 북한이 믿었던 혈맹 중국 달라졌다,"《중앙일
보》2013년 3월 26일, http://www.joinsmsn.com (검색일: 2013. 3. 26).

2 박현,「‘안보리 결의 완전한 이행 원해’ 달라진 중국의 대북 태도」,《한겨레》
2013년 3월 8일, http://www.hani.co.kr (검색일: 2013. 3. 9).

3 최형규,「중, 나진·선봉 특구 회의 모두 취소」,《중앙일보》2013년 2월 14일,
http://www.joinsmsn.com (검색일: 2013. 2. 14); 차대운, "‘중국 화났다’-
대북제재 새 국면'",《연합뉴스》2013년 3월 8일, http://www.yonhapnews.

co.kr (검색일: 2013. 3. 9); 최형규, "중국, 지난달 북한에 원유 수출 중단,"《중앙일보》2013년 3월 22일, http://www.joinsmsn.com (검색일: 2013. 3. 22).

4 강태화, "청와대 '중, 대북제재 지침 내린 것은 확실,"《중앙일보》2013년 3월 26일, http://www.joinsmsn.com (검색일: 2013. 3. 26).

5 "U.S. hopeful of strong Chinese action on North Korea," *Reuters* (March 22, 2012), http://www.reuters.com (검색일: 2013. 3. 22).

6 "Obama: China 'recalculating' on North Korea," *AFP* (March 13, 2013), http://www.google.com.cn (검색일: 2013. 3. 26).

7 주펑, "중국, 북한에 옐로카드 꺼냈다."《중앙일보》2013년 4월 15일, http://www.joinsmsn.com (검색일: 2013. 4. 15); Jamil Anderlini, "China warns against Asia troublemakers," *Financial Times* (April 7, 2013), http://www.ft.com (검색일: 2013. 4. 8); Jane Perlez and Choe Sang-Hun, "China Hints at Limits to North Korea Actions," *New York Times* (April 7, 2013), http://www.nytimes.com (검색일: 2013. 4. 8); 曾九平, 「已三次警告 朝鮮再挑釁將觸動北京底綫」,《多維新聞網》2013年 4月 16日, http://www.dwnews.com (검색일: 2013. 4. 17); 華益文, 「給四國說四句話」,《人民日報》海外版, 2013年 4月 10日, http://www.people.com.cn (검색일: 2013. 4. 10); 「中國英國大使: 中國不許任何國家把亞洲搞亂」,《新華網》 2013年 4月 18日, http://www.xinhuanet.com (검색일: 2013. 4. 18).

8 胡文龍, 「朝鮮半島局勢: 究竟是誰真想找事」,《新華網》2013年 4月 11日, http://www.xinhuanet.com (검색일: 2013. 4. 11); 陳峰君, 「美該從戰略上反思對朝政策」,《環球時報》2013年 4月 15日,《環球網》, http://www.huanqiu.com (검색일: 2013. 4. 15).

9 「外交部: 中國政府強烈敦促朝鮮信守無核化承諾」,《人民網》2013年 2月 12日, http://www.people.com.cn (검색일: 2013. 2. 13).

10 「外交部: 堅決主張實現半島無核化 呼吁各方堅持對話協商」,《人民網》2013年 3月 8日, http://www.people.com.cn (검색일: 2013. 3. 9).

11 「崔天凱談外交: 中國是真正大俠 動輒拔劍是三流角色」,《新華網》2013年 3月 7日, http://www.xinhuanet.com (검색일: 2013. 3. 11); 「中國常駐聯合國代

表李保東大使: 朝核問題應回到對話協商的軌道上來」,《人民網》2013年 3月 8日, http://www.people.com (검색일: 2013. 3. 11);「我國呼吁朝鮮半島核問題有關各方以大局爲重 保持冷靜克制」,《人民網》2013年 3月 9日, http://www.people.com.cn (검색일: 2013. 3. 9);「外交部: 中方反對任何一方做有損于半島和平穩定的事情」,《人民網》2013年 4月 8日, http://www.people.com.cn (검색일: 2013. 4. 9).

12 鐘聲,「切實推動半島局勢轉圜」,《人民日報》2013年 4月 15日,《人民網》, http://www.people.com.cn (검색일: 2013. 4. 15); 呂超,「中國需用三項堅持破解半島危機」,《環球時報》2013年 4月 16日,《環球網》, http://www.huanqiu.com (검색일: 2013. 4. 16).

13 Deng Yuwen, "China should abandon North Korea," *Financial Times* (February 27, 2012), http://www.ft.com (검색일: 2013. 3. 2); 써니 리, "중 외교부 매우 화내며 전화해 직위 해임," 《중앙일보》 2013년 4월 1일, http://www.joinsmsn.com (검색일: 2013. 4. 2); Jane Perlez, "Chinese Editor Suspended for Article on North Korea," *New York Times* (April 1, 2013), http://www.nytimes.com (검색일: 2012. 4. 2); Jeremy Page, "China Conflicted on Its Stance Toward North Korea," *Wall Street Journal* (April 1, 2013), http://www.wsj.com (검색일: 2013. 4. 2).

14 「社評: '放棄朝鮮'的主張過於幼稚和極端」,《環球時報》2013年 4月 12日,《環球網》, http://www.huanqiu.com (검색일: 2013. 4. 12).

15 張紅,「半島抽身, 美國言不由衷」,《人民日報》海外版 2013年 4月 11日,《人民網》, http://www.people.com.cn (검색일: 2013. 4. 11); 王帆,「朝核危機, 美不能把責任推給中國」,《環球時報》2013年 3月 27日,《環球網》, http://www.huanqiu.com (검색일: 2013. 3. 27).

16 「朝鮮核試驗: 根源在哪兒?」,《人民網》2013年 2月 16日, http://www.people.com.cn (검색일: 2013. 2. 18);「社評: 朝鮮半島風急, 中國更需戰略定力」,《環球時報》2013年 2月 16日,《環球網》, http://www.huanqiu.com (검색일: 2013. 2. 18);「社評: 朝核, 中國需不怯懦不幻想不急躁」,《環球時報》2013年 2月 17日,《環球網》, http://www.huanqiu.com (검색일: 2013. 2. 18);「社評:

中國參與制裁 朝鮮必須把握的度」,《環球時報》2013年 2月 18日,《環球網》, http://www.huanqiu.com (검색일: 2013. 2. 18); 陳峰君,「中國應對美朝實行 均衡政策」,《環球時報》2013年 3月 7日,《環球網》, http://www.huanqiu.com (검색일: 2013. 3. 7); 莫容博,「唯六方會談能解朝核危機」,《新華網》2013年 3 月 17日, http://www.xinhuanet.com (검색일: 2013. 3. 17).

17 김태호,「한중 관계의 명(明)과 암(暗): 다층적 맥락 및 한미동맹을 중심으로」, 백권호 편,『미래지향적인 한중 관계: 소통과 성찰』(서울: 폴리테이아, 2009), pp. 21-60; 조영남,「한중 관계의 발전추세와 전망: 바람직한 중국 정책을 위한 시론」,《국제지역연구》제20권 제1호 (2011), pp. 89-123; 서진영,「한중 관계 20년: 회고와 전망 — 한국의 시각에서」,《국방정책연구》제28권 제1호 (2012), pp. 1-43; 박창희,「한중 수교 20년과 한중 군사 관계 발전: 회고와 전망」,《중 소연구》제36권 제1호 (2012), pp. 17-43; 김경일 · 전재우,「한중 관계 20년: 회고와 전망 — 중국의 시각에서」,《국방정책연구》제28권 제1호 (2012), pp. 45-66; Taeho Kim, "'Strategic Cooperative Partnership' between Beijing and Seoul? A Quest in Search of Reality," *New Asia*, Vol. 18, No. 2 (2011), pp. 14-33.

18 조영남,『용과 춤을 추자』, pp. 327-347.

19 조영남,『후진타오 시대의 중국 정치』, pp. 259-261; 이동률,「한중 정치 관계의 쟁 점과 과제」, 전성흥 · 이종화 편,『중국의 부상: 동아시아 및 한중 관계에의 함의』 (서울: 오름, 2006), pp. 246-254; 서진영,『21세기 중국 외교정책: '부강한 중국' 과 한반도』(서울: 폴리테이아, 2006), pp. 392-396; Heeok Lee, "China's Policy toward (South) Korea: objectives of and obstacles to the strategic partnership," *Korean Journal of Defense Analysis*, Vol. 22, No. 3 (2010), pp. 292-296.

20 조영남,『21세기 중국이 가는 길』, p. 219.

21 서진영,「한중 관계 20년: 회고와 전망」, pp. 16-17.

22 이장원,「동아시아의 미중 갈등과 한중 관계: 세력전이론적 시각에서」,《중소연 구》제35집 제2호 (2011), pp. 43-76; 전재성,「2008년 경제위기와 미중 관계 의 변화, 한국의 전략」,《한국과 국제정치》제28권 제1호 (2012), pp. 128-129.

23 Robert Haddick, "An Arms Race America Can't Win," *Foreign Policy* (June

2012), http://www.foreignpolicy.com (검색일: 2012. 6. 14).

24 조영남, 『용과 춤을 추자』, pp. 27-28.

25 김재철, 「미중 관계의 변화와 한국의 외교 전략」, 《중소연구》 제35권 제3호 (2011), pp. 147-172; 김흥규, 「21세기 변화 중의 미중 관계와 북핵 문제」, pp. 213-245; 김준형, 「G2 관계 변화와 미국의 대중 정책의 딜레마」, 《국가전략》 제18권 1호 (2012), pp. 5-26; 김열수, 「미국의 신국방 전략과 한국의 대비 전략」, 《국가전략》 제18권 2호 (2012), pp. 171-194; 전재성, 「2008년 경제위기와 미중 관계의 변화, 한국의 전략」, pp. 123-153; Hillary Clinton, "America's Pacific Century," *Foreign Policy* (November 2011), http://www.foreignpolicy.com (검색일: 2011. 11. 28); U.S. Department of Defense, Sustaining U.S. Global Leadership: Priorities for 21st Century Defense (2012).

26 朱鋒, 「奧巴馬政府亞太戰略調整及其影響」, 《現代國際關係》 2012年 第1期, pp. 8-10; 閻學通, 「中國在朝核問題上的兩難境地」, 《中國與世界觀察》 2009年 第2期, pp. 98-107; 金燦榮, 「東北亞新變局與後金正日時代的朝鮮半島」, 《現代國際關係》 2012年 第1期 (2012), pp. 3-5.

27 尹卓, 「美國拉日韓一起軍演慾搞東亞小北約」, 《新華網》 2012年 6月 15日, http://www.xinhuanet.com (검색일: 2012. 6. 15).

28 Chung-in Moon, "Between Principle and Pragmatism: What Went Wrong with the Lee Myung-bak Government's North Korean Policy?", *Journal of International and Area Studies*, Vol. 18, No. 2 (2011), pp. 1-22.

29 김애경, 「한·중 간에 존재하는 잠재적 영토 및 해양 경계 획정 문제」, 정재호 편저, 『중국을 고민하다: 한중 관계의 딜레마와 해법』 (서울: 삼성경제연구소, 2011), pp. 269-317.

30 박민형, 「중국의 부상과 한국의 군사적 대응」, 《국제정치논총》 제52집 제1호 (2012), p. 87.

31 박동훈, 「중국의 북한 정책 변화와 중한 관계: 천안함 사건 이후를 중심으로」, 《한국과 국제정치》 제27권 제2호 (2011), p. 132.

32 최명해, 『중국·북한 동맹 관계: 불편한 동거의 역사』 (서울: 오름, 2009), pp. 387-410; 박홍서, 「중국의 부상과 탈냉전기 중미 양국의 대한반도 동맹 전략:

동맹전이 이론의 시각에서」,《한국정치학회보》제42집 제1호 (2008), pp. 299-317; 박홍서, 「북핵위기 시 중국의 대북 동맹 안보 딜레마 관리 연구: 대미 관계 변화를 주요 동인으로」,《국제정치논총》제46집 제1호 (2006), pp. 103-122; 신상진, 「중국 외교 안보 전략의 자산, 북한과 북핵을 읽는 중국의 독법」, 정재호, 『중국을 고민하다』, pp. 178-187; 박동훈, 「중국의 북한 정책 변화와 중한 관계: 천안함 사건 이후를 중심으로」, pp. 139-142.

33 신상진, 「중국 외교 안보 전략의 자산, 북한과 북핵을 읽는 중국의 독법」, pp. 188-193.

34 정재호 · 김애경 · 주장환 · 최명해, 「한반도 통일에 대한 중국의 지지는 가능할 것인가?」, 정재호, 『중국을 고민하다』, pp. 319-358.

35 정재호, 『중국의 부상과 한반도의 미래』 (서울: 서울대학교출판문화원, 2011), pp. 323-347; Kim, "From a buffer zone to a strategic burden," p. 58.

36 최명해, 『중국 · 북한 동맹 관계』; You Ji, "China and North Korea: a fragile relationship of strategic convenience," *Journal of Contemporary China*, Vol. 10, No. 28 (2001), pp. 389-398.

37 최명해, 『중국 · 북한 동맹 관계』.

38 최명해, 『중국 · 북한 동맹 관계』.

39 신상진, 「중국 외교 안보 전략의 자산, 북한과 북핵을 읽는 중국의 독법」, p. 177.

40 조영남, 『후진타오 시대의 중국 정치』, pp. 257-258: David Shambaugh, "China and the Korean Peninsula: Playing for the Long Term," *Washington Quarterly*, Vol. 26, No. 2 (2003), pp. 43-56; Avery Goldstein, "Across the Yalu: China's Interests and the Korean Peninsula in a Changing World," Alastair Iain Johnston and Robert S. Ross (eds.), *New Directions in the Study of China's Foreign Policy* (Stanford: Stanford University Press, 2006), pp. 131-161.

41 신상진, 「중국의 대북한 인식 변화 연구: 북한 전문가 심층 면담조사」,《통일정책연구》제17권 제1호 (2006), pp. 265-291; 원동욱 · 김재관, 「중국의 북한 정책과 동맹의 딜레마」,《현대중국연구》제12집 제1호 (2010), pp. 31-63; 이희

옥, 「북중 관계의 변화와 한국의 대응」, 이장규 외, 『중국의 부상에 따른 한국의 국가 전략 연구 I』 (서울: 대외경제정책연구원, 2009), pp. 179-218; 문흥호, 「후진타오 집권기 중국의 대북 인식과 정책: 변화와 지속」, 《중소연구》 제33권 제2호 (2009), pp. 15-44.

42　신상진, 「중국 외교 안보 전략의 자산, 북한과 북핵을 읽는 중국의 독법」, pp. 173-174.

43　International Crisis Group, *Shades of Red: China's Debate over North Korea* (Asia Report N.179, 2009).

44　楚樹龍·榮予, 「朝鮮問題需要新思維新政策」, 《中國與世界觀察》 2009年 第2期, pp. 108-115.

45　김흥규, 「21세기 변화 중의 미중 관계와 북핵 문제」, p. 234.

46　최명해, 『중국·북한 동맹 관계』, p. 408; 박동훈, 「중국의 북한 정책 변화와 중한 관계」, p. 133.

47　정재호, 『중국의 부상과 한반도의 미래』, pp. 341-342.

48　최명해, 『중국·북한 동맹 관계』, pp. 402-403.

49　임수호, 「북·중 경협의 현황과 전망」, 《JPL 정책포럼》 (제주평화연구원, 2011); Drew Thompson, *Silent Partners: Chinese Joint Ventures in North Korea* (A U.S.-Korea Institute at SAIS Report, 2011).

50　이준삼, "지난해 북중 교역액 또 사상 최대치 ⋯⋯60억 달러 육박," 《연합뉴스》 2013년 1월 30일, http://www.yonhapnews.co.kr (검색일: 2013. 1. 30).

51　최명해, 「중국의 북한 정책: 변화와 지속」, 《JPL 정책포럼》 (제주평화연구원, 2010) 2010-22.

52　조명철, 「중국의 대북한 경제협력 정책 변화와 전망」, 《오늘의 세계경제》 (KIEP, 2010).

53　조영남, 『21세기 중국이 가는 길』, pp. 246-259.

54　정재호, 「중국도 미국만큼: '전략 동맹'과 '전략적 파트너십' 사이에서」, 정재호 편저, 『중국을 고민하다』, pp. 223-268.

55　정재호, 「중국도 미국만큼: '전략 동맹'과 '전략적 파트너십' 사이에서」, p. 240.

56 정재호, 「중국도 미국만큼: '전략 동맹'과 '전략적 파트너십' 사이에서」, p. 261.

57 Abraham M. Denmark and Zachary M. Hosford, *Securing South Korea: A Strategic Alliance for the 21st Century* (Center for a New American Security, December, 2010).

58 청와대, 「성숙한 세계국가: 이명박 정부 외교 안보의 비전과 전략」 (2009); 김성환, 「아·태 시대의 한미동맹: 국제 문제 협의회(WAC) 연설문」(2012).

59 Denmark and Hosford, *Securing South Korea*; Patrick M. Cronin, Daniel M. Kliman and Abraham M. Denmark, *Renewal: Revitalizing the U.S.-Japan Alliance* (Center for a New American Security, 2010); Study Group on the Future of the Japan-U.S. Alliance, *Renewing Old Promises and Exploring New Frontiers: The Japan-U.S. Alliance and the Liberal International Order* (Tokyo Foundation and the Center for a New American Security, 2010).

60 손열, 「21세기 일본의 동맹 전략: 권력 이동, 변환, 재균형」, 하영선 편, 『21세기 신동맹: 냉전에서 복합으로』 (서울: EAI, 2010), pp. 169-203; 조영남, 「중국의 부상과 동아시아 지역 질서의 변화」, 《중소연구》 제34권 제2호 (2010), pp. 57-58.

61 Tae-Hyo Kim, "Korea's Strategic Thoughts toward Japan: Searching for a Democratic Alliance in the Past-driven Future," *Korean Journal of Defense Analysis*, Vol. 20, No. 2 (2008), pp. 141-154.

62 박동훈, 「중국의 북한 정책 변화와 중한 관계」, p. 121.

63 전성흥 편저, 『중국의 한반도 정책 변화와 한중 관계의 실질적 개선 방안』, 경제·인문사회연구회 대중국 종합연구 협동연구총서 (2011) 11-03-23; 신상진, 「중국 외교 안보 전략의 자산, 북한과 북핵을 읽는 중국의 독법」, pp. 203-221; 박동훈, 「중국의 북한 정책 변화와 중한 관계」, p. 144; 김재철, 「미중 관계의 변화와 한국의 외교 전략」, pp. 170-171; 정재호, 『중국의 부상과 한반도의 미래』, pp. 427-439; 정재호, 「중국도 미국만큼: '전략 동맹'과 '전략적 파트너십' 사이에서」, pp. 263-268; 김흥규, 「21세기 변화 중의 미중 관계와 북핵 문제」, pp. 240-242; 조영남, 『용과 춤을 추자』, pp. 371-386; 박창희, 「한

중 수교 20년과 한중 군사 관계 발전」, pp. 39-40; 서진영, 「한중 관계 20년: 회고와 전망 — 한국의 시각에서」, pp. 38-39; 김경일 · 전재우, 「한중 관계 20년: 회고와 전망 — 중국의 시각에서」, pp. 59-63; Taeho Kim, "'Strategic Co-operative Partnership' between Beijing and Seoul?," pp. 28-30.

64 조영남, 『용과 춤을 추자』, pp. 371-386.

주요 참고 문헌

1 국문

김기수. 『시진핑 리더십』. 서울: 석탑출판, 2012.

김도희. 「정융녠의 중국 정치개혁과 국가 건설 이론」, 《동아시아 브리프》 6권 1호, 2012.

김재철. 「중국의 공세적 외교정책」, 《한국과 국제정치》 제28권 제4호, 2012.

남궁 곤. 「외교정책 결정 이론」. 우철구 · 박건영 편. 『현대 국제관계이론과 한국』. 서울: 사회평론, 2004.

딩쉐량(丁學良). 이희옥 · 고영희 옮김. 『중국 모델의 혁신: 대중시장경제를 향하여(辯論中國模式)』. 서울: 성균관대학교출판부, 2012.

상장위(相江宇). 박영인 옮김. 『시진핑과 조력자들(習近平班底)』. 서울: LINN, 2012.

소바 마사루. 이용빈 옮김. 『시진핑』. 서울: 한국경제신문, 2011.

쑨리핑. 김창경 옮김. 『단절』. 부산: 산지니, 2007.

신범식. 「기후변화의 국제정치와 미-중 관계」, 《국제정치논총》 제51집 제1호, 2011.

양평섭·최필수·이효진.「중국 신(新)지도부의 경제정책 전망과 시사점」,《KIEP 오늘의 세계경제》Vol. 12, No. 27, 2012.

양한순.「우칸촌 농민 시위를 통해 드러난 중국 농촌의 토지문제」,《동아시아브리프》7권 1호, 2012.

원동욱.「국제기후담판에서 중국의 입장변화 분석: 과정과 동인을 중심으로」,《중소연구》제35권 제3호, 2011.

이기현.「중국 전환기 국가 성격에 대한 재고찰: 분권화된 약탈국가이론의 관점에서」,《중소연구》34권 3호, 2010.

이문기.「캉샤오광의 협력주의 국가론」,《동아시아브리프》6권 1호, 2011a.

______.「판웨이의 '자문형 법치국가론'」,《동아시아브리프》6권 3호, 2011b.

이민자.「왕사오광의 중국식 민주주의」,《동아시아브리프》6권 2호, 2011a.

______.「친후이: 자치민주를 강조하는 자유주의자」,《동아시아브리프》6권 4호, 2011b.

이종화.「류쥔닝의 자유주의 정치개혁론」,《동아시아브리프》6권 2호, 2011a.

______.「차오스웬의 민주사회주의 정치개혁론」,《동아시아브리프》6권 3호, 2011b.

이한우.「베트남에서 개혁의 확대와 정치적 일원주의의 완화: 제10차 당대회 결과 분석」,《신아세아》14권 1호, 2007.

이홍규.「보시라이 숙청과 충칭 모델의 미래」,《현대중국연구》14집 1호, 2012.

이희옥.「중국의 부상과 한중 관계의 새로운 위상」,《한국과 국제정치》제28권 제4호, 2012.

전성흥 편.『중국 모델론: 개혁과 발전의 비교 역사적 연구』. 서울: 부키, 2008.

조영남.『중국 의회정치의 발전: 지방인민대표대회의 등장·역할·선거』. 서울: 폴리테이아, 2006a.

______.『후진타오 시대의 중국 정치』. 파주: 나남, 2006b.

______.「중국 선전의 행정개혁 실험: '행정삼분제'의 시도와 좌절」,《중소연구》30권 2호, 2006c.

______.『21세기 중국이 가는 길』. 파주: 나남, 2009.

______.「중국 정치의 '전시장': 제11기 전국인민대표대회 제3차 회의 분석」,《동아시아브리프》5권 2호, 2010.

______.「제11기 전국인대 제4차 회의: '전환, 민생, 법치'의 국정 방침」,《동아시아

브리프》6권 2호, 2011.

______.『용과 춤을 추자: 한국의 눈으로 중국 읽기』. 서울: 민음사, 2012a.

______.『중국의 법률 보급 운동』. 서울: 서울대학교출판문화원, 2012b.

______.『중국의 법원개혁』. 서울: 서울대학교출판문화원, 2012c.

______.『중국의 법치와 정치개혁』. 파주: 창비, 2012d.

조영남 · 안치영 · 구자선.『중국의 민주주의: 공산당의 당내 민주 연구』. 파주: 나남, 2011.

주장환.「중국 제5세대 정치 엘리트: 행위자와 구조적 특성에 대한 분석」,《국가전략》제17권 3호, 2011.

2 영문

Bell, Daniel A. *Beyond Liberal Democracy: Political Thinking for an East Asian Context*. Princeton: Princeton University Press, 2006.

______. *East Meets West: Human Rights and Democracy in East Asia*. Princeton: Princeton University Press, 2000.

Brzenzinski, Zbigniew and John J. Mearsheimer. "Clash of the Titans." *Foreign Policy*. No. 146, 2005.

Cai, Yongshun. *Collective Resistance in China: Why Popular Protests Succeed or Fail*. Stanford: Stanford University Press, 2010.

Chin, Gregory and Ramesh Thakur. "Will China Change the Rules of Global Order?," *Washington Quarterly*. Vol. 33, No. 4, 2010.

Cho, Young Nam. "Implementation of Anticorruption Policies in Reform-Era China: The Case of the 1993-97 'Anticorruption Struggle'." *Issues & Studies*. Vol. 37, No. 1, 2001.

Christensen, Thomas J. "More Actors, Less Coordination? New Challenges for the Leaders of a Rising China." In Gilbert Rozman (ed.), *China's Foreign Policy: Who Makes It, and How Is It Made?* Seoul: Asan Institute for Policy

Studies, 2012.

______. "The Advantages of an Assertive China: Responding to Beijing's Abrasive Diplomacy." *Foreign Affairs*. Vol. 90, No. 2, 2011.

Conrad, Bjorn. "China in Copenhagen: Reconciling the 'Beijing Climate Revolution' and the 'Copenhagen Climate Obstinacy." *China Quarterly*. No. 210, 2012.

Deng, Yong and Fei-Ling Wang (eds.), *China Rising: Power and Motivation in Chinese Foreign Policy*. Lanham: Rowman & Littlefield Publishers, 2005.

Finkelstein, David M. *China Reconsiders Its National Security: "The Great Peace and Development Debate of 1999."* Alexandria: The CNA Corporation, 2000.

Fravel, M. Taylor. "China's Strategy in the South China Sea." *Contemporary Southeast Asia*. Vol. 33, No. 3, 2011.

______. "Maritime Security in the South China Sea and the Competition over Maritime Rights." In Patrick M. Cronin et al., *Cooperation from Strength: The United States, China and the South China Sea* (Center for a New American Security), 2012.

Gill, Indermit and Homi Kharas. *Overview An East Asian Renaissance: Ideas For Economic Growth* (World Bank). Washington D.C., 2007.

Glaser, Charles. "Will China's Rise Lead to War? Why Realism Does Not Mean Pessimism." *Foreign Affairs*. Vol. 90, No. 2, 2011.

Goldstein, Avery. *Rising to the Challenge: China's Grand Strategy and International Security*. Stanford: Stanford University Press, 2005.

Goldstein, Joshua S. *International Relations* (Brief Edition). New York: Longman, 2002.

Hamrin, Carol Lee and Suisheng Zhao. (eds.), *Decision-Making in Deng's China: Perspectives from Insiders*. Armonk: M.E. Sharpe, 1995.

Howell, Jude. "Governance Matters: Key Challenges and Emerging Tendencies." Jude Howell (ed.), *Governance in China*. Lanham: Rowman & Littlefield Publishers, 2004.

He, Lichao. "China's Climate Change Policy from Kyoto to Copenhagen: Domestic Needs and International Aspirations." *Asian Perspective*. Vol. 34, No. 3, 2010.

Huang, Yasheng. "Democratize or Die." *Foreign Affairs*. Vol. 92, No. 1, 2013.

International Crisis Group. *Shades of Red: China's Debate over North Korea* (Asia Report N. 179), 2009.

_____. *Stirring up the South China Sea (I)* (Asia Report N. 223), 2012.

Jakobson, Linda and Dean Knox. *New Foreign Policy Actors in China* (SIPRI Policy Paper 26), 2010.

Johnston, Alastair Iain. "How New and Assertive Is China's New Assertiveness?" *International Security*, Vol. 37, No. 4, 2013.

Kaplan, Robert D. "The Geography of Chinese Power." *Foreign Affairs*. Vol. 89, No. 3, 2010.

Kim, Taeho. "China's Anti-Access Strategy and Regional Contingencies: Implications for East Asian and Korean Security." *Korean Journal of Defense Analysis*. Vol. 24, No. 3, 2012.

Kirshner, Jonathan. "The Tragedy of Offensive Realism: Classical Realism and the Rise of China." *European Journal of International Relations*. Vol. 18, No. 1, 2010.

Lam, Willy. *China's Quasi-Superpower Diplomacy: Prospects and Pitfalls*. Jamestown Foundation, 2009.

Lampton, David M. (ed.), *Policy Implementation in Post-Mao China*. Berkeley: University of California Press, 1987.

_____. (ed.), *The Making of Chinese Foreign and Security Policy in the Era of Reform, 1978-2000*. Stanford: Stanford University Press, 2001.

Lawrence, Susan V.. "Perspective on Chinese Foreign Policy" (Testimony Before the U.S.-China Economic and Security Review Commission Hearing), 2011.

Lee, Ching Kwan. *Against the Law: Labor Protests in China's Rustbelt and Sunbelt*. Berkeley: University of California Press, 2007.

Li, Cheng. "Will China's 'Lost Generation' Find a Path to Democracy?," Cheng Li. (ed.), *China's Changing Political Landscape: Prospects for Democracy*.

Washington D.C.: Brookings Institution Press, 2008.

______. "The Battle for China's Top Nine Leadership Posts." *Washington Quarterly*. No. 35, No. 1, 2011.

______. "The End of the CCP's Resilient Authoritarianism? A Tripartite Assessment of Shifting Power in China." *China Quarterly*. No. 211, 2012.

Li, Eric X. "The Life of Party." *Foreign Affairs*. Vol. 92, No. 1, 2013.

Li, Lianjiang. "The Politics of Introducing Direct Township Elections in China." *China Quarterly*. No. 171, 2002.

Lieberthal, Kenneth and David M. Lampton. (eds.), *Bureaucracy, Politics, and Decision Making in Post-Mao China*. Berkeley: University of California Press, 1992.

Lieberthal, Kenneth and Michel Oksenberg. *Policy Making in China: Leaders, Structures, and Processes*. Princeton: Princeton University Press, 1988.

Lieberthal, Kenneth and Wang Jisi. *Addressing U.S.-China Strategic Distrust* (John L. Thornton China Center at Brookings Institution), 2012.

Mann, James. "Behold China: Repressive at Home, Aggressive Abroad, Driving Obama Nuts." *New Republic*. (March 17, 2010). http://www.tnr.com (검색일: 2013. 1. 24).

Manyin, Mark E. et al.. *Pivot to the Pacific? The Obama Administration's 'Rebalancing' Toward Asia* (Congressional Research Service), 2012.

Mearsheimer, John J.. "The Gathering Storm: China's Challenge to US Power in Asia." *Chinese Journal of International Politics*. No. 3, 2010.

Ning, Lu. *The Dynamics of Foreign-Policy Decision making in China*. Boulder: Westview Press, 1997.

O'Brien, Kevin J. and Lianjiang Li. *Rightful Resistance in Rural China*. New York: Cambridge University Press, 2006.

O'Brien, Kevin J.. (ed.), *Popular Protest in China*. Cambridge, MA: Harvard University Press, 2008.

Pei, Minxin. *China's Trapped Transition: The Limits of Developmental State*.

Cambridge, MA: Harvard University Press, 2006.

Pew Research Center. *Growing Concerns in China about Inequality, Corruption* (Global Attitudes Project), 2012.

Pillsbury, Michael. *China Debates the Future Security Environment*. Honolulu: University Press of the Pacific, 2005.

Romberg, Alan D.. "Following the 18th Party Congress: Moving Forward Step-by-Step." *China Leadership Monitor*. No. 40, 2013.

Rozman, Gilbert. (ed.), *China's Foreign Policy: Who Makes It, and How Is It Made?* Seoul: Asan Institute for Policy Studies, 2012.

Schweller, Randall L. and Xiaoyu Pu. "After Unipolarity: China's Visions of International Order in an Era of U.S. Decline." *International Security*. Vol. 36, No. 1, 2011.

Shambaugh, David. (ed.), *Power Shift: China and Asia's New Dynamics*. Berkeley: University of California Press, 2005.

Shirk, Susan L. "Changing Media, Changing Foreign Policy in China." Susan Shirk (ed.), *Changing Media, Changing China*. Oxford: Oxford University Press, 2011.

Sorensen, Georg. *Democracy and Democratization: Progresses and Prospects in a Changing World* (Third Edition). Boulder: Westview Press, 2008.

Sutter, Rober G.. *China's Rise in Asia: Promises and Perils*. Lanham, Maryland: Rowman & Littlefield Publishers, 2005.

Swaine, Michael D. and M. Taylor Fravel. "China's Assertive Behavior, Part Two: The Maritime Periphery." *China Leadership Monitor*. No. 35, 2011.

Swaine, Michael D.. *The Role of the Chinese Military in National Security Policymaking*. Santa Monica: RAND, 1996.

______. "Perception of an Assertive China." *China Leadership Monitor*. No. 32, 2010.

______. "China's Assertive Behavior, Part One: On 'Core Interests'." *China Leadership Monitor*. No. 34, 2011.

______. "Chinese Leadership and Elite Response to the U.S. Pacific Pivot." *China Leadership Monitor*. No. 38, 2012a.

______. "Chinese Assertive Behavior, Part Three: The Role of the Military in Foreign Policy." *China Leadership Monitor*. No. 36, 2012b.

______. "Chinese Assertive Behavior, Part Four: The Role of the Military in Foreign Crises." *China Leadership Monitor*. No. 37, 2012c.

______. "Chinese Views of the Syrian Conflict." *China Leadership Monitor*. No. 39, 2012d.

______. "The 18th Party Congress and Foreign Policy: The Dog that Did Not Bark?" *China Leadership Monitor*. No. 40, 2013.

Swaine, Michael D. and M. Taylor Fravel. "China's Assertive Behavior, Part Two: The Maritime Periphery." *China Leadership Monitor*. No. 35, 2011.

Wang, Jisi. "China's Search for a Grand Strategy: A Rising Great Power Finds Its Way." *Foreign Affairs*. Vol. 90, No. 2, 2011.

Wang, Xinsong. "Rights Consciousness, Economic Interests, and the 2003 District-Level People's Congress Elections in China: Middle-Class Motivations and Democratic Implications." in Yang Zhong and Shiping Hua (eds.), *Political Civilization and Modernization in China: The Political Context of China's Transformation*. Singapore: World Scientific Publisher, 2006.

World Bank and Development Research Center of State Council. *China 2020: Building a Modern, Harmonious, and Creative High-Income Society* (Conference Edition), 2012.

World Bank. "10 Years After the Crisis." *East Asia & Pacific Update*, 2007.

Zhao, Suisheng. "China's Approach toward Regional Cooperation in East Asia." *Journal of Contemporary China*. Vol. 20, No. 68, 2011.

______. "Shaping the Regional Context of China's Rise: How the Obama Administration Brought Back Hedge in Its Engagement with China." *Journal of Contemporary China*. Vol. 21, No. 75, 2012.

Zhu, Liqun. *China's Foreign Policy Debates* (ISS Chaillot Papers), 2010.

3 중문

『中國共産黨第十八次全國代表大會文件彙編』. 北京: 人民出版社, 2012.

賈玉民. 『第五代: 中共十八大主角』. 香港: 明鏡出版社, 2010.

江澤民. 「全面建設小康社會, 開創中國特色社會主義事業新局面」, 2002.

新華月報 編. 『十六大以來黨和國家重要文獻選編(上-1)』. 北京: 人民出版社, 2005.

國務院 新聞辦公室. 「中國的和平發展」(2011年 9月).

國務院. 「批轉發展改革委等部門關於深化收入分配制度改革若干問題意見的通
知」, 2013.

當代中國叢書編輯委員會. 『當代中國外交』. 北京: 中國社會科學出版社, 1990.

唐娟·鄒樹彬 主編. 『2003年 深圳競選實錄』. 西安: 西北大學出版社, 2003.

劉吉 主編. 『踫撞三十年: 改革開放十次思想觀念交鋒實錄』. 南京: 江蘇人民出版
社, 2008.

劉勇·高化民 主編. 『大論爭: 建國以來重要論爭實錄』. 珠海: 珠海出版社, 2001.

李國波. 『農村群體性事件法律研究』. 廣州: 中山大學出版社, 2010.

李凡. 『乘風而來: 我所經歷的步雲鄉長直選』. 西安: 西南大學出版社, 2003.

馬國川. 『爭鋒: 一個記者眼裏的中國問題』. 北京: 中國水利水電出版社, 2008.

馬立誠. 『交鋒三十年: 改革開放四次大爭論親歷記』. 南京: 江蘇人民出版社, 2008.

______. 『當代中國八種社會思潮』. 北京: 社會科學出版社, 2012.

馬立誠·淩志軍. 『交鋒: 當代中國三次思想解放實錄』. 北京: 今日中國出版社, 1998.

茅于軾 主編. 『民主法治: 中國政府體制改革之路』. 廣州: 暨南大學出版社, 2009.

潘維 主編. 『中國模式: 解讀人民共和國的60年』. 北京: 中央編譯局, 2009.

本書編寫組 編. 『〈中共中央關於加強黨的執政能力建設的決定〉輔導讀本』. 北京:
人民出版社, 2004.

史衛民 等著. 『鄉鎮改革: 鄉鎮選舉體制創新與鄉鎮治理研究』. 北京: 中國社會科
學出版社, 2008.

石亞軍 主編. 『透視大部制改革: 機構調整職能轉變 制度建設實證研究』. 北京:
中國政法大學出版社, 2011.

孫立平. 『斷裂: 20世紀90年代以來的中國社會』. 北京: 社會科學文獻出版社, 2003.

______. 『失衡: 斷裂社會的運作邏輯』. 北京: 清華大學出版社, 2004a.

______. 『轉型與斷裂: 改革以來中國社會結構的變遷』. 北京: 清華大學出版社, 2004b.

宋維強. 『社會轉型期中國農民群體性事件研究』. 武漢: 華中師範大學出版社, 2009.

兒健民 · 陳子舜. 『中國國際戰略』. 北京: 人民出版社, 2003.

安衛 · 李東燕. 『十字路口上的世界: 中國著名學者探討21世紀的國際焦點』. 北京: 中國人民大學出版社, 2000.

楊興坤. 『大部制: 雛形, 發展與完善』. 北京: 中國傳媒大學出版社, 2012.

閣健 編. 『民主是個好東西: 俞可平訪談錄』. 北京: 社會科學文獻出版社, 2006.

王紹光. 『祛魅與超越: 反思民主 · 自由 · 平等 · 公民社會』. 北京: 中信出版社, 2010.

______. 「探索中國式社會主義3.0: 重慶經驗」. 《馬克思主義研究》 2011년 2月. 《環球視野網》. http://www.globalview.cn (검색일: 2011. 8. 20).

王學輝 等著. 『群體性事件防範機制研究』. 北京: 科學出版社, 2010.

于建嶸. 『底層立場』. 上海: 上海三聯書店, 2010a.

______. 『抗爭性政治: 中國政治社會學基本問題』. 北京: 人民出版社, 2010b.

于石坪. 『新太子黨』. 香港: 明鏡出版社, 2010.

俞可平. 『敬畏民意: 中國的民主治理與政治改革』. 北京: 中央編譯出版社, 2012.

俞可平 · 黃平 · 謝曙光 · 高健 主編. 『中國模式與'北京共識': 超越'華盛頓共識'』. 北京: 社會科學文獻出版社, 2006.

劉山 · 薛君度 主編. 『中國外交新論』. 北京: 世界知識出版社, 1997.

李君如. 『當代中國政治走向』. 福州: 福建人民出版社, 2007.

任中平 等著. 『巴蜀政治: 四川省基層民主政治建設的制度創新研究』. 北京: 中國社會科學出版社, 2010.

張歷歷. 『外交決策』. 北京: 世界知識出版社, 2007.

田曾佩 主編. 『改革開放以來的中國外交』. 北京: 世界知識出版社, 1993.

鄭永年. 『中國模式: 經驗與困局』. 杭州: 浙江人民出版社, 2010.

______. 『中國改革三步走』. 北京: 東方出版社, 2012.

丁雲 等 編著. 『當代中國農民政治參與』. 北京: 知識產權出版社, 2011.

朱光磊. 『當代中國政府過程』(修訂版). 天津: 天津人民出版社, 2002.

中共中央辦公室法規室 外編.『中國共産黨黨內法規選編(2001-2007)』. 北京: 法律出版社, 2009.

中國行政管理學會課題組.『中國群體性突發事件: 成因及對策』. 北京: 國家行政學院出版社, 2009.

中華人民共和國 國務院 新聞辦公室 編.『2011年 中國政府白皮書彙編』. 北京: 人民出版社, 2011.

______.『中國的民主政治建設』, 2005.

蔡定劍.『民主是一種現代生活』. 北京: 社會科學文獻出版社, 2010.

蔡定劍 主編.『中國選擧狀況的報告』. 北京: 法律出版社, 2002.

蔡學儀.『中國與國際氣候政治』. 臺北: 五南圖書出版社, 2011.

清華大學 凱風發展研究院 社會進步研究所·清華大學 社會學係 社會發展研究課題組.「'中等收入陷阱'還是'轉型陷阱'」.《開放時代》2012年 3期. http://www.opentimes.cn (검색일: 2012. 11. 23).

清華大學 國情研究中心.『2030 中國: 邁向共同富裕』. 北京: 中國人民大足額出版社, 2011.

鄒樹彬 主編.『2003年 北京市區縣人大代表競選實錄』. 西安: 西北大學出版社, 2004.

沈雲銷·陳先奎 主編.『中國模式論』. 北京: 人民出版社, 2004.

夏飛 外.『習近平 PK 李克強: 太子黨和共青團』. 香港: 明鏡出版社, 2007.

何增科 外.『中國政治體制改革研究』. 北京: 中央編譯出版社, 2004.

胡錦濤.「高擧中國特色社會主義偉大旗幟, 爲奪取全面建設小康社會新勝利而奮鬪」. 中共中央文獻研究室 編,『十七大以來重要文獻選編(上)』. 北京: 中央文獻出版社. 2009.

______.「堅定不移沿著中國特色社會主義道路前進 爲全面建成小康社會而奮鬪: 在中國共産黨第十八次全國代表大會上的報告」.『中國共産黨第十八次全國代表大會文件彙編』. 北京: 人民出版社. 2012.

黃衛平 主編.『中國基層民主發展的最新突破: 深圳市大鵬鎭鎭長選擧制度改革的政治解讀』. 北京: 社會科學文獻出版社, 2000.

黃衛平·汪永成 主編.『當代中國政治研究報告VI』. 北京: 社會科學文獻出版社, 2009.

黃衛平·奏樹彬 主編.『鄉鎮長選擧方式改革: 案例研究』. 北京: 社會科學文獻出版社, 2003.
黃平·崔之元 主編.『中國與全球化: 華盛頓共識還是北京共識』. 北京: 社會科學文獻出版社, 2005.

조영남 趙英男

2002년부터 현재까지 서울대학교 국제대학원 교수로 재직하고 있다. 서울대학교 동양사학과를 졸업하고 정치학과에서 석사 및 박사학위를 받았다. 중국 베이징대학(北京大學) 현대중국연구센터 객원연구원(1997-1998년), 난카이대학(南開大學) 정치학과 방문학자(2001-2002년), 미국 하버드옌칭연구소(Harvard Yenching Institute) 방문학자(2006-2007년)를 역임했으며, 2008년에 종신교수(tenure)가 되었다. 연구 성과로는 『용(龍)과 춤을 추자』(2012), 『중국의 법원 개혁』(2012), 『중국의 법률 보급 운동』(2012), 『중국의 민주주의』(2011, 공저), 『Local People's Congresses in China』(Cambridge University Press, 2009), 『21세기 중국이 가는 길』(2009), 『후진타오 시대의 중국정치』(2006) 등 모두 열한 권의 저서와 많은 학술 논문이 있다. 현재는 거시적 관점에서 개혁기 중국의 정치 변화를 분석하기 위해 중국 정치의 전개와 발전, 중국의 권력 구조와 운영, 중국과 동아시아 국가의 정치발전을 연구하고 있다.

중국의 꿈

시진핑 시대의 정치와 외교

1판 1쇄 펴냄 2013년 9월 10일
1판 4쇄 펴냄 2018년 6월 29일

지은이   조영남
발행인   박근섭·박상준
펴낸곳   (주)민음사

출판등록   1966. 5. 19. 제16-490호
주소   서울특별시 강남구 도산대로1길 62(신사동)
           강남출판문화센터 5층 (우편번호 06027)
대표전화   515-2000
팩시밀리   515-2007
홈페이지   www.minumsa.com

ISBN 978-89-374-8801-6 (93340)